Vorwort

Die Westküste der heutigen Türkei beginnt im Norden mit der Troas und führt über Äolis, Lydien, Ionien, Karien bis in den Süden nach Lykien. Um Lykien nicht teilen zu müssen, erstreckt sich das in diesem Buch behandelte Gebiet über die eigentliche Westküste hinaus bis kurz vor Antalya. So war es möglich, auch das zu Lykien gehörende Phaselis zu beschreiben, obwohl die Stadt strenggenommen bereits an der »türkischen Riviera«, also der Südküste liegt.
Das Gebiet im Schnittpunkt zwischen Orient und Okzident wurde schon früh von Griechenland aus besiedelt, ist aber weit mehr als nur eine Anreihung von Kolonien. Ephesos, Pergamon, Milet, Halikarnassos und viele andere Städte der Westküste gehörten zu den maßgeblichen Metropolen der Antike. Allein in Ephesos lebten bis zu einer halben Million Menschen.
Hier, an der Westküste, entstand die ionische Säulenordnung, das »weibliche«, feinere Gegengewicht zum »männlichen«, groberen dorischen Stil.
Von hier aus kamen auch die entscheidenden Anstöße, die weg von der Mystik hin zum wissenschaftlichen Denken führten und die gesamte europäische Geistesgeschichte maßgeblich beeinflußten. So wurden ihre Begründer, die Philosophen Thales, Anaximander und Anaximenes, in Milet geboren. Herodot, der »Vater der Geschichte«, erblickte hier das Licht der Welt, und hier entwickelte auch Hippodamos von Milet seine schachbrettförmige Stadtplanung. Man könnte noch eine Fülle weiterer Menschen aufzählen, die an der Westküste geboren wurden und die die Geschichte maßgeblich beeinflußt haben.
Der Schnittpunkt zwischen Orient und Okzident, die zahlreichen Kulturen, die sich in Kleinasien trafen, sind sicherlich ein Grund für oft bahnbrechende Leistungen, die hier erbracht wurden. So hatte man nicht nur gute Verbindungen zum griechischen Mutterland, auch Mesopotamien, Phönikien und Ägypten waren nicht weit. Einige Forscher gehen sogar so weit zu sagen, daß der Ausgangspunkt der griechischen Blüte nicht in Athen oder anderen Teilen Griechenlands, sondern hier, an der Westküste Kleinasiens, zu suchen ist. Diese Lage zwischen den Kontinenten hatte allerdings auch ihre Schattenseiten, wie unzählige Kriege und Fremdherrschaften beweisen.
Wie auch immer, eine Fahrt durch Kleinasien gehört zu den schönsten und eindrucksvollsten Reisen durch die Antike. Neben den unzähligen Bauten der Griechen und Römer zeugen Überbleibsel von den Ureinwohnern über das Byzantinische Reich bis hin zu den Osmanen von der großen, langen Geschichte dieser Gegend.
Und ganz nebenbei sei noch angemerkt, daß die gastfreundliche Bevölkerung, die vielen, oft in einsamen Buchten versteckten Strände und die eindrucksvollen Gebirgszüge, die bis ans Meer heranreichen, weitere Gründe für eine Reise entlang der Westküste sind.
Wie in den übrigen Bänden der Reihe stehen auch hier die Farbabbildungen gleichrangig neben dem Text. Von mehr als 450 beschriebenen Orten werden Burgen, Kirchen und Klöster, Schlösser, Rathäuser, Herrensitze, Theater und Museen vorgestellt. Über 410 farbige Fotos und Skizzen sowie 16 Seiten Karten illustrieren den Text. Und analog zu den Vorgängerbänden sind die Artikel alphabetisch nach Orten geordnet.
Die Brücken zwischen den Orten, die geographisch benachbart sind, in diesem

Folgende Seiten:

Pergamon, Trajan-Tempel
Hierapolis, Kalksinterterrassen

Buch jedoch durch das Alphabet getrennt wurden, schlägt der Kartenteil auf Seite 288–291. Er führt alle behandelten Orte auf. Große Punkte kennzeichnen einen Hauptort, kleine Punkte der gleichen Farbe im Umkreis die dazugehörigen Umgebungsorte. Verschiedene Farben wurden verwendet, um deutlich zu machen, zu welchem Hauptort die betreffenden Umgebungsorte gehören.
Die Karte bietet so einen Überblick darüber, welche Orte in der Nachbarschaft eines Zielpunktes liegen und deshalb vielleicht zusätzlich in einen Reiseplan einbezogen werden können. Bei jedem Ort sind im Kopf des Artikels Einwohnerzahl und ein Hinweis auf die betreffende Karte (S. 288 □ B 3, Seite 288 Planquadrat B 3) angegeben. Die einzelnen Sehenswürdigkeiten sind jeweils fett gedruckt. Im Anhang befinden sich ein Register der Fachausdrücke, Wichtige türkische und arabische Begriffe, und ein Register aller behandelten Orte.

Knaurs
Kulturführer
in Farbe
Schwarzwald

Knaurs
Kulturführer
in Farbe
Thüringen

Knaurs
Kulturführer
in Farbe
Ägypten

Knaurs
Kulturführer
in Farbe
Belgien und
Luxemburg

Knaurs
Kulturführer
in Farbe
China

Knaurs
Kulturführer
in Farbe
Dänemark

Knaurs
Kulturführer
in Farbe
Finnland

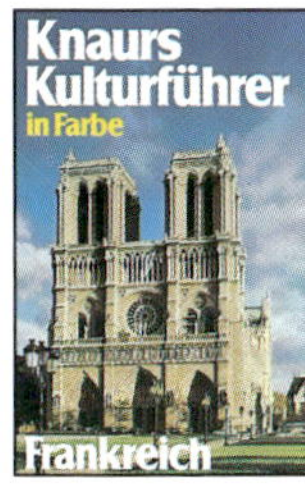
Knaurs
Kulturführer
in Farbe
Frankreich

Knaurs
Kulturführer
in Farbe
Bretagne

Knaurs
Kulturführer
in Farbe
Burgund

Knaurs
Kulturführer
in Farbe
Elsaß

Knaurs
Kulturführer
in Farbe
Paris
und Ile de France

Knaurs
Kulturführer
in Farbe
Provence
und die Côte d'Azur

Knaurs
Kulturführer
in Farbe
Tal der Loire

Knaurs
Kulturführer
in Farbe
Griechenland

Knaurs
Kulturführer
in Farbe
Athen
und Attika

A

Aigai

S. 290 □ C 4

An einer nur teilweise asphaltierten Nebenstrecke zwischen Bergama und Manisa liegen in der Nähe des Ortes Köseler die Ruinen des antiken A. Die spärlichen Überreste sind nur durch einen halbstündigen Fußmarsch zu erreichen und liegen auf dem 365 m hohen Nemrut Kalesi.
Wegen dieser abgelegenen Lage war A. lange unabhängig, allerdings auch bedeutungslos. Erst Herodot erwähnte A. als eine der zwölf äolischen Städte. Ab 218 v. Chr. gehörte die Stadt dann zu Pergamon und erlebte, wie zahlreiche Bauten zeigen, einen wirtschaftlichen Aufschwung. Nach einem Erdbeben wurde sie unter Kaiser Tiberius wieder aufgebaut.
Das Gipfelplateau war durch eine ca. 1,5 km lange Mauer geschützt. Bemerkenswert sind Reste einer dreigeschossigen, über 80 m langen und 11 m hohen **Markthalle,** die schon in hellenist. Zeit entstand und unter röm. Herrschaft restauriert wurde.
Die Lage des **Theaters** kann man noch an einer Mulde erkennen. Nicht weit davon finden sich Reste eines kleinen dorischen **Antentempels** sowie eines **Peripteraltempels** aus dem 2. Jh. v. Chr.
Eine Stunde ö von A., an dem antiken Weg Richtung Magnesia am Sipylos (Manisa), befand sich ein wichtiges **Apollonheiligtum.** Laut Inschrift wurde dieser ionische Peripteraltempel, von dem noch Teile des Türrahmens erhalten sind, im 1. Jh. v. Chr. erbaut.

Alabanda

Aydın

Höhe: 90 m S. 291 □ D 5

Nicht weit von der an der Straße Aydın–Muğla gelegenen Kleinstadt Çine befinden sich in der Ortschaft Araphisar Reste des antiken Alabanda.
Laut Stephanos von Byzanz wurde die Stadt nach dem Sohn des mythischen Königs Kar Alabandos benannt. Nach der Überlieferung benannte Kar seinen Sohn Alabandos, weil sein berittenes Heer auf dem Schlachtfeld (karisch *ala* = Pferd, *banda* = Sieg) einen Sieg errungen hatte.
Auch in anderen Werken ist der Name überliefert. So berichtet Herodot von einem Herrscher Aridolis aus Alabanda, der gemeinsam mit dem persischen König Xerxes 480 v. Chr. gegen die Griechen zu Felde zog, aber von diesen später gefangengenommen wurde.
In seinem Werk »Über die Natur der Götter« erwähnt der röm. Staatsmann Cicero sogar einen Gott namens Alabandus.
Gegen Ende des 3. Jahrhunderts v. Christus übernahmen die Seleukiden die Herrschaft über A., und die Stadt wurde zu Ehren des hellenist. Königs von Syrien, Antiochos III., in Antiocheia der Chrysaorier umbenannt. Weil Antiochos per Gesuch an den Amphiktyonen-Rat von Delphi die Stadt für unverletzlich erklären und den Gottheiten Zeus Chrysaoreus und Apollon Isotimos weihen ließ, durften die Statuen der Stadt sogar im Heiligtum des delphischen Apollon aufgestellt werden. Kurz darauf erlangte die Stadt eine damals seltene Unabhängigkeitserklärung, blieb aber dennoch nicht von Zerstörung verschont und wurde vom Makedonenkönig Philipp V. während dessen Karien-Feldzug (201 bis 197 v. Chr.) geplündert. Mit der Schlacht von Magnesia endete 190 v. Christus die

Aigai, Antike Gewölbereste

Herrschaft der Seleukiden, und Antiocheia hieß wieder A.
Obwohl nach dem Friedensvertrag von Apamea die Stadt eigentlich Rhodos unterstand, stellte sich A. während des mylasaisch-rhodischen Konfliktes auf die Seite der Gegner.
Nach 129 v. Chr. litt A. zunächst unter der Ausbeutung der röm. Herrscher. Außerdem wurde sie von Labienus und seinen parthischen Verbündeten geplündert.
Während der röm. Kaiserzeit trat Besserung ein. Bereits in früherer Zeit hatte A. Geschenke zu Ehren Jupiters nach Rom geschickt, einen Tempel zu Ehren Roms gebaut und Spiele zu Ehren der Herrscher abgehalten und damit einen Grundstein für die guten Beziehungen mit dem Weltreich gelegt. A. bekam den Status Conventus, d.h. hier fanden regelmäßig Sitzungen des Provinzgouverneurs statt. Um diese Beziehungen noch weiter zu verbessern, hielten die Einwohner Zeremonien für Rom, Cäsar und Augustus ab.
In der byzant. Zeit war A. Bistum unter der Metropolis von Aphrodisias.

Strabon verglich die Stadt wegen ihrer Lage zwischen zwei Hügeln mit einem »Packesel mit Tragekörben«. Von der **Stadtmauer** sind nur noch wenige Reste erhalten. Ebenfalls nur noch wenig zu sehen ist von dem großen **Theater,** das aus dem 1. Jh. v. Chr. stammte. Erhalten sind nur noch Teile der Stützmauer und zwei überwölbte Eingänge, die zur Diazoma führten. Sitzreihen und Bühnenhaus sind dagegen nicht mehr sichtbar.
Bei Ausgrabungen im Jahr 1905 wurden Grundrisse von zwei Tempeln entdeckt. Bei einem fand man eine Artemis-Hekate-Statue und schließt deshalb daraus, daß dieser **Tempel der Artemis** geweiht war.
Er stammt vermutlich aus der Zeit um 200 v. Chr. und lag auf einer künstlich aufgeschütteten Terrasse. Seine dorische Säulenordnung war 11 × 6; ungewöhnlich die große Tiefe des Pronaos.
Der zweite **Tempel** war, so Inschriften,

Alabanda, Rathaus

unter röm. Herrschaft **Apollon Isotimos** und später auch röm. Gott-Kaisern geweiht. Der Bau besaß ionische Säulen mit der Ordnung 13 × 8, und der Fries war mit Bildern aus der Schlacht der Griechen gegen die Amazonen geschmückt.

Das einstige **Rathaus** ist das heute am besten erhaltene Gebäude und liegt 100 m westlich der Straße von Çine–Karpuzlu (Alinda), die das antike Stadtgebiet durchschneidet. Die braunen Quadersteine der östlichen Mauer, die über mehrere Fenster und vier Türen verfügte, stehen heute noch bis zu einer Höhe von knapp 10 m. Zu den im Halbkreis angeordneten Sitzreihen gelangte man im Inneren über zwei Treppen.

Unmittelbar s des Rathauses liegt eine freie, ca. 120 × 80 m große Fläche, auf der sich vermutlich eine mit einer Stoa umgebene **Agora** befand.

Noch weiter s liegen Reste eines weiteren, größeren Gebäudes, das vermutlich als **Badeanstalt** gedient hat.

Die **Nekropole** liegt ö der Stadt, wovon Sarkophage zeugen.

Umgebung

Gerga (20 km sö): Schwierig zu finden. An der Straße von Aydın nach Muğla stehen 15 km nach Çine, also s davon, Reste eines Aquäduktes. Von hier aus muß man zu Fuß gehen und erreicht nach 45 Min. die Siedlung Incekemer. Eine weitere Fußstunde liegen n davon die Ruinen von G.

Ein 6,5 m langer und 4 m breiter Bau aus großen Granitblöcken ist der sog. *Tempel von Gerga.*

Den Eingang bilden zwei senkrechte Plattenpfeiler, die einen steinernen Balken stützen. Wem das Heiligtum gewidmet war, ist bislang unbekannt. Es wird vermutet, daß es sich hierbei um eine lokale, karische Gottheit handelte. Ebenfalls im Dunkeln liegt das Aussehen und

Alexandria Troas, Tempelruine

die Bedeutung der Statuen, deren Sockel man noch findet.

im MA eigentlich hatte abtransportieren wollen.

Alexandria Troas

S. 288 □ B 3

Der »Einäugige« Antigonos Monophtalmos, einer der Nachfolger von Alexander d. Gr., gründete im 4. Jh. v. Chr. die Hafenstadt A. T. Aufgrund der hervorragenden Lage blühte die Stadt schnell auf, verlor auch unter röm. Herrschaft nicht an Bedeutung und wurde erst in byzant. Zeit von Konstantinopel in ihrer Bedeutung verdrängt. Weil die Bauten jedoch im MA als Steinbruch benutzt wurden, gibt es nur noch wenige antike Überreste.

So zeugen nur noch die **Ruinen** eines Tempels, eines Theaters und einer Therme von der einstigen Pracht. Im Hafen liegen noch zwei **Granitblöcke,** die man

Alinda

Aydın

H.: 160–200 m S. 290 □ C 5

Reste der antiken Stadt A. liegen in der heutigen Ortschaft Karpuzlu, die über das fast 30 km entfernte, an der Landstraße Aydın – Muğla gelegene Çine zu erreichen ist.

Bei A. handelt es sich um eine rein karische Stadt. Über die Gründungsgeschichte ist bis heute fast nichts bekannt. Erst mit der Königin Ada wurde die Stadt erwähnt. Ada war die Schwester von Mausolos. Nach dem Tod von Mausolos, dessen Schwester-Gattin Artemisia und Adas Gatten Idreus trat sie die Nachfolge an, wurde aber ca. 340 v. Chr. von ihrem jüngeren Bruder Pixodaros

vom Thron vertrieben und flüchtete daraufhin nach A. Als dann Alexander d. Gr. über die Erbstreitigkeiten entschied, wurde Ada Königin von Karien.
Arrian schildert die Entwicklung folgendermaßen: »Die Satrapie über ganz Karien übertrug er (Alexander d. Gr.) der Ada, einer Tochter des Hekatomnos und Gemahlin ihres Bruders Idreus, den sie nach karischer Sitte geheiratet hatte. Dieser hinterließ ihr bei seinem Tode die Regierung, weil es seit Semiramis in Asien üblich war, daß auch Weiber über Männer herrschen. Pixodaros aber hatte sie von der Regierung vertrieben und sich selbst die Herrschaft angemaßt. Nach Pixodaros' Tod war sein Schwiegersohn Orontobales vom Großkönig zur Regierung Kariens abgeschickt worden und jetzt Regent. Ada besaß nur noch Alinda, einen der festesten Orte, und war Alexander bei seinem Einbruch in Karien entgegengegangen, hatte ihm Alinda übergeben und Alexander zu ihrem Sohn angenommen. Dieser ließ sie im Besitz von Alinda, schlug auch den Sohnestitel nicht aus, und, wie er Halikarnass zerstört und sich auch des übrigen Kariens bemächtigt hatte, gab er ihr die Herrschaft über das ganze Land.«
Möglicherweise wurde A. anschließend für kurze Zeit in Alexandria umgetauft. Stephanos v. Byzanz erwähnt nämlich eine karische Stadt mit dem Namen Alexandria am Latmos.
Aus röm. Zeit ist wenig über die Stadt bekannt. Das Münzprägerecht läßt sich bis ins 3. Jh. v. Chr. verfolgen, was auf einen gewissen Wohlstand hindeutet. In byzant. Zeit war Alinda dann Bistum unter der Metropolis von Aphrodisias.
Die antike Stadt erstreckt sich über mehrere Stufen an einem Hügel. Die Hügelterrassen der Oberstadt waren, wie es für eine karische Burgstadt typisch ist, von Mauern und Türmen stark geschützt. Auf der obersten Terrasse befand sich vermutlich der Palast der Königin Ada.

Agora: Die 30 m breite und 100 m lange Agora befand sich direkt vor dem Marktgebäude. Stümpfe von Säulen zeigen, daß die Agora von Säulenhallen umgeben war.

Akropolis: A. verfügte über zwei Akropoleis. Die ältere, so zeigen Fundamentfunde, befand sich auf dem höheren Gipfel. Die jüngere Akropolis lag auf dem nw Hügel und war mit 2 bis 2,3 m dicken Quadermauern geschützt. Beide Akropoleis waren durch eine mit Türmen bewehrte Mauer verbunden. Auf dem Gelände der jüngeren Akropolis findet man noch heute Reste von Wohnhäusern und von sechs Zisternen. Unterhalb der zweiten Akropolis zeugen Reste eines Aquäduktes von der damaligen Kunst der Wasserversorgung.

Gräber: Wie üblich, befinden sich die Gräber außerhalb der Stadt. Bei A. sind dies hauptsächlich Gräber karischen Typs, also Steinplatten über Felsgruben; Besonderheit: sie verfügen über keinerlei Inschriften.

Marktgebäude: Einer der großartigsten Bauten in A. stammt aus hellenist. Zeit. Das auch heute noch eindrucksvolle Gebäude war 100 m lang, 15 m hoch und verfügte über drei Stockwerke. Im Erdgeschoß dienten die zur Front liegenden Räume vermutlich als Läden, während die dahinter liegenden Magazine gewesen sein dürften.

Alinda, Marktgebäude

Auch das 1. Stockwerk wurde vielleicht als Lagerraum genutzt. Es verfügte über eine lange Galerie, die durch doppelte Halbsäulen, welche auf der Mittelmauer des Erdgeschosses standen, unterteilt war. Im W befand sich ein großes Fenster, und abgeschrägte Mauerschlitze sorgten ebenfalls für Helligkeit. Möglicherweise wurde der lange Raum durch Holzwände abgetrennt. Reste davon sind jedoch nicht mehr erhalten.
Wie das 1. Stockwerk, so ist auch das 2. Stockwerk in der Mitte durch eine Säulenreihe unterteilt. Zum Hang hin lag das Stockwerk in der Höhe der Agora und bildete dessen Abgrenzung nach SW. Auf der gegenüberliegenden Agora-Seite befand sich eine zweite Säulenreihe.

Stadtmauer: Sie ist noch gut erhalten und wurde, weil Arrian von einem der »festesten Orte« spricht, bereits vor 334 v. Chr., wahrscheinlich sogar unter der Herrschaft von Mausolos erbaut. – Auch ein *Turm* aus der damaligen Zeit ist noch erhalten.

Theater: Neben dem Marktgebäude ist das heute noch sehr gut erhaltene, in den Hang gebaute Theater der zweite Prachtbau aus hellenist. Zeit in A. Das Theater wurde Anfang des 2. Jh. v. Chr. erbaut und unter den Römern zu Zeiten Augustus' umgebaut.
Die Diazoma, zu der zwei überwölbte Eingänge führen, teilt die 35 Sitzreihen in zwei, die 12 Treppen in 11 Teile. Nach obenhin abgeschlossen wurde das Theater durch eine offene Galerie. In römischer Zeit wurde die (heute zusammengestürzte) Skene neu aufgebaut und die Bühne zur Orchestra hin erweitert. Von dem Bühnengebäude sind nur noch Teile der Frontmauern erhalten.

Aphrodisias, Kanopus

Aphrodisias
Aydın

Höhe: 548 m S. 291 □ D 5

Von der Küste aus wird A. häufig in Verbindung mit Ausflügen nach Pamukkale besucht. Die eindrucksvolle Ruinenstätte mit ihrem fast unzerstörten Stadion ist aber allein schon Grund genug für den über 150 km langen Abstecher von der Küste. A. liegt nahe der Ortschaft Geyre in einer Hochebene unweit des 2308 m hohen und fast immer mit Schnee bedeckten Baba Dağı an einer kleinen Landstraße, die man entweder über die Fernstraße Aydın–Denizli (Abzweigung 15 km nach Nazilli) oder über die Verbindung Muğla–Denizli (Abzweigung bei Tavas) erreicht. Bedeutend ist die Stadt u. a., weil sich hier einst eine röm. Bildhauerschule befand.
Ähnlich wie in Troja liegen im Theaterhügel von A. mehrere Siedlungsschichten übereinander. Untersuchungen haben ergeben, daß die ältesten Besiedlungen bis ins 3. Jtd. v. Chr. zurückreichen. Der Name »Aphrodisias« ist aber erst ab dem 3. Jh. v. Chr. überliefert.
Zuvor soll hier eine assyrische Handelskolonie unter dem Namen Ninoe existiert haben. Die Assyrer errichteten hier vermutlich ein Heiligtum für Ischtar, der Göttin der Liebe und des Venussternes, die auch, und daher der Stadtname, als Nin, Nina, Ninoe und Ninive bezeichnet wurde. Für die Übereinstimmung der Göttinnen spricht die gleiche Darstel-

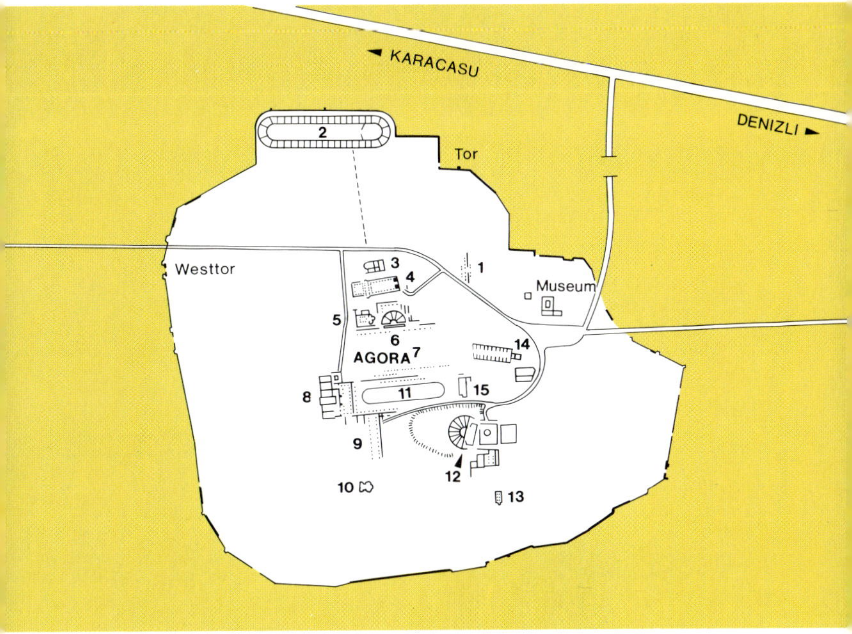

lung: Ob Nin oder Ischtar, beide hatten lange Locken, wurden nackt gezeigt und hielten meist eine Hand vor die Brüste, die andere vor die Scham.
Als die Griechen hier später eine Siedlung gründeten, übernahmen sie ebenfalls, wie üblich, die hier heimische Gottheit. In Anlehnung an die Göttin Aphrodite, die das griech. Pendant zu Ischtar ist, wurde die Stadt dann A. getauft. Durch Herodot ist überliefert, daß hier auch Tempelprostitution ausgeübt wurde. Dabei weihten junge Mädchen ihre Jungfernschaft der Göttin und durften erst dann wieder nach Hause zurückkehren, nachdem ein Fremder gegen Entgelt sie entjungfert hatte. Vor dem »religiösen« Akt rief der Fremde zur Tempeldienerin: »In Dir rufe ich die Göttin der Liebe«. Diese Methode, ein Heiligtum zu finanzieren, war weit verbreitet.
Schriftlich erwähnt wird die Stadt dann von Marcus Antonius, der der Stadt vom Senat genehmigte Privilegien zusicherte

Aphrodisias 1 Propylon (Tetrapylon) **2** Stadion **3** Nordtemenos **4** Tempel der Aphrodite **5** Bischofspalast **6** Odeion **7** Agora **8** Thermen des Hadrian **9** Basilika **10** Kirche **11** Kanopus **12** Theater **13** Kirche **14** Sebasteion **15** Agora-Tor

und ihr dabei u.a. das Recht zusprach, Asylsuchenden im Bereich des Aphrodite-Tempels Schutz zu gewähren. In diesem Senatsbeschluß wird A. jedoch gemeinsam mit der Nachbarstadt Plarasa genannt. Auch auf Bronze- und Silbermünzen aus dieser Zeit werden beide Städte gemeinsam aufgeführt.
Später wurde dieses Asylrecht bis in das 4.Jh. n.Chr. hinein von mehreren röm. Kaisern schriftlich bestätigt. In der nachjulischen Zeit stieg die Stadt mit ihren rund 50000 Einwohnern zu einem künstlerischen und geistigen Zentrum auf. So

Aphrodisias, Stadion >

Aphrodisias, Bouleuterion

wurde sie Sitz einer im gesamten Röm. Reich bekannten Bildhauerschule. Das Rohmaterial – weißer, blauer und grauer Marmor – wurde 2 km ö der Stadt an einem Ausläufer des Baba Dağı abgebaut. Werke aus dieser Schule wurden nach Olympia, nach Paros (Kykladen) und sogar ins nordafrikanische Leptis Magna exportiert. In Rom gab es eine Zweigstelle dieser Schule. Eine Besonderheit der Stadt war der Girlandensarkophag, der von hier aus in alle Teile der damaligen Welt exportiert wurde.

Neben der Bildhauerei widmete man sich in der Stadt der Philosophie und der Medizin. So sind eine philosophische Akademie und eine Ausbildungsstätte für Ärzte nachgewiesen. Der Arzt Xenokrates verfaßte hier seine medizinischen Schriften, und der Philosoph Alexander, der als einer der besten antiken Kommentatoren von Aristoteles gilt, lebte und arbeitete hier.

Mit dem Aufkommen des Christentums änderte sich dann einiges. So wurde der Tempel der Aphrodite zu einer dreischiffigen Basilika umgestaltet. In byzant. Zeit, im 7. Jh., wurde A. in Stauropolis bzw. Stavrapolis (»Stadt des Kreuzes«) umbenannt und war zunächst Sitz des Bischofs, anschließend Residenz des Metropoliten von Karien. Im Zuge des Aufstiegs zur Hauptstadt von Karien wurde sie in Karia umgetauft, und aus diesem Namen entwickelt sich dann die türk. Ortsbezeichnung Geyre. Seit dem 14. Jh., im Zuge der Eroberung durch die Seldschuken und später durch die Osmanen, sank die einst prächtige Stadt zu einem unbedeutenden Ort ab.

Erste Ausgrabungen gab es bereits Anfang des 20. Jh. und in den 30er Jahren. Seit 1961 sind die archäologischen Arbeiten unter Prof. Kenan Erim stark intensiviert worden und stehen unter der Schirmherrschaft der New Yorker Universität.

Aphrodisias, Propylon >

Aphrodisias, Tempel der Aphrodite

Agora: Südlich des Odeions, n des Theaters erstrecken sich zwei weite Plätze. Der n Platz war die Agora, der s wird aufgrund der freigelegten Wasserbecken als Kanopus bezeichnet. Eine Halle, die den Platz abschloß, wurde laut Inschrift als »Porticus des Tiberius« bezeichnet und stammte aus dem 1. Jh. n. Chr. Die Lage der anderen Hallen zeigen die 12 ionischen und korinthischen Säulen, die heute noch die Plätze begrenzen. Im O erreicht man die Plätze durch ein monumentales Tor, das im 2. Jh. n. Chr. erbaut und im 5. Jh. n. Chr. zu einem Brunnenhaus umgebaut wurde.

Akropolis: Im sö Teil der ansonsten ebenen Fläche erhebt sich ein 15 m hoher Hügel, die sog. Akropolis, an dessen O-Seite sich das Theater befindet. Es handelt sich hierbei jedoch nicht um eine natürliche Erhebung, sondern, wie in Troja, um einen Erdwall, der aus früheren Siedlungen entstanden ist. Untersuchungen ergaben, daß hier bereits 2800 v. Chr. Menschen gesiedelt haben. Weiter ö liegt ein zweiter, kleinerer Hügel. Hier wurden Siedlungsreste gefunden, die bis in die neolithische Ära, also ins 3. Jtd. v. Chr., zurückreichen.

Basilika: Neben den Thermen des Hadrian, s des Kanopus, wurde eine dreischiffige röm. Basilika freigelegt. Der Bau, dessen Funktion unbekannt ist, stammte aus dem 3. Jh. n. Chr. und ist etwa 100 m lang und 30 m breit.

Bischofspalast: Südlich des Tempels der Aphrodite und w des Bouleuterions liegt der Bischofspalast. Zu dem großen Gebäude gehört ein Apsidensaal und ein Trikonchos, also ein Saal mit drei Apsiden, und ein mit blauen Marmorsäulen geschmücktes Peristyl. Der Bau war vermutlich in röm. Zeit als Privatresidenz eines reichen Bürgers errichtet und in byzant. Zeit zum Palast des Bischofs umgebaut worden.

Christl. Kirchen: Neben dem zur Kirche umgebauten Tempel der Aphrodite gibt es noch weitere Kirchenbauten. – So findet man die Ruine einer kleinen *byzant. Kirche* aus dem 6. Jh., die als Martyrion angelegt war, also als quadratischer, überkuppelter Raum, an den sich ein Narthex sowie an den anderen drei Seiten Apsiden anschlossen. Die Marmorornamente stammen jedoch erst aus dem 10. Jh. n. Chr. – Südöstlich des Theaters liegen dann noch Ruinen einer *dreischiffigen Säulenbasilika.*

Heroon: Neben dem Odeion befindet sich ein Rundgrab für einen bedeutenden Stadtbürger. Die Plattform über dem Sarkophag war über eine dreistufige Treppe zugänglich. Hier befand sich auch ein Altar und eine achteckige Sitzanlage.

Nordtemenos: Bei dem n des Aphrodite-Tempels liegenden, sog. Nordtemenos handelt es sich um ein Gebäude, das im Laufe der Geschichte mehrfach umgebaut wurde. Es lag an einem Peristyl und hatte selbst auch noch zwei viersäulige Innenhöfe sowie einen marmorgepflasterten Raum samt Apsis.

Aphrodisias, Theater

Aphrodisias, Museum

Odeion: Östlich neben dem Bischofspalast befindet sich ein Bau aus dem 2. Jh., bei dem es sich entweder um ein Odeion oder um ein Bouleuterion handelt. Zwei tonnenüberwölbte Zugänge führen in das Innere. Hinter der halbrunden Orchestra, die von einer hohen Brüstung umrahmt und mit Marmormosaiken geschmückt ist, erheben sich an drei Seiten je neun Sitzreihen, wobei die oberste Reihe fehlt. Die Sitze waren mit Löwenfüßen verziert, die oberen hatten sogar Rückenlehnen.

Propylon: Der sog. Tetrapylon ist ein Propylon, das den Eingang zum Aphrodite-Heiligtum bildete. Das monumentale Tor stammte aus dem 2. Jh. n. Chr. und wurde vermutlich unter der Herrschaft von Kaiser Hadrian (117–138 n. Chr.) errichtet. Die nach O und W zeigenden Frontseiten sind mit je vier spiralig kannelierten Säulen verziert, die durch korinthische Kapitelle abgeschlossen werden. Das ionische Gebälk ist mit Rankenfries verziert und trägt einen sog. gesprengten Giebel, dessen Mittelstück also zurückgesetzt ist.

Sebasteion: Das sich nahe dem Museum befindliche Sebasteion ist ein Heiligtum, das als schmaler, nur 80 × 12 m großer Platz kurz nach der Zeitenwende angelegt worden ist. Der Hof wird an drei Seiten von dreigeschossigen Hallen umgeben. Die S-Halle vereint dabei die drei klassischen Säulenordnungen. Je nach Stockwerk wurden dorische, ionische und korinthische Säulen verwendet. Zwischen den Säulen schmückten mythische Reliefdarstellungen und Abbildungen der röm. Kaiser aus dem iulisch-claudischen Haus (Augustus bis Nero) den Hof. Im O wurde der Innenraum durch einen Podiumtempel, der dem Kaiserkult gewidmet war, abgeschlossen. Zu der Cella führte eine Treppe hinauf.

Stadion: Das nahezu unbeschädigte Bauwerk aus dem 1. Jh. n. Chr. vermittelt einen guten Eindruck über die antike Stadion-Baukunst und zählt zu den

Aphrodisias, Museum

Aphrodisias, Museum

Aphrodisias, Museum

Arykanda, Theater

Arykanda, Gymnasium

Assos, Nekropole, Sarkophag

besterhaltenen Stadien überhaupt. Die Gesamtlänge der Laufbahn entspricht einem Stadion, also knapp 200 m, und wird von allen Seiten durch 22 ansteigende Sitzreihen umrahmt, die Platz für rund 30000 Zuschauer boten. Das Stadion ist insgesamt 262 m lang und 59 m breit. In den abgerundeten Enden befindet sich je ein Eingangstunnel, und im O wurde später für Gladiatorenkämpfe eine kreisförmige Mauer eingezogen. In der Mitte der N-Seite befand sich die kaiserliche Loge. Neben Laufwettbewerben fanden hier vor allem Ring- und Boxkämpfe statt.

Stadtmauer: Die 3,5 km lange Stadtmauer wurde erst in der späten Kaiserzeit, im 4. Jahrhundert n. Chr., errichtet. Davor brauchte die Stadt keinen zusätzlichen Schutz. Im W, N und O der Stadt findet man neben dem guterhaltenen Mauerwerk noch Tore.

Tempel der Aphrodite: Die ältesten Fundamente stammen aus dem 6. oder 5. Jh. v. Chr. Im 1. Jh. v. Chr. wurde dann der Tempel als ionischer Pseudodipteros mit 8 × 13 Säulen errichtet. Beim Pseudodipteros ist der Abstand der umlaufenden Säulen von der Cellawand doppelt so groß wie normal. Es wird hier also ein doppelter Säulenumlauf vorgetäuscht, deshalb auch »Pseudo«. Von den 14 noch stehenden Säulen tragen 2 sogar noch ein Teil des Architravs. In der Cella stand ein Kultbild der Aphrodite. Im Zuge der Christianisierung wurde der hellenist. Tempel im 4. Jh. n. Chr. in eine Kirche umgebaut, wobei die Cella zerstört wurde. Die Apsis befand sich im O, der Narthex samt Apsiden und vorgelagertem Atrium im W. Das Dach des mit fast 18 m sehr breiten Längsschiffes und der 5,5 m breiten Seitenschiffe wurde von den ehem. Tempelsäulen getragen.

Theater: Das Theater ist ursprünglich hellenist., wurde aber im Laufe der Zeit mehrfach umgebaut. Der gut erhaltene Bau liegt am SO-Hang des auch als

Arykanda, Tempelgräber

Akropolis bezeichneten Hügels. Unterhalb eines Umgangs, Diazoma, befinden sich 25 Sitzreihen. Die oberhalb gelegenen Sitzplätze fehlen dagegen. Laut Inschrift muß es noch zwei weitere Umgänge gegeben haben, was auf ein sehr großes Theater schließen läßt. Trotz des Fehlens der oberen Sitzreihen präsentiert sich das Theater aber in einem sehr guten Zustand. So reicht die Wand des Bühnengebäudes, das über drei Eingänge verfügte, immer noch fünf Meter hoch. Ebenfalls erhalten sind die hellenist. Halbsäulenpfeiler des Proskenions. Unter Mark Aurel (161–180 n. Chr.) hatte man die Orchestra möglicherweise für Tierschau- oder Gladiatorenkämpfe tiefergelegt. Rings um die Orchestra laufen die mit Rückenlehnen versehenen Sitze der Ehrengäste, die sog. Phrohedrien.

Der große Platz vor dem Theater wurde im 4. Jh. n. Chr. mit Marmorplatten ausgelegt und mit einem Brunnen geschmückt. An diesen Platz schlossen sich die *Theaterthermen* an.

An der n Rückwand des Theaters wurden im 2. und 3. Jh. n. Chr. öffentliche Schreiben, wie etwa Briefe der röm. Kaiser an die Stadt, eingemeißelt, die zur Erforschung der damaligen Lebensumstände sehr aufschlußreich sind.

Thermen des Hadrian: Südlich des Hallenplatzes erstrecken sich die Thermen des Hadrian, die zwischen 117 und 138 n. Chr. erbaut worden sind. Bislang sind fünf große Gewölberäume freigelegt, die auch über ein Hypokaustensystem verfügten, also über antike Fußbodenheizung, mit deren Hilfe die Räume geheizt wurden. Zu der Anlage gehörte auch eine Palästra, die wie üblich mit Säulenhallen abgegrenzt war. Dieser Platz für gymnastische Übungen befindet sich ö der Badeanlage.

Die Thermen betrat man über ein mit schwarz-weißen Platten ausgelegtes Atrium. Anschließend folgen die Räume in der üblichen Reihenfolge: Apodyterium (Auskleideraum), Frigidarium (Kaltbekken), Tepidarium (lauwarmer Raum), Caldarium (warmer Raum) und letztendlich zwei Sudatorien (Schwitzräume).

Museum: In dem Museum, das sich direkt am Grabungsgelände befindet, werden vor allem die hervorragenden antiken Bildhauerarbeiten ausgestellt. Vor dem Eingang stehen große röm. Marmorsarkophage. Im 1. Saal sind vor allem Kaiserporträts ausgestellt. Einer der folgenden Säle ist dann dem Aphrodite-Kult gewidmet. Hier findet man eine Kopie der göttlichen Kultstatue, bei der Aphrodite in einem Gewand eingehüllt dargestellt wird.

Arykanda

Antalya

Höhe: 955 m S. 291 □ F 6

A. liegt an einem steilen Hang nahe dem Ort Arif an der Landstraße Finike–Elmalı. Von der Landstraße ist der Ort über einen 1 km langen Feldweg zu erreichen, der direkt im antiken Stadtzentrum endet.

Funde von lykischen Münzen belegen die Existenz von A. bereits im 5. Jh. v. Chr. Wahrscheinlich ist die Stadt noch viel älter, da die Namensendung -anda bereits für das 2. Jtd. v. Chr. typisch war. Über die genaue Stadtgeschichte ist jedoch wenig bekannt. Sicher ist, daß A. unter persischer Hoheit stand und anschließend von Alexander d. Gr. in dessen Reich eingegliedert wurde. Nach dem Tod Alexanders geriet A. erst unter die Herrschaft der Seleukiden, anschließend, nach dem Frieden von Apameia, unter die von Rhodos. Zu dieser Zeit soll laut Überlieferungen auch ein Heiligtum für die rhodische Gottheit Helios entstanden sein.

Im 2. Jh. v. Chr. wurde A. Mitglied des Lykischen Bundes und erhielt das Münzprägerecht. Ab 43 n. Chr. wurde A. dann, wie seine lykischen Nachbarstädte, Teil der röm. Provinz Lycia et Pamphylia. Früh breitete sich auch das Christentum in A. aus. So baten die Stadtväter zu Zeiten von Kaiser Maximinus Thrax, also zwischen 235 und 238 n. Chr., um Hilfe im Kampf gegen die Christen. Später wurde A. sogar Bischofssitz; eine Besiedlung läßt sich bis ins 11. Jh. n. Chr. nachweisen.

Assos, Athena-Tempel

Die Stadt A. liegt direkt am steilen S-Hang des Berges Şahinkaya (Bussardfelsen) und erstreckt sich über mehrere Terrassen. Der Feldweg, der die antike Stadt mit der Landstraße Finike–Elmalı verbindet, führt an der Akropolis und an der Tempel-Basilika vorbei, bevor er im Stadtzentrum vor der Ostnekropole, dem Gymnasium und der Großen Therme endet.

Von der **Akropolis,** die s des Feldweges auf einer kleinen Anhöhe liegt, sind nur wenige Mauerreste erhalten. Im Stadtzentrum beeindruckt dann die zweistökkige Fassade der **Thermen,** an die sich direkt das **Gymnasium** anschließt. Nordöstlich dieser beiden Gebäude erstrekken sich **Nekropole.** Vor den Ausgrabungen hielt man das nördlichste Gebäude wegen seiner zwei Säulen für einen Antentempel. Mittlerweile weisen aber Grabinschriften an den Klinen, Relieflöwen als Grabwächter und ein mit Stiersymbolen geschmückter Sarkophagdeckel auf einen Grabbau hin. Neben diesem Grabbau befinden sich noch zwei weitere reichverzierte *Tempelgräber.* Bis auf eine Ausnahme in der Nähe der Quelle des Aykırıçay sind lykische Felsengräber in A. nicht zu finden.

N und einige Meter oberhalb dieses Zentrums erreicht man über antike Steinrampen die **Agora.** Sie war auf drei Seiten von einer Säulenhalle umgeben, und nur der Blick talwärts nach SW war frei. Die Stoa ist 75 m lang, 8 m breit und war mit Mosaiken ausgelegt. Die Außenfassade wurde mit Kassetten geschmückt, die Masken- und Götterbilder enthielten. Der mittlere Platz war vermutlich mit einem Porträt Kaiser Hadrians geschmückt. An der östlichen Seite der Agora schlossen sich Ladengeschäfte an. Vermutlich stand in der Mitte der Agora auch noch ein Tempel.

Oberhalb der Agora liegen Reste des reichverzierten **Odeions,** das über drei Vorder- und zwei Hintereingänge verfügte. Innen war der überdachte Konzert- und Vortragsbau mit Bodenfliesen und einer Marmortäfelung reich verziert.

Oberhalb des Odeions findet man ein sehr gut erhaltenes griech. **Theater,** das Anfang des 2. Jh. n. Chr. gebaut wurde, und weiter nö Reste des Stadions. Wahrscheinlich wegen der steilen Hanglage verfügt das Theater nur über eine zwei Meter schmale Bühne. Bemerkenswert ist der Blick von den zwanzig in sieben konische Abschnitte geteilten Sitzreihen auf die Bergwelt. Ebenfalls der Geländeform angepaßt, hat das **Stadion** nur auf der Hangseite Sitzreihen und ist mit einer Länge von 80 m und einer Breite von 16 m halb so groß wie üblich.

Nordwestlich des Theaters befindet sich das **Bouleuterion,** das über eine langgestreckte Stoa mit der Stadt verbunden war. Unterhalb dieser Säulenstraße findet man Reste der **Kleinen Thermen** und des **Nymphaions.** Westlich des Bouleuterions befindet sich eine zweite **Nekropole,** die sich bis zum heutigen Dorf Arif erstreckt.

Assos

Çanakkale

Höhe: 0–294 m S. 288 □ B 3

Das antike A. liegt oberhalb des heutigen Ortes Behramkale und verfügt noch immer über eindrucksvolle Zeugnisse der Vergangenheit. Angelegt wurde A. von Äolern der Insel Lesbos, deren Umrisse bei gutem Wetter am Horizont sichtbar

Assos, Wehrturm

sind. Die Stadt diente vorwiegend als Hafen und Umschlagplatz und hatte keine besondere geschichtliche Bedeutung. Unter den prominenten Stadtbesuchern waren der Philosoph Aristoteles, der sich hier zwischen 348 und 345 v. Chr. aufhielt, und Apostel Paulus, der die Stadt auf seiner 2. Missionsreise in den Jahren 56 und 57 n. Christus besuchte.
Auf dem Gipfel stehen Reste des **Athena-Tempels.** Nicht weit davon wurde später eine Moschee errichtet, die jedoch ebenfalls verfallen ist. Der Tempel, übrigens der einzige archaische dorischer Ordnung in Kleinasien, stammt vermutlich aus dem Jahr 530 v. Chr. Einige Säulen, die um eine Cella ohne Opisthodom gruppiert waren, wurden mittlerweile wieder aufgestellt. Die Säulenordnung ist 6 × 13, und der Stylobat mißt 14 × 30 m.
S, unterhalb der steilen Akropolis, findet man weitere Reste des antiken A., wie Stadttor, Gymnasium, Tempel, Agora, Bouleuterion und – außerhalb der Stadtmauer – Nekropole.
Die **Agora,** die nur noch bruchstückhaft erhalten ist, stammt aus dem 3. Jh. v. Chr. Sie ist nicht rechtwinklig angelegt, sondern öffnet sich scherenförmig Richtung W. Diese Anlage entstand also nicht geplant, sondern entwickelte sich im Laufe der Zeit.
Im N wurde die Agora von einer zweigeschossigen *Stoa* begrenzt. Diese Säulenhalle war über hundert Meter lang und rund 12 Meter breit. Östlich dieser Stoa stand das *Bouleuterion.* Dieses Versammlungshaus war quadratisch und hatte ein von vier Säulen getragenes Dach. Im S wurde der Marktplatz dann von einer zweiten, dreigeschossigen *Stoa* begrenzt, an deren w Ende in röm. Zeit ein *Heroon,* also eine Kultstätte für einen Halbgott, erbaut wurde. Etwas n davon, auf halber Strecke zwischen den beiden Säulenhallen, stand ein schmuckloser, einfacher *Tempel.*
Zwischen Agora und Stadtmauer finden sich dann noch Reste des **Gymnasiums,** dessen Säulenhalle einen Innenhof umrahmte, sowie einer später dort erbauten byzantinischen **Kirche.** Während die antiken Stadtbauten nur noch spärlich erhalten sind, ist die **Stadtmauer** samt *Stadttor* und eines in voller Höhe erhaltenen halbrunden *Wehrturmes* immer noch eindrucksvoll.
Vor dem Stadttor liegen dann, wie bei anderen antiken Städten, die **Nekropole.**

Ayvalık
Balıkesir

Einw.: 25 800 Höhe: 10 m S. 288 □ B 3

Auf der Halbinsel Sarımsaklı im Golf von Endremit liegt das hübsche Hafenstädtchen Ayvalık. Zeugnisse von der antiken Stadt Kydonia, die sich hier befand, sind nicht mehr vorhanden. Lohnend ist ein Abstecher nach A. aber schon allein wegen des malerischen Hafens und der zahlreichen Fischlokale. Ebenfalls eindrucksvoll ist ein Ausflug auf den 5 km entfernten, oberhalb der Stadt gelegenen Şeytan Sofrası (Teufelstafel), von dem man einen herrlichen Blick über die Bucht bis zur griech. Insel Lesbos (Midilli) hat.
Die Stadt, die schon in der Antike gegründet worden war, blieb lange ohne Bedeutung. So fehlen auch aus der byz. Zeit Baureste. Vermutlich im 15. Jh. ließen sich türk. Siedler nieder. Zu dieser Zeit muß es aber schon einen großen griech.-orthod. Bevölkerungsteil gegeben haben, der vorwiegend vom Handel mit den nahe gelegenen Inseln profitierte.
Nach dem griech.-türk. Krieg litt der Ort, wie viele Hafenstädte an der Ägäis, am Exodus der Griechen, die A. nach dem Abkommen vom 30. 1. 1923 über den Bevölkerungsaustausch verlassen mußten. Für sie zogen Türken aus Lesbos, Kreta und Makedonien in den Küstenort. Heute gibt es von A. zahlreiche Schiffsverbindungen zu den nahe gelegenen Inseln.
Sehenswert sind die typisch nordostägäischen Stadthäuser und die zahlreichen orthodoxen Kirchen, die später in Moscheen umgewandelt wurden, wie *Agios Yanis* (heute: Saatlı Camii), *Agios Yorgis* (Cınarlı Camii), *Agios Nikolaos* (Biberli Camii) und *Kato Panagia* (Yeni Camii). Bemerkenswert ist auch die *Taksiyarhis Kilisesi.* In dieser griech.-orth. Kirche aus dem 19. Jh. sind die Heiligenbilder auf Fischhaut gemalt.

B

Birgi
Manisa

Einw.: 10 000 Höhe: 390 m S. 291 □ D 4

Über eine enge Paßstraße ist von → Sardis aus das 45 km entfernte B. zu erreichen. Dieses Provinzstädtchen ist wegen seiner alten türkischen Palais bemerkenswert. Das bedeutendste ist das Çakırağa Konağı. Sehenswert ist auch die Ulu Camii im oberen Ortsteil, und ein altes türkisches Hamam.

Ulu Camii: Die Bauinschrift gibt als Entstehungsjahr 1312/13 n. Chr. an. Damit ist diese Moschee eine der ältesten an der türk. Westküste. Als Baustoff wurden zahlreiche antike Quader verwendet.

Çakırağa Konağı: Eindrucksvolles Beispiel für türkische Wohnhäuser aus dem 18. und 19. Jh. Während die Mauern des Erdgeschosses aus Bruchgestein bestehen, wurde der Rest im Fachwerkstil errichtet.

Die ausladenden Gesimse und die Bemalung des Obergeschosses zeigen schon von außen die Pracht. Die Innenräume sind mit Holz getäfelt und mit filigranen Schnitzereien und Holzmalereien geschmückt. Die dagegen schlichten Bretterböden waren durch kostbare, handgeknüpfte Teppiche verdeckt.

Das ganze Anwesen samt Garten ist außerdem durch eine hohe Mauer geschützt. Auch in der Nachbarschaft findet man schöne Palais.

Hamam: Am Platz vor der Moschee, direkt gegenüber der Ulu Camii, befindet sich ein Lebensmittelgeschäft. In den Hinterräumen dieses Ladens ist ein kleines, schmuckloses, aber durch seine Einfachheit interessantes *türkisches Bad* untergebracht.

Çakırağa Konağı

C

Çanakkale
Çanakkale

Einw.: 53 900	Höhe: 10 m	S. 288 □ B 2

Die Hauptstadt der gleichnamigen Prov. Çanakkale, dem antiken Troas, liegt strategisch günstig etwa an der engsten Stelle der Dardanellen auf der asiatischen Seite. Ç. wurde im 15. Jh. durch die Türken gegründet. Der Name bedeutet »Topfschloß«, was sowohl an die hier damals reichlich vertretene Keramikproduktion als auch an die Burg Sultaniye Kale erinnert, die noch heute das Stadtbild prägt.

Sultaniye Kale (»Sultans Burg«): Die Festung mit ihren 8 m dicken und 25 m hohen Mauern wurde 1452 unter Mehmet II. erbaut und ist das Gegenstück der auf europäischer Seite liegenden Festung Kilitbahir (→ Eceabat). Beide Festungen ließ der Sultan erbauen, um hier, an der mit 1200 Metern engsten Stelle der Dardanellen, die zum Marmarameer fahrenden Galeonen kontrollieren zu können. Am Eingang der Burg befindet sich ein *Militärmuseum*, das den Kämpfen um Ç. gewidmet ist. Zwischen diesem Museum und der eigentlichen Festung steht direkt am Ufer eine Nachbildung des Minenschiffes Nusrat, mit dem die umkämpfte

< *Birgi, Ulu Camii*

Meerenge im Ersten Weltkrieg vermint worden war. In der Burg selbst werden Waffen sowie Kriegsfotos von Atatürk ausgestellt. – Ein zweites *Museum* befindet sich an der SO-Seite des Innenhofs. Hier werden Bücher und Karten des Admirals Piri Reis gezeigt. Reis war ein berühmter türkischer Seefahrer und Kartograph, lebte von 1465 bis 1554 und wurde auf der europäischen Seite der Dardanellen, in Gelibolu, geboren.

Archäologisches Museum: Lage: Kurz vor der Stadtgrenze an der Straße Richtung İzmir. Ausgestellt sind Funde aus Troja und antike Keramiken aus der Umgebung.

Umgebung

Biga (ca. 100 km ö): An der Straße Richtung Bursa liegt am Çan Çay, dem antiken Granikos, der Ort B. Nw dieses Ortes, in einer Sumpfebene neben der Straße Biga–Karabiga, liegt das Schlachtfeld, auf dem Alexander d. Gr. 334 v. Chr. seinen ersten Sieg über die Perser errang. Von hier aus zog Alexander an der Küste Kleinasiens Richtung S, um die griech. Städte vom persischen Joch zu befreien. Reste dieser antiken Schlacht sind nicht mehr sichtbar.

Dardanellen (Çanakkale Boğazı; Hellespont): Die Dardanellen, die in der Antike als Hellespont bezeichnet wurden, sind eine 60 km lange und bis zu 1,2 km schmale Meerenge, die die Kontinente Europa und Asien trennt. In der gesamten Geschichte waren die D. strategisch von außerordentlicher Wichtigkeit und infolgedessen heftig umstritten. Unter Xerxes versuchten die Perser 480 v. Chr. über die Meerenge überzusetzen, um Griechenland zu erobern, scheiterten jedoch. Ebenfalls an dieser Meerenge begann Alexander d. Gr. 334 v. Chr. seinen Feldzug gegen die Perser (→ Biga). Während der Eroberung des Byzantinischen Reiches gelang es den Türken, 1356 die D. zu überqueren.

Im Ersten Weltkrieg versuchten die Franzosen und Engländer die D. zu besetzen, um Rußland Zugang zu den Weltmeeren zu verschaffen. Mit Unterstützung von deutschen Truppen gelang es jedoch der türk. Armee, die Alliierten zurückzuweisen. Während dieser fast zwölfmonatigen Kämpfe starben rund 500000 Menschen. Besonders heldenhaft kämpfte auf türkischer Seite die 19. Division, die den Nordabschnitt an der Gallipolifront zu kontrollieren hatte. Der Sieg begründete den Ruhm Mustafa Kemal Paşas, der später den Namen Atatürk annahm und als Gründer der modernen Türkei in die Geschichte einging. Atatürk kommandierte die 19. Division, die sich – wie bereits erwähnt – durch besondere Tapferkeit auszeichnete.

In Erinnerung an diesen Sieg wird noch heute, jeweils am 18. April, der Anzac-Tag begangen. Anzac steht dabei für »Australien und New Zealand Army Corps« (auf alliierter Seite wurden überwiegend Australier und Neuseeländer eingesetzt). An der Einfahrt zu den D., auf dem ö Hügel in der Morto-Bucht, steht zur Erinnerung an die gefallenen Soldaten ein weithin sichtbares, 42 m hohes, viersäuliges *Denkmal.* In der Umgebung befinden sich weitere Soldatenfriedhöfe und Denkmäler. Mit Unterzeichnung des Vertrages von Montreux am 20. Juli 1936 ist sowohl der zivile als auch der militärische Seeverkehr per Abkommen geregelt. Die D. unterstehen seitdem auch offiziell türkischer Hoheit.

Eceabat (4 km nw): Der Ort E. ist das europäische Pendant zum asiatischen Çanakkale. Die beiden Orte sind durch stündlich verkehrende Fähren miteinander verbunden. Vier km s von E. befindet sich die osmanische Festung Kilitbahir, die auf der anderen Seite der Meeresenge mit der Festung Sultaniye Kale in Çanakkale ihre Entsprechung hat.

Gelibolu (ca. 45 km n): Das antike Kallipolis und heutige G. liegt am n Ende der Dardanellen auf europäischer Seite. Historische Sehenswürdigkeiten sind nur spärlich vorhanden, und dies, obwohl die Stadt aufgrund ihrer strategischen Lage schon immer von Wichtigkeit war.

405 v. Chr. errang bei einer Seeschlacht vor Kallipolis Sparta den entscheidenden

Çanakkale, Sultansburg

Çanakkale, Militärmuseum

Çanakkale, Archäologisches Museum

Sieg über Athen und beendete damit den Peloponnesischen Krieg zu seinen Gunsten. Als die Türken unter Suleiman Paşa im Zuge der Eroberung des Byzant. Reiches die Dardanellen überschritten, nahmen sie 1357 als erste europäische Stadt G. ein. 1465 wurde hier der berühmte türkische Seefahrer und Kartograph Piri Reis geboren (→ Çanakkale, Sultaniye Kale).

Sehenswert ist heute noch die *Gebetsstätte Azebeler Namazgâhı* (ö der Stadt), die eine Minimal-Moschee darstellt. Die Anlage, die 1407 entstand, ist eine Gebetsstätte unter freiem Himmel. Nur quer in Richtung Mekka wurde eine Mauer hochgezogen, die zwei Mimbar (auch: Minbar, Minber, z.dt.: Kanzel) und die Mihrab (auch: Mihrap, z.dt.: Gebetsnische) einschließt. – Im Ort selbst sind noch ein sechskuppeliger *Basar* aus dem 15. Jh., sowie mehrere osmanische *Türben* zu besichtigen, und im Hafen stehen noch Reste eines byzant. *Festungsturms* aus dem 8. Jh. – 15 km nö von G. befinden sich die *Grabstätten* des türkischen Eroberers Gazi Süleyman Paşa und des Dichters Namık Kemal. – Nördlich von G. liegt der Ort **Bigalı.** Hier hatte Mustafa Kemal Paşa, Atatürk, sein Feldlager. Heute erinnert daran noch ein *Museum.*

Kilitbahir (2 km w): Die Festung K. (»Schlüssel des Meeres«) wurde 1462/63 im Auftrag von Mehmed II. errichtet. Bemerkenswert ist der Grundriß, der aus drei überlappenden Kreisen besteht. Die drei runden Ecktürme haben dabei einen Radius von 20,5 m und werden noch durch eine U-förmige Mauer zusätzlich geschützt. In einem Anbau ist ein kleines *Heimatmuseum* untergebracht.

Çeşme

Einw.: 10000 S. 290 □ B 4

W von İzmir erstreckt sich eine Halbinsel, an deren Ende sich die auch bei Strandur-

laubern beliebte Stadt Ç. befindet. Gegenüber, nur durch eine Meerenge getrennt, liegt die griechische Insel Chios.
In der Antike war Cyssus, das heutige Çeşme, nur eine unbedeutende Hafenstation der Stadt Erytrai (s. Umgebung). Mit der Niederlage der Flotte von Antiochos III. sollen die Römer ab 190 v. Chr. in der Nähe von Ç. mit der Eroberung Kleinasiens begonnen haben.
Ab 1081 n. Chr. eroberten Seldschuken die Gegend und bauten 2 km von Ç. entfernt, im heutigen Çeşme Köy, eine Moschee. Sie wurden anschließend von Kreuzrittern vertrieben, bevor die Stadt von Truppen des seldschukischen Emirats Aydınoğullan zurückerobert und zu einem Stützpunkt ausgebaut wurde. Der osman. Sultan Yıldırım Beyazıt gliederte Ç. dann ins Osmanische Reich ein. Nach der Schlacht von Ankara im Jahre 1402 setzte der Mongole Timur alle türk. Fürsten wieder ein, und Ç. ging an das Emirat Aydınoğullan zurück. Am 5./6. Juli 1770 fand in der Meerenge vor Ç. eine Seeschlacht zwischen Türken und Russen statt.

Wahrzeichen der Stadt ist das **Kastell** am Hafen, das die Genuesen im 14. Jh. errichtet hatten und 1508 von dem osmanischen Sultan Beyazıt II. ausgebaut wurde. Die *Mauern* und eine kleine *Moschee* aus dem 16. Jh. sind noch sehr gut erhalten. In einem Teil der Festung befindet sich ein kleines *Museum,* in dem Funde aus der Umgebung ausgestellt werden.
In unmittelbarer Nähe der Burg steht eine zweistöckige **Karawanserei,** die von Sultan Süleyman im Jahr 1529 errichtet wurde und für die als Architekt Ömer, Sohn von Ali Pabuççu, verantwortlich zeichnete.
Die Karawanserei umschloß einen Innenhof und diente als Herberge für reisende Händler (Karawanen).
Über das ganze Stadtgebiet verteilt findet man teilweise sehr schöne **Brunnen,** wie den Anonim Çeşme aus dem Jahr 1792 und den Kaymakam Çeşme aus dem Jahr 1892. Diese Brunnen gaben der Stadt den Namen (Çeşme heißt Brunnen).

Çanakkale, Archäologisches Museum, Kaiser Augustus

Umgebung

Erythrai (20 km nö): Von Çeşme kommend erreicht man über den Badeort Ilica das an der N-Küste der Halbinsel gelegene Dorf Ildırı, ,wo sich die Reste des antiken E. befinden. Es gehörte zum Bund der zwölf ionischen Städte. Im 5. Jh. v. Chr. mußte die damals reiche Stadt einen hohen Beitrag für den Delisch-Attischen Seebund erbringen.
Auf der *Akropolis* wurden Reste einer archaischen Terrassenmauer und eines 13 m langen und 6,5 m breiten Megarons ausgegraben. In der Umgebung dieser Bauten wurden auch *antike Kunstwerke,* wie eine archaische Mädchenstatue und Kleinfunde aus Bronze, Elfenbein und Keramik gefunden, die jetzt im Museum von İzmir (→ İzmir) zu sehen sind. Bemerkenswert ist, daß diese Funde ursprünglich nicht aus E. stammen, sondern in der Antike aus Phönikien, Zypern und Phrygien importiert wurden. – Am N-Hang des Hügels sind noch zahlreiche Sitzreihen des *Theaters* erhalten. – Knapp 200 m n des Theaters sind Teile der aus roter Lava und weißem Kalkstein errichteten *Stadtmauer* erhal-

Çeşme, Museum, Exponat

Çeşme, Karawanserei

Çeşme, Kastell

Çeşme, Karawanserei, Innenhof

Chryse, Gülpınar,
Tempel des Apollon Smintheus

Erythrai (Çeşme), Theater

ten. – Unmittelbar davor liegen Reste einer *hellenist. Villa,* die als Peristylhaus angelegt war, deren Zimmer sich also um einen Innenhof gruppierten. Ebenfalls ein Peristylhaus, allerdings aus röm. Zeit, liegt weiter s, Richtung Theater. Diese *röm. Villa* war mit einem Mosaikfußboden geschmückt. – Zwischen Stadtmauer und Theater finden sich dann noch Reste weiterer *Gebäude* aus klassischer Zeit, sowie eines kleinen Heroengrabes, wo die Fundamentplatte und mehrere hochkant stehende Quader, sog. Orthostate, erhalten sind.

Klazomenai (45 km ö): Von Çeşme in Richtung İzmir lag an der Nordküste der Halbinsel nahe dem Dorf Çeşmealtı (Iskelesi) das antike K. Im 6. Jh. v. Chr. wurden hier die berühmten bemalten *Tonsarkophage* hergestellt und in alle Teile Kleinasiens exportiert.

Nur noch nahe einem Damm, der zu einer dem Ort vorgelagerten Insel führt, sind spärliche Reste aus dieser Zeit zu finden. Funde von Ausgrabungen werden im Museum von İzmir (→ İzmir) ausgestellt.

Chryse

S. 288 □ B 3

Unterhalb des Ortes Gülpınar liegen die sehenswerten Reste des **Tempels des Apollon Smintheus,** der aus der 2. Hälfte des 3. Jahrhunderts vor Christus stammt. Beachtenswert ist der Pseudodipteros-Grundriß (→ Tempel der Artemis von Magnesia a. M.), das heißt der doppelt so große Abstand der teils reichgeschmückten ionischen Säulen von den Cellawänden.

Im Gegensatz zum Apollontempel von Didyma, der einen reinen Dipteros-Grundriß aufweist, wird hier eine zweireihige Säulenanordnung durch den großen Abstand der Säulen von der Wand nur vorgetäuscht.

Der Stylobat ist 22,60 m breit und 40,45 m lang. Die beiden Längsseiten hatten 14, die Breitseiten 8 Säulen. Der Tempel war bereits im 19. Jahrhundert entdeckt und ausgegraben worden, geriet dann aber wieder in Vergessenheit, wurde sogar wieder überbaut und erst in den letzten Jahren erneut ausgegraben.

D

Didyma

Aydın

Höhe: 52 m S. 290 □ C 5

Von Milet aus (Anfahrt s. dort) folgt man der Landstraße weiter Richtung S und erreicht nach 19 km den Ort Didim, wo sich die eindrucksvollen Ruinen des Apollon-Tempels von D. befinden.

Wie der vorgriech. Name D. unterstreicht, befand sich bereits vor der Ankunft der ionischen Siedler an dieser Stelle eine Kultstätte, die vermutlich Gaia geweiht war. Die Griechen übernahmen das Heiligtum und weihten es dem wahrsagenden Gott Apollon.

Die Ionier leiteten die Gründungslegende aus dem Wort »didyma tekna« (Zwillinge) ab. Demnach zeugte Zeus mit Leta an dieser Stelle die Zwillinge Apollon und Artemis. Als Apollon später diesen Ort besuchte, traf er hier einen Hirten, der die Quelle betreute. Aus Dankbarkeit schenkte ihm Apollon daraufhin die Sehergabe. Aus der hl. Quelle stiegen vermutlich Schwefeldämpfe auf, die die Priester in Trance, und damit in die Fähigkeit wahrzusagen, versetzten.

Bereits im 8. Jh. v. Chr. wurde hier ein primitiver, 24 x 10 m großer Tempel errichtet. Schon Ende des 7. Jh. v. Chr. muß das

Didyma, Tempel des Apollon

Heiligtum aber über das ionische Siedlungsgebiet hinaus bekannt gewesen sein. So verehrte auch Pharao Necho von Ägypten (610–595 v. Chr.) die Stätte.
Ca. 550 v. Chr. wurde mit finanzieller Unterstützung des lydischen Königs Kroisos (560–545 v. Chr.) über dem alten Heiligtum ein erstes Didymaion errichtet, das mit 89 x 35 m bereits eine stattliche Größe aufwies. Dabei umschloß ein mit doppelten Säulenreihen versehener Oktostylos einen Hof, in dessen Mitte sich der Naiskos, die göttliche Wohnstätte, befand.
Nach der Niederschlagung des Ionischen Aufstands von 499 v. Chr. zerstörten die Perser 494 v. Chr. den Bau und raubten das Kultbild. Erst unter Seleukos I. (312 bis 281 v. Chr.) wurde die Statue wieder von Ekbatana nach D. zurückgebracht.
Alexander d. Gr. beschloß bei seinem Aufenthalt in Milet im Jahre 332 v. Chr., den Tempel wieder aufzubauen. Vielleicht hatte hier das Orakel Wirkung gezeigt. Die Priester weissagten ihm nämlich, er sei die »Sonne des Zeus«, was ihm später göttliche Verehrung und den Priestern (fast) einen neuen Tempel einbrachte. Trotz einer 650jährigen (!) Bauzeit wurde der Tempel nie vollendet. Zwar finanzierten auch die Kaiser Caligula (37–41 n. Chr.) und Hadrian (117 bis 138 n. Chr.) die Arbeiten, trotzdem scheiterte das Vorhaben endgültig am Geldmangel.
Durch Marmorinschriften sind Abrechnungen vom Tempelbau überliefert. Demnach wurden für eine der 19,7 m hohen Säulen als Lohn 39000 Drachmen bezahlt, was rund 26000 Tageslöhnen entsprach. Auf heute übertragen kostete eine Säule grob geschätzt (35 DM × 8 Std. pro Tag) damit über 7 Millionen Mark. Da der Tempelplan 122 Säulen aufwies, hätte man allein für die Säulen 4,7 Millionen Drachmen oder umgerechnet 854 Millionen Mark aufbringen müssen.
Bereits zuvor, 262 n. Chr., war der Bau wegen der Raubzüge der Goten in eine

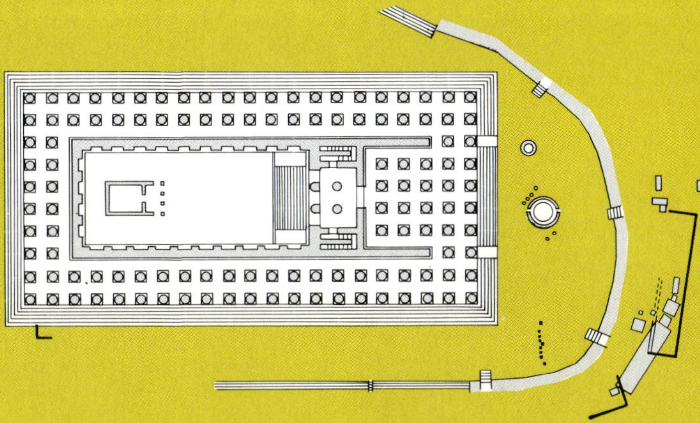

Didyma: Tempel des Apollon

Festung umgewandelt worden. Im 5. Jh. wurde dann im Tempel eine Kirche errichtet, und 988 wurde die Befestigungsanlage noch einmal verbessert. Im 15. Jh. zerstörte ein Erdbeben den Bau.
Erste Grabungen fanden bereits 1872/73 statt, aber bevor Theodor Wiegand 1905–1913 und 1924/25 den Tempel ganz freilegen konnte, mußten noch mehrere türk. Häuser und eine Windmühle, die auf dem Trümmerfeld errichtet waren, abgerissen werden.

Tempel des Apollon: Er ist in zweifacher Hinsicht bedeutend: Zum einen ist er der am besten erhaltene Bau der vier großen ionischen Dipteroi, Doppelhallentempel, zum anderen fand man hier winzige Bauzeichnungen, die für die Erforschung der antiken Baukunst von großer Wichtigkeit sind.
Der Bau hatte mit einer Größe von 109 × 51 m grandiose Ausmaße und war damit nur unwesentlich kleiner als der Tempel der Hera auf Samos (110 × 55 m) und das Artemision (→ Ephesos) von Ephesos (115 × 55 m). Die Säulen waren fast 20 m hoch und standen auf einer Basis mit einem Durchmesser von 2 m. Der Bau erreichte mit dem 3,3 m hohen Gebälk und den sieben Stufen des Unterbaus eine Gesamthöhe von 27 m.
Sieht man den nicht überdachten Innenhof als Cella an, so handelt es sich hier um einen Antentempel mit einem doppelreihigen Säulenumgang. Die Anlage wird als Dipteros bezeichnet, wobei allein schon zwischen den Anten im *Pronaos* zwölf Säulen standen. An diese Vorhalle schloß sich, durch eine 14 m hohe und 5,5 m breite Tür getrennt, ein als *Chresmographeion* bezeichneter Raum an, der auf zwei Säulen ruhte und in dem die Priester ihre Orakel aufschrieben.
Den an Stelle einer Cella befindlichen *Innenhof* erreichte man über zwei überwölbte Gänge, die ausschließlich Priester

Didyma, Tempel des Apollon

Didyma, Tempel des Apollon

benutzen durften. Dieser 53,6 × 21,7 m große Innenhof wurde in der Antike als Adyton (Allerheiligstes) bezeichnet und war von 5,5 m hohen Sockelmauern umgeben, auf denen sich dann die eigentlichen, fast 20 m hohen und mit Pilastern gegliederten Cellawände erhoben. Im letzten Drittel dieses Hofes, dort, wo auch die heilige Quelle sprudelte, stand dann das religiöse Zentrum, der 14 × 8 m große ionische *Naiskos,* in dem sich die Statue Apollons befand. Der Tempel hatte die Form eines einfachen Megaronbaus (rechteckiger Raum, dessen Längswände vorgezogen waren und so eine Vorhalle bildeten), vor dem vier Säulen aufgestellt waren. Das ionische Gebälk war mit einem feingearbeiteten Lotos-Palmetten-Fries und Zahnschnitt geschmückt. Dem Naiskos gegenüber führte eine Freitreppe zum rückwärtigen Eingang des Chesmographeions. Die Fassade bestand aus drei Portalen, die mit korinthischen Halbsäulen abgegrenzt waren.

Von Bedeutung sind nicht nur die Mächtigkeit und der gute Zustand des Tempels, sondern auch kleine, mit Eisennadeln durchgeführte *Zeichnungen,* die erst 1979 bei Arbeiten von deutschen Forschern unter Leitung von Lothar Haselberg an den Mauern im Innenhof entdeckt wurden. Diese Zeichnungen geben Aufschluß, wie die Architekten in der Antike ihre Projekte entworfen und geplant haben. Bei den Skizzen, die 200 (!) Quadratmeter der Mauerfläche bedecken, wurden die horizontalen Angaben in der Originalgröße dargestellt, während in der Vertikalen jeder Zoll (1,9 cm) auf der Zeichnung einem Fuß (29,5 cm) am Bau entsprach. Eindrucksvoll ist auch die Exaktheit der Zeichnungen. So sind Linien über mehrere Meter vollkommen gerade gezogen worden, und 2 m große Halbkreise wurden genau in 15-Grad-Abschnitte unterteilt.

Im Normalfall wurden diese Baupläne später weggeschliffen. Da der Tempel aber nicht vollendet wurde, blieben die kostbaren Zeugnisse antiker Bautechnik bis heute erhalten. Nach der Entdeckung hat man auch andere antike Bauwerke nach den nur Millimeter tiefen Strichen untersucht und wurde u.a. in Priene und Sardes fündig.

Didyma, Tempel des Apollon

Bemerkenswert auch ein fein ausgearbeiteter *Medusenkopf,* der im Tempelbereich ausgestellt wird. Die Grimasse sollte Feinde vom Betreten des Tempels abhalten.

Tempel der Artemis: Unweit des Tempels des Apollon wurden Reste eines kleineren Heiligtums entdeckt, das aufgrund der Gründungslegende wohl Artemis gewidmet war.

Stadion: Südlich des Tempels kann man einige Sitzstufen ausmachen. Sie sind, wie die Stufen des Stylobaten, Teil der Zuschauerränge eines kleinen Stadions.

Heilige Straße: Sie verband Milet mit seinem Hauptheiligtum D. Die ganze Straße war mit Löwenköpfen gesäumt, die Nicht-Gläubige von dem Heiligtum abhalten sollten. Ebenfalls am Straßenrand standen Sitzstatuen, die die Priester und Priesterinnen darstellten. Die Hüter des Heiligtums kamen aus dem Geschlecht der Branchiden, das angeblich aus Delphi stammte (auch der Tempel in Delphi ist Apollon geweiht). N der modernen Straße, nahe Didim, ist ein 85 m langer Teil der Heiligen Straße freigelegt worden.
Die Straße, die vermutlich 100 n. Chr. entstand, ist hier 6 m breit, durchgehend gepflastert und von Bordsteinen begrenzt.
Neben der Straße wurde eine 70 m lange *Halle* mit Kammern entdeckt. Auch andere Gebäude wurden in der Umgebung gefunden. Die Ausgrabungen sind jedoch noch nicht abgeschlossen. Die Fachleute erwarten hier aber weitere interessante Funde. Wie heute, so schien auch damals der Besucherstrom günstige Lebens- und vor allem Geschäftsbedingungen zu schaffen.

Museum: Südwestlich des Tempels befindet sich das deutsche Grabungslager. Während das Depotmuseum, das u. a. bedeutende archaische Skulpturen ent-

Didyma, Tempel des Apollon

Didyma, Tempel des Apollon

hält, nur mit Sondergenehmigung betreten werden darf, findet man im Garten u.a. archaische ionische Kapitelle, Kymatien (Eierstäbe), Statuen, Reste eines Altars und dergl.

E

Edremit Balıkesir		
Einw.: 30 000	Höhe: 0–3 m	S. 288 □ C 3

Die Stadt, 8 km vom Golf von Edremit auf den niederen Ausläufer des Paşadağ gelegen, überblickt die fruchtbaren Ebenen nach Süden.
Das antike *Adramyttion* lag an der Küste bei Karataş, 4 km w von Burhaniye bei Kemer, 13 km sw von Edremit.
Dort sind antike Reste einer unvollständigen Ausgrabung zu sehen. Wann die Stadt nach Edremit verlegt wurde, ist unbekannt.
Edremit wechselte zwischen Byzantinern und Türken oft den Besitzer, besaß im frühen 14. Jh. eine genuesische Festung, fiel jedoch bald in die Hände der turkmenischen Fürsten von Karası (Balıkesir).

Şehir Müzesi (*Städtisches Museum* in der Stadtbibliothek): Außer archäolog. Funden eine reiche Waffensammlung.

Kurşunlu Camii (Kurşunlu Caddesi): 1231 v. dem Seldschuken Yusuf Sinan erbaut, *Türbe* daneben.

Edremit, Kurşunlu Camii

Umgebung

Antandros (s des Kazdağı, zwischen Altınoluk und Avcılar): Auf einem 215 m hohen Hügel gelegener Ort. Von den Pelasgern gegr., später unter persischer, hellenist., röm. Herrschaft, in byzant. Zeit Episkopat. Auf dem Hügel eine *Festung* (kale), am w Abhang ein Friedhof (mezarlık). Münzenfunde mit Bild der mythischen Städtegründerin Artemis.

Elmalı
Antalya

Einw.: 12 5oo Höhe: 1155 m S. 291 □ E 6

Von Finike aus erreicht man über eine sehr schöne Paßstraße, die u.a. an den Ruinen von → Arykanda vorbeiführt, das 70 km entfernte E. Die Stadt liegt auf einer Hochebene und ist auch im Sommer relativ kühl. Der Ort selbst verfügt über keine antiken Bauwerke, weist aber mit der Ömer Paşa Camii aus dem 15. und der Yeşil Camii aus dem 17. Jh. zwei schöne Moscheen auf.

Umgebung

Karataş-Semayük (15 km ö): Hier wurde unter der Leitung von Machteld J. Melling eine *Siedlung* aus der Bronzezeit entdeckt. Die Funde gehen bis ins 3. Jtd. v. Chr. zurück. Wie in Troja so wurde auch hier ein *Megaron* freigelegt. Das Haus hatte einen Hof und war von einem Wall umgeben.
Kızıbel (4 km sw) **und Karburun** (10 km nordöstlich): In Kızıbel (oberhalb des sw von Elmalı gelegenen Ortes Karagöl) und in Karburun (oberhalb des an der Straße nach Korkuteli gelegenen Ortes Bayındır) wurden *Tumulus-Gräber* aus

dem 6. bis 5. Jh. v. Chr. entdeckt. Im Inneren fand man *lykische Wandmalereien.* Diese sensationellen Funde sind jedoch nicht zugänglich, da die Kunstwerke aufwendig geschützt werden müssen und durch Lichteinfall zerstört werden würden. Die Wandmalereien, die von Machteld J. Melling sorgfältig restauriert wurden, zeigen Szenen aus der griech. Mythologie und aus dem Leben der Bestatteten, wie z. B. Jagden mit Löwen, Kämpfe und Verabschiedungen von der Familie.

Tekkeköy (15 km s): Hier befinden sich das *Kloster* (15. Jh.) und *Türbe* (Grab) des Bektaşi-Derwischs Abdal Musa.

Ephesos/Selçuk

İzmir

Einw.: 17 000	Höhe: 19 m	S. 290 □ C 5

Die antike Hafenstadt Ephesos liegt heute infolge der Versandung des Kleinen Mäander (Küçük Menderes; antik: Kaystros) rund 5 Kilometer vom Meer entfernt. Aufgrund ihrer geschichtlichen Bedeutung, ihrer guterhaltenen Gebäude und ihrer Nähe zum Touristenzentrum → Kuşadasi ist E. heute eine der meistbesuchten antiken Stätten in der Türkei.

Strabon und Pausanias schildern die Gründung von E. folgendermaßen: Im 11. Jh. v. Chr. befand sich König Kodros v. Athen auf einem Eroberungszug und befragte vor einer Schlacht das Orakel. Die Antwort: Jenes Heer werde gewinnen, dessen König zuerst falle. König Kodros ließ sich daraufhin absichtlich von seinen Feinden töten. Zwischen seinem Sohn Androklos und dessen Stiefbrüdern entbrannte nach dem Tod der Streit um die Nachfolge. Androklos beschloß daraufhin mit seinen Getreuen weiter gen Osten zu ziehen und eine neue Stadt zu gründen. Doch wo, das war die Frage. Ein Orakel gab die Antwort. Dort, wo Fisch und Wildschwein sich treffen, solle die neue Stadt gegründet werden. Eines Abends wollten Androklos und seine Getreuen am Pion Berg einen Fisch braten. Doch der Fisch sprang vom Rost, und die dadurch aufgewirbelte Glut entfachte das trockene Gras. Aufgeschreckt vom Brand flüchtete ein Wildschwein aus dem nahen Unterholz. Androklos schwang sich sofort auf sein Pferd, verfolgte das Wildschwein und tötete es. Und wie das Orakel es forderte, gründete Androklos hier die neue Stadt. An dem Ort, wo das Wildschwein erlegt worden war, wurde ein Tempel zu Ehren der Athena gebaut, von dem bis heute jedoch jede Spur fehlt.

Elmalı, Ömer Paşa Camii

SIEDLUNGSGESCHICHTE

Ephesos I: Bereits vor den griech. Siedlern gab es hier Ortschaften. Der nichtgriech. Name E. geht vermutlich auf diese anatolischen Ureinwohner zurück. Während die Legende von einer Gründung im 11. Jh. v. Chr. ausgeht, belegen archäologische Untersuchungen eine frühere Besiedlung. Bereits im 2. Jtd. v. Chr. wohnten die Karer und Leleger am heutigen Burghügel von S. Aufgrund des Verlandungsgeschiebes des Kleinen Mäanders, der Versandung des Hafens, der Versumpfung der Umgebung und aufgrund von Zerstörungen mußte die Stadt im Verlauf ihrer Geschichte mehrfach ihren Standort wechseln.

Ephesos II: 1,2 km w von Ephesos I ließen sich 1250 v. Chr. Achäer auf der damaligen Insel und dem heutigen Hügel Kurutepe nieder. Im 11. Jh. v. Chr. besiedelten dann ionische Griechen unter Androklos (s. oben) das Gebiet und gründeten ihre Stadt auf dem Festland am Panayir Dağı. Mit den Lydern und Lelegern, die hier bereits siedelten, scheint man auf friedliche Art umgegangen zu sein, wie die Verehrung der Götter zeigt. Die Ureinwohner beteten eine anatolische Muttergöttin an, deren Kultbild in einem Baumstamm eingeschlossen war. Die Neuankömmlinge erkannten hierin die in Griechenland als Göttin der Tiere verehrte Artemis und übernahmen den Kult. Wahrscheinlich schufen sie aus einer Holzsäule später ein neues Kultbild. Sicher ist, daß es bereits in dieser Zeit eine Kultstätte samt Altar gab. Später wurde das Kultbild in eine Kapelle, eine Naiskos, gestellt und das Gelände durch eine Mauer geschützt.
Von dieser Epoche zeugen heute nur noch Reste einer polygonalen Mauer. Die damalige Standortwahl war ideal. Der Burgberg schützte vor Angriffen, der Hafen und das fruchtbare Hinterland sorgten für Reichtum. Um sich vor Angriffen zu schützen, wurde E. Mitglied im ionischen Zwölfstädtebund. Diese Epoche endete im 7. Jh. v. Chr. mit der Zerstörung durch die Kimmerier, die auch das Heiligtum dem Erdboden gleichmachten.

Ephesos III: Mitte des 6. Jh. v. Chr. eroberte der Lyderkönig Kroisos die Stadt und ordnete eine Neugründung s des Artemis-Tempels an. Trotz der Eroberung wurde E. nicht zerstört, im Gegenteil: Kroisos stiftete dem im Bau befindlichen Artemis-Heiligtum, einem der größten Tempelprojekte der damaligen Zeit, einige Säulen und Goldstatuen.
Ab 546 v. Chr. wurde E. persisch, arrangierte sich aber mit den neuen Machthabern und nahm 494 v. Chr. auch nicht am Ionischen Aufstand teil, der zur vollständigen Zerstörung von → Milet führte. Zwischen 540 und 480 v. Chr. lebte der Naturphilosoph Heraklit in E. Auf ihn geht die Erkenntnis »Alles fließt« zurück. Heraklit stammte als Sohn eines Priester- und Opferkönigs zwar aus der Oberschicht, war aber immer ein Mahner gegen die Prasserei der Reichen. So schalt er seine Mitbürger: »Möge nie der

Ephesos, Haus der Heiligen Jungfrau Maria

Ephesos, Haus der Heiligen Jungfrau Maria, Altar

Reichtum Euch ausgehen, Ephesier, daß nicht offenbar wird, wie verkommen Ihr seid.« Ein Beispiel für Heraklits Zorn: Während einer Belagerung durch die Perser wurden die Lebensmittel langsam knapp. Während die Bevölkerung sparen mußte, feierten die reichen Kaufleute in Saus und Braus. Auf einer dieser Feiern erschien Heraklit und löffelte demonstrativ seine Gerstengrützensuppe. Später hieß es dann: »Die Perser räumten das Feld vor der Grütze des Herakleitos.«

Wie beim Ionischen Aufstand, so hielt sich E. auch beim Delisch-Attischen Seebund zunächst zurück, trat dann aber, nachdem die Perser in den Schlachten von Salamis (480 v. Chr.) und Plataiai (479 v. Chr.) zurückgedrängt worden waren, dem Bündnis bei.

Nach der Niederlage Athens im Peloponnesischen Krieg kam E. zunächst in den Besitz der Spartaner, fiel aber nach dem Frieden des Kallias (386 v. Chr.) wieder an die Perser, büßte aber auch in dieser Zeit nichts von seiner Finanzkraft ein. Von wirtschaftlicher Bedeutung für die Stadt war neben dem Handel das Asylrecht im bzw. am Artemis-Tempel. Hier konnten reiche Verbannte Schutz finden. Dieses Recht, das aber auch gemeine Verbrecher anlockte, wurde später von Alexander d. Gr. ausgeweitet und erst unter Augustus wieder eingeschränkt.

356 v. Chr. wollte ein Mann namens Herostratos auf sich aufmerksam machen und zündetete den Artemis-Tempel, dessen Dachkonstruktion und Kassettendecke aus Holz bestand, an. Doch da E., wie geschildert, eine reiche Stadt war, konnte sofort nach dem Brandanschlag mit dem Neubau begonnen werden.

334 vor Christus übernahm Alexander der Große die Regentschaft über E. Nach dem Tod des Makedonenkönigs geriet E. im Diadochen-Streit zunächst an den Antigonos Monophthalmos, doch der »Einäugige« unterlag einer Intrige der anderen Diadochen, und E. ging 301 vor Christus an Lysimachos.

Ephesos IV: Wegen der immer weiter fortschreitenden Verlandung des Hafens ließ Alexanders Nachfolger Lysimachos E. 3 km weiter im Talschlauch der Berge Bülbül Dağı (Koressos) und Panayir Dağı (Pion) neu anlegen. In dieser Zeit entstand auch eine gewaltige, 6 m hohe und 9 km lange Mauer, die das Stadtgebiet weiträumig abriegelte.

Nach dem sog. System des Hippodamos von → Milet wurden die Straßen rechtwinklig angelegt. Da die Bewohner nicht freiwillig umziehen wollten, griff Lysimachos zu einem drastischen Mittel. Während der Regenzeit ließ er die Abflußrohre der Kanalisation sperren und setzte somit das alte E. unter Wasser. Gleichzeitig wurde E. nach Lysimachos' Gattin in Arsinoe umbenannt. Doch diese Namensänderung konnte sich nicht durchsetzen und wurde nach Lysimachos' Tod wieder rückgängig gemacht. Lysimachos war, wie sein Vorgänger Antigonos Monophthalmos, das Opfer des Machtkampfs der Diadochen gewesen und unterlag 281 v. Chr. in der Schlacht bei Kurupedion.

Ephesos, Arkadiane

Nach Lysimachos' Tod herrschten die Seleukiden im heutigen Kleinasien. Einer dieser Herrscher, Antiochos II. Theos, starb 246 v. Chr. in E. Anschließend ging E. für mehrere Jahrzehnte in den Besitz der ägyptischen Ptolemäer über, wurde aber von Antiochos' Enkel, Antiochos III., zurückerobert, der dann aber 190 v. Chr. den Römern und Pergamenern bei der Schlacht von Manisa unterlag und E. an die Pergamener abtreten mußte. Nach dem Tod des letzten Attaliden und pergamenischen Königs, Attalos III., im Jahr 133 v. Chr. erbten die Römer per Testament das Reich (s. Pergamon).

Trotz des 88 v. Chr. von Mithridates VI. von Pontos angezettelten blutigen Aufstands gegen Rom wegen der Steuerausbeutung, der als »ephesische Vesper« in die Geschichte einging, gedieh E. weiter, war eine Zeitlang neben Pergamon die wichtigste Stadt in der röm. Provinz Asia und wurde im 1. und 2. Jh. n. Chr. sogar dessen Hauptstadt. Aus dieser Zeit stammen auch die meisten heute noch erhaltenen Bauten.

In den Jahren des röm. Bürgerkriegs war E. eine wichtige Stadt. Cäsar kam nach der Schlacht von Pharsalos 48 v. Chr. hierher. 41 v. Chr. weilte Marcus Antonius in E., der 34/33 v. Chr. mit der ägypt. Königin Kleopatra den Ort erneut besuchte.

Nachdem Kaiser Augustus 29 v. Chr. E. statt Pergamon zur Hauptstadt der röm. Provinz Asia ernannt hatte, blühte die Stadt weiter auf und nannte sich selbst stolz »die erste und größte Metropole Asiens.« Rund 500 000 Menschen lebten damals in dieser Stadt.

Nach der Zeitenwende lebten und predigten auch die ersten Christen in E. (s. Das christliche Ephesos).

In dieser Zeit begann aber schon der Abstieg von E. Kurz nach der Jahrhundertmitte machten die siegreichen römischen Truppen nach dem Orient- bzw. Partherkrieg halt in E. und brachten die Pest mit. Weitere Kennzeichen des Niedergangs waren die steigende Inflation und die Verlandung des ephesischen Golfes, der immer mehr zu einem malariaverseuchten Sumpf wurde. Nach der Reichsteilung 395 nach Christus gehörte E. zum Ostreich und ging dann unter Kaiser Justinian dem Großen (527 bis 565 nach Christus) in das Byzantinische Reich ein.

Ephesos V: Nach der erneuten Verlandung des Hafens und zahlreicher arabischer Angriffe wechselte E. im 7. Jh. noch einmal seinen Standort und zog auf den Burghügel zurück. Zu dieser Zeit entstand auch die große Zitadelle, die heute noch weithin sichtbar über S. thront.
Ein Erdbeben im 13. Jh. n. Chr. zerstörte einen Teil der Stadt. Im 14. Jh. n. Chr. übernahm die Seldschukendynastie der Aydınoğlu die Herrschaft über E., wodurch die Stadt noch ein letztes Mal aufblühte. So entstand unter dem Seldschukensultan Ìsa 1375 am W-Fuß des Burgbergs die Ìsa Bey Camii.
1403 wurde die Stadt von Timur-Leng geplündert und fiel 1426 an die Osmanen. In Erinnerung an die Seldschukenherrschaft wurde der Ort 1914 in das heutige S. umgetauft.

Ephesos: Grundriß des archaischen (u) und des hellenistischen (o) Artemisions

DIE GÖTTIN ARTEMIS UND DAS ARTEMISION

Fährt man von E. nach S., dann liegen kurz vor der modernen Stadt, auf der linken Seite, die spärlichen Reste des Artemision. Außer einer wiederaufgestellten Säule zeugen nur einzelne Säulenbasen unzureichend von diesem größten Tempel der griechischen Welt und von dem Kult um die Göttin Artemis. Fundstükke, wie Teile des Altars und andere Bauteile, werden in den Museen von Selçuk, İstanbul und London gezeigt.
Bereits ein Felsrelief aus vorhellenist. Zeit zeigte die Göttin Artemis. Auf dem Bild ist sie in Begleitung eines älteren und eines jüngeren Mannes zu sehen, was auf eine enge Bindung zur kleinasiat. Göttin Kybele schließen läßt. Kybele besaß mit Attis ebenfalls einen jüngeren Liebhaber, der sich jedoch später selbst entmannte. Aus diesem Grund wurde später das Artemis-Heiligtum nicht nur durch ein Heer von Priestern, Jungfrauen und Dienern umsorgt, son-

Ephesos, Agora

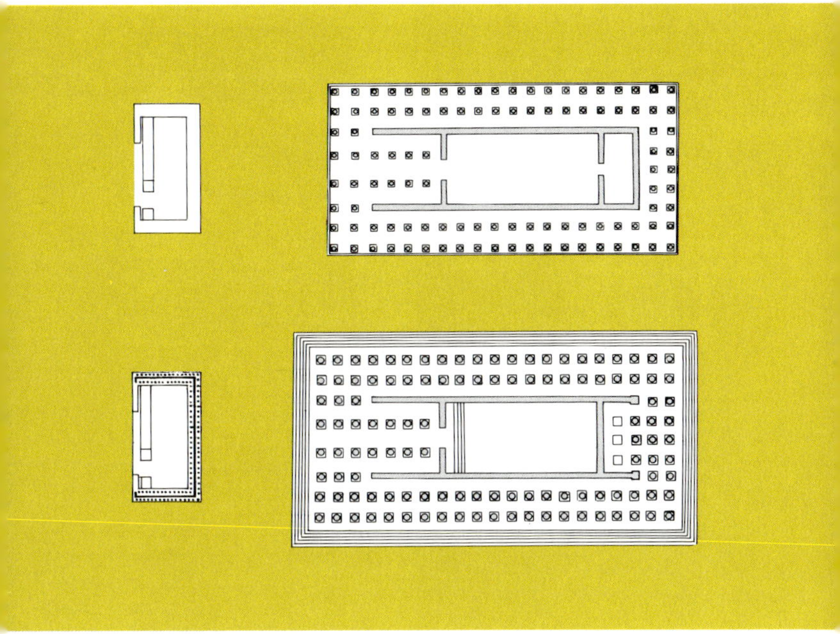

Ephesos, Celsus-Bibliothek

Ephesos, Celsus-Bibliothek

Ephesos, Celsus-Bibliothek

dern auch von zahlreichen Eunuchen, deren erzwungene Keuschheit an Attis erinnert. Auch in Rom verehrte man die Göttin. So schnitt sich der röm. Kaiser Elagabolus seine eigenen Geschlechtsteile ab, um sie zu opfern.

Bei Ausgrabungen in der Türkei hat man zahlreiche Statuen der Kybele gefunden. Die ältesten stammen von 7000 v. Chr. und wurden in Çatalköy entdeckt. Schon damals wurden die Hüften, Brüste und Geschlechtsorgane besonders groß dargestellt. Ihre Entsprechung hat Kybele, die Göttinmutter, in der ägyptischen Göttin Isis und in der arab. Göttin Lat.

Der Glaube an Artemis war stark. Als die Stadt beispielsweise von Kroisos belagert wurde, verbanden die Epheser ihre Stadt per Seil mit dem Heiligtum und glaubten so uneinnehmbar zu sein – zu unrecht, wie die Eroberung durch Kroisos belegt.

Bereits im 8. oder 7. Jh. wurde hier ein Tempel errichtet. Der zweite Bau entstand um 640 v. Chr. Hierbei wurden kostbare Opfergaben aus Elfenbein und Gold in den Sockel für das Kultbild eingemauert.

Ein besonders eindrucksvolles Denkmal wollten die Epheser dann Mitte des 6. Jh. v. Chr. schaffen. Aus diesem Grund sollte das neue Heiligtum auch unbedingt den großen Hera-Tempel auf Samos übertreffen, weshalb man mit Theodoros einen der Architekten dieses Tempels als Berater engagierte. Seine Aufgabe war es, die in dem sumpfigen Gelände nicht einfache Fundamentkonstruktion zu erarbeiten. Die Grundlage bildete dabei angeblich eine Schicht Holzkohle, die mit Tierfellen abgedeckt wurde. Die eigentlichen Architekten waren dann Cherisphron und dessen Sohn Metagenes, die den Bau zwischen 460 und 450 v. Chr. vollendeten.

Der gigantische, 115 m lange, 55 m breite und 25 m hohe Tempel wurde wie sein Vorbild auf Samos als Dipteros erbaut. Die Cellamauern werden dabei von einer doppelten ionischen Säulenreihe um-

Ephesos, Hadrian-Tempel

geben. Allein in der Pronaos standen noch einmal acht Säulen. Davor bildeten vermutlich drei Reihen mit je acht Säulen die Frontseite. Allein die Säulen hatten eine Höhe von 19 Metern. Dort, wo sich normalerweise die Cella befand, war wie in Didyma ein Heiligtum mit Adyton angelegt, also ein Hof, in dessen Mitte sich der Naiskos befand, in der die Bildsäule der Gottheit aufgestellt war. Artemis wurde dabei immer mit Beuteln um den Leib herum dargestellt. Während die herrschende Meinung diese Beutel als Brüste interpretiert, meinen einige Archäologen, daß es sich hierbei um Stierhoden handelt. Dafür spricht, daß Brustwarzen bei allen Artemis-Darstellungen fehlen. Es stellt sich jedoch die Frage, warum die jungfräuliche Göttin der Fruchtbarkeit ausgerechnet mit männlichen Geschlechtsmerkmalen versehen wurde.

Eindrucksvoll war auch, wie der Tempel geschmückt war.

So waren die unteren Säulentrommeln, das Gebälk und die Abschlußleiste mit Reliefs verziert. Im Britischen Museum in London ist heute noch eine dieser schönen Figuralsäulen zu sehen, in die auch der Spendername (»Ein Geschenk von Kroisos«) eingemeißelt worden war. Die insgesamt 106 Säulen hatten im übrigen unterschiedliche Formen und Durchmesser. So verfügten einige über 40 oder 44, andere über 24 breite und 24 schmale Kanneluren. Bei einigen waren die Sokkel zylindrisch, bei anderen kubisch geformt.

Noch unklar ist, wie die 24 Tonnen schweren Architrave auf den fast 20 m hohen Säulen plaziert wurden. Der Legende nach mußte Artemis hier selbst mit anfassen.

Der Artemis-Tempel erfüllte gleich mehrere Superlative. Er war der größte Tempel der griech. Welt. Und er war der erste Tempel, der bis unters Dach aus

Ephesos, Hanghäuser >

Ephesos, Marmorstraße

Marmor gebaut wurde. Doch dieser Ruhm bedeutete auch das Ende: Ein Mann namens Herostratos legte 365 v. Chr. in dem Tempel Feuer, um durch die Zerstörung ebenfalls berühmt zu werden. Die kostbare Inneneinrichtung fiel den Flammen zum Opfer. Der Sage nach konnte dies nur geschehen, weil Artemis in dieser Nacht nicht in E. weilte. Sie war nämlich nach Makedonien gereist, um bei einer Geburt zu helfen. Das Kind, das in dieser Nacht das Licht der Welt erblickte, sollte später unter dem Namen Alexander d. Gr. berühmt werden. Tatsache ist, daß der spätere Feldherr in der Tat im Jahr 365 v. Chr. geboren wurde. Nach dem Brand begannen die Epheser sofort mit dem Neubau des zweiten Tempels. Die Lage, die Größe und die Anordnung stimmten mit dem abgebrannten Tempel überein.

Abgeleitet aus dieser Tat wurde das Fremdwort »Herostratentum«, laut Duden steht dies für »durch Ruhmsucht motiviertes Verbrechertum«. Nach Strabon wurde der Tempel sogar insgesamt sieben Mal zerstört und wieder aufgebaut.

Der Architekt Cheirokrates ließ aber in den Bau auch moderne Stile einfließen. So wurden die nun insgesamt 120 Säulen viel schlanker, hatten ein feineres Profil und waren nur noch 18 m hoch. Dafür wurde der Tempel auf einem hohen Unterbau errichtet, der 3 m höher war als der alte. Die Front- und Rückseite wurden mit riesigen Giebeln versehen. Zahlreiche Künstler schmückten den Tempel. So soll der berühmte Bildhauer Skopas eine der Säulen selbst mit Reliefs verziert haben. Und der Altar soll von dem Bildhauer Praxiteles errichtet worden sein. Der Innenraum, wo das Bildnis der Göttin Artemis aufbewahrt wurde, blieb dagegen unverändert. Für solch einen Prachtbau, der als eines der Sieben Weltwunder der Baukunst in die Geschichte einging, brauchte man Zeit. Der Tempel wurde 334 v. Chr. begonnen, aber erst fast hundert Jahre später, 250 v. Chr., beendet.

Als Alexander d. Gr. die Stadt besuchte, wollte er, da zumindest der Legende nach indirekt schuld an der Tempelzerstörung, den Ephesern eine großzügige Spende überreichen, doch die Priesterschaft lehnte ab. Die listig-diplomatische Antwort (nach Strabon): »Es geziemt einem Gotte nicht, Göttern Tempel zu bauen.« Wahrscheinlicher Grund: Die Epheser sahen in Alexander nicht den Befreier, sondern nur einen neuen Fremdherrscher.
Im 4. Jh. v. Chr. wurde auch noch der vor dem Tempel stehende Altar besonders hervorgehoben, indem man den Platz an drei Seiten mit einer ionischen Säulenhalle umgab. Eine dieser Säulen wird heute in London (Britisches Museum) ausgestellt. Zu sehen ist die nackte Alkestis, die ihr Leben für ihren Mann opferte.
Im Tempel selbst herrschte eine starke Hierarchie. Das höchste Amt der knapp hundertköpfigen Priesterschaft hatte der sog. Megabysos inne, dessen Helferinnen jungfräuliche Priesterinnen waren. Der Megabysos war nicht nur oberster Priester, er war auch, modern ausgedrückt, eine Art Bankdirektor. So verwaltete er Opfergaben, bewahrte Wertgegenstände auf und vergab aus der Tempelkasse Kredite.
Die Kurenten bildeten dann eine weitere Klasse des Priestertums. Nach der Überlieferung handelte es sich hierbei um Halbgötter, die demnach mit Zeus verwandt waren.
Der Tempel besaß außerdem Sonderrechte, beispielsweise das Asylrecht. So wurde jedem Schutz gewährt, der hier Zuflucht suchte. Unter König Mithridates wurde die Grenze des Heiligen Bezirks auf eine eigentümliche Art ausgemessen. Vom Giebel des Tempels ließ der König einen Pfeil abschießen. Dort, wo der Pfeil sich in den Boden bohrte, war die Grenze. Kaiser Marc Anton verdoppelte später den Tempelbezirk. Wie bei anderen asylgewährenden Tempeln auch, ließen sich hier vor allem Verbrecher nieder. Aus diesem Grund verlangten die Epheser die Abschaffung des Asylrechts. Tiberius ließ darüber 22 n. Chr. beraten, doch es blieb bei diesem Privileg.
Der Anfang vom Ende begann, als Nero Kunstwerke aus dem Tempel nach Rom

Ephesos, Marmorstraße, Stele

schaffen ließ. 265 n. Chr. zerstörten die Goten den Tempel, der anschließend jedoch wiederaufgebaut wurde. In den Jahren 358 und 365 verwüsteten Erdbeben den Bau. Als dann 392 Theodosius alle heidnischen Riten per Edikt verbieten ließ, hatte das Artemision ausgedient. Anschließend wurde das Heiligtum als Steinbruch für den Bau der Johanneskirche und der Hagia Sophia (İstanbul) benutzt. Aus diesem Grund ist von dem Weltwunder heute fast nichts mehr zu sehen. Nur schwer kann man sich vorstellen, wie das öde und sumpfige Gelände an dieser Stelle von dem einzigartigen Bau dominiert wurde.

DAS CHRISTLICHE EPHESOS

Für die Christen war die Metropole E. eine wichtige Basis ihrer Missionstätigkeit. Hier entstand eine der ersten christl. Gemeinden überhaupt, hier predigten Paulus und Johannes und hier soll auch die Hl. Jungfrau Maria ihren Lebensabend verbracht haben.

Nach der Vertreibung der Christen aus Jerusalem zwischen 37 und 42 n. Chr. kam der Apostel Paulus 53 n. Chr. nach E. Drei Jahre verkündete Paulus den christl. Glauben, wobei er sich hauptsächlich an die Juden wandte.

Da der christl. Glauben Götzenbilder verbietet, sahen die Devotienhändler in E. ihr Einkommen gefährdet, zumal Paulus mit seiner Missionstätigkeit erfolgreich war und sogar schon eine erste Kirche erbauen konnte. Der Goldschmied Demetrius mobilisierte daraufhin die Massen gegen Paulus. Immer wieder rief die Menge »Groß ist die Artemis der Epheser!«, »Groß ist die Artemis der Epheser!« Im Theater wollte Paulus daraufhin zu der Menge sprechen, doch man hinderte ihn daran. Der röm. Statthalter beruhigte die Meute dann mit den Worten: »Bürger von Ephesos, wo ist wohl ein Mensch, der es nicht weiß, daß die Stadt Ephesos die Verehrerin der großen Artemis und des vom Himmel gekommenen Bildes sei? Da dies nun ganz unwidersprechlich ist, so solltet ihr ruhig sein und nichts Übereiltes tun.«

Paulus verließ bald darauf E., ging nach Milet und später nach Rom, wo er 64 n. Chr. an der Stadtmauer enthauptet wurde.

Der Überlieferung nach soll Johannes mit der Hl. Jungfrau Maria vier bis sechs Jahre nach der Kreuzigung Christi von Jerusalem nach E. gezogen sein. Vor dem Tod hatte Jesus seine Mutter Johannes anvertraut. Zu Maria sagte er: »Frau, hier ist Dein Sohn.« Und zu Johannes sprach er, als er auf Maria zeigte: »Siehe, dies ist Deine Mutter.« In E. lebten Johannes und Maria zunächst in der sog. Marienkirche. Später zogen sie dann in eine kleine Einsiedelei außerhalb der Stadt um, wo Maria dann ihren Lebensabend verbrachte.

An dieser Überlieferung gibt es jedoch beträchtliche Zweifel. So erwähnte der Schreiber von Paulus, Lukas, während des Aufenthalts des Apostels in E. weder Johannes noch die Hl. Jungfrau Maria. Sicher ist jedoch, daß zu dieser Zeit ein gewisser Johannes in E. lebte und predigte. Da dieser aber den Beinamen »der Theologe« trug, dürfte er nicht identisch sein mit »dem Apostel«. Auch Sprachanalysen bestätigten dies. So muß sich Johannes der Theologe hervorragend in der griech. Kulturgeschichte ausgekannt haben, was auf Johannes den Apostel,

Ephesos, Marienkirche

der aus einfachen Verhältnissen stammte, wohl nicht zutrifft.

Nach der Hinrichtung von Paulus wurde Johannes der Apostel zum Kirchenführer von E. ernannt. Trotz seines hohen Alters reiste er bis in die Hochebenen Anatoliens, um dort zu predigen. Im Zuge der Christenverfolgung wurde Johannes jedoch gefangengenommen und nach Rom verschleppt. Dort wurde er gefoltert und anschließend nach Patmos verbannt, wo er dann die »Apokalypse« verfaßte (umstritten).

Nach der Ermordung des röm. Kaisers Domitian durch einen Diener konnten die Christen wieder aufatmen. Johannes wurde freigelassen, kehrte nach E. zurück. Nach seinem Tod wurde er auf dem Hügel Ayasuluk beerdigt, zu dessen Grab seit dem 2. Jh. zahlreiche Christen pilgern.

Als unter Decius 249–251 n. Chr. die Christen wieder verfolgt wurden, flüchten, so die Legende der Siebenschläfer, sieben fromme Christen von E. in die Berge, weil sie in den röm. Tempeln keine Opfergaben abgeben wollten. Von der Flucht erschöpft fielen die Männer in einer Grotte dann in den Schlaf. Als sie wieder erwachten, wollten sie in der Stadt heimlich Brot kaufen, stellten dabei jedoch fest, daß mittlerweile zweihundert Jahre vergangen waren und der christl. Kaiser Theodosius II. (408–450 n. Chr.) regierte. Theodosius eilte, nachdem er über dieses Wunder informiert worden war, sofort aus Byzanz nach E. und erklärte, daß es sich hierbei um eine Resurrektion, also Auferstehung, handle. Nach dem Tod wurden die sieben Christen, da ihre Leichen nicht verwesten, auf Liegen in der Grotte beigesetzt und ihnen zu Ehren in der Nähe eine Kirche erbaut. Zahlreiche Christen ließen sich dann ebenfalls in der Umgebung der Siebenschläfer beerdigen, wie das ausgedehnte Gräberfeld mit seinen Nischengräbern in den Felswänden eindrucksvoll belegt.

Im 4. Jh. wurde dann auf der Grabstätte des Apostels Johannes eine Basilika errichtet. Später ließ Kaiser Justinian einen monumentaleren Kirchenbau folgen (s. Johanneskirche).

Besondere Bedeutung erhielt E. dann im Jahr 431 n. Chr., als das dritte Konzil hier tagte und die Grundsätze des christl. Glaubens festlegte.

Grund für dieses Treffen war ein Streit, den Nestorius, Patriarch von Konstantinopel, ausgelöst hatte. Der Kirchenführer behauptete erst in Antiochia, später

Ephesos, Marienkirche

Ephesos, Prytaneion

Ephesos 1 Magnesisches Tor **2** O-(Mädchen-)Gymnasium **3** Variusbad **4** Odeion **5** Prytaneion **6** Staatsagora **7** Nekropole (»Lukasgrab«) **8** Stierkopfsäulenhalle **9** Brunnen des Laecanius Bassus **10** Pollio-Nymphäum **11** Pollio-Monument **12** Domitian-Tempel **13** Memmius-Monument **14** Brunnen **15** Nymphäum **16** Hanghäuser **17** Embolos **18** Scholastika-Thermen **19** Freudenhaus **20** Oktogon **21** Nymphäum **22** Celsus-Bibliothek **23** Serapis-Tempel **24** Untere (Handels-)Agora **25** Theater **26** Marmorstr. **27** Theatergymnasium **28** Verulanus-Hallen **29** Hafengymnasium **30** Arkadiane **31** Konzilskirche **32** Byzant. Bad **33** Stadion **34** Vedius-Gymnasium **35** Artemision **36** Tor der Verfolgung **37** Johannes-Basilika **38** Burg v. Selçuk **39** Siebenschläfer **40** Isa-Bey-Moschee **41** Museum

in Konstantinopel, Maria sei nicht Mutter des göttlichen, sondern des menschlichen Jesus. Da der Streit zu eskalieren drohte, rief der Kaiser ein Konzil nach E. ein, wo dann in der Marienkirche, übrigens die Kirche, die der Heiligen Jungfrau Maria gewidmet war, 195 Bischöfe aus dem östlichen und westlichen Reichsgebiet über die Frage stritten, ob Jesus ein Mensch, ein Gott oder ein Gottmensch sei. Das Konzil entschied, daß Jesus von gottmenschlicher Natur und Maria damit eine Gottesgebärerin sei. Die Lehre des Nestorius wurde verurteilt und deren Anhänger im Byzantinischen Reich verfolgt. Trotzdem breitete sich diese Glaubensrichtung zum Teil bis nach China aus. In der heutigen Zeit sind die assyrischen Christen im Vorderen Orient noch Vertreter dieser Richtung.

Auf diesem Konzil wurde auch zum ersten Mal bekannt, daß Maria ihren Lebensabend in E. verbracht habe und hier bestattet worden sei.

449 n. Chr. wurde erneut in E. gestritten. Bei einer turbulenten Sitzung der Bischöfe bezeichnete Papst Leo I. denn auch die Stätte als »Räuberhöhle« (»Räubersynode«). Grund für diesen Ärger: Die sog. Monophysiten hatten sich gegen Rom durchgesetzt. Der Monophysitismus bezeichnet eine Lehre, nach der die zwei Naturen Christi zu einer neuen gottmenschlichen Natur vereinigt werden. 451 n. Chr. wurden in Chalkedon (bei İstanbul) die Anhänger dieser Richtung jedoch wieder aus der Hauptkirche verbannt. Zu den Monophysiten zählen heute noch die koptischen und die armenischen Christen.

Zwar wurde, wie berichtet, bereits im 5. Jh. n. Chr. erklärt, Maria habe in Ephesos ihren Lebensabend verbracht. Doch, wo genau die Mutter Jesu gelebt hatte und wo sie beigesetzt wurde, ist nicht überliefert. Der deutsche Dichter Clemens von Brentano schilderte in einem erst nach seinem Tod veröffentlichten Werk »Das Leben der Heiligen Mutter Maria nach den Betrachtungen der gottseligen Anna Katharina Emmerich« Visionen der Nonne Katharina von Emmerich (1774–1824), die das Haus und dessen Lage genau beschrieben hatte, ohne jemals ihre Heimatstadt verlassen zu haben, geschweige denn in E. gewesen zu sein. Ab 1818 hatte Brentano fünf Jahre lang die Schilderungen der Nonne,

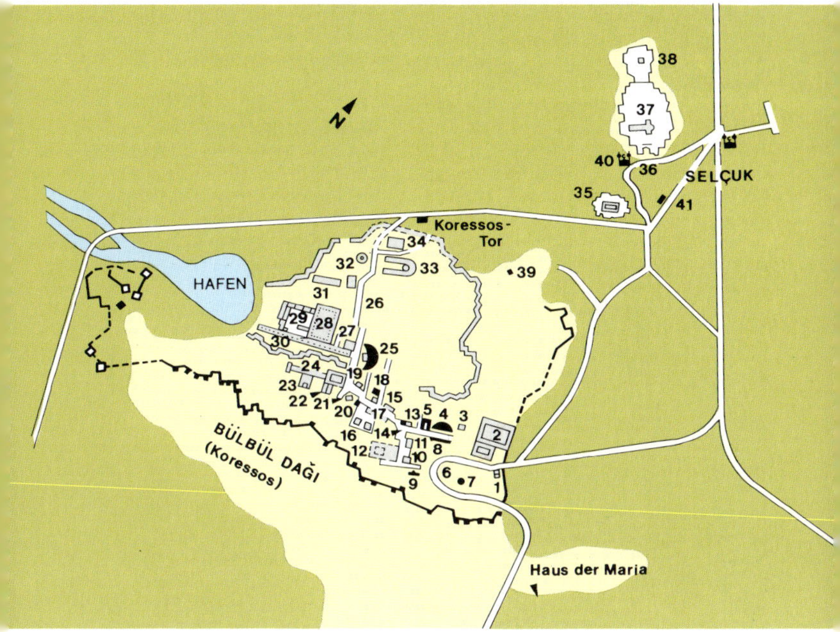

die seitdem im Krankenbett lag, aufgezeichnet.
Nach diesen Schilderungen stellte der Lazaristenpriester Eugene Poulin eine Kommission zusammen, die unter der Leitung des Priesters Yung das Haus 7 km vom heutigen S. entfernt in den Bergen entdeckte. Interessant ist, daß es sich hier nur um eine Wiederentdeckung für die w Christen handelt. Orthodoxe Christen verehrten die Stätte in Panaya Kapulu nämlich schon von alters her.
Bei der heute zu besuchenden Kapelle handelt es sich um einen Bau aus dem 6. oder 7. Jh., also aus byzant. Zeit. Untersuchungen haben aber ergeben, daß Teile des Baus weitaus älter sind und aus dem 1. Jh. n. Chr. stammen. In der Nähe des kreuzförmigen Baus sprudelt noch heute eine Quelle, dessen Wasser Wunder bewirken soll.
Eugène Poulin veröffentlichte zahlreiche Werke über dieses Haus. Der Patriarch von İzmir überzeugte sich dann vor Ort von der Richtigkeit dieser Annahmen und erlaubte 1892, hier Messen abzuhalten.
Papst Johannes XXIII. erklärte die Stätte offiziell zum letzten Haus der Heiligen Jungfrau Maria. 1967 besuchte Papst Paul VI., zwei Jahrzehnte später Papst Johannes Paul II. das Bauwerk (s. Umgebung, Marienhaus).

Die Beschreibung der Sehenswürdigkeiten erfolgt wegen der besseren Übersicht nicht historisch, sondern geographisch in drei Teilen: das heute umzäunte Gebiet von Ephesos, die Stadt Selçuk und die Umgebung.

EPHESOS

Agora: Quadratischer Platz mit einer Seitenlänge von 111 m, der zum letzten Mal im 3. Jh. unter Caracalla (211–217 n. Chr.) umgestaltet wurde. Bei Grabungen entdeckte man in 2 bis 2,5 m Tiefe

Reste der ursprünglichen Agora, auf der der Neubau errichtet wurde.
Während die *Staatsagora* (s. unten) im oberen Teil der Stadt politischen und religiösen Veranstaltungen vorbehalten blieb, wurde auf dieser Agora Handel betrieben. Der Marktplatz war von zweischiffigen, im S und O sogar zweigeschossigen Säulenhallen mit korinthischem Gebälk umgeben, in denen sich die Läden befanden, und verfügte über drei Tore. Das eindrucksvollste ist das *Tor des Mazaus-Mithridates,* das sich direkt neben der Celsus-Bibliothek befindet (s. unten). Die Ausgrabungen am W- und S-Tor sind dagegen noch nicht abgeschlossen. Vom Hafen führte zum prunkvollen W-Tor eine 160 m lange und 24 m breite Prachtstraße, die ebenfalls mit Säulenhallen und Laden-Kammern gesäumt war.

Akropolis: Sie befindet sich vermutlich auf dem kleinen Hügel, der sich n der byzant. Thermen erstreckt. Entdeckt wurden dort Reste einer *Stadtmauer* (jedoch nicht jener, die Lysimachos errichten ließ) und eines *Bauwerkes* unbekannter Bedeutung, dessen Fundament aus dem 6. oder 7. Jahrhundert v. Chr. stammte und damit zu den ältesten Zeugnissen in E. zählt. Vielleicht handelt es sich hierbei um den Athena-Tempel, den Androklos nach der Legende errichtet haben soll.

Arkadiane: Die nach dem röm. Kaiser Arkadius (395–408 n. Chr.) benannte Prunkstraße beginnt nahe dem großen Theater und verband die Stadt E. mit dem 500 m entfernten Hafen. Die Straße war 11 m breit, mit Marmor gepflastert und auf beiden Seiten von 5 m tiefen Säulenhallen begrenzt, in denen vermutlich Handel getrieben wurde. Die Straße wurde mit 50 Lampen beleuchtet, was in der damaligen Zeit ein außergewöhnlicher Luxus war, den sich sonst nur Rom und Antiochia leisten konnten. Da aber alle Besucher, die per Schiff nach E. kamen, über diese Prachtstraße zum Stadtzentrum laufen mußten, war die Arkadiane gleichzeitig eine Art Visitenkarte der Stadt.
Angelegt wurde die Straße bereits im 1. Jh. v. Chr. Arkadius, Sohn des oström. Kaisers Theodosius, ließ sie aber im 4. Jh. erneuern. Etwa in der Mitte der Straße befinden sich vier *Sockel,* die im 5. Jh. aufgestellt wurden. Vermutlich standen hier Statuen der vier Evangelisten. Abgeschlossen wurde die Straße an beiden En-

Ephesos, Odeion

den durch Tore. So stand am Hafen ein ionisches Tor mit drei Durchlässen.
Inschriften, die hier gefunden wurden, geben das damalige Leben wieder. So kostete die Genehmigung, hier Petersilie und Salz zu verkaufen, 1 Denarius. Für die Bekanntmachung eines Siegers bei einem Wettkampf mußte man bereits 6 Denarius bezahlen, und bei Neugeborenen aus höheren Familien kostete die Geburtsurkunde sogar 100 Denarius. Billiger war die Nachkommenschaft bei Armen. Hier wurde nur 1 Denarius kassiert.
Nördlich der Straße, in Richtung Parkplatz, grenzen *Theater-* und *Hafengymnasium* an die Arkadiane an.

Basilika: Hier handelt es sich ursprünglich um eine Stoa, die die Staatsagora (oder: obere Agora) im N begrenzte. In spätaugusteischer Zeit wurde die Stoa dann in eine 160 m lange, dreischiffige und durch doppelte Säulenreihen getrennte Basilika umgebaut. Selbst die Form der Säulenkapitelle wurde damals verändert.
Die Basilika betrat man durch eine vorgelagerte, kleinere Stoa, die im Laufe der Geschichte ebenfalls mehrfach umgebaut wurde. Hier fand man später auch Statuen von Augustus und seiner Frau Livia, die heute im Museum von S. ausgestellt sind.

Bordell: Auch so etwas gab es in E. Das im Stile eines Peristylhauses an der Ecke Embolos/Marmorstraße gebaute Bordell entstand vermutlich unter der Herrschaft Kaiser Trajans zwischen 98 und 117 n. Chr. Im 4. Jh. wurde der Bau renoviert. Daß es sich hierbei um ein Freudenhaus handelte, entdeckten die Archäologen erst, als sie eine Inschrift in der Toilette entzifferten. Während im Erdgeschoß die Besucher empfangen wurden, war das Obergeschoß den Mädchen vorbehalten. – In dem Brunnen, der zum Haus gehörte, wurde die jetzt im Museum ausgestellte *Tonstatue des Priapos* entdeckt, dessen Abbildung aufgrund des großen Phallus zahlreiche Postkarten ziert.

Byzantinische Therme: Zwischen Stadion und Parkplatz liegen die Reste der byzant. Thermen. Der Bau stammt aus dem 6. Jh. n. Chr. und verfügte über einen Kuppelsaal mit vier Apsiden, einer Wandelhalle, mehrere kleinere Räume und, an der S-Seite des Baus, über eine kleine Kapelle.

Ephesos, Staatsagora

Byzantinischer Brunnen: Während byzant. Zeit entstand dieser Brunnen neben dem Oktogon auf einer hufeisenförmigen Grabstätte, die im 5. Jh. n. Chr. errichtet worden war. Bei den hier gefundenen Inschriften handelt es sich u. a. um Befehle des Kaisers Valentianus I., die den Wiederaufbau der Stadt nach dem Erdbeben im 4. Jh. n. Chr. regelten.

Celsus-Bibliothek: Die Fassade ist ein klassisches Beispiel für eine *röm. Prachtfassade.* Aus diesem Grund gehört die wiederaufgerichtete Fassade zu den meistfotografierten Motiven in E. Unter Leitung des Österreichischen Archäologischen Instituts begann man 1970 Teile der Fassade auf dem angrenzenden Agora-Gelände auszulegen, wobei man zuvor versucht hatte, möglichst viele Teile der Fassade wiederzubekommen. Sogar in İzmir war man fündig geworden. Insgesamt ordneten die Wissenschaftler 700 Einzelteile und fügten damit ¾ der Fassade zusammen, die dann anschließend an einem Gerüst aus Stahlbeton wiederaufgebaut wurde und selbst Erdbeben bis zur Stärke 9 aushält.

Die Celsus-Bibliothek liegt s der Agora, an der Einmündung der Marmor- in die Kuretenstraße. Gestiftet hatte den damals 25 000 Denare teuren Bau Tiberius Julius Celsus Polemaeanus, der zwischen 105 und 107 n. Chr. in E. Prokonsul der röm. Provinz Asia war, ca. 114 n. Chr. verstarb und später in dem Bau beigesetzt wurde, was eine besondere Ehre war, da grundsätzlich Bestattungen nur außerhalb der Stadtmauern stattfinden durften. Unter der Apsis wurde eine *Grabkammer* angelegt, in der der Marmorsarg eingelassen wurde. Das Grab war bis zu Beginn der Ausgrabungen im Jahr 1904 unberührt.

Den Bau, der erst 135 n. Chr. abgeschlossen wurde, überwachte anschließend Celsus' Sohn Tiberius Julius Aquila und dessen Erben.

Grund für diese Stiftung war wohl die Freundschaft von Tiberius Julius Celsus Polemaeanus zu C. Tacitus, der nicht nur ebenfalls Prokonsul in Asia (112/113 n. Chr.), sondern einer der letzten großen Geschichtsschreiber Roms war.

Die zweigeschossige *Fassade* erhebt sich über einer von zwei Statuenbasen eingefaßten, neunstufigen Freitreppe und einem 21 m langen Podium. Drei Türen zwischen vier vorspringenden zweisäuligen Ädikulen bilden die Eingangsfront. Im Obergeschoß stehen die zweisäuligen Ädikulen dann über den Fenstern, die di-

Ephesos, Theater

rekt über Türen im Erdgeschoß plaziert wurden, sind also versetzt. Um trotzdem auf acht Säulen zu kommen (für drei Eingänge sind nur sechs Säulen nötig), schließen zwei einfach detachierte Säulen das Obergeschoß an den Frontenden ab. Bemerkenswert ist, daß der Säulenabstand, die Türbreite und -höhe in der Mitte größer sind. Dieses perspektivische Mittel sollte die Fassade noch größer erscheinen lassen. Schließlich stand die Bibliothek zwischen zwei weiteren Bauten und wäre sonst relativ unscheinbar gewesen. Verstärkt wird dieser Eindruck noch dadurch, daß die oberen Säulen kleiner als die im Erdgeschoß sind.

Man beachte die Abwechslung, die diesem Bau ein einzigartiges Gesicht verleiht. Die oberen Säulen tragen zwei halbkreisförmige und ein dreieckiges Gebälke in der Mitte, standen aber auf gemeinsamen Podien. Im Erdgeschoß stehen die Säulen dagegen auf Einzelpostamenten, haben Kompositkapitelle und Rankenfries im Gebälk. Im Obergeschoß waren die Statuen auf das Podium vorgezogen, im Erdgeschoß standen sie in Nischen.

Bei den Statuen im Obergeschoß handelte es sich um drei Nachbildungen des Stifters, der in verschiedenen Rollen gezeigt wurde, und um eine Nachbildung seines Sohnes, der den Bau vollenden ließ. In den Nischen im Erdgeschoß wurden die Tugenden, die Celsus (angeblich) verkörperte, dargestellt. Und zwar Sophia für die Weisheit, Episteme für die Wissenschaft, Ennoia für das Schicksal und Arete für die Einsicht.

Erhalten sind auch zahlreiche Inschriften. Am Architrav findet man die eigentliche Bauinschrift, in anderen Inschriften wird das Leben des Celsus, die Höhe und der Zweck der Stiftung wiedergegeben.

Neben der Freitreppe standen noch zwei Reiterstatuen des Celsus, auf denen in Lateinisch und Griechisch dessen Ämter eingemeißelt waren.

Im Gegensatz zur prunkvollen Fassade ist das *Innere* eher nüchtern. Der 17 m lange und 11 m breite Lesesaal war mit dekorativem Marmor ausgekleidet. An der W-Seite befand sich eine früher durch Säulen umrahmte Apsis, in der eine weitere Statue stand, die entweder Celsus selbst oder dessen Sohn zeigte (heute im Archäologischen Museum von İstanbul). Unterhalb dieser Apsis befand sich die Grabkammer mit dem marmornen Girlandensarkophag des Stifters.

Über zwei durch Säulen getragene Galerien erreichte man die Nischen, in denen

Selçuk, Blick auf Selçuk

Selçuk, Isa Bey Camii

die Schriftrollen aufbewahrt wurden. Pro Stockwerk gab es zehn rechteckige Wandnischen. Die Bibliothek hatte damit ein Fassungsvermögen von 12000 Buchrollen. Über 150 Jahre diente der Bau als Bibliothek, bevor die Goten bei ihrem Überfall 262 n.Chr. die Bibliothek niederbrannten.

Da die Stadt mittlerweile verarmt war, geschah lange Zeit nichts. Erst Ende des 4. Jh., Anfang des 5. Jh. wurde die Ruine zu einem Brunnen umgestaltet. Dazu wurden die Türen zugemauert und der Platz unter Wasser gesetzt. Im 10. Jh. n.Chr. zerstörte ein Erdbeben endgültig den Bau.

Domitian-Tempel: Südlich der Staatsagora befinden sich die Ruinen des dem Kaiser Domitian (81–96 n.Chr.) geweihten, gleichnamigen Tempels. Zu sehen sind allerdings nur Reste des Unterbaus. Der Tempel selbst und der 10 m von der Cella entfernte, hufeisenförmige Altar sind gänzlich zerstört. In byzant. Zeit wurde in den Unterbauten eine Zisterne errichtet.

Der Bau ist der erste Tempel in E., der einem röm. Kaiser gewidmet war. Wie üblich, umschloß eine Säulenhalle Tempel und Altarplatz. Der Tempel hatte eine Größe von 24 × 34 m und ruhte auf einem sechsstufigen Sockel. In der 9 × 17 m großen Cella stand eine *Kolossalstatue des Kaisers Domitian.* Reste davon werden heute im Archäologischen Museum in İzmir ausgestellt. Ein Relieffries des Altars ist im Ephesos-Museum in S. zu sehen.

Der Pronaos verfügte über 4 Säulen vor den Anten. Der Bau selbst war durch 8 Säulen an den Breit- und 13 an den Längsseiten geschmückt.

Embolos: Direkt vor der Celsus-Bibliothek führt die in der Antike als Embolos (Keil) bezeichnete Kuretenstraße zu den oberen Stadtteilen. Die Bezeichnung »Kuretenstraße« stammt von den Archäologen, die hier zahlreiche Inschriften

über die Kureten fanden. Die Kureten waren eigentlich Halbgötter. In E. wurde damit ein Sechser-, später Neunerkollegium bezeichnet, das das heilige Feuer auf der Hestia (Herd) im Prytaneion hütete, welches an der Straße lag.
Da an dieser Stelle auch schon ältere Straßen entlangführten, paßt sich der Embolos nicht in das rechtwinklige Straßennetz ein, sondern verläuft schräg dazu. Die Straße war mit Marmorplatten abgedeckt, unter denen sich die Kanalisation befand, und wurde von Statuen, Säulenhallen und Tempeln gesäumt. So erreichte man über diese Straße die → Scholastika-Thermen, den → Hadrian-Tempel, die → Heroa, die → Hanghäuser und das → Trajan-Nymphäum.

Hadrian-Tempel: Er zählt zu den imposantesten Bauten am Embolos. Das Heiligtum, so eine Inschrift, wurde 138 n. Chr. von P. Quintillus Kaiser Hadrian geweiht. Im 4. Jh., nach einem Erdbeben und einem Brand, wurde der Tempel gründlich renoviert. Vor dem eigentlichen Bau standen auf Sockeln die Statuen der Kaiser Diokletian, Maximian, Constantinus Chlorus und Galerius.
Die Anlage läßt sich in die Bereiche *Schmuckfassade, Vorhalle* und *Cella* gliedern. Die Fassade ist mit korinthischen Kapitellen verziert. Der dreieckige Giebel wird durch zwei Säulen zwischen zwei Pfeilern (2 runde in der Mitte, zwei eckige an den Seiten) gestützt. In der Mitte wurde der Eingang mit einem Rundbogen überspannt (sog. syrische Giebelform), in dessen Mitte die Büste der Stadtgöttin Tyche aufgestellt war.
Der mit Akanthusblättern, Blumen und Frauenköpfen verzierte *Fries* ist eine Kopie. Das Original dieses Architrav-Schmuckes kann man im Ephesos-Museum in S. bewundern.
Die Reliefplatten zu beiden Seiten des Eingangs zeigen Athena mit dem Rundschild und andere Götter, den Stadtgründer Androklos, der, wie in der Legende geschildert, einen Eber jagt, den Kampf des Theseus mit den Amazonen, Dionysos und Gefolge, Artemis mit der Familie des Kaisers Theodosius zu beiden Seiten. Bemerkenswert ist, daß die Reliefplatten nicht extra für diesen Bau

Selçuk, Johanneskirche

ausgearbeitet wurden. So stammte die Darstellung der Androklos-Legende von einem anderen Bau und wurde später im Hadrian-Tempel weiter verwendet. In der Cella selbst stand eine Statue des Kaisers.

Hadrian-Tor: Auf einem Platz vor der Celsus-Bibliothek, wo sich der Embolos gabelte, stand das im 2. Jh. n. Chr. errichtete Hadrian-Tor. Wohin der Weg durch das Tor führte, ist unklar, vermutlich endete die Straße aber an einem Tempel. Das Tor hatte drei Durchgänge, wobei der mittlere durch einen Rundbogen abgeschlossen war. Auf dieses Tor wurde als Schmuck noch ein Tor aufgesetzt, das sogar über fünf Schein-Durchgänge verfügte. Die Säulen waren doppelt angeordnet und trugen ionische Kapitelle. Da der Giebel dem des Hadrian-Tempels entsprach, bezeichnet man die Pforte als Hadrian-Tor. Der Bau wurde vermutlich im 4. Jh. n. Chr. durch ein Erdbeben zerstört. Zu sehen sind heute nur noch vier

Pilaster, die die drei Durchgänge miteinander verbanden, sowie einige Bauteile, die verstreut herumliegen.

Hafen: Aufgrund der Versandung des Küçuk Menderes mußte der Hafen mehrfach ausgehoben und sogar verlegt werden. Ausgrabungen haben noch nicht stattgefunden. Man vermutet aber unter dem Schwemmland Reste eines großen Lagerhauses.

Hafengymnasium: Die Ruinen des n an der Arkadiana gelegenen Hafengymnasiums sind noch nicht vollständig freigelegt. Der weitläufige Bau wurde im 2. Jh. n. Chr. errichtet und im 4. Jh. umgebaut. In byzant. Zeit wurde das Gymnasium überbaut, was es heute noch schwieriger macht, die einstigen Formen zu erkennen.

Vom Hafengymnasium gab es einen direkten Zugang zum Verulanus-Sportplatz. Der Bau war zweistöckig und verfügte über eine 40 × 20 m große Palästra, deren Fußboden mit farbigem Marmor geschmückt war. Nördlich der Palästra lag der Kaisersaal, dessen N-Wand aus Apsiden bestand.

Bei den Ausgrabungen wurden mehrere Statuen entdeckt. Die Bildnisse von Herakles und Kentaurus sind heute in Wien zu sehen. Ebenfalls ausgegraben wurde eine Athletenstatue aus Bronze und die eines Kindes, das mit einer Ente spielt.

Hafenstraße: → Arkadiana.

Hafentherme: Zwischen dem Hafen und dem Gymnasium erstreckte sich auf einer Fläche von 360 × 200 m die Hafentherme, deren Zentralbau mit einer Größe von 160 × 170 m und einer Höhe von 28 m zu den größten Bauten in E. zählte. Die Therme wurde im 2. Jh. n. Chr. erbaut und unter Kaiser Konstantin (337 bis 361 n. Chr.) umgebaut. Während der Ausgrabungen fand man hier zahlreiche Statuen.

Hanghäuser: Vom Embolos aus erreicht man die Hanghäuser, die sich am Ausläufer des Bülbül Dağ erstrecken. Es handelt sich hierbei ausschließlich um Stadtvillen von reichen Bürgern, die in augusteischer Zeit errichtet und bis Ende des 7. Jh. n. Chr. bewohnt wurden. Anschließend dienten sie u. a. als Getreidelager.

Jedes Haus verfügte über fließend Wasser, und einige Villen hatten außerdem noch eine Zisterne oder einen Brunnen.

Selçuk, Ephesos-Museum, Sarkophag

In der Mitte hatten die Häuser einen Hof, der von einem Peristyl umgeben war. Von hier aus konnte man die einzelnen Zimmer betreten. Da Fenster fehlten, wurden die Räume nur durch die Türen zum Peristyl erhellt, was wiederum den Vorteil hatte, daß die Räume gerade im Sommer kühl blieben.
Die Wände waren mit Fresken und farbigem Marmor, die Fußböden mit Mosaiken geschmückt. Haushaltsgeräte, die in den Häusern gefunden wurden, werden auch hier ausgestellt.
Zwei dieser Hanghäuser wurden eindrucksvoll renoviert und vermitteln so anschaulich das Leben in der antiken Stadt. Die erste der beiden Villen war ursprünglich zweistöckig, verfügte über 12 Räume und hatte eine Wohnfläche von 900 qm. Durch ein Portal betrat man über Stufen die mit schwarzem und weißem Marmor geschmückte Vorhalle. Von hier aus führte eine Treppe in die oberen Räume. Durch eine Tür im Erdgeschoß erreichte man dann den Innenhof mit dem Peristyl. Ein Vorraum ö des Peristyls ist noch gut erhalten und verfügt über 4 m hohe Wände, die mit *Fresken* aus dem 2. Jh. n. Chr. geschmückt sind. Aus der gleichen Zeit stammen die geometrischen *Mosaiken,* die den Boden schmücken. Südlich der Eingangshalle befinden sich weitere gut erhaltene Räume. Hier war das Heizungssystem für das Bad untergebracht.
Von diesem Hanghaus 1 kann man direkt in das Hanghaus 2 gelangen. Die Villa entstand im 1. Jh. n. Chr. und wurde bis zum 6. Jh. n. Chr. mehrfach umgebaut. Mit seinem doppelten Peristyl ist es größer als Haus 1. Die Säulen haben korinthische Kapitelle, sind aber aufgrund der mehrfachen Umbauten nicht einheitlich.
In einer Halle wurden im Fußboden-Mosaik Triton und Nereide dargestellt. Triton hält dabei in der linken Hand einen Dreizack und versucht mit der rechten ein Seepferdchen, auf dem Nereide sitzt, zu lenken.
In den ö Räumen wurde der Boden dagegen mit schwarz-weißen Marmorplatten ausgelegt. An den Wänden findet man Fresken, die Vögel und Blumen zeigen.

Hellenistischer Brunnen: In der Nähe des Theaters liegt ein kleiner Brunnen aus hellenist. Zeit. Das Wasser floß aus Löwenköpfen in ein kleines Becken. Der Bau wurde später mit ionischen Säulen erweitert.

Selçuk, Ephesos-Museum, Hof, Liegender Krieger

Selçuk, Ephesos-Museum, Hof, Sonnenuhr

Herakles-Tor: Am Anfang des Embolos stand das zweistöckige, sog. Herakles-Tor.
Der Eingang wurde durch einen mächtigen Bogen überspannt. Im Obergeschoß war der Bau durch sechs Säulen geschmückt. Auf zwei dieser Säulen, die noch heute erhalten sind, kann man *Heraklesreliefs* erkennen.

Heroa: Direkt am Embolos, w neben dem Oktogon, liegen mehrere Denkmäler. Ein ehemals zweigeschossiges Denkmal, mit einer dorischen Säulenordnung im Erd- und einer ionischen im Obergeschoß, wurde dabei in frühchristl. Zeit um eine Brunnenanlage erweitert. Ein zweites Heroon ist das Oktogon. Der Name leitet sich von den Heroen ab. Innerhalb der Stadt durften keine Menschen begraben werden. Ausnahmen gab es nur für Halbgötter.
Zu solchen Heroen wurden dann aber auch angesehene Bürger wie Celsus erklärt.

Latrinen: Westlich der Scholastikthermen befand sich eine öffentliche Bedürfnisanstalt. Die Toiletten, die teilweise sogar überdacht waren, waren mit einem Wasserkanal verbunden, der für die entsprechende Entsorgung sorgte.

Marienkirche: Die heute etwas abseits liegende Marienkirche (auch: Konzilkirche) befindet sich nördlich des Hafengymnasiums.
An der Kirche führte eine Parallelstraße der Arkadiane vorbei, die jedoch noch nicht ausgegraben ist. Bedeutend ist die Marienkirche, weil sie das erste Gotteshaus darstellt, das der Heiligen Jungfrau Maria geweiht wurde und, weil hier 431 und 449 n. Christus zwei wichtige Konzile stattfanden (→ Das christliche Ephesos).
Ursprünglich handelte es sich um ein Museion, um einen Profanbau, der bereits im 2. Jh. n. Chr. errichtet worden war und als Ausbildungsstätte für Ärzte und andere Wissenschaftler diente.

Selçuk, Ephesos-Museum, 3. Saal

Im 4. Jh. wurde der Bau in eine dreischiffige Basilika umgestaltet. An der O-Wand wurde eine Apsis eingefügt, an der W-Seite ein Narthex, an den sich ein von Säulen umgebenes Atrium anschloß. An die N-Seite dieses Atriums wurde das *Baptisterium* gebaut, das noch heute gut zu erkennen ist.
In der 3. Bauphase, unter Kaiser Justinian (527–565), wurde zwischen Apsis und Narthex eine Kuppel eingefügt und der Bau in eine Zentralkuppelkirche umgestaltet.
Vermutlich durch ein Erdbeben wurde die Kirche zerstört und in der mittelbyzant. Zeit als dreischiffige Basilika mit Empore wieder aufgebaut.

Marmorstraße: Die Straße, die vom Theater zur Celsus-Bibliothek führt, wird heute als Marmorstraße bezeichnet. Wie der Embolos, so war auch die Marmorstraße mit Säulenportikus ausgestattet. Unter der Herrschaft von Kaiser Nero (54–68 n. Chr.) wurde an der W-Seite, 2 m über der Straße, eine überdachte Stoa errichtet. Im 5. Jh. n. Chr. ließ ein Bürger namens Eutropios die Straße gründlich renovieren. Als Dank wurde eine Büste des Spenders am Straßenrand aufgestellt. Unterhalb der Straße lagen die Abwasserkanäle.

Mazaeus-Mithridates-Tor: Neben der Celsus-Bibliothek befindet sich das Tor des Mazaeus-Mithridates. Es war eines der drei Eingänge zur Agora und wurde mit seinen drei Durchgängen im Stil eines röm. Triumphbogens errichtet. Da der mittlere Durchgang etwas zurückversetzt errichtet wurde, gewinnt der Bau an Tiefe.
Man beachte die Inschrift in einer der beiden Nischen, die sich in den Seiteneingängen befinden. Dort stand – allerdings etwas deutlicher –, daß der, der hier einem menschlichen Bedürfnis nachgebe, polizeilich belangt werde.
Benannt ist das Tor nach Mazaeus und Mithridates, zwei ehem. Sklaven der au-

Selçuk, Ephesos-Museum

gusteischen Familien, die aus Dankbarkeit über ihre Freilassung dieses Tor errichteten und Kaiser Augustus und dessen Familie widmeten.
So lobt eine Inschrift auf den Attiken die kaiserliche Familie: »Kaiser Cäsar, der Sohn des Gottes, der höchste Priester, zwölfmal Konsul, zwanzigmal Tribun und die Frau des Kaisers Augustus; Marc Agrippa, der Sohn des Lucius, dreimal Konsul, Imperator, sechsmal Tribun und die Tochter des Julius Cäsar Augustus; dem Herrn und dem Volke von Mazaeus und Mithridates.«

Memmius-Gedenkstätte: Nördlich vom Domitianplatz gelegene Gedenkstätte aus dem 1. Jh. n. Chr. Der viereckige Bau erinnert an einen Triumphbogen. Eine der noch vorhandenen Steinplatten zeigt den mit seiner Toga bekleideten Soldaten Memmius in Begleitung seines Vaters Caius und seines Großvaters, den Diktator Sulla. Eine lateinische Inschrift preist: »Der Retter Caius Memmius, der Sohn des Caius und der Enkel von Cornelius Sulla.«

Nymphäum des Gaius Laecanius Bassus: Monumentale Brunnenanlage in der SW-Ecke der Staatsagora. Der Inschrift zufolge wurde sie in den Jahren 75 bis 80 n. Chr. vom Konsul Gaius Laecanius Bassus gestiftet. Den Mittelpunkt der Anlage bildete ein Hof, der auf drei Seiten von zweistöckigen Säulenfassaden abgeschlossen war.

Odeion: Wegen der zahlreichen Sitzreihen, die immerhin Platz für 1400 Zuschauer boten, wird das n der Staatsagora liegende Odeion auch häufig als »kleines Theater« bezeichnet. Gestiftet wurde der Bau von Publius Vedius Antoninus und dessen Frau Flavia Papiana, die hier 150 n. Chr. ursprünglich ein Bouleuterion errichten lassen wollten.
Wie bei einem Theater, so verfügt auch dieses Odeion über eine halbkreisförmige Cavea, eine ebenfalls halbkreisförmige Orchestra und eine zweistöckige Skene. Vor der Skene, die über fünf Türen verfügte, wobei die mittlere mit Abstand die größte war, stand ein marmornes Podium. Die Zuschauersitze waren aus Marmor gearbeitet und weil Abwasserrinnen vollständig fehlen, dürfte der Bau auch noch überdacht gewesen sein.

Oktogon: Das Oktogon ist, wie der Name schon andeutet, ein achteckiges Gebäude, das als Mausoleum diente und gegenüber dem Hadrian-Tempel am Embolos lag. Der Bau entstand zwischen 40 und 20 v. Chr. In der Grabkammer stand ein einfacher Sarkophag aus Andesit, in dem, wie die Ausgrabung 1929 zeigte, ein junges, 18 bis 20 Jahre altes Mädchen beigesetzt war. Das Oktogon war von einer Reihe von korinthischen Säulen umgeben. Gesims und Sockel des Baus waren mit Nachbildungen von Lotus-, Palmetten- und Akanthusblättern verziert. Das Dach lief wie bei einer Pyramide spitz zusammen.

Pollio-Brunnen: Westlich von der Staatsagora stand der Pollio-Brunnen mit seinen hohen Bögen und dreieckigen Giebeln. In Richtung Agora floß das Wasser aus einer halbkreisförmigen Apside. Geschmückt war der Brunnen mit einer Figuren-Gruppe, die die Abenteuer des Odysseus nachstellte (→ Selçuk, Ephesos-Museum). Diese Skulpturen stammen ursprünglich vom Giebel des Isis-Tempels, wurden dann aber nach dessen Zerstörung am Brunnen aufgestellt.

Prytaneion: Das im 3. Jh. v. Chr. errichtete Prytaneion lag an der W-Seite der Basilika und war an drei Seiten durch Säulengänge umrahmt. Die Front bildeten acht dor. Säulen zwischen den Anten, die die Bedeutung des Gebäudes unterstrichen. Im hinteren Teil fand sich ein großer, überdachter Raum, der ebenfalls kunstvoll mit Säulen verziert war. Hier fand man auch die *Artemis-Statuen,* die im Ephesos-Museum in S. ausgestellt werden.
In der Mitte stand ein Altar aus Basalt. In diesem Raum brannte das ewige Feuer für die Herdfeuergöttin Hestia, das die Kureten Tag und Nacht am Brennen hielten (→ Embolos). Die Kureten waren Priester des Artemiskultes, deren Zahl auf sechs, später auf neun begrenzt war. Einmal im Jahr veranstalteten sie eine Prozession und inszenierten dabei die Geburt der Göttin. Sie machten dabei sehr viel Krach, um die Geburtsschreie der Göttin zu übertönen und so andere Götter nicht auf das Ereignis aufmerksam zu machen. Nach der Zerstörung des Gebäudes wurden Teile für den Bau der Scholastika-Thermen verwendet.

Runder Turm: Hinter dem Trajan-Nymphäum liegt am Hang des Panayir Dağ die Ruine eines runden Turmes. Der zylindrische Bau, der auf einem quadratischen Podium errichtet und von zweistöckigen Säulen umrahmt worden war, entstand vermutlich 50 n. Chr. Während die unteren Säulen dorisch waren, wurden die oberen im ionischen Stil errichtet.

Scholastika-Therme: Zwischen dem Trajan-Nymphäum und dem Hadrian-Tempel lag ö des Embolos die dreigeschossige Scholastika-Therme, die zu den größten Bauwerken in E. zählte und

Selçuk, Ephesos-Museum

rund 1000 Menschen Platz bot. Die Therme verfügte über zwei Eingänge. Der eine lag an dem Embolos, der zweite an der O-Seite. Beide Eingänge führten ins Apodyterium, den Umkleideraum, von dem man sich anschließend in die einzelnen Baderäume begab.
In einer Nische stand eine Statue von der Christin Scholastika, die die urspr. im 1. Jh. erbaute Therme 400 n. Chr. wieder errichten ließ.

Serapis-Tempel: Westlich der Agora, Richtung Hafen, liegen die Reste des Serapis-Tempels. Der Tempelhof war von drei Seiten durch Säulen abgegrenzt. Auf der 4. Seite erreichte man über eine Freitreppe den eigentlichen Tempel.
Der Tempel war als Prostylos gebaut und hatte vor der Cella einen langgestreckten Pronaos. Die Säulen hatten einen Durchmesser von 1,5 m und wogen 57 Tonnen.
Das Heiligtum war, wie die Spuren zeigen, durch schwere, auf Rädern befindli-

Selçuk, Ephesos-Museum

che Flügeltüren abgeschlossen. Serapis ist eigentlich ein ägyptischer Gott; da die Handelsbeziehungen zwischen Ephesos und Ägypten aber sehr ausgeprägt waren, errichtete man im 2. Jahrhundert n. Christus diesen Tempel, dessen Bau aber vermutlich nie beendet wurde. Der Beweis, daß es sich hierbei um einen Tempel für Serapis handelt, lieferte eine ägyptische Statue, die hier gefunden wurde. An der Statue befindet sich eine Inschrift, die die These weiter stützt. Der Bau wurde später in eine Kirche umgewandelt, dann aber durch ein Erdbeben völlig zerstört.

Staatsagora: Im oberen Teil der Stadt befindet sich die im 1. Jh. n. Chr. angelegte und später unter Kaiser Theodosius (379–395 n. Chr.) umgebaute Staatsagora oder Obere Agora. Bereits im Hellenismus hatte es hier eine Agora gegeben, wenn auch eine sehr einfache, die dann durch die römische überbaut wurde. Auf dem 160 m langen und 56 m breiten Platz fanden – allerdings unter staatlicher Kontrolle – politische und religiöse Veranstaltungen statt. Das Zentrum des Platzes bildete ein rechteckiger Tempel, dessen Ruine aber fast vollständig verfallen ist. Das Heiligtum, das ebenfalls im 1. Jh. n. Chr. entstand, war vermutlich Augustus gewidmet. In dem Giebelfries wurde das Abenteuer von Odysseus bei dem einäugigen Polyphemos dargestellt (→ Museum von Selçuk). Diese Statuengruppe zierte später den Pollio-Brunnen, der sich w der Agora befand. Im N und O wurde der Platz durch eine Stoa abgegrenzt, von der aber heute ebenfalls nichts mehr erhalten ist. Die n Stoa wurde später in eine Basilika (→ Basilika) umgewandelt.

Stadion: Direkt s des Vedius-Gymnasiums zeugt eine 230 m lange und 30 m breite Mulde vom einstigen Stadion. Zu sehen sind heute noch Postamente des triumphbogenförmigen Eingangs, der über eine doppelte Säulenreihe verfügte und aus dem 3. oder 4. Jh. n. Chr. stammte, sowie Reste eines Tores, hinter dem Treppen zu den Rängen führten.
Während die bergwärts gelegenen Sitzreihen in den Fels geschlagen waren, bestanden die gegenüberliegenden Reihen aus überdachten Galerien. Unter Kaiser Nero (54–68 n. Chr.) wurde das Stadion umgebaut, und im 4. und 6. Jh. diente es, wie so viele antike Gebäude, als Steinbruch für Neubauten.

Theater: Neben der Celsus-Bibliothek ist das Theater in E. heute eines der eindrucksvollsten Zeugnisse der antiken Zeit. Mit Platz für 24 000 (!) Besucher zählt es zu den größten Theatern in Kleinasien. Die insgesamt 66 Sitzreihen waren vertikal in 12 Treppen (Kerkides) und horizontal in drei Ränge unterteilt, die durch gewölbte Treppenhäuser erreichbar waren. Die Cavea war größer als ein Halbkreis.
Das Theater wurde unter Lysimachos erbaut, anschließend mehrfach um- und ausgebaut. Seine heutige Form erhielt es durch die insgesamt 70jährige Renovierung, die Claudius (41–54 n. Chr.) und Trajan (98–117 n. Chr.) in Auftrag gegeben hatten. Somit war das Theater, als

Paulus in Ephesos weilte, gerade im Umbau begriffen.
Die runde Orchestra (Durchmesser 34 m) wurde dabei durch ein dreistöckiges, 18 m hohes Bühnenhaus (Skene) und ein davor liegendes Podium abgeschlossen. Diese Fassadenwand war mit Säulenstellungen, Apsiden und Ädikulen reich geschmückt. Während in hellenist. Zeit die Bühne knapp 3 Meter breit und genauso tief war, wurde sie unter den Römern auf über 25 m verlängert und hatte dann eine Tiefe von 6 m. Die Bühne ließ sich durch fünf verschiedene Eingänge betreten, wobei der mittlere Eingang mit Abstand der größte war, um so den gesamten Bau größer erscheinen zu lassen.
Vor jeder Vorführung wurde eine festgelegte Zeremonie abgehalten. Der Chor betrat durch die Seiteneingänge des Bühnenhauses die Orchestra, stellte sich an den Seiten auf und sprach einen Text. Anschließend wurde auf dem Altar, der sich in der Mitte der Orchestra befand, ein Hammel für den Theatergott Dionysos geopfert, bevor die eigentliche Vorführung beginnen konnte. Als Schauspieler fungierten übrigens nur Männer. Alle waren grundsätzlich verkleidet, und gespielt wurde nicht unbedingt, wie heute, am Abend, sondern auch in den frühen Morgenstunden. Neben den Theateraufführungen diente der Bau auch für Volkssitzungen.

Theater-Gymnasium: Das aus dem 2. Jahrhundert n. Chr. stammende Theater-Gymnasium liegt unterhalb des großen Theaters direkt an der Arkadiana und war das größte Gymnasium von Ephesos. Die Palästra hatte eine Größe von 70 × 30 m und war an drei Seiten von mit Mosaikböden geschmückten Säulenhallen umrahmt. Die 4. Seite bildete eine Tribüne mit Sitzstufen. Das Hauptgebäude ist symmetrisch nach Nord-Süd ausgerichtet. In der Mitte findet man den Kaiserraum. Die weiteren Räume dienten als Studienzimmer und für die Thermen.

Trajan-Nymphäum: Das dem Kaiser Trajan (98–117 n. Chr.) geweihte, einst 12 m hohe Nymphäum befindet sich n

Selçuk, Ephesos-Museum

der Kuretenstraße und wurde laut Inschrift in den Jahren 102 bis 114 n. Chr. gebaut. Das Brunnenbecken war auf drei Seiten von doppelreihigen Säulen umgeben. In der mittleren Nische war eine Statue des Kaisers Trajan aufgestellt, unter der das Wasser in das Becken floß. Gefunden wurden neben Abbildungen der Kaiserfamilie auch Statuen von Dionysos, Satyr und Aphrodite. Die Funde werden im Ephesos-Museum in S. gezeigt.

Varius-Therme: Die Ausgrabung der röm. Thermenanlage oberhalb der Staatsagora am Hang des Panayir Dağ ist noch nicht abgeschlossen. Man findet die üblichen Räume, wie Frigidarium (Kaltbaderaum), Tepidarium (lauwarmer Raum) und Caldarium (Warmbaderaum). Bemerkenswert ist der Raum an der S-Seite, der im 5. Jh. n. Chr. mit Mosaiken verziert worden war. Das Bad wurde später in byzant. Zeit umgebaut und weiter genutzt.

Vedius-Gymnasium: Nördlich des Stadions, an der Zufahrt zum Ephesos-Parkplatz, befinden sich die Ruinen des Vedius-Gymnasiums. Es wurde laut Inschrift zwischen 138 und 161 n. Christus von P. Vedius Antoninus und dessen Frau Papiana gestiftet und der Göttin Artemis sowie Kaiser Antoninus Pius, der ein Freund der Familie war, gewidmet.

Der Komplex, der sich über 12600 qm erstreckt, verfügte wie die Gymnasien von Pergamon und Sardis über zahlreiche Räume und zählte zu den prunkvollsten Bauten des römischen Ephesos. Den Eingang bildet ein dreitüriger Propylon.

Wie in der röm. Kaiserzeit üblich, so gehörte zu diesem Gymnasium auch eine umfangreiche Thermenanlage samt Kaisersaal (2geschossiger Raum mit einer Größe von 20 × 10 m, in einer Nische stand eine Skulptur des Kaisers, davor ein Altar), Apodyterien (Auskleidezimmer mit umlaufender Bank), Natatio (Schwimmsaal), Frigidarium (Abkühlraum mit Brunnen in der Mitte), Tepidarium (lauwarmer Raum), Caldarien (Warmzellen), Sudatorium (Schwitzraum) und mehreren Innenhöfen. Zu erkennen ist heute auch noch das Prinzip der Hypokausten, der Fußbodenheizung. Dabei ruhte der Fußboden auf kleinen Pfeilern. Durch diesen Hohlraum strömte die heiße Luft, die durch hohle Ziegel in den Wänden wieder abzog. In dieser aufwendigen Heizungsanlage, die man überall in den röm. Thermen findet, die sehr viel Energie benötigte und die später auch von den Byzantinern und Osmanen übernommen wurde, dürfte ein wesentlicher Grund für die Entwaldung im mediterranen Raum liegen.

Der ö Teil dieser Anlage wurde dominiert von einer 50 m langen und 40 m breiten Palästra. Dieser Innenhof war umrahmt von Arkaden mit 5 m hohen Säulen.

Noch nicht ausgegraben ist das Untergewölbe dieses sehenswerten Gymnasiums.

Verulanus-Sportplatz: Zwischen dem Hafen und dem Theatergymnasium erstreckte sich der Verulanus-Sportplatz. Von der Hafenstraße führte eine Seitenstraße zu den fünf Eingängen. Die Laufbahn war dreifach von Säulen umgeben. Vom Platz aus gab es einen Zugang zum angrenzenden Gymnasium. Die Anlage entstand in hadrianischer Zeit (117–138 n. Chr.) im Auftrag von Verulanus, dem Oberpriester der Provinz Asia.

Selçuk, Ephesos-Museum

SELÇUK

Artemis-Tempel: → Die Göttin Artemis und das Artemision.

Isa Bey Camii: Direkt unterhalb der Johanneskirche, am Fuße des Ayasoluk-Hügels, steht die Isa Bey Camii. Die Moschee wurde bereits 1375 im Auftrag des seldschukischen Sultans Isa Bey I., der aus der Dynastie der Aydinoğlu stammt, errichtet. Es handelt sich hierbei um einen für diese Gegend seltenen syrischen Bautyp, wie man ihn bei den arabischen Hofmoscheen findet. Die hier benutzten sog. Stalaktiten-Ornamente sollten später die osmanische Baukunst stark beeinflussen.
Die Mauern umschließen dabei einen mit 57 m Länge und 51 m Breite fast quadratischen Bereich. Im Inneren nimmt der Arkadenhof fast 2 Drittel der Fläche ein. Die eigentliche Moschee liegt quer und verfügt über einen zweischiffigen Betsaal. Von den früher zwei Minaretten ist heute noch eines teilweise erhalten.
Ebenfalls zerstört sind die Arkaden, die einst den Innenhof schmückten. Durch drei Bögen betrat man von hier aus den Betsaal, über dessen Mitte sich zwei Kuppeln befinden. Wie schon beim Bau der Johanneskirche, so wurde auch beim Bau der Moschee auf antikes Baumaterial zurückgegriffen. Die Säulen stammen z. B. urspr. von den Hafenthermen, wurden dann aber zum größten Teil umgearbeitet und mit seldschukischen Kapitellen versehen.
Von den Marmorplatten, die einst die Minbar schmückten, ist heute noch wenig vorhanden. Auch die Ornamente des Mihrab fehlen. Sie wurden später in der Kestane Bazar Camii von İzmir wiederverwendet.

Johanneskirche: Über dem heutigen S. und unterhalb der Zitadelle befindet sich die Johanneskirche (→ Das christliche Ephesos). Die Anlage entstand im 6. Jh. n. Chr., und für den Bau wurde zahlreiches antikes Baumaterial, vor allem vom nahe gelegenen Artemision, verwendet. Ins Innere der Anlage gelangt man über eine mit Marmor gepflasterte Straße durch das sog. Tor der Verfolgung, dessen Torbogen durch zwei mächtige quadratische Türme umrahmt wird. Hinter diesem Tor liegt dann der Zwinger, ein schmaler, langer Vorhof, der zum nächsten Tor führt.

Selçuk, Exponat im Ephesos-Museum

Selçuk, Ephesos-Museum

Ab dem 2. Jh. wurde am Grab des Johannes gebetet. Eine frühe Kapelle wurde Ende des 5. Jh. durch eine mehrschiffige Basilika ersetzt. Kaiser Justinian ließ zwischen 527 und 565 n. Chr. über dem Grab eine 130 m lange Kreuzkuppelkirche samt Vorhalle errichten. Die heute noch zu sehenden Ruinen stammen meist aus dieser Zeit. Kreuzförmig waren sechs Kuppeln angeordnet. Unter der mittleren Kuppel befindet sich das Grab des Johannes. Am Rand steht ein Synthronon, also im Halbkreis angeordnete Sitzreihen für die Priester.
Westlich des Bauzentrums befand sich ein Atrium, das von Säulenarkaden umgeben war, und an der N-Seite erkennt man noch heute Reste eines Baptisteriums.
Im 7. und 8. Jh. n. Chr., als E. immer stärker unter arabischen Überfällen litt, wurde die Kirche durch eine Festungsmauer geschützt. Diese Mauer, die bis zur Zitadelle führte, hatte insgesamt 20 Türme und drei Tore.

Auch in späterer Zeit war das Johannes-Grab ein heiliger Ort. So pilgerten vor allem Kranke nach E., um durch den Geruch der Grabkammer wieder gesund zu werden.
Im 14. Jh. diente die Kirche kurzzeitig als Moschee. Nach dem Bau der Isa Bey Camii verlor sie jedoch wieder an Bedeutung und wurde durch ein Erdbeben zerstört.

Zitadelle: Sie befindet sich auf dem Plateau des Ayasoluk-Hügels und thront somit über dem heutigen S. Die Anlage mit ihren hohen, durch einen Zinnenkranz abgeschlossenen Mauern und ihren 15 Wehrtürmen stammte aus dem 6. Jh. n. Chr. Als die Seldschuken die bis dato byzant. Stadt übernahmen, bauten sie die Burg weiter um. Die heutige Zitadelle ist damit ein byzant.-seldschukischer Mischbau. Das Innere ist weitgehend kahl. Man findet nur Reste einer kleinen Moschee und einer Zisterne.

Ephesos-Museum: Das Museum nahe dem Zentrum von S. wurde 1929 gegr. und gehört wegen seiner zahlreichen Fundstücke zum »Muß« eines Ephesos-Besuches.
Im *1. Saal* sind Funde aus den Hanghäusern ausgestellt, die meist aus der röm. Periode stammen. Fast alle diese Häuser waren reich mit Fresken und Mosaiken verziert. Gefunden wurden aber auch zahlreiche Haushaltsgegenstände und Statuetten.
So gibt es Tische aus Bronze und Marmor, Amphoren, Karaffen, Kinderspielzeug und sogar Küchentüren zu sehen. Eines der schönsten Exponate in diesem Bereich zeigt Eros, wie er auf einem Delphin reitet. Diese Bronzestatuette aus dem 2. Jh. n. Chr. diente früher einmal als Hahn an einem Brunnen, wobei das Wasser direkt aus den Augen des Delphins strömte.
Im *2. Saal* werden Figurengruppen aus Marmor gesammelt, die man bei verschiedenen röm. Brunnenanlagen entdeckte. Bemerkenswert ist hierbei eine Figurengruppe aus dem 1. Jh. n. Chr., die vom Pollio-Nymphäum stammte und davor den Giebel des Augustus-Tempels zierte. In der Mitte sitzt der einäugige Riese Polyphem. Auf seinem Schoß hält

Selçuk, Zitadelle

er ein Opfer, das er ermorden und verspeisen will, und auch zu seinen Füßen liegen Leichen. Von der Seite nähern sich Odysseus und seine Kameraden, um dem Riesen einen Becher Wein zu reichen. Auf der anderen Seite liegen Männer auf der Lauer, um Polyphem im richtigen Moment zu blenden.
Bevor man den Hof erreicht, durchschreitet man noch eine *Halle,* in der u. a. byzant. Kunstwerke ausgestellt werden. So sind hier Reliefs aus der Johanneskirche und Porträts aus dem 5. und 6. Jh. zu sehen.
Im *Hof* des Museums ist eine Rekonstruktion der Polyphem-Odysseus-Figurengruppe zu sehen. Gezeigt wird dort, wie das Kunstwerk den Giebel des Augustus-Tempels schmückte. Ebenfalls sehenswert in dem Hof ist der große Sarkophag, der aus dem Mausoleum von Belevi stammte (→ Weitere Umgebung, Belevi), und eine Sonnenuhr aus Marmor aus dem 3. Jh. n. Chr.
Im *3. Saal,* der sich an den Innenhof anschließt, werden Grabfunde ausgestellt. Bemerkenswert ist der Nachweis der kontinuierlichen Besiedlung. So stammen die ältesten Funde aus mykenischer Zeit, also aus dem 13. Jh. v. Chr., und die jüngsten aus der röm. Epoche.
Die dann folgende *Halle* ist der Göttin Artemis und ihrem Kult gewidmet. Während das Kultbild der Artemis ursprünglich aus Holz bestand, sind die hier ausgestellten Skulpturen röm. Nachbildungen aus Marmor. Wie bereits geschildert, ist es umstritten, ob es sich bei den Beuteln, die den ganzen Rumpf bedecken, um Brüste oder Hoden handelt. Sicher ist, daß sie Fruchtbarkeit symbolisieren sollen. Bemerkenswert sind auch die zahlreichen Tierdarstellungen, mit denen die Göttin der Tiere geschmückt ist.
Der *4. Saal* hat den röm. Kaiserkult zum Thema. So werden Porträts der Kaiser Augustus, Tiberius, Nero, Commodus und Septimius Severus ausgestellt.
Hinter dem eigentlichen Ephesos-Museum befindet sich ein großes Gebäude

Ephesos, Grotte der Siebenschläfer

mit einem Kuppeldach, das als *türkisches Bad,* Hamam, diente. Der Bau wurde 1979 restauriert und dient jetzt als Ausstellungsfläche für türkische Volkskunst. Zu sehen sind hier auch die Badeutensilien, die nach türkischer Tradition im Hamam verwendet wurden. Dieses Bad hat übrigens, im Gegensatz zu anderen Bauten, keinen getrennten Bereich für Männer und Frauen gehabt. Die Geschlechtertrennung wurde hier über die Öffnungszeiten geregelt.

UMGEBUNG

Hellenistische Festung: → Hellenistische Stadtmauer.

Hellenistische Stadtmauer: Die Stadtmauer (→ Magnesisches Tor) wurde unter Lysimachos im 3. Jh. v. Chr. angelegt. Wie damals üblich, bestand die zweischalige Mauer aus großen Quadern mit loser Zwischenfüllung und war rund 3 m dick. Die Mauer wurde durch 40 Wehrtürme noch zusätzlich geschützt. Im W der Mauer befinden sich noch Reste einer *hellenistischen Festung,* die als sog. Gefängnis des Paulus bezeichnet wird.

Grotte der Siebenschläfer: In der Nähe des Ostgymnasiums führt eine antike Straße zum Artemision. Nach 1 km liegt n der Straße, am Panayir Dağı, die Grotte der Siebenschläfer (→ Das christliche Ephesos). In der Mitte der Anlage befindet sich über 10 Kammern eine in den Hügel eingearbeitete *Kuppelkirche.* Hier sollen die sieben verfolgten Christen, die die Verfolgung »verschlafen« hatten, bestattet worden sein. In der Umgebung dieser Grotte befinden sich zahlreiche Gräber, Grabkammern und Mausoleen.

Lukasgrab: In der Nähe des oberen Parkplatzes, zwischen Ostgymnasium und Staatsagora, findet man Reste eines Rundbaus mit einem Durchmesser von 16 m. Die Außenfassade war mit Marmorplatten und diese später mit Kreuzen geschmückt. Aus diesem Grund hielt

Ephesos, Mausoleum

man das Gebäude lange Zeit für eine christl. Stätte und vermutete hier das Grab des Lukas. Untersuchungen ergaben aber, daß der Bau bereits im 1. Jh. v. Chr. und damit für ein Lukasgrab hundert Jahre zu früh errichtet worden war. In christl. Zeit wurde das Gebäude durch den Einbau einer Krypta in den Sockel in eine Kirche umgewandelt. Außerdem erweiterte man die Kirche im O durch eine Apsis und im W durch einen Narthex.

Magnesisches Tor: In der Nähe des Ostgymnasiums, durch die moderne Straße von diesem getrennt, liegt das Magnesische Tor. Das Tor wurde durch zwei viereckige Türme geschützt und verfügte über drei Durchgänge. Der mittlere Durchgang stammte bereits aus hellenist. Zeit und diente als Durchfahrt für Wagen. In röm. Zeit wurden dann noch zwei weitere Durchgänge für Fußgänger angebaut.

Das Magnesische Tor war, wie das noch nicht ausgegrabene Koressos-Tor, Teil der hellenistischen Stadtmauer, die im 3. Jh. v. Chr. Lysimachos anlegen ließ.

Den Namen erhielt dieses Tor, weil hier die antike Straße begann, die ins 30 km entfernte Magnesia führte.

Ostgymnasium: Nördlich des Magnesischen Tores befindet sich das von dem Architekten Damaianus im 2. Jh. n. Chr. erbaute Ostgymnasium, wo die meist 6- bis 16jährigen in Mathematik, Musik, Rhetorik und Sport unterrichtet wurden. Das Gymnasium verfügte über Bad, Palästra, Schulhof, Unterrichtsräume und einen Kaisersaal. Das Propylon befand sich an der O-Seite und bestand aus einem dreieckigen Giebel, der von vier Säulen gestützt wurde.

Weitere Umgebung

Aquädukt (6 km s): An der Landstraße nach Denizli befindet sich ein restauriertes Aquädukt. Zu sehen sind doppelte

Bogenreihen, die zu der von Sextilius Pollio im 1. Jh. n. Chr. gstifteten Wasserleitung gehören. Diese Wasserleitung förderte 4,2 Liter pro Minute nach E., war aber nur eine von vielen. So gab es s von Kuşadası zwei Wasserspeicher, und zwar in Kenchrios (Değirmendere) und in Keltepe. Von hier floß das Wasser mit einer Kapazität von 61 Litern pro Minute 42,5 km weit durch zwei Leitungen bis nach E. Eine andere Leitung begann Richtung İzmir bei Klaseas (Pranga). Durch Tunnel und über Bögen flossen hier 9 Liter pro Minute bis zum Hügel der Johanneskirche.

Belevi (11 km nö): Verläßt man S. Richtung İzmir und folgt man dann der Abzweigung nach Ödemiş, erreicht man nach 11 km das Mausoleum und den Tumulus von Belevi, dessen Ruine mittlerweile direkt an der neuen, breiten Fernstraße liegt.

Zu sehen ist der aus dem Gestein gehauene, 24 m breite und 12 m hohe Unterbau des *Mausoleums.* Auf diesem mit dorischem Gebälk verzierten Fundament, in dem sich auch die Grabkammer befand, stand eine korinthische Säulenordnung, die von einer Stufenpyramide überdacht wurde. Die Spitze des dann insgesamt 35 m hohen Bauwerks bildete eine Quadriga. Der Bau wurde jedoch nie ganz fertiggestellt. Deutlich wird dies z. B. am Fundament-Fries, der an einigen Stellen fein ausgearbeitet, an anderen nur grob oder gar nicht skizziert ist. Der Sockel selbst steht auf drei Stufen und verfügt über eine Scheintür. Der eigentliche Eingang war dagegen zugemauert. In der hinteren der beiden Kammern im Inneren stand ein Sarkophag. Dessen Deckel wurde als Polster dargestellt, auf dem sich eine halb liegende Abbildung des Toten befand (→ Selçuk, Ephesos-Museum). Da der Deckel aber nicht genau mit dem Sarkophag abschließt, läßt dies auf unterschiedliche Entstehungszeiten schließen.

Da Inschriften fehlen, ist die Bestimmung des Grabbauwerks schwierig. Möglich ist, daß das Mausoleum ursprünglich für Lysimachos errichtet worden war. Da dieser aber 281 v. Chr. in Magnesia starb, blieb die Grabkammer vermutlich ungenutzt. Möglich ist daher, daß der Seleukide Antiochos II. Theos, der 246 v. Chr. in E. starb, hier beigesetzt wurde; vielleicht sogar dessen Enkel Antiochos III., der 190 v. Chr. in der Schlacht von Magnesia fiel. – Rund 200 m hinter dem Mausoleum erstreckt sich ein *Tumulus.* Der Grabhügel wurde

Ephesos, Mausoleum, Detail

durch eine mittlerweile zum Teil wieder aufgebaute Mauer aus Polsterquadern abgestützt. Ein 20 m langer Gang führt zu zwei Grabkammern im Inneren. Obwohl die Anlage hellenist. ist, belegen Scherbenfunde bereits eine frühere Benutzung. So soll hier Pixadaros, der Entdecker der für den Artemis-Tempel wichtigen Marmorsteinbrüche, begraben sein.

Marienhaus (10 km sw): Das Marienhaus (→ Das christliche Ephesos) erreicht man, wenn man von S. der Straße Richtung Denizli folgt und kurz nach dem Ortsende nach rechts, Richtung W, abbiegt. Nach weiteren 7 km endet die Straße in den Bergen auf dem Bülbül Dağı an einem großen Parkplatz.

Das Haus birgt im Inneren einen fast quadratischen Gebetsraum und einen Narthex. Die Mauer stammt aus dem 6. bis 7. Jh. n. Chr., also aus byzant. Zeit. Untersuchungen der Fundamente haben jedoch ergeben, daß diese weitaus älter sind und schon im 1. Jahrhundert n. Christus errichtet wurden. Scheinbar wurde also ein älteres Haus später in diese Kirche umgebaut.

Das Wasser, das aus einem nahe gelegenen Brunnen sprudelt, soll heilen und Wunder vollbringen.

Euromos

Muğla

Höhe: 50 m S. 291 □ C 5

E. liegt auf halber Strecke zwischen Herakleia am Latmos und Mylasa, mit dem es im Laufe seiner Geschichte oft verträglich und politisch verbunden war. In den athenischen Aufzeichnungen wird Euromos als »Hyromos« oder »Kyromos« vermerkt. Der Name E. stammt vermutlich aus der Hellenisierung unter Mausolos. Andere Quellen aus dem 5. Jh. v. Chr. und später aus dem 1. Jh. v. Chr. sprechen dagegen von Europos.

Während des karischen Feldzuges besetzten die Truppen von Philipp V. kurzzeitig den Ort, mußten aber nach einer Entscheidung des röm. Senats 196 v. Chr. wieder abziehen.

167 v. Chr. lehnte sich die Nachbarstadt → Mylasa gegen die rhodische Herrschaft auf. Da aber die Stadt E. gute Beziehungen zu den Rhodiern hatte, besetzten die Aufständischen auch sofort E., um jeden Widerstand zu ersticken. Daraufhin entstand ein Zusammenschluß, der jedoch nur von kurzer Dauer war, da der Aufstand keinen Erfolg hatte. Anschließend

Euromos, Tempel des Zeus Lepsynos

Euromos, Tempel des Zeus Lepsynos

berichten die Quellen von einer weiteren Herrschaft der Rhodier und Römer, sowie einem Bündnis mit Iasos. Im weiteren Verlauf der Geschichte wird die Stadt nur noch selten erwähnt.
Nachgewiesen ist jedoch eine Münzprägung mindestens zwischen dem 5. Jh. v. Chr. und dem 1. Jh. n. Chr. Aus den frühen Funden stammt eine Münze mit dem Kopf des Zeus und der Inschrift ΥΡΩ.

Agora: Sie befindet sich unmittelbar ö der heutigen Landstraße auf ebenem Gelände. Sie war von Säulen umgeben, von denen heute noch einige stehen.

Großes Theater: Vom Großen Theater sind nur wenige Überreste erhalten. Der Bau liegt etwas oberhalb der Stadt und direkt unterhalb der Akropolis an einem Hügel und ist nach W ausgerichtet. Heute zeugen nur noch wenige Sitzreihen und ein paar Fragmente des Bühnenhauses von der einstigen Pracht.
Stadtmauer: Die antike Stadt E. war von einer 2,0 m bis 2,5 m dicken Stadtmauer aus Quaderwerk umgeben, die noch durch Wehrtürme zusätzlich geschützt war. Die heutige Landstraße geht quer durch das ehem. E. Westlich davon verläuft parallel zur Straße ein Teil der Stadtmauer. Während Agora, Akropolis und Theater von der Mauer umrahmt wurden, befand sich der Zeus-Tempel vor der Stadt.

Tempel des Zeus Lepsynos: Südlich, außerhalb der Stadtmauern, liegt der bereits von der Landstraße sichtbare Zeus-Tempel.
Er gilt als einer der am besten erhaltenen Zeus-Tempel in ganz Kleinasien und stammt in der jetzigen Form aus der Zeit Kaiser Hadrians, also aus dem 2. Jh. n. Chr.
Das Besondere am Zeus-Tempel von E. ist sein Standort. Normalerweise wurden Tempel zu Ehren des Gottes Zeus auf Anhöhen errichtet. In E. befindet sich der Tempel jedoch in einer Talsohle, die

von drei Seiten durch Hügel abgegrenzt wird.
Bei dem Bauwerk handelt es sich um einen Peripteros, also um einen Tempel, dessen Cella von einem umlaufenden Säulengang umrahmt wird. Der Tempel war 26,80 m lang und 14,40 m breit. Bei Ausgrabungen wurde ein Altar entdeckt, dessen Untersuchung ergab, daß dieser Tempel Zeus Lepsynos gewidmet war.
Das Peristyl besteht aus 11 × 6 Säulen in korinthischer Ordnung. Während am Eingang die Frontsäulen in zwei Reihen à sechs Säulen stehen, wird der Tempel auf der Rückseite nur durch eine komplette Sechser-Reihe abgeschlossen. Zwischen den Anten stehen dann aber noch einmal zwei Säulen. Da die Säulen korinthisch sind, verfügen sie über ausgesprochen schlanke Schäfte und fein gearbeitete Kapitelle mit niedrigen Gebälkteilen. Von den insgesamt 36 Säulen stehen noch 16 in voller Höhe. 12 Säulen weisen Inschriften von Spendern auf, 4 Säulen sind nicht kanneliert.
Südwestlich des Tempels befinden sich unterirdische *Grabkammern,* die in karischer Art angelegt worden sind.

Euromos, Tempel des Zeus Lepsynos

F

Fethiye
Muğla

Einw.: 20000 Höhe: 50 m S. 291 □ E 6

Die heute 20000 Einwohner fassende Stadt liegt an der Küstenstraße von İzmir nach Antalya. Von dem antiken Telmessos, auf dessen Boden F. errichtet wurde, ist aufgrund von schweren Erdbeben – zuletzt in den Jahren 1856 und 1957 – nur noch wenig erhalten. Eindrucksvoll sind vor allem die Felsgräber über der Stadt.
Berühmt war die Stadt in der Antike wegen ihrer Seherschule. Zahlreiche Könige und Feldherren sollen sich von den »Schlangenmännern« haben beraten lassen. So soll der aus Telmessos stammende Seher Aristander laut Herodot die Geburt und das Werk Alexanders d. Gr. vorhergesagt und später sogar dessen Berater gewesen sein.
Wann in dieser Bucht die ersten Siedlungen angelegt wurden, ist nicht bekannt. Man vermutet aber, daß bereits in prähist. Zeit und später von Hethitern die Gegend besiedelt wurde. Zum ersten Mal erwähnt wird die damals nicht-lykische Stadt im 5. Jh. v. Chr., als sie in den Tributlisten des Delischen Bundes aufge-

Fethiye, Amyntas-Grab

führt wird. Zu Beginn des 4. Jh. v. Chr. zählte T. dann zum Reich von Arbina, dem Dynasten von Xanthos, wurde aber noch im gleichen Jahrhundert nach einer längeren Belagerung durch König Perikles von Limyra erobert und Lykien eingegliedert.

334 v. Chr. wurde T. von Alexander d. Gr. durch einen an das Schicksal von Troja erinnernden Trick eingenommen. Nearchos, Befehlshaber von Alexanders Flotte, segelte in den Hafen von T. und bat das Stadtoberhaupt Antipatrides, in dessen Mauern gefangene Musikanten und Sklaven zurücklassen zu dürfen.

Antipatrides willigte ein, doch in Wirklichkeit waren die Gefangenen Soldaten, die ihre Waffen in den Musikinstrumenten versteckten und im Handstreich die Stadt eroberten.

Um sich mit dem ausgebooteten Antipatrides zu versöhnen, ernannte Alexander d. Gr. ihn zum Gouverneur.

Nach Alexanders Tod wechselte die Stadt wie Kaunos mehrfach die Herrscher. Nach der Vererbung des pergamenischen Reiches an die Römer – auch T. gehörte zur »Erbmasse« – kam die Stadt, die auch dem Lykischen Bund angehörte, zu Rom.

Im 1. Mithridatischen Krieg (88 bis 85 vor Christus) versuchte Mithridates VI. Eupator die Stadt von See aus einzunehmen, scheiterte jedoch. 43 n. Christus wurde die Stadt mit ihren Partnern im Lykischen Bund Teil der Doppelprovinz Lyciat et Pamphylia.

451 n. Chr. nahm zwar der Bischof von Telmessos noch am 4. Ökumenischen Konzil von Kalchedon teil, doch die Stadt verlor immer mehr an Bedeutung.

Im 7. Jh. litten die Bewohner dann unter arabischen Einfällen.

Ein Jahrhundert später wurde T. zu Ehren des damaligen byzant. Kaisers Anastaisos II. (713–715 n. Chr.) in Anastasiopolis umgetauft.

Die Osmanen nannten die Stadt später Makri oder Meğri, woraus sich der heutige Name F. entwickelte.

In einem Reisebericht von Charles Texier, der die Stadt 1836 besuchte, werden zahlreiche, später durch die Erdbeben völlig zerstörte antike Bauten beschrieben. So z. B. ein großer Artemis-Tempel und zwei Theater.

Felsgräber: In der Felswand, die sich im S über die Stadt erhebt, findet man zahlreiche eindrucksvolle Felsgräber. Das größte ist das sog. *Amyntas-Grab,* in dem der ansonsten unbekannte Sohn des Hermagios beigesetzt wurde, und das vermutl. im 4. Jh. v. Chr. angelegt worden war.

Die Vorderseite ist wie ein griechischer Tempel gestaltet, wobei die Anten, zwischen denen zwei ionische Säulen stehen, weit vorgezogen sind und so einen tiefen Vorraum bilden.

Der Volutentyp der Säulenkapitelle stammte aus der Peloponnes. Die Giebel sind mit Akroterien geschmückt.

Während außen sogar noch ein Tempelportal samt Flügeltüren nachgeahmt wird, ist das Innere der Grabkammern schmucklos.

Fethiye, Felsgräber >

Kaya (Fethiye)

In der Nähe dieses Grabes findet man weitere Nachbildungen griech. Tempel. Die übrigen Felsgräber waren dagegen typisch lykisch.
Hier wurde die Konstruktion der lykischen Holzhäuser mit ihren Flachdächern nachempfunden.
Festung: Auf der Akropolis finden sich Ruinen einer ma Festung, die im 15. Jh. durch rhodische Ritter des Johanniter-Ordens und durch die Genuesen angelegt worden war. Antike Gebäudereste wurden damals in den Festungsbau integriert.

Sarkophag: In der Stadt findet man mehrere Sarkophage. Der schönste steht neben der Belediye, der Stadtverwaltung. Es handelt sich dabei um einen *Hyposorion-Sarkophag-Typ.* Auf einer Stufenbasis steht das Hyposorion, in dem die Hausbediensteten bestattet wurden, darüber stand auf einer Steinplatte der eigentliche Sarkophag, der mit einem spitzbogigen Deckel abgeschlossen ist. Nach lykischem Glauben wurden die Toten durch riesige Vögel in den Himmel transportiert. Aus diesem Grund wurden die Gräber möglichst hoch über dem Erdboden angelegt.

Museum: Im Museum unweit der Belediye, dem Sitz der Stadtverwaltung, werden Funde aus allen Epochen, also von der lykischen bis zur osman., gezeigt. Erwähnenswert ist ein im nah gelegenen Tlos (→Tlos) gefundener *attischer Klinensarkophag* aus dem 2. oder 3. Jh. n. Chr., dessen Relief mit Jagdszenen geschmückt ist.

Umgebung

Kadyanda (ca. 20 km nö): In 1000 m Höhe, 430 m oberhalb des Dorfes Üsümlü, liegt die antike Stadt K. Im Gegensatz zu T. wurden die Ruinen nicht durch Erdbeben zerstört. K. erreicht man von F. aus über die Landstraße Richtung

Muğla, von der man nach rund 8 km r abbiegt und dann der Nebenstraße bis ins 20 km entfernte Üsümlü folgt. Ab dem Dorf führt ein Fußpfad zu den Ruinen.
Die Geschichte kann anhand von wenigen Inschriften nur bruchstückhaft rekonstruiert werden.
So hat der Hekatomnide Pixodares u.a. K. finanziell unterstützt, vermutl. weil die Stadt ihn in seinem Feldzug gegen Kaunos unterstützt hatte.
Eine weitere Inschrift belegt, daß der Thermenbau aus dem Privatvermögen von Kaiser Vespasian (69–79 n. Chr.) finanziert wurde.
Schon beim Aufstieg sieht man lykische Felsgräber aus dem 5. Jh. v. Chr. Die zahlreichen Grabhäuser sind jedoch leider geplündert.
Am eindrucksvollsten ist das sog. *Reitermonument.*
Aus einem Felsbrocken wurde ein 2 m hohes und 3 m breites Relief herausgearbeitet, das einen Reiter beim Töten eines Feindes darstellt.
Dieses Relief stellt die N-Seite eines Grabhauses dar.
Auf der S-Seite zeigt das Relief einen liegenden Mann, vermutlich den Toten, an dessen Fußende drei weitere Männer stehen. – Auf der Akropolis findet man Teile von *kyklopischen, polygonalen* und *byzantinischen Stadtmauern.* – Gut erhalten sind die Sitzreihen des *Theaters,* das sich am S-Ende der Akropolis befindet.
Von dem Bühnenhaus ist jedoch nichts mehr übrig. – Weiter n entdeckt man dann Reste einer 80 m langen Stoa, die die *Agora* abschloß. – Nördlich der Agora befand sich ein weiterer Hallenbau und das *Stadion.* – Hinter den Sitzreihen kann man noch Reste zweier *dorischer Tempel* erkennen.
Wem die Heiligtümer gewidmet waren, ist unbekannt. – An mehreren Stellen auf der Akropolis stehen Ruinen von *Wohnbauten,* deren Räume sich um Peristylhöfe gruppierten.
Kaya (4 km s): Von F. durch einen Berg getrennt, liegt in einem Hochtal K.
In dieser Stadt lebten bis zum türkisch-griech. Krieg (1920–22) 25 000 Griechen, die anschließend ausgewiesen wurden. Die verlassene Stadt wurde 1957 durch

Fethiye, Museum

ein Erdbeben zerstört, lohnt aber einen Abstecher.
Telmessos (1 km w): Die schweren Erdbeben von 1856 und 1957 haben fast alle antiken Bauten vollständig zerstört.
So ist von dem großen Theater außer einem Abdruck der Cavea am Burgberg nichts mehr übriggeblieben.
Durch Berichte aus dem 19. Jh. weiß man aber, daß das Theater über einen zweistöckigen Bühnenbau und über einen durch eine Diazoma geteilten Zuschauerraum verfügte.

Finike/Limyra
Antalya

Einw.: 5000 H.: 10–308 m S. 291 □ F 6

Während der moderne Küstenort F., der im 2. Jh. n. Chr. unter dem Namen Phoinikos als Hafen angelegt wurde, selbst keine antiken Ruinen aufweist, lohnt

sich ein Abstecher ins nahe gelegene L. Man folgt zunächst der Landstraße Richtung Elmalı, biegt dann nach 5 km im Ort Turunçova nach r Richtung Kumluce ab und erreicht beim Dorf Zengerler das antike Stadtgebiet von Limyra.
Durch Münzfunde ist eine Existenz von L. bereits im 5. Jh. v. Chr. belegt.
Damals wurde der Ort jedoch Zemuri genannt. Im 4. Jh. v. Chr. residierte hier der Fürst Perikles, der die Vision von einem Lykischen Bund (→Xanthos, Letoon) hatte, L. zur Hauptstadt machen wollte, dann aber nach der Niederschlagung des Lykischen Aufstandes durch die Perser scheiterte.
Nach der Eroberung durch Alexander d. Gr. und dessen Tod wechselten, wie überall in Lykien, die Herrscher ab.
Bedeutend war das Jahr 4 n. Chr., als Gaius Cäsar, Adoptivsohn und designierter Nachfolger des röm. Kaisers Augustus, hier seinen Verletzungen, die er sich bei einem Feldzug in Armenien zugezogen hatte, erlag.
Für die Stadt war dieser Tod ein Glücksfall, sicherte man sich doch damit für die Zukunft röm. Unterstützung.
So halfen Roms Gelder beim Wiederaufbau nach dem Erdbeben von 141 n. Chr.
In byzant. Zeit war L. zwar Bischofssitz, verlor aber zugunsten ihres Hafens Phoinikos, dem heutigen F., immer mehr an Bedeutung.

Akropolis: Auf der Akropolis, die man nach einem halbstündigen Fußmarsch über einen hinter dem Theater beginnenden Pfad erreicht, finden sich Reste einer Verteidigungsanlage samt Stufenaltären und Zisternen.
Während dieser Teil als *Oberburg* bezeichnet wird, befindet sich auf einem etwas tiefer gelegenen Plateau die *Unterburg*. Dort stehen nicht nur die Reste des Heroons des Königs Perikles, sondern auch Ruinen einer byzant. Basilika.

Heroon des Königs Perikles: Das Heroon war das bedeutendste Bauwerk von L. und befand sich unterhalb der Akropolis, in 200 m Höhe, auf einem künstlichen, fast 20 × 20 m großen Plateau.
Auf der eigentlichen Grabkammer stand ein *Amphiprostylos-Tempel*, d. h., die in diesem Fall ionischen Säulen standen nur an Front- und Rückseite, nicht aber an den Längswänden, die dafür aber mit bis zu 6 m langen Friesen geschmückt waren, die Militärszenen zeigten.
Zu sehen sind von diesem prächtigen Heroon zwar nur noch die Grundmauern, aber von hier hat man einen guten Blick auf die unterhalb gelegene Stadt.
So erkennt man (von W nach O) eine lykische Toranlage, das Kenotaph, das Ptolemaion, das Theater, die Bischofskirche und den dahinterliegenden Bischofspalast, die Thermen, das Osttor und das Kloster des Bektaşi-Ordens mit der Türbe des Kafi Baba.

Kenotaph für Gaius Cäsar: Das leere Grabmal zur Erinnerung an den Tod von Augustus' Adoptivsohn Gaius Cäsar war 18 m hoch und durch Hallenbauten abgegrenzt.
Es befindet sich südlich der Straße Turunçova–Kumluca, nahe dem Theater.
Heute sind von dem Kenotaph nur noch Fundamentteile erhalten.
Über einem Unterbau erhob sich ein mit 2 m hohem Marmorfries geschmückter Turm, der von einem pyramidenförmigen Dach abgeschlossen wurde.

Kloster des Bektaşi-Ordens: Im Ostteil der Stadt liegt das aus dem 15. Jahrhundert stammende Kloster des Bektaşi-Ordens und die Türbe des Kafi Baba. Das Kloster ist das älteste dieses Ordens in Lykien und wurde von dem Derwisch Abdal Musa gegründet.

Nekropole: Im O und W des Burgbergs findet man zahlreiche Felsgräber. Auf der Straße Richtung Kumluca, fast 5 km ö von Limyra, liegt am Toçak Dağı eine weitere Nekropole. Bei den über hundert Gräbern handelt es sich zum Großteil um Hausgräber. Vereinzelt findet man aber auch Sarkophage.

G

Gölhisar

S. 291 □ E 5

Von der gutausgebauten Überlandstraße von Fethiye nach Antalya zweigt nach Incealiler die Straße nach G., dem antiken Kibyra, ab. Von hier aus kann man neben Kibyra auch Boubon, Balboura und Oinoanda besichtigen. Die vier Städte schlossen sich im 2. Jh. v. Chr. zusammen, wobei Kibyra als einzige der vier Städte zwei Stimmen besaß. Im Verlauf des 1. Mithridatischen Krieges wurde das Bündnis 84 v. Chr. aufgelöst. Während Kibyra zur Provinz Asia kam, wurden die anderen drei Städte Mitglied des Lykischen Bundes.
In **Kybra** sind aus antiker Zeit noch Ruinen zweier *Theater* und eines *Stadions* erhalten.
In **Boubon** (23 km w, nahe dem Orte Ibecik) fand man bei Ausgrabungen am *Theater* eine historische Inschrift. Es handelte sich dabei um den »Brief des Kaisers Commodus« (180–192 n. Chr.), in dem den Bürgern für den Kampf gegen Banditen gedankt wird.
In **Balboura** (½ Std. Fußmarsch von Altınyayla, das 20 km s von G. an der Straße von Fethiye liegt) findet man leider weitgehend zerstörte Gebäude vor. Zu erkennen ist u. a. ein *Theater,* ein *dorischer Tempel* und Teile der *Befestigungsanlage.*
Der vierte Ort, **Oinoanda,** liegt fast 60 km von Fethiye entfernt an der Straße nach G. nahe dem Orte Incealiler. Auch hier sind die Gebäude weitgehend zerstört. Zu erkennen ist noch ein *Theater* mit etwa 15 Sitzreihen und Teile der *Stadtmauer,* die in hellenist. Zeit angelegt und unter röm. Zeit ausgebaut wurden. Außerdem entdeckt man in der näheren Umgebung zahlreiche *Gräber.*

H

Halikarnassos/Bodrum

Muğla

Einw.: 8000 Höhe: 0–80 m S. 290 □ C 5

Das antike H. und heutige Touristenzentrum B. bietet nur wenige Zeugnisse aus vergangenen Epochen. Berühmt wurde die Stadt vor allem wegen des riesigen Grabbaus für den König Mausolos (377 bis 353 v. Chr.), woraus die Bezeichnung Mausoleum abgeleitet wurde. Dominiert wird das Stadtbild von einer Kreuzfahrerburg, die im 15. Jh. erbaut wurde. Schon Vitruv (1. Jh. v. Chr.) verglich die Anlage der Stadt, die sich an drei Seiten an Hügeln über dem Hafen erhebt, mit einem röm. Theater, wobei der Hafen und die Agora die Orchestra darstellten.
Nach Herodot und Strabon wurde das antike Halikarnassos bzw. Halikarnass im 11. Jh. v. Chr. von Dorern auf der Halbinsel, die heute die Kreuzritterburg beherbergt, angelegt. Die Dorer, die aus Trozen (O-Küste der Peloponnes) stam-

Halikarnassos, Hafen

men, sollen sich dabei mit den Ureinwohnern, den Lelegern, friedlich arrangiert haben.
Das Gelände war für eine Koloniegründung ideal geeignet. Neben einer Erhöhung, Akropolis, gab es zwei geschützte Naturhäfen, sowie ausreichend Ackerland und mehrere Süßwasserquellen in der Umgebung.
Die Stadt war zusammen mit Knidos, Kos, Lindos, Kamiros und Jasylos Mitglied des dorischen Städtebundes. Ende des 8. Jh. v. Chr. wurde die Stadt aber aus der dorischen Hexapolis ausgeschlossen. Angeblich hatte ein reicher Bürger von H. namens Agasikles in einem Sportwettkampf gewonnen, den Preis, einen bronzenen Dreifuß, aber mit nach Hause genommen, und nicht, wie üblich, dem Apollon in Knidos geweiht. Vermutlich war dies jedoch nur ein Vorwand. Der wahre Grund dürfte darin gelegen haben, daß die einst dorische Stadt durch ionische Zuwanderer mittlerweile überfremdet war.
Im 7. und 6. Jh. war H. dann lydisch, wurde aber nach dem Sieg des Perserkönigs Kyros über den Lyder Kroisos ab 546 v. Chr. persisch. Die Perser installierten daraufhin eine griechisch-karische Dynastie, deren Königin Artemisia I. sich 480 v. Chr. mit 5 Schiffen am Feldzug des Xerxes gegen das griech. Mutterland beteiligen mußte. Obwohl Artemisia Xerxes von einer Seeschlacht bei Salamis abgeraten hatte, wagten die Perser die Schlacht und verloren. Selbst die Königin mußte dabei um ihr Leben fürchten. Als sie mit ihrem Schiff in Bedrängnis geriet, rammte sie das Schiff des Königs von Kalyndos, der ebenfalls für die Perser kämpfte. Während das Schiff des Bundesgenossen sank, hatte Artemisia freie Fahrt und konnte fliehen. Xerxes stellte, als er die Fluchtgeschichte hörte, bewundernd fest: »Meine Männer sind zu Weibern, die Weiber zu Männern geworden.« Die Griechen setzten daraufhin ein Kopfgeld von 10000 Drachmen auf die Königin aus.

Ein Enkel der Königin Artemisia war übrigens Herodot, der im 5. Jh. v. Chr. in H. geboren wurde und als »Vater der Geschichtsschreibung« bezeichnet wird, da durch ihn zahlreiche Ereignisse bis heute überliefert sind.
Nachdem der Eroberungsfeldzug gescheitert und das persische Joch abgeschüttelt war, trat H. 478 v. Chr. dem Delisch-Attischen Seebund bei. Anfang des 4. Jh. v. Chr. geriet die Stadt erneut durch einen Sportwettkampf in Mißkredit: Phormio, einer ihrer besten Boxer, gewann 392 v. Chr. zwar das olympische Finale, wurde aber 388 der Schiedsrichterbestechung überführt und mußte als Strafe eine bronzene Zeus-Statue stiften, dessen Basis in Olympia noch heute erhalten ist.
Ab 386 v. Chr. herrschten wieder die Perser über H. und setzten als Satrapen das in Mylasa residierende Geschlecht des Hekatomnos ein. Dessen Sohn Mausolos (377–353 v. Chr.) verlegte den Regierungssitz nach H., vergrößerte die Stadt um das Fünffache und sorgte so für einen Bauboom. U. a. entstand in dieser Zeit eine 5,3 km lange Stadtmauer und ein Königspalast, der vollkommen mit Marmor verkleidet war. Aufgrund dieser Prachtbauten scheint Mausolos bei den persischen Oberherrschern zeitweise in Ungnade gefallen zu sein. Während man früher davon ausging, Mausolos habe durchgehend bis zu seinem Tod regiert, scheint laut Inschriften nun festzustehen, daß die Perser Mausolos entmachteten und die Regierungsgeschäfte Pixodaros (von dem später noch die Rede ist) übertrugen. Mausolos gelang es aber nach einer kurzen Zeit, erneut die Herrschaft zu übernehmen.
Nach Mausolos' Tod ließ seine Schwester-Gemahlin Artemisia II. von den bedeutendsten griechischen Künstlern ein Grabmal errichten, das als 7. antikes Weltwunder in die Geschichte einging (→Mausoleion).
Artemisia machte aber, in ihrer kurzen, nur dreijährigen Amtszeit, noch wegen einer anderen Tat auf sich aufmerksam. Als die Rhodier die Stadt erobern wollten, versteckte die Königin ihre Schiffe in dem vom Meer nicht einsehbaren zweiten Hafen. Als die Rhodier im großen Hafen an-

Halikarnassos, Kreuzritterburg St. Peter

legten und ihre Schiffe verließen, nahmen Artemisias Schiffe die rhodischen Schiffe auf den Haken und schleppten sie aufs offene Meer hinaus. Die rhodischen Soldaten, die nun nicht mehr fliehen konnten, wurden umzingelt und hingerichtet. Die Königin gab sich aber mit der Verteidigung von H. allein noch nicht zufrieden. Sie bemannte nämlich die rhodischen Schiffe mit ihren eigenen Soldaten und segelte nach Rhodos. Die dortige Bevölkerung glaubte, daß ihre eigenen Soldaten von der siegreichen Schlacht heimkehrten und ließ die Schiffe im Hafen anlegen. Als sie den Irrtum bemerkte, war es zu spät. Im Handstreich eroberte Artemisia Rhodos und ließ als Demütigung ein Denkmal errichten, das ein brennendes Rhodos zeigt. Die Rhodier bauten später um dieses Denkmal eine Mauer, um es zu verbergen.
Nach Artemisias Tod bestieg zunächst ihr Bruder Idreus, nach dessen Tod im Jahr 344 v. Chr. seine Witwe Ada den Thron, die dann jedoch von ihrem Bruder

Halikarnassos, Kreuzritterburg St. Peter

Pixodaros nach →Alinda verbannt wurde. Pixodaros wurde anschließend, 334 v.Chr., von Idreus' Schwiegersohn, einem Perser namens Othontopates, abgelöst. Nach anderen Quellen haben sich beide jedoch arrangiert und die Führung geteilt. Aus diesem Grund ist auch verständlich, warum H. zu den wenigen Städten gehörte, die den Truppen von Alexander d.Gr. 334 v.Chr. heftigen, aber vergeblichen Widerstand leisteten.

Während Alexander sich, um die Stadt möglichst unzerstört einnehmen zu können, auf eine lange Belagerung einrichtete, wurde er von den Verteidigern überrascht. Die stürmten nämlich aus der Stadt, suchten in einer offenen Schlacht die Entscheidung, wurden jedoch niedergeschlagen. Die Befehlshaber von H., Memnon und Othontopates, ließen daraufhin die eigene Stadt anzünden. Alexander d.Gr. setzte wieder Ada auf den Thron, die damit über weite Teile Kariens – bis auf die freien griechischen Städte – regierte.

Von 280 bis 200 v.Chr. unterstand die Stadt den Ptolemäern aus Ägypten, kurzzeitig auch den Seleukiden.

Als die Römer in der Schlacht bei Magnesia 190 v.Chr. die Truppen des Seleukiden-Herrschers Antiochos III. besiegten, wurde H. zunächst zusammen mit Lykien und Karien dem röm. Bündnispartner Rhodos unterstellt, jedoch ab 129 v.Chr. in die Provinz Asia eingegliedert. Unter dem berüchtigten röm. Statthalter von Kilikien, Verres, wurde die Stadt 80 v.Chr. geplündert und zahlreicher Kunstschätze beraubt. Gegen Verres wurde zehn Jahre später in Rom ein Prozeß geführt, in dem Cicero zahlreiche Anklage-Reden gehalten hat.

Auch unter Cassius und Brutus mußte die Stadt leiden und blühte erst wieder unter Augustus auf; ab 395 n.Chr. gehörte die Stadt zum Byzant. Reich.

Im 13.Jh. stand H. unter der Herrschaft der seldschukischen Emire von Milâs, den Menteşen, bevor es 1402 durch Ritter des Johanniter- bzw. des Malteseror-

dens, die sich aus dem Heiligen Land zurückgezogen hatten, erobert wurde. Sie bauten eine seldschukische Festung weiter aus, und 1415 erkannte sogar Mehmet I. per Dekret an, daß es sich bei der Burg um das Eigentum eines christl. Ordens handelte.
Nachdem der Orden durch den osman. Sultan Süleyman I. bereits 1522 aus Kreta, einem weiteren Stützpunkt der Ritter, vertrieben worden war, mußten sich die Johanniter ein Jahr später auch aus B. zurückziehen; sie setzten sich nach Malta ab.
Wie bei allen Städten, die auf antiken Siedlungen errichtet worden sind, so findet man auch in B. nur geringe Spuren der Geschichte.

Artestempel: Von dem Tempel, der mit einer kolossalen Statue geschmückt war, ist nichts mehr übrig. Das Heiligtum befand sich wahrscheinlich oberhalb des Mausoleions auf dem Gipfel des Göktepe. Hier, etwas weiter s, soll sich auch eine Stoa aus dem 3. Jh. v. Chr. mit 30 dorischen Säulen befunden haben.

Gräber: Oberhalb des Theaters findet man im Fels einige karische Gräber. Die in die Felswand eingearbeiteten Grabbauten verfügen meist über eine Haupt- und mehrere Nebenkammern.

Kızıhisarh Mustafa Camii: Am kleinen Hafenplatz steht diese, 1723 erbaute Moschee.

Kreuzritterburg St. Peter: Die mächtige Kreuzritterburg beherrscht heute das Hafenbild und ist das Wahrzeichen von B. Die Johanniter bauten ab 1402 mit Steinen des Mausoleions eine seldschuk. Festung aus. Die Bedeutung der Festung unterstreicht ein päpstlicher Erlaß, nachdem demjenigen Sünden erlassen wurden, der sich am Bau beteiligte. Erste planmäßige Befestigungen wurden unter Leitung des deutschen Architekten Heinrich Schlegelholt zwischen 1415 und

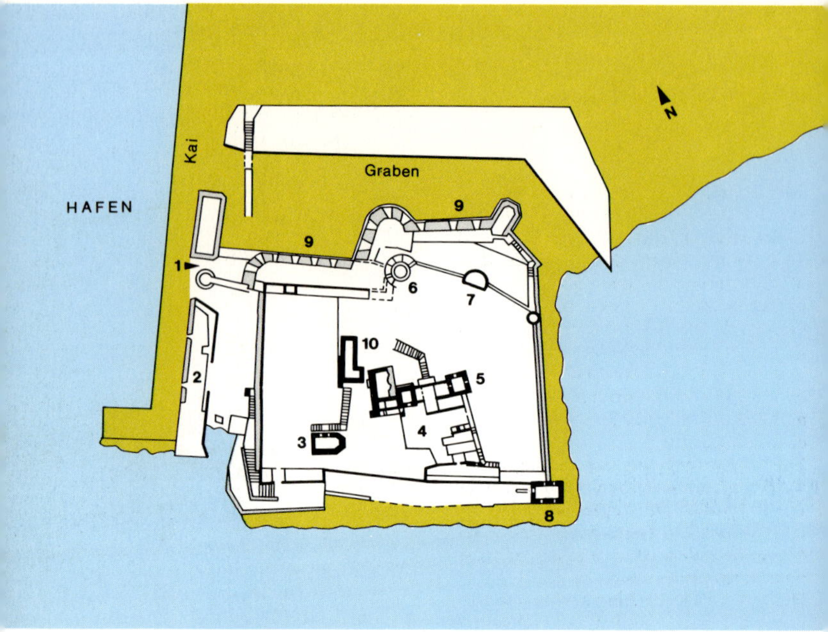

Halikarnassos, Museum

Halikarnassos, Kreuzritterburg St. Peter
1 Eingang **2** Hafenbatterie **3** Kapelle **4** ›Italienischer Turm‹ **5** ›Französischer Turm‹ **6** ›Schlangenturm‹ (›Spanischer Turm‹) **7** ›Deutscher Turm‹ **8** ›Englischer Turm‹ **9** Nordbastion **10** Museum

1437 angelegt. In dieser Zeit, 1431, entstanden die beiden ältesten Türme, der italienische und der französische. Ab 1440 wurde dann das unregelmäßige Mauerviereck mit dem Schlangenturm erbaut. 1476 kam als weiterer Schutz ein Graben hinzu, 1480 der englische und deutsche Turm. Unter dem Ordensmeister Pierre d'Aubusson (1476–1503) wurde die 185 × 180 m große Festung weiter ausgebaut. Und 1519/20 erhielt die Burg eine got. Kapelle.
Für die Verteidigung der Türme war jeweils eine der im Orden vertretenen Nationen zuständig, weshalb die Türme nach Ländern bezeichnet sind. Mit 47,5 m über dem Meer war der französische Turm der höchste.
Heute wird die Festung als *Museum* genutzt. Vor allem werden hier archäologische Unterwasserfunde ausgestellt, z.B. aus einem 1200 v. Chr. am Kap Gelidonya (O-Spitze von Finike) gesunkenen Schiff gezeigt, das 1960 geborgen wurde. Die Entstehungszeit der Ausstellungsstücke reicht von der Bronzezeit über die mykenische, archaische, klassische, hellenist. und byzant. Ära bis zum späten MA.

Mausoleion: Nach Philo v. Byzanz zählt das Mausoleion zu den sieben antiken Weltwundern. Der Grabbau für König Mausolos wurde von seiner Schwester-Gattin Artemisia II. vollendet und später durch ein Erdbeben zerstört. Da die Johanniter die Trümmer als Baumaterial für ihre Festung nutzten, ist von dem einstigen Weltwunder bis auf Teile des Fundaments nichts mehr erhalten.
Überliefert hat das Aussehen Plinius Secundus d. Ä. (23–79 n. Chr.) in seiner sicher nicht exakten »Naturalis historia«: »Er (der Bau) ist von Süden nach Norden 63 Fuß weit, doch vorn und hinten schmaler, hat im Umfang im ganzen 440 Fuß, erhebt sich zu einer Höhe von 25 Cubitus (etwa 11 m) und ist von

Halikarnassos, Mausoleion

36 Säulen umgeben ... über dem Pteron erhebt sich eine dem unteren Teile gleichkommende Pyramide, welche sich auf 24 Stufen zu einer Spitzsäule zusammenzieht. Auf dem Gipfel steht ein marmornes Viergespann. Rechnet man dies dazu, so hat das ganze Werk eine Höhe von 140 Fuß (ca. 42 m).« Nach einer modernen Rekonstruktion durch Jeppesen war der Bau sogar 55 m hoch.
Die Architekten waren Satyros von Paros und Pytheos, der später auch den Athena-Tempel von Priene entwarf; bei den vier Bildhauern, die das Werk an jeder Seite mit drei Friesen und Statuen verzierten, handelte es sich um die damals berühmtesten Künstler Skopas, Timotheos, Bryaxis und Leochares.
Zwischen den Säulen an der Vorderfront sollen Statuen von Mausolos und Artemisia gestanden haben. Der insgesamt 242 × 105 m große Platz war noch von einer Mauer umgeben.
Das eigentliche Zentrum, die 8 × 9 m große Grabkammer, befand sich im nw

Halikarnassos, Kreuzritterburg St. Peter

Halikarnassos, Theater

Herakleia am Latmos, Agora

Teil, unterhalb des Monuments. Zwölf Stufen führten zunächst zu einem mit einem Stein versperrten Korridor hinab, von wo aus man die nur 2 m hohe Kammer erreichte. Erst als die Johanniter die Steine des nach dem 12. Jh. durch ein Erdbeben zerstörten Mausoleions für ihren Festungsbau abtrugen, wurde das Grab freigelegt. Nach einem 1581 veröffentlichten Bericht von Claude Guichard nutzten Seeräuber in der Nacht der Grabentdeckung die Dunkelheit, um den Sarkophag zu plündern: »Am nächsten Tage, als sie (die Ritter) zurückgekehrt waren, fanden sie das Grab geöffnet und den Boden umher mit winzigen Fetzen aus golddurchwirktem Stoff und mit Pailletten desselben Metalls besät. Sie schlossen daraus, daß die Seeräuber, die längs der Küste operierten, Wind von der Entdeckung bekommen, bei Nacht den Ort besucht und den Deckel des Grabes weggeschoben hatten. Man vermutet, sie haben hier große Schätze gefunden.«

Heute ist von diesem prächtigen Denkmal nur noch wenig zu sehen. In einem kleinen *Museum* auf dem Gelände ist jedoch ein Modell ausgestellt, nach dem man sich den einstigen Bau vorstellen kann. Hier werden auch Kopien des berühmten Amazonenfrieses, dessen Original im Britischen Museum in London ausgestellt wird, gezeigt.

Stadtmauer: Reste der Stadtmauer und des Myndos-Tores liegen im W der Stadt.

Theater: Wurde vermutlich im 3. Jh. v. Chr. errichtet. Die Cavea, die durch eine Diazoma horizontal und durch 12 Treppen vertikal geteilt wird, lehnt sich an den SO-Hang des Akropolishügels an.
Das Theater hatte ein Fassungsvermögen von 12- bis 13000 Zuschauern. Zwischen den Sitzreihen und der zweistöckigen Fassade befand sich ein Opferaltar für Dionysos.

Herakleia am Latmos, Athena-Tempel

Umgebung

Auf der gesamten Halbinsel findet man noch Fluchtburgen, wie sie die Leleger angelegt haben. Auf entlegenen Höhen sind diese Bruchstein-Bauten aus wahrscheinlich archaischer Zeit noch erhalten. So z.B. die Siedlung *Syangela* bzw. *Alazeytin,* w des Dorfes Çiftlik, sowie die am W-Hang des Kişla Dağ, der sich ö von B. befindet.

Herakleia am Latmos

Muğla

Höhe: 0–350 m S. 290 □ C 5

In der Antike lag H. in einer geschützten Bucht direkt am Meer. Mittlerweile wurde durch die Ablagerungen des Mäanderflusses aus diesem Golf von Herakleia ein Binnensee, der Bafa Gölü. Den Beinamen »am Latmos« hat Herakleia aufgrund der unmittelbaren Nähe des bis zu 1360 Meter hohen Latmos-Gebirges, das heute als Beşparmak (Fünf-Finger-Gebirge) bezeichnet wird. Die urspr. Stadt lag rund 1 km ö des Ortes Kapıkırı. Sie wurde vermutl. bereits im 6.Jh. v.Chr. gegr., hieß damals wie das Gebirge Latmos und war ab dem 5.Jh. Mitglied im Delisch-Attischen Seebund. Im 4.Jh. v.Chr. erwarb Mausolos, der König von Karien, durch eine List das Gebiet, legte Latmos bzw. Herakleia ein Kilometer weiter (beim heutigen Ort Kapıkırı) neu an und ließ es mit einer großzügigen, 6,5 km langen Stadtmauer umgeben. Einen jähen Knick nahm dann die Entwicklung dieser aufstrebenden Handels- und Agrarstadt durch den Tod Mausolos', da der spätere Herrscher Alexander d.Gr. die Stadt nicht in dem Maße förderte. Außerdem verlor H. durch die Binnenseebildung ihre Funktion als Hafenstadt. Geschichtliche Bedeutung erlangte die Stadt dann erst wieder um

298 v. Chr., als der makedon. Fürst Pleistarchos kurzzeitig seinen Sitz hierher verlegte.

Die **hellenist. Stadtmauer** wurde in regelmäßigen Abständen von rund hundert Metern von Türmen unterbrochen. So verfügte der erste, 6,5 km lange Mauerring über 65 Türme, von denen noch sieben erhalten sind. Im s Teil der Stadt, auf einem Felsen oberhalb des Wassers, dort wo die Mauern in eine Spitze eng zusammenlaufen, stand die *Seeburg.* Durch ihre hohen Mauern bot sie den ankernden Schiffen Schutz. In byzant. Zeit wurde diese strategisch günstig gelegene Seeburg weiter benutzt und ausgebaut.
Während die Befestigungsanlage gut erhalten ist, gilt dies nicht für die weiteren antiken Bauten, wie etwa den dorischen Athena-Tempel, die Agora, das Theater und, wofür H. besonders berühmt war, für das Heiligtum des Endymion.
Nach der griech. Mythologie verliebte sich Gott Zeus in diesen wunderschönen jungen Mann. Als Liebesgunst gewährte Zeus dem Endymion einen Wunsch. Dieser wählte daraufhin ewigen Schlaf und ewige Jugend. Die Mondgöttin Selene sah den Schlafenden und verliebte sich ebenfalls in ihn. Als sie zu ihm herabstieg, vereinigte sie sich mit ihm und gebar fünfzig Töchter. In der christl. Überlieferung war Endymion dagegen ein Mann, der vom Mond den Namen Gottes erfragte. Als er ihn erfuhr, starb er.
Das **Heiligtum des Endymion** besteht aus einer Vorhalle mit sechs unkannelierten Säulen und zwei viereckigen Pfeilern. Eine Querkammer trennt die Eingangshalle von der hufeisenförmigen, in den Fels getriebenen Hauptkammer. Nicht weit von diesem Heiligtum wurden in der für Karien typischen Form *Gräber* in den Fels gehauen.
Auf einem Hügel über dem Wasser stehen die Reste des **Athena-Tempels,** dessen Bau aufgrund von Inschriften auf das 3. oder 2. Jh. v. Chr. datiert wird. Die noch gut erhaltene Cella und der Pronaos hatten fast die gleiche Größe. Zwei Säulen standen in antis, und auch sonst war der Tempel relativ schmucklos.

Herakleia am Latmos, Theater

Östlich dieses Tempels befindet sich die 130 × 60 m große **Agora** aus hellenist. Zeit, die urspr. vollständig von Säulengängen umgeben war. In weiteren Bauabschnitten kam dann z. B. eine Ladenreihe und östlich eine doppelte Kammernreihe hinzu.
Östlich von der Agora findet man die Überreste des **Bouleuterions,** das den gleichen rechteckigen Grundriß samt den Sitzreihen an drei Seiten aufweist wie das Pendant in Priene.
Vom nw gelegenen **Theater** sind nur Reste der Stützmauer der Cavea erhalten. Das Bühnengebäude hatte einen Grundriß von 23 × 7 m. Ebenfalls in der Nähe liegen Reste des *Nymphäums,* der *Thermen* und eines weiteren Gebäudes, das vermutlich als Gymnasium diente.
Auf den nahe gelegenen Inseln im Bafasee findet man außerdem Ruinen byzant. Klöster. Das Latmosgebirge war damals, vor allem im 8. und 9. Jh. n. Chr., ein beliebtes Versteck für christl. Mönche. Ebenfalls Zeugnisse dieser Zeit befinden

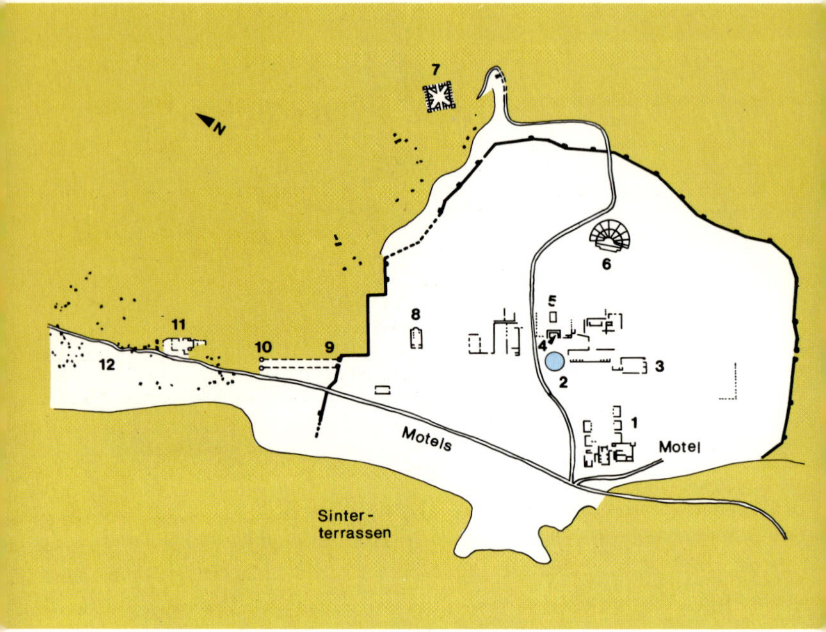

Hierapolis **1** Therme **2** Nymphäum **3** 1. große Kirche **4** Plutonium **5** Apollon-Tempel **6** Theater **7** Sog. Martyrium des Apostels Philippus **8** 2. große Kirche **9** N-Tor **10** Domitian-Tor **11** Nordthermen **12** Hauptnekropole

sich auf dem schwer zugänglichen Berg Latmos, der deshalb auch die Bezeichnung »heiliger Berg« trägt.

Hierapolis/Pamukkale Denizli
Höhe: 350 m S. 291 □ E 4

P. (Watte- oder Baumwollburg) wird vor allem wegen der berühmten Kalksinterterrassen und seinen warmen Heilquellen besucht, ist aber auch ein Ort mit eindrucksvollen antiken Zeugnissen. P. erreicht man über die fast zweihundert Kilometer von der Küste entfernte Provinzhauptstadt Denizli, in der sich die vielbefahrenen Überlandstraßen der Strecken İzmir–Aydın–Denizli und Antalya–Denizli kreuzen. P. liegt 19 km n von Denizli entfernt, ca. 160 m oberhalb des Mäandergrabens auf einer 2700 m langen und 300 m breiten Kalksinterterrasse. Griechen und Römer nannten die Stadt Hierapolis.

Die Geschichte von H. ist relativ jung, wurde die Stadt doch erst im 2. Jh. v. Chr. von Pergamon aus gegr. Um seine Expansionspolitik Richtung Zentralanatolien strategisch abzusichern, ließ König Eumenes II. hier, im Grenzgebiet zwischen Karien und Phrygien, eine Grenzbefestigung für eine Militärkolonie anlegen. Nach Hiera, Frau des mythischen Stammvaters von Pergamon, Telephos, wurde die Stadt H. genannt, also »Stadt der Hiera«. Als die Römer 133 v. Chr. das pergamenische Reich und damit auch H. (Eingliederung in die Provinz Asia 129 v. Chr.) erbten (→Pergamon),

Herakleia am Latmos, Hellenist. Stadtmauer

Hierapolis, Dreibogiges N-Tor

deuteten sie die Namensgebung anders. Vom griech. Wort hierós, »heilig«, und wegen der zahlreichen Tempel leiteten sie die Bezeichnung »Heilige Stadt« ab. Zahlreiche Ruinen stammen aus dieser späteren, röm. Zeit.
Der Sage nach lief die Gründung der Stadt jedoch anders ab. Aus Leid über ihre eigene Häßlichkeit wollte ein junges Mädchen von den Terrassen in den Tod springen. Sie landete jedoch in einem der Wasserbecken und wurde ohnmächtig. Das Heilwasser verwandelte daraufhin die Haut und machte aus dem häßlichen Mädchen eine Schönheit.
Ein Prinz, der zufällig vorbeiritt und das ohnmächtige Mädchen entdeckte, rettete die junge Frau, verliebte sich und heiratete sie.
Die Stadt liegt in einem geologisch instabilen Gebiet und wurde deshalb mehrfach durch Erdbeben zerstört. Allein unter den Römern sind vier schwere Beben bekannt. Nach einem Erdbeben 60 n.Chr. mußte die Stadt auf Befehl Kaiser Neros sogar vollständig wieder aufgebaut werden.
Der Apostel Philippus verbrachte laut den Philippus-Akten hier seinen Lebensabend und starb 87 n.Chr. durch das Martyrium, weshalb Kaiser Justinian später, im 6.Jh., den Bischof von H. zum Metropoliten ernannte.
Das von Römern geschätzte Thermalbad hatte seine Blütezeit im 2. und 3.Jh. n.Chr. unter den Kaisern Septimius Severus und Caracalla, der eine besondere Beziehung zu diesem Ort hatte, da sein Erzieher, der Sophist Antipater, aus H. stammte. Mitte des 2.Jh. n.Chr. litt die Stadt unter der Pest.
Unter Konstantin d.Gr. wurde die Stadt zur Hauptstadt des Frigja-Gebietes. Ab dem 12.Jh. verlor H. immer mehr an Bedeutung. Zu allen Zeiten lebten die Einwohner aber vor allem von den Kurgästen. Neben dem Tourismus trugen außerdem die Wollindustrie und das Schmiedehandwerk zum Wohlstand bei.
Erste Ausgrabungen unter der Leitung von Carl Humann, dem Ausgräber von Pergamon, fanden bereits ab 1887 statt.

Die erst spät gegr. Stadt wurde nach dem System des Hippodamos rasterförmig angelegt und steht auf einem 1200 × 800 m großen Kalkplateau oberhalb der Sinterterrassen. Ein von Straßen umgebener Wohnblock hatte eine Größe von 70 × 30 m und bot Platz für 10 Häuser. Die wichtigste Straße war die 1,2 km lan-

Hierapolis, Kalksinterterrassen

ge und 13 m breite Plateia, die sich von Norden nach Süden durch die Stadt zog und die mit 6 m tiefen Säulenhallen gesäumt war. An ihren Enden befanden sich die Stadttore. Sehenswert ist dabei besonders das **dreibogige N-Tor** mit seinen beiden flankierenden Türmen, das zu Ehren des Kaisers Domitian 84/85 n. Chr. vom damaligen Prokonsul der Provinz Asia, Julius Frontinus, erbaut worden war.
Da man auf den Straßen keine Wagenspuren fand, könnte die Stadt ausschließlich für Fußgänger zugelassen gewesen sein.

Apollon-Tempel: Die Grundmauern sind zwar hellenist. und damit älter, aber der jetzige Tempel wurde erst unter den Römern im 3. Jh. n. Chr. errichtet. Während die Rückseite des Tempels auf dem Fels steht, mußte die Vorderseite aufgrund der Hanglage durch ein 2 m hohes Podium gestützt werden. Bemerkenswert ist, daß der Tempel mit 15 × 20 m breiter als lang ist. Zum Tempel hinauf führt eine breite Freitreppe. Dort schmückten 6 unkannelierte korinthische Säulen die Frontseite. Hinter der Vorhalle lag die Cella. Im n Teil des Fundaments entdeckte man ca. 3 cm breite Schlitze im Mauerwerk. Sie wurden bewußt angelegt, damit hier Erdgase entweichen können.

Christliche Bauten: Wie bereits geschildert, gab es schon im 1. Jh. n. Chr. eine christl. Gemeinde in H. Nach dem Apostel Philippus, der hier 87 n. Chr. den Märtyrertod starb, ist eine *Kirche* aus dem 5. Jh. n. Chr. benannt. Der 60 × 60 m große Bau liegt 500 m oberhalb des Theaters. Zu sehen ist von dem Martyrium des Apostels noch das zentrale Oktogon, in dem sich Sitzbänke für Priester befinden, sowie gewölbte Kapellen, die sich an den Hauptraum anschlossen, von diesem aber durch je zwei Säulen abgetrennt waren. Der achteckige Hauptraum, der auch über eine apsisartige Gebetsnische verfügte, wird außerdem noch durch kleinere, vier- und dreieckige Räume umschlossen, die vermutlich den Pilgern als Unterkunftsstätte dienten. Noch nicht gefunden wurde jedoch das Grab des Apostels. – Ebenfalls Zeugnisse des Christentums sind zwei weitere Kirchen. So wurde ein Profanbau nahe den Thermen 410 n. Chr. in eine große *überwölbte Kirche* umgebaut. Und in der Mitte der Hauptstraße liegen Reste einer dreischiffigen *Säulenbasilika* aus dem 6. Jh.

Hierapolis, Kalksinterterrassen

Hierapolis, Pamukkale-Motel, Quellsee

Kalksinterterrassen: Wer nur wegen der weltberühmten Kalksinterterrassen die fast 200 km lange Anfahrt von der Küste nach P. auf sich nimmt, kann sich die Reise sparen. Das warme, kalkhaltige Wasser fließt zum größten Teil in die Swimming Pools der angrenzenden Hotels. Dadurch und wegen der Touristenströme, die tagaus, tagein über die empfindlichen Terrassen laufen, ist das Naturwunder schon teilweise zerstört. So wird das einst strahlende Weiß stellenweise durch das Grün der Pflanzen unterbrochen.

Oberhalb der Terrassen befinden sich unzählige Thermalwasserquellen. Das 35°C warme Wasser ist stark kohlensäure- und kalkhaltig. An der Oberfläche verflüchtigt sich das Kohlendioxid und der Kalk lagert sich ab.

Wer auf ein Bad nicht verzichten kann, sollte ins Pamukkale-Motel (oberhalb der Thermen) gehen. Dort befindet sich ein Quellsee, auf dessen Grund noch antike Bauteile liegen. Das aus diesem natürlichen Pool ablaufende Wasser wird dann über die Terrassen geführt.

Das Wasser ist auch trinkbar, gilt als Heilmittel für zahlreiche Krankheiten und wird empfohlen für Herz, Blutdruck, Rheumatismus, Nerven, Haut, Augen, Rachitis und Magen.

In der Umgebung von P. gibt es noch weitere Heilquellen. Im 5 km entfernten *Karahayıt* ist das Wasser sogar 60°C heiß, hat aber einen geringeren Kohlensäuregehalt.

Das hier rötliche Wasser (die Sinterterrassen sind dort ebenfalls rötlich) hat eine radioaktive Strahlung von 2 bis 4 Radon und wird zur Heilung von schweren Erkrankungen eingesetzt.

Nekropole: Mit ca. 1200 Gräbern besitzt H. den größten Friedhof Kleinasiens. Die Hauptnekropole findet man am n Ende der Stadt, hinter den Nordthermen und dem Domitian-Tor. Da die Stadt zum einen im Grenzland zwischen Karien und Phrygien liegt und zum anderen von Kurgästen aus der gesamten damaligen Welt besucht wurde, findet man hier die unterschiedlichsten Bestattungsformen. Zu sehen sind die hausförmigen, auf einem Podest stehenden Sarkophage aus Lykien, Tumulusgräber mit überwölbten, teilweise unterirdischen Grabkammern aus Lydien und zahlreiche röm. Grabbauten.

Nymphäum: Nahe dem Apollon-Tempel befand sich eine mit Marmorsäulen und Schmuckgesimsen reich verzierte Brunnenanlage aus dem 4. Jh. n. Chr. Das Becken, das von drei Seiten durch Säulenfassaden eingerahmt war, erreichte man über eine Freitreppe.

Plutonium: An der S-Seite des Apollon-Tempels befindet sich ein hl. Bezirk für Pluton, den Gott der Unterwelt. Diese unmittelbare Nähe zwischen Apollon, dem Gott des Lichtes, und Pluton, dem Gott der Dunkelheit, unterstreicht die Besonderheit des Ortes. Hier wohnte man direkt am Eingang zum Hades, zum Totenreich. Aus diesem Grund gibt es in der Umgebung auch ausgedehnte Nekropolen. Noch heute ist das Betreten der Höhle nicht möglich, da immer noch giftige Gase herausströmen.
Eine eindrucksvolle Beschreibung dieses Heiligtums hat Strabon (64–23 n. Chr.) überliefert: »Das Plutonium aber ist eine mäßige Grottenmündung unter einem niedrigen Felsenrande des darüberliegenden Berges, so groß, daß sie einen Menschen aufnehmen kann, aber weit hinein vertieft. Vor ihr befindet sich eine viereckige Einzäunung vom Umfang eines halben Plethrons (rund 15 × 15 m). Diese ist von einem dichten, nebelartigen Dampfe erfüllt, so daß man kaum den Fußboden sieht.
Den sich ringsum bis zur Einzäunung Nähernden ist die Luft unschädlich, weil sie bei Windstille von jenem Dampfe rein ist; denn er bleibt innerhalb der Umfriedung. Geht aber ein Tier hinein, so erfolgt auf der Stelle sein Tod; selbst hineingetriebene Stiere fallen nieder und werden tot herausgezogen.
Ich selbst ließ Sperlinge hineinfliegen, und sie fielen sogleich entseelt zur Erde. Die verschnittenen Eunuchen jedoch gehen ohne Gefahr hinein, so daß sie sich sogar dem Eingange nähern, ja hineinkriechen und, den Atem möglichst lang an sich haltend, eine gewisse Strecke weit vordringen.
Denn ich sah auf ihren Gesichtern eine Art Erstickungsanfall, sei es nun, daß dies bei allen so Verstümmelten der Fall ist oder nur bei den Priestern jenes Heiligtums, und mag es durch göttliche Einwirkung, wie es bei Gottbegeisterten wohl möglich ist, oder durch gewisse Gegenmittel erfolgen.«

Hierapolis, Kalksinterterrassen

Stadtmauer: 396 n. Chr. wurde um H. eine Stadtmauer errichtet. Für diesen Bau riß man alte Wohnhäuser ab und verwendete die Steine wieder. Die Mauer verfügte über 28 rechteckige Türme und 2 Haupttore.

Theater: Das von weitem sichtbare Theater wurde unter Kaiser Septimius Severus ca. 200 n. Chr. errichtet. Als Baumaterial wurden damals auch Stein-

Hierapolis, Nymphäum

Hierapolis, Theater

Hierapolis, Theater

Hierapolis, Theater

quader benutzt, die von einem älteren, weiter n gelegenen Theater stammen.
Der Zuschauerraum, dessen 50 Sitzreihen (noch 30 erhalten) an den Hang gebaut wurden, wird durch 8 Treppen und einen Umgang unterteilt.
Diesen Umgang erreichte man durch einen überwölbten Zugang. Wie üblich befand sich in der Mitte der Cavea die Kaiserloge.
Die Orchestra ist tiefer gelegt und wurde durch eine 1,8 m hohe Mauer umrahmt. Somit konnte die Orchestra unter Wasser gesetzt und für Wasserspiele genutzt werden.
4 m oberhalb der Orchestra befand sich die Bühne, die durch ein zweistöckiges Bühnengebäude mit übereinanderliegenden Säulenreihen und zwei seitlichen Zugängen begrenzt wurde.
Die zwischen den 5 Türen am Bühnenhaus angebrachten Reliefs zeigen den Theatergott Dionysos.
Bei näherer Betrachtung erkennt man aber, daß einige Ornamente nur angedeutet und noch nicht fertig ausgearbeitet wurden.

Thermen: Nahe den Kalksinterterrassen stehen noch die hohen Gewölberäume der im 2. Jh. n. Chr. erbauten *Thermen.* Hier ist heute das *Museum* von H. untergebracht, in dem vor allem röm. Marmorplastiken und ein Fries, der den Festzug zu Ehren des Dionysos zeigt, sehenswert sind. Zu erkennen sind noch eine Gymnastikhalle, der Kaisersaal, ein weiterer Veranstaltungsraum, ein Frigidarium und ein Caldarium. – Östlich der Thermen schließt sich dann die *Palästra,* der 52 × 36 m große Sportplatz, an.
Am N-Ende der Stadt, unweit des Domitian-Tores, findet man einige Reste der fast vollständig zerstörten *Nordthermen.* Dieser Bau entstand im 3. Jh. n. Chr. und war innen ganz mit Marmor verkleidet. Im 5. Jh. baute man das Caldarium zu einer Kirche um. Zu sehen sind noch zwei viereckige Räume mit einer doppelten Apsis.

Hierapolis, Nordthermen

Umgebung

Akhan (22 km sö): Die durch Emir Karasungur 1253/54 erbaute *Karawanserei* liegt an der Straße Denizli–Dinar. Weil der Bau außen mit Marmor verkleidet war, wurde er Akhan, »Weißes Haus«, (ak: weiß, rein; han: Haus, Karawanserei) genannt. Der Bau ist als Wehranlage ausgelegt. Im O und N stehen zwei Türme und statt Fenster gibt es nur Schießscharten. Das nach außen geschlossene Rechteck betritt man durch ein prunkvolles Tor. Im Inneren befindet sich ein teilweise überdachter Innenhof. Im Obergeschoß des zweistöckigen Hauses lagen die Schlafzimmer und, neben dem Eingang, ein Gebetsraum, Meşcid. Im SW des Innenhofes betrat man durch zwei Durchgänge eine dreischiffige Säulenhalle, in der vermutlich die Tiere untergebracht waren.

Kolossae (24 km sö): Die Ruinen von Kolossae liegen nahe dem Ort **Monaz.** Von der antiken, durch die Phryger angelegten Stadt sind keine Baureste mehr erhalten. Man erkennt aber an Hand der Geländeabdrücke die Standorte von Akropolis und Theater. Erwähnt wurde die Stadt erstmals 480 v. Chr. während des Eroberungsfeldzuges des persischen Herrschers Xerxes. Im Brief an die Kolosser nennt der Apostel Paulus, dessen Begleiter Epaphras aus Kolossae stammte, ebenfalls die Stadt: »Ich lasse Euch aber wissen, welch einen Kampf ich habe um Euch und um die zu Laodikeia.«

Laodikeia (7 km s): Die Stadt wurde vermutlich in der 2. Hälfte des 3. Jh. v. Chr. von Antiochos II. gegr. Obwohl er die Stadt nach seiner Frau Laodike benannte, hatte er kein Glück – seine Frau brachte ihn später, nach der Scheidung, um. Auch während des Hellenismus und der röm. Kaiserzeit profitierte die Stadt von ihrer Lage in einer wasserreichen, fruchtbaren Ebene. Strabon (64 bis 23 n. Chr.) lobte die Qualität der hier hergestellten Wolle und berichtet über

Laodikeia (Hierapolis), Nymphäum

große Zerstörungen, die nach der Belagerung von Mithridates VI. (88 bis 85 v. Chr.) entstanden waren. Zerstörungen gab es auch durch Erdbeben, die die Stadt 100 v. Chr. und 60 n. Chr. heimsuchten. 50 v. Chr. reiste Cicero in die Stadt und beschäftigte sich hier fast drei Monate lang mit der Gesetzeskunde. Erwähnt wird die Stadt von Paulus in seinem Brief an die Kolosser und in der Offenbarung des Johannes, der die Stadt zwar zu den sieben ältesten Christengemeinden zählte, aber der Stadt wegen ihrer mangelnden Glaubensfestigkeit Schlimmes vorhersagte. Für die Christen erhielt die Stadt 360 n. Chr. wieder Bedeutung, als hier ein Konzil stattfand, auf dem u. a. der Kanon, das Verzeichnis der Bibel, das Verbot von Zauberei und Magie und die Kirchenhierarchie beschlossen wurden. 494 n. Chr. wurde die Stadt erneut durch ein Erdbeben zerstört, blieb aber bis zum 13. Jh. Bischofssitz und wurde erst nach der seldschukischen Eroberung aufgegeben.

Die Ruinen der noch kaum ausgegrabenen Stadt liegen auf einer rund 1 Quadratkilometer großen Fläche zwischen den Dörfern Eskihisar, Ören und Goncali.

Gymnasium: Südöstlich des Stadions, also im sw Teil des Geländes, schließen sich Ruinen eines Gymnasiums oder einer Therme an.

Hier steht auch ein noch 5 m hoher *Wasserturm,* dessen Auffangbecken durch ein Aquädukt gefüllt wurde.

Das Wasser kam dabei aus Başpinar, einer Quelle oberhalb von Denizli.

Der durch das Gefälle erzeugte Druck diente dazu, das Wasser durch mittlerweile stark versinterte Ton- und Steinrohrleitungen in der Stadt zu verteilen.

Nekropole: Gräber findet man außerhalb der Stadt entlang der Straße, die durch das *Syrische Tor* hinausführt.

Nymphäum: In der Mitte des Geländes liegt eine monumentale Brunnenanlage aus dem 3. Jh. n. Chr., die in den 60er Jahren von französischen Archäologen

Laodikeia (Hierapolis), Stadttor

ausgegraben wurde. Das 10 × 10 m große Wasserbecken war an zwei Seiten von Säulen umrahmt.

Die beiden daneben liegenden Brunnenbecken waren halbkreisförmig und erhielten ihr Wasser durch dahinter liegende Kammern.

Die Anlage war vermutlich reich geschmückt. So fand man hier eine Statue, die Isis darstellt.

Später wurde der Bau vermutlich als Kapelle genutzt und zu einem geschlossenen Raum umgearbeitet. – Vor dem Brunnen findet man gut erhaltene Reste einer *antiken Straßenkreuzung.*

Odeion: Nahe dem Stadion, im SW-Teil des Geländes, befinden sich die Ruinen eines Versammlungsbaus, der vermutlich als Odeion oder als Bouleuterion diente.

Stadion: Im SW-Teil des Grabungsgeländes findet man ein mit 380 m ungewöhnlich langes Stadion.

Der 60 m breite Bau wurde im 1. Jh. n. Chr. errichtet, 79 n. Chr. Kaiser Vespasian (69–79 n. Chr.) geweiht und war vollständig von Sitzreihen umgeben. Hier fanden sowohl Sportwettbewerbe als auch Gladiatorenkämpfe statt.

Stadtmauer: Die gesamte Stadt war von einer Ringmauer umschlossen, die durch drei Tore unterbrochen war.

Das kaum erhaltene Nordtor wurde als *Hierapolis-Tor* bezeichnet, der dem Kaiser Domitian (81–96 v. Christus) geweihte, dreibogige Nordwesteingang mit seinen flankierenden Türmen als *Ephesos-Tor,* und im Osten stand das *Syrische Tor,* hinter dem man beidseits der Straße noch Gräber erkennen kann.

Theater: Im N-Teil, nahe Goncalı, liegen die Ruinen von zwei Theatern.

Das größere öffnete sich nach NO und verfügt noch über zahlreiche Sitzreihen. Vom Bühnenhaus entdeckt man dagegen nur Fundamentreste.

Das kleinere Theater ist nach NW ausgerichtet.

Die Sitzreihen sind hier weitgehend zerstört. Nur im oberen Teil sind Reste erhalten.

K

Kaş
Antalya

Einw.: 3500 Höhe: 30 m S. 291 □ E 6

In K. selbst, einem der schönsten Städte an der türk. Küste, findet man nur relativ bescheidene Zeugnisse der antiken Geschichte. Der Hafen ist aber Ausgangspunkt von Bootstouren zu den oft nur vom Wasser aus erreichbaren Ruinenstädten in der Umgebung. Da der Ort nicht, wie sonst üblich, durch riesige Hotelkomplexe verschandelt wurde, kann man sich in den vielen kleinen, aber guten Hotels auch ein paar Tage von den Besuchen der antiken Ruinenstätten erholen und das Flair dieses aufstrebenden Fischerortes genießen.
Die eigentliche antike Stadt liegt oberhalb von K. in 750 m Höhe und wurde als Phellos (→ Umgebung Phellos) bezeichnet. Als Hafen für Phellos wurde dann auf dem Gebiet des heutigen K. Antiphellos angelegt. In hellenist. Zeit entwickelte sich aus dem Hafen eine Stadt, und unter den Römern war Antiphellos bekannt für seinen Handel mit Schwämmen.

Von den antiken Ruinen ist nicht mehr viel erhalten. Im W der Stadt findet man noch eine 500 m lange Mauer, die aus hellenist. Zeit stammt. Oberhalb davon befindet sich das guterhaltene, aber kleine **Theater,** dessen 25 Sitzreihen durch 4 Treppen unterteilt werden. Eine Diazoma gibt es nicht, aber eine Galerie

Kas, Lykisches Grabdenkmal

schließt die Cavea nach oben hin ab. Vom Bühnenhaus erkennt man nur noch Fundamentreste. Das Theater stammt vermutlich aus dem 1. Jh. v. Chr. und wurde im 3. Jh. n. Chr. umgebaut.
Im Stadtzentrum steht ein **lykisches Grabdenkmal** mit seinem typisch dreiteiligen Aufbau. Unten befindet sich ein 1,5 m hohes Hyposorion, in dem die Bediensteten beigesetzt wurden. Darauf steht eine 0,7 m hohe Basis, auf der der Sarkophag thront. Der Deckel des Sarkophages ist wie üblich spitzbogig und erinnert an got. Fenster. Die Längsseiten des Sarkophages sind durch auf ihren Pfoten ruhende Löwenköpfe geschmückt. In den Felsen oberhalb der Stadt findet man noch mehrere Felsengräber.

Umgebung

Aperlai: Auf der Landstraße von K. nach Antalya zweigt man kurz vor Yavu nach

Kaunos, Blick auf den antiken Hafen

r. ab. An der Kreuzung in dem kleinen Ort Kilinçli fährt man geradeaus bis nach A. Besser ist es jedoch, A. per Boot von K. aus anzusteuern (3/4 Bootsstunde). Da hier noch keine Ausgrabungen stattgefunden haben, sind nur Reste der *Stadtmauer* zu sehen. Trotzdem ist man sich aufgrund von Münzprägungen sicher, daß A. eine alte lykische Siedlung war, die bereits vor dem 5. Jh. v. Chr. bestand.

Apollonia: Auf der Landstraße von K. nach Antalya zweigt man kurz vor Yavu nach r ab. An der Kreuzung in dem kleinen Ort Kilinçli biegt man erneut nach r ab und fährt bis Boğazcık, in dessen Nähe sich die *Ruinen* befinden. Zu sehen sind Nekropolen, Felsengräber, Mauerreste aus hellenist. und byzant. Zeit, ein lykisches Heroon, Reste eines Theaters, einer Basilika und einer Thermenanlage aus römischer Zeit.

Von besonderer Bedeutung sind *sechs Grabpfeiler* im N der Stadt nahe den Felsengräbern. Da solche Pfeiler nur zwischen dem 6. und 4. Jh. errichtet wurden, belegen sie eine Gründung von A. spätestens im 4. Jh. v. Chr.

Isinda: Auf der Landstraße von K. nach Antalya biegt man kurz nach Ağullu nach r in einen Schotterweg ein, der ins 3 km entfernte Belenli führt, von wo aus man nach einem 10minütigen Fußmarsch das antike Stadtgebiet von I. erreicht. Der Name deutet auf eine alte lykische Siedlung hin. Neben Resten einer Befestigungsanlage und eines Gebäudes findet man ein merkwürdiges, von der Bevölkerung als *Çindam,* Chinesen-Haus, bezeichnetes Doppelgrab. Ein Sarkophag wurde dabei auf ein Hausgrab aufgesetzt.

Kekova: Die Unterwasserruinen von K., sowie die antiken Stätten von **Simena** und **Theimioussa** besichtigt man am besten per Boot von K. aus. Da alle drei Städte auf der normalen Ausflugsroute liegen, ist die Visite preisgünstiger, als wenn man sich in Theimioussa ein eigenes Boot mietet.

Die meisten Ruinen auf K. liegen unter

Wasser. Vermutlich hat sich in Folge eines Erdbebens hier der Boden abgesenkt. Aus Schutz vor Dieben, die es auf antike Kunstschätze abgesehen haben, ist hier nicht nur das (sonst auch) genehmigungspflichtige Flaschentauchen, sondern ebenfalls das Schnorcheln und Baden verboten. Die meisten Bootstouren führen entlang der Inselküste von K. dann weiter Richtung Festland nach **Kale** (nicht zu verwechseln mit der gleichnamigen Stadt), wo die antiken Ruinen von Simena besichtigt werden können. Über dem Fischerdorf Kale (Burg) erhebt sich eine ma Burg und ein kleines *Theater,* dessen sieben Sitzreihen 300 Zuschauern Platz boten. Überall, teilweise sogar im Wasser, findet man *lykische Sarkophage.*

Phellos: Von den Ruinen des antiken P. sind nur noch spärliche Überreste erhalten, wie Teile der Ummauerung, mehrere Sarkophage und Ruinen einer ma Festung. Man erreicht P., indem man von K. zunächst der Straße Richtung Antalya folgt, dann nach ca. 6 km, vor dem Ort Ağullu, nach l abbiegt und über Çukurbağ bis nach Pınarbaşı fährt. Von hier aus muß man rund 20 Minuten zu Fuß Richtung N gehen. Die Stadt wurde bereits 500 v. Chr. von Hekataios von Milet erwähnt, war Mitglied des Lykischen Bundes und besaß das Münzprägerecht. Mit dem Ausbau von Antiphellos verlor P. schnell an Bedeutung und stieg zu einem kleinen Bergdorf ab.

Simena: → Kekova.

Theimioussa (→ Kekova): Auf der Landstraße von K. nach Antalya zweigt man kurz vor Yavu nach r ab. An der Kreuzung in dem kleinen Ort Kilinçli biegt man dann nach l ab (geradeaus kommt man nach Aperlai, r nach Apollonia) und erreicht über Trimisin die Ortschaft Üçağız, an dessen O-Ortsrand die Ruinen von T. liegen. Die Siedlung bestand laut Inschriften bereits im 4. Jh. v. Chr. Zu sehen sind Reste eines *Turmes* und hauptsächlich *Sarkophage* mit ihren typischen spitzgiebligen Deckeln.

Tyberissos: 400 m oberhalb von Theimioussa befinden sich die Ruinen von T. Zu sehen sind Reste einer Befestigungsanlage auf der Akropolis, eines Apollon-Tempels und einer christlichen Kirche.

Theimioussa (Kas), Sarkophage

Kaunos/Dalyan

Muğla

Höhe: 55 m S. 291 □ D 6

Von der Landstraße Muğla–Fethiye führt eine Seitenstraße direkt nach D. Nur wenige Kilometer entfernt liegt der Flughafen Dalaman, der vor allem für Chartertouristen errichtet worden ist.

Der Fischerort D. ist aus zwei Gründen erwähnenswert: Zum einen findet man hier die Ruinen der antiken Stadt K. samt eindrucksvollen Felsengräbern, zum anderen ist der Sandstrand von Dalyan einer der wenigen Laichplätze der bis zu 1 m großen Meeresschildkröte Caretta-Caretta. Das verschilfte Flußdelta, das sich vom Köyceğiz-See (oder: Sülüklü Göl, »Blutegelsee«) über D. bis zum Meer erstreckt, gilt außerdem als einzigartiges Naturparadies. Hier leben Fischadler, Ibisse, Kormorane, Reiher und Otter. Weltweit Schlagzeilen machte der

Ort 1987, als mitten in diesem Naturparadies ein riesiger Hotelkomplex errichtet werden sollte. Das Projekt, von dem man noch die Fundamentreste sehen kann, wurde zwar gestoppt, aber der sehr schöne Sandstrand lockt immer mehr Touristen an, deren Anwesenheit für die Tierwelt immer mehr zur Bedrohung wird.

Die Ruinen des antiken K. liegen rund 1 km vom Fischerdorf D. entfernt und sind von dort per Boot zu erreichen. Ehemals am Meer gelegen, ist K. durch Verlandung davon mittlerweile 2 km entfernt. Das verschilfte Delta schien sich in der Antike nicht gerade günstig ausgewirkt zu haben. So berichtet Strabon (64 bis 23 n. Chr.), vor allem im Sommer und im Herbst sei ein Aufenthalt in K. wegen der schlechten Luft unerträglich. Auch die Bevölkerung war bekannt für ihr schlechtes Aussehen. Wie man heute weiß, waren die Stechmücken daran schuld; erst 1948 wurde hier die Malaria ausgerottet. In der Antike führte man die Krankheiten auf den übermäßigen Verzehr von Früchten zurück. Angeblich würden besonders Feigen, eines der Hauptexportprodukte von K., Fieber verursachen. Überliefert ist auch ein Besuch des Harfensängers Stratonikos, der im 4. Jh. v. Chr. lebte. Er zitierte in K. Homer und erklärte, die Menschengeschlechter seien wie Blätter. Als die Kaunier über diese Worte empört waren, konterte Stratonikos mit spitzer Zunge: »Wie könnte ich es wagen, eine Stadt als ungesund zu bezeichnen, in der auch tote Menschen durch die Straßen wandeln.«

Theimioussa (Kas)

Aber nicht nur das Klima, auch die Verlandung des Hafens machte der Stadt immer wieder zu schaffen. So wurde mit Geld von reichen Bürgern mehrfach versucht, den Hafen schiffbar zu halten und die Ansiedlung von auswärtigen Kaufleuten subventioniert. Als Haupt-Exportartikel werden Harze, Pech, Salzfische, Feigen, Sklaven und die von Plinius zur Herstellung von Salben empfohlenen Salze genannt.

Über die Feigen gibt es ebenfalls eine Anekdote: Als der röm. Feldherr Crassus seine Truppen für einen Feldzug gegen die Parther einschiffen wollte, kam ein Händler mit Feigen vorbei, der seine Ware mit den Worten »Cauneas« anpries. Viele Anwesende verstanden jedoch nicht das für Feigen stehende Wort »Cauneas«, sondern »Cave ne eas«, zu deutsch: »Hüte Dich zu gehen!« und warnten den Feldherrn. Crassus ging trotzdem und fiel in der Schlacht.

Die Gründungsgeschichte ist unbekannt. Die Kaunier selbst bezeichneten sich zwar als Nachfahren von Einwohnern aus Kreta, doch dagegen sprechen mehrere Tatsachen. In der Überlieferung wird K. nie als griech. Siedlung erwähnt. Herodot vertrat sogar ausdrücklich die Auffassung, die Einwohner stammen von Einheimischen ab. Er berichtete von Einwohnern, die zwar karisch, aber mit einem eigentümlichen Dialekt sprachen. Auch der Stadtname ist ungriech. und stammte entweder aus der lelegischen oder hethitischen Sprache.

Durch den Feldzug des Harpagos fiel K. – und andere Städte in Karien und Lykien – 545 v. Chr. an die Perser. Von dieser Einnahme ist eine verzweifelte Verteidigungsschlacht überliefert. Die Bürger seien demnach zunächst mit Hab und Gut auf die Akropolis geflüchtet, hätten dort alles angezündet und dann doch noch einen Ausfall gewagt, um bis zum letzten Mann zu kämpfen (→ Xanthos).

Während des Ionischen Aufstandes verhielt sich K. zunächst passiv. Nach der Einnahme von Sardes durch die Ioner kämpfte aber auch K. mit gegen die Perser. Wie bekannt, endete dieser Aufstand in einem Debakel und wurde zurückgeschlagen. Später trat die Stadt dem Delisch-Attischen-Seebund bei, war aber laut Beitragszahlung zunächst nur ein unbedeutender Partner.
Ab 425 v. Chr. mußte die Stadt aber nicht mehr nur ein halbes Talent, sondern, wie die Großstadt Milet, sogar 10 Talent Beitrag zahlen. Dieser plötzliche Reichtum ist möglicherweise auf den schwunghaften Handel mit Salzfischen zurückzuführen.
Mit dem Königsfrieden war K. ab 387 v. Chr. zunächst wieder persisch und unterstand den Satrapen in Halikarnassos. Als die Satrapen-Residenz von Alexander d. Gr. 332 v. Chr. eingenommen wurde, fiel auch K. wieder an das griech. Reich. Im Zuge des Diadochen-Streites und seiner Nachwirkungen wechselte K. anschließend die Besitzer. Die Reihenfolge: Antigonos (ab 313 v. Chr.), Ptolemaios (ab 309 v. Chr.), erneut Antigonos (ab 306 v. Chr.), Lysimachos und kurz darauf erneut Ptolemaios, dessen Nachfolger, Ptolemaios V., die Stadt 189 v. Chr. für 200 Talente an Rhodos verkaufte.
Nachdem die Römer den Rhodiern ihre Gunst entzogen hatten, wurde K. eine »freie Stadt«, die ab 129 v. Chr. mit dem Königreich Pergamon in die Provinz Asia eingegliedert wurde.
88 v. Chr. unterstützte Kaunos den letzten Feind Roms, Mithridates VI. Eupator von Pontos, und tötete auf sein Geheiß hin alle Römer in ihren Mauern. Nachdem die Römer 85 v. Chr. mit dem Frieden von Dardanos Mithridates zurückgedrängt hatten, fiel Kaunos wieder an Rhodos.
Trotz jahrelanger, zäher Bemühungen wurde K. erst 65 v. Chr. wieder eine »freie Stadt«, geriet aber im 1. Jh. n. Chr. für kurze Zeit erneut unter rhodische Herrschaft.
In der röm. Kaiserzeit erlebte die Stadt noch einmal eine Blüte, bevor sie im Zuge der Verlandung des Hafens immer mehr an Bedeutung verlor.

Akropolis: Auf dem 150 m hohen Berg stehen Teile einer mit zwei Mauern geschützten Burg, die im MA errichtet worden war. Am W-Hang findet man karische Beisetzungsgruben und eine Kyklopenmauer, die wahrscheinlich zu

Kekova (Kas), Simena mit Grabmal

einer Stadtmauer gehörte und in archaischer Zeit errichtet wurde.

Basilika: Zwischen Theater und Thermen liegen die Ruinen einer dreischiffigen Basilika.

Befestigungsanlage: Nördlich und w der Ruinenstadt erstreckt sich eine ausgedehnte, noch heute bis zu 8 m hohe Befestigungsanlage, die aus mehreren Epochen stammt. Ganz im N, zu Beginn der Mauer, handelt es sich um Mauerwerk aus der Epoche des Mausolos, dann folgt hellenist. Quaderwerk und nahe dem Hafen schließlich spätklass. Polygonalmauerwerk. Die Stadt wurde dabei sehr weiträumig umfaßt, was auf später nicht durchgeführte Erweiterungspläne schließen läßt.

Brunnenhäuser: Am Hafen, nur wenige Meter von der Stoa entfernt, steht ein renoviertes Brunnenhaus mit ehem. 2 Säulen zwischen den Anten. Laut Inschrift war es Vespasian (69–79 n. Chr.) geweiht. Bedeutend ist der Bau wegen einer *Zollinschrift,* die in der W-Wand eingemeißelt und von G. E. Bean 1946 entdeckt wurde. Gerade für die Erforschung der antiken Wirtschaftspolitik handelt es sich hierbei um eine wichtige Quelle.

Felsgräber: Östlich vom Fluß, in einer steilen Felswand, befinden sich die von D. aus gut zu sehenden Felsgräber. Die vollständig aus dem Fels gehauenen Grabbauten entstanden im 4. Jh. v. Chr., wurden aber unter den Römern wiederverwendet. Die Front der Grabkammern bildet meist eine nachgebildete ionische Tempelfassade mit zwei Säulen in antis. Das größte Grab ist, wie man an der Bearbeitung des Felsens unschwer erkennen kann, unvollendet. Hier sollte eine Front mit vier Säulen in antis entstehen. Fertiggestellt wurde aber nur das Dach mit dem Akroterion, der mit einem Fenster verzierte Tympanongiebel und der Zahnschnitt. Die Kapitelle und der obere Teil der Säulen wurden nur grob behauen, und weiter unten sind noch nicht einmal die Strukturen herausgearbeitet. Im Gegensatz zum Äußeren, waren die Grabkammern innen nicht verziert. Hier standen an den Wänden nur drei Bänke für die Bestattung.
Am W-Ende der Akropolis findet man Gräber mit karischen Beisetzungsgruben. Hierbei wurden Löcher in den Fels geschlagen, in denen die Toten bestattet

Kaunos, Felsgräber

wurden. Die künstlichen Höhlen wurden dann durch Steindeckel verschlossen. Unterhalb dieser Gräber findet man Nischen, in denen Weihgaben für die Toten standen.

Nymphäum: Im Stadtzentrum liegen die Fundamente eines Tholos, also eines Rundbaus mit Säulenumgang. Das Gebäude diente vermutlich als Nymphäum und entstand in der röm. Kaiserzeit. Bemerkenswert ist der Grundriß, den zwei fast geschlossene, konzentrische Kreise bilden. Während der Außenring mit flachkannelierten Säulen geschmückt war, standen auf dem Innenring nur unkannelierte Säulen. Vermutlich bildete der Innenring die Umrandung eines Beckens, daher die Deutung als Nymphäum.

Stoa: Nördlich des Hafens lag eine einschiffige, zweigeschossige Stoa. Die Säulenhalle war 94 m lang und 6 m breit und bildete vermutlich den Abschluß einer Hafenagora. Der Bau stammt bereits aus hellenist. Zeit. Und zumindest die Säulen im Erdgeschoß waren dorisch.

Tempel: Hinter der Stoa, im Zentrum der Stadt, liegen Reste eines dorischen Antentempels, der laut Inschrift vermutlich Zeus von Kaunos gewidmet war.

Theater: Das sehr gut erhaltene Theater aus röm. Zeit liegt mit seinen Zuschauerreihen am W-Hang der Akropolis. Nur im N mußte die Cavea durch Mauerwerk gestützt werden. Der Zuschauerraum wird durch eine Diazoma und zehn Treppen geteilt. Das Bühnengebäude ist 38 m lang, 8,4 m breit und war mehrgeschossig.

Thermen: Von der Badeanlage, die auch eine Palästra einschloß, sind noch hochaufragende Mauerreste des Apodyteriums erhalten. Später wurde der Mittelteil der Thermen zu einer dreischiffigen Basilika mit Apsis umgebaut.

Klaros
İzmir

Höhe: 50 m S. 290 □ C 5

An der Küstenstraße von İzmir über Muğla nach Antalya erreicht man kurz vor der Küste, nahe dem Ort Siğacik, die ö der Straße in den Feldern gelegenen

Kaunos, Ruinenstadt

Kaunos, Nymphäum

Ruinen von K. Hier befand sich schon im 6. Jh. v. Chr. ein Heiligtum. In hellenist. und röm. Zeit wurde die Stätte dann als Orakel berühmt. Inschriften belegen, daß aus allen Teilen der antiken Welt, sogar aus Britannien, Menschen nach K. zum Apollon-Heiligtum pilgerten. Später wurde das Orakel von Tacitus (55 [?] bis 118 n. Chr.) beschrieben und überliefert. So berichtet Tacitus anläßlich einer Pilgerreise von Germanicus nach K.: »Nicht eine Frau, wie in Delphi, sondern ein Priester aus gewissen Familien, meist von Miletus herberufen, läßt sich dort nur die Zahl und die Namen der Befrager angeben, steigt sodann hinab in die Höhle, trinkt vom Wasser der geheimen Quelle und gibt, obwohl meistens unbekannt mit der Schrift und der Dichtkunst, die Bescheide, in Verse gefaßt, über Dinge, welche man sich nur gedacht hat. Auch hieß es, er habe dem Germanicus in rätselhafter Gestalt, wie es die Orakel tun, frühzeitigen Tod geweissagt.«

Der Sage nach traf zur Zeit des Trojanischen Krieges der Grieche Klachas in K. auf Mopsos. Die beiden Seher veranstalteten einen Wettbewerb in der Wahrsagekunst. Als Klachas unterlag, starb er kurz darauf aus Frust über diese Niederlage.
Ausgegraben wurden in den 50er Jahren das Propylon aus dem 2. Jh. v. Chr., zwei Tempel und zahlreiche Denkmäler.

Tempel des Apollon: Der größere der beiden Tempel, Apollon gewidmet, wurde im 4. Jahrhundert v. Chr. errichtet, im 2. Jh. n. Chr. gründlich erneuert und verfügt über ein 46 m langes und 26 m breites Fundament. Leider wurde der Bau später durch ein Erdbeben zerstört.
Bemerkenswert ist, daß es sich hierbei um einen in Kleinasien seltenen dorischen Tempel handelt. Die Säulenordnung auf dem fünfstufigen Unterbau betrug 6 × 11. In der Cella stand eine fast 8 m hohe Skulpturengruppe. Dargestellt wurde die Göttin Leto mit ihren Kindern Apollon und Artemis.

Kaunos, Felsgräber

Vom Pronaos erreichte man über zwei Treppen die im Fundament unterhalb der Cella gelegenen Orakelräume, die heute unter Wasser stehen. Von den Treppen aus ging man durch Gewölbegänge in einen unterirdischen Raum, in dem das aus bläulichem Gestein gehauene Omphalos, der Nabel der Welt, als Symbol des Erdmittelpunktes stand.
Während dieser Raum durch eine Mauerspalte Tageslicht empfing, war die kleine Kammer, die man von hier aus durch einen schmalen Gang erreichte, vollkommen abgedunkelt. Hier befand sich die heilige Quelle, durch die die Priester die Fähigkeit zum Orakellesen bekamen. Diese unterirdische Anlage ist eine der ältesten hellenist. Gewölbebauten.
Vor dem Tempel stand ein fast 20 m langer und 10 m breiter Doppelaltar, der im 3. Jh. v. Chr. errichtet worden und neben Apollon auch Dionysos geweiht war.

Tempel der Artemis: Auch der kleinere Tempel verfügte über einen eigenen Altar. Während der größere Tempel dorisch war, handelte es sich hierbei um einen ionischen Tempel, Artemis gewidmet. Da man den dorischen Stil auch als männlich, den feineren, ionischen als weiblich bezeichnen kann, werden hierdurch auch die unterschiedlichen Geschlechter von Apollon und Artemis betont.
In der Cella des Artemis-Tempels stand ein archaisches Götterbild. Die noch vorhandenen Reste dieses Tempels stammen aus dem 2. Jh. v. Chr. Untersuchungen belegen aber, daß an dieser Stelle bereits im 4. Jh. v. Chr. ein Artemis-Tempel errichtet worden war und sich sogar im 6. Jh. v. Chr. an dieser Stelle eine Kultstätte befand.

Außerdem sehenswert: Auf dem gesamten Gelände findet man zahlreiche mit *Inschriften* versehene Denkmäler, von Quintus Tullius Cicero, der von 61 bis 58 v. Chr. Statthalter der Provinz Asia war. – Besonders beachtenswert sind auch eine *Sonnenuhr* und ein *Thronsessel* aus Marmor.

Umgebung

Kolophon (15 km n, bei Değirmendere): Obwohl heute fast 20 km vom Meer entfernt, kam das antike K. durch den Seehandel zu großem Reichtum. Exportiert wurde das sog. Kolophonium, ein Harzprodukt, das u.a. zur Herstellung von Klebestoffen und Lacken diente. Berühmt war die Stadt auch aufgrund ihrer Reiterstaffeln, die oft schlachtentscheidend waren, und die durch Kampfhunde verstärkt wurden. Persisch wurde die Stadt, als sie Gyges eroberte.
Als Hafen für K. fungierte der Küstenort Notion. In der Geschichte waren die Städte, die beide für sich Mitglieder im Delisch-Attischen Seebund waren, mehrfach miteinander zerstritten. Lysimachos, einer der Nachfolger von Alexander dem Großen, zerstörte K. 299 v. Chr. und ließ die Überlebenden in das nahe gelegene und damals wiedergegründete Ephesos zwangsumsiedeln. Nach dem Tod des Herrschers im Jahr 281 v. Chr. wurde K. wieder aufgebaut und bildete fortan mit Notion zwar eine gemeinsame Stadt, verlor aber gegenüber Notion, das seither auch als Neo-Kolophon bezeichnet wurde, an Bedeutung.
Nordöstlich der Akropolis findet man Reste der antiken Stadt. Zu sehen sind Teile der hellenist. Stadtmauer, ein Platz aus dem 4. Jh. v. Chr., Reste von gepflasterten Straßen, Ruinen einer röm. Thermenanlage und, am O-Hang der Akropolis, Überbleibsel eines Heiligtums, das der Muttergöttin Antaia gewidmet war.
Notion: Unweit von Klaros, an der Straße nach Seferihisar, liegen auf zwei Hügeln am Meer die Reste des antiken N. Zu sehen sind die spärlichen Reste eines Theaters, der Agora und Sitzreihen des Bouleuterions. Das Athena-Heiligtum aus dem 2. Jh. n. Chr. wurde später in eine byzant. Festung integriert.

Knidos

Muğla

Höhe: 0–145 m S. 290 □ C 6

Ausgangspunkt für Fahrten nach K. ist der Badeort Datça, der ungefähr in der Mitte der 100 km langen Halbinsel Reşa-

Kaunos, Theater

diye liegt. Datça erreicht man entweder über die 80 km lange, kurvige Landstraße von Marmaris oder von Bodrum per Fähre aus. Von Datça kann man dann entweder über die nicht zu empfehlende, 30 km lange Schotterpiste oder bequem per Boot (Tagestour mit zahlreichen Badestopps) die antiken Ruinen von K. besuchen. Berühmt wurde K. in der Antike zum einen durch sein Aphrodite-Heiligtum, zum anderen durch seine Gelehrten.

Nach Herodot wurde K. von den dorischen Städten Sparta und Argos aus gegr. Bereits im 7. Jh. v. Chr. wurde sie in der Dichtung erwähnt und gehörte zu dieser Zeit dem Dorischen Städtebund an. Auf dem Gebiet von K. lag auch das Haupttheiligtum des Bündnisses, das Apollon-Heiligtum. Dieses Ur-Knidos lag unweit des heutigen Ortes Datça und wurde erst im 4. Jh. v. Chr. an die Spitze der Halbinsel, nahe der heutigen Ortschaft Tekir, verlegt.

Grabungsfunde belegen allerdings schon eine vorgriech. Besiedlung, die bis ins 3. Jtd. v. Chr. zurückgeht. So fand man nahe von Alt-Knidos Tonscherben aus dem 2. Jtd. v. Chr., auf denen bereits der ungriech. Name »Knidos« vermerkt war. Im späten 12. Jh. v. Chr. siedelten sich dorische Griechen hier an, und spätestens im 7. Jh. v. Chr. war K. eine bedeutende Stadt. So beteiligte sich K. an der Gründung von Naukratis, einer griech.-ägypt. Handelskolonie im Nildelta, und dehnte seinen Seehandel bis in die Adria aus.

Nach dem Ausschluß von Halikarnassos aus dem Dorischen Bund wurde aus der Hexapolis eine Pentapolis, und K. war die einzige Stadt in dem Bündnis, die auf dem Festland lag. Gemeinsam mit den Bündnispartnern Ialysos, Kameiros, Lindos und Kos trafen die Knider sich alle vier Jahre am Apollon-Tempel, dem Hauptheiligtum des Bundes, zu einem großen Fest. Der Tempel, der auf dem Gebiet von Knidos lag, ist noch nicht genau lokalisiert (nicht zu verwechseln mit einem Apollon-Tempel, der in Neu-Knidos errichtet wurde). Man weiß aber, daß während des Festes Wagenrennen stattfanden, sprich: daß der Tempel in einer Ebene gelegen haben muß, und vermutet den Bau deshalb in der Ebene von Betçe.

Die enge Bindung an das griechische Mutterland zeigt sich in den guten Kontakten zu Delphi. So stifteten die Knider um 555 v. Chr. ein prachtvolles, in der gesamten griech. Welt bewundertes Schatzhaus in Delphi und befragten 546 v. Chr.

Kaunos, Thermen

Klaros, Tempel des Apollon

das Orakel in Delphi, ob sie ihre Halbinsel durch einen Kanalbau zu einer Insel machen sollten. Das Orakel riet jedoch davon ab. Bei dem vor der Orakel-Befragung begonnenen Kanalbau hatte es bereits zahlreiche Opfer gegeben. Die Knider wollten durch diesen 2 km langen Bau ihre Stadt vor persischen Angriffen schützen. Das Orakel sprach aber (nach Herodot): »Durchstecht den Isthmus nicht! Zieht keine Mauer hoch! Wollte Zeus es, machte er Euer Land zur Insel.« 540 v. Chr. ergeben sich die Knider daraufhin kampflos den Persern, die der Stadt aber später große Freiheiten ließen, weshalb sich die Knider auch nicht am ionischen Aufstand beteiligten.

Wann die Stadt dem attischen Seebund beitrat, ist ungewiß. Mehrere Daten sind möglich: z. B. nach der Schlacht von Mykale bei Milet 479 v. Chr. Oder nach dem Sieg der athenischen Flotte vor Kimon gegen die Perser 469 v. Chr. Dem Bündnis gehörte K. bis 411 v. Chr. an, ergriff dann aber Partei für Sparta und konnte anschließend eine athenische Strafexpedition abwehren.

Im Laufe des 4. Jh. v. Chr. wurde die Stadt an der Spitze der Halbinsel nach dem hippodamischen System neu angelegt und geriet wieder unter persische Hoheit. Grund für die Verlegung war der zunehmende Handel. In Neu-Knidos verfügte man gleich über zwei geschützte Häfen und war deshalb nicht mehr abhängig von der Windrichtung. Die alte Siedlung wurde jedoch nicht aufgegeben, verlor aber nach und nach an Bedeutung. In den Bistumslisten wurde die Stadt später als Stadia bezeichnet, woraus sich der heutige Name Datça ableitete.

Ohne Gegenwehr nahm Alexander der Große 334 v. Chr. die Stadt ein, die im Zuge des Diadochen-Streites um 285 vor Christus in den Besitz der Ptolemäer überging.

Nach der Niederlage von Antiochos III. gegen die Römer und Rhodier wurde K. 190 v. Chr. kurzzeitig unabhängig, mußte

Klaros, Tempel des Apollon, Kapitell

sich dann aber der rhodischen Herrschaft fügen. Nach dem karischen Aufstand im Jahr 167 v. Chr. gegen Rhodos erklärte Rom Karien, und damit auch K., für frei. Negativ für die Stadt wirkte sich aus, daß das nahe gelegene Rhodos als Handelszentrum für das ö Mittelmeer immer mehr von Delos verdrängt wurde. In der röm. Kaiserzeit erlebte die freie Stadt K. eine letzte Blüte, bevor ihre Bedeutung in der byzant. Zeit immer mehr sank. Im frühen MA wurde K. dann endgültig aufgegeben.
Erste Ausgrabungen fanden bereits 1812 statt. Die Funde, vor allem Skulpturen, wurden hauptsächlich ins Britische Museum nach London gebracht.

Knidos und die Wissenschaft:
In der Antike war K. berühmt für seine Wissenschaftler und seine Ärzteschule.
So lebte *Eudoxos* (400–347 v.Chr.) in K. Der Schüler von Platon war einer der größten Mathematiker der Antike und auch ein anerkannter Geograph und Astronom. Eudoxos baute u.a. ein Observatorium, vertrat die Ansicht, daß die Erde eine Kugel sei und entwickelte ein Modell der Planetenbahnen. In der Mathematik erarbeitete er Grundlagen der Kegelschnittgeometrie und der Ähnlichkeitslehre. Diese Erkenntnise wurden später von Euklid und Apollonios aufgegriffen und flossen damit in die heutige Mathematik ein.
Ebenfalls im 4. Jh. v. Chr. forschte der Arzt und Historiker *Ktesias* in K. Er verfaßte ein vielbeachtetes Grundlagenwerk über die Geschichte Persiens.
Berühmt für seine Ingenieurkunst wurde *Sostratos,* ebenfalls ein Bürger von K. Der Architekt entwarf u.a. den Leuchtturm von Pharos in der Hafeneinfahrt von Alexandria und damit eines der Sieben antiken Weltwunder.
Als Künstler weltweite Anerkennung genoß *Praxiteles.* Er hatte für K. Aphrodite

Blick auf Knidos >

als nackte Göttin dargestellt und wurde später oft kopiert. So lobte Plinius den Knider: »Nicht nur alle Werke des Praxiteles, sondern die der ganzen Welt überragt seine Venus (Aphrodite).«

Alt-Knidos: Etwa 1,5 km n der Iskele (Hafen) von Datça erhebt sich die **Akropolis** von Alt-Knidos. Zu sehen sind Reste einer Befestigungsmauer und eines Hafens. Im NW des heutigen Dalacak lag der 2. Hafen von Alt-Knidos. Hier steht auch eine schöne **Moschee** mit archaischem Kapitell.

Neu-Knidos: Die antike Stadt liegt am Ende der 100 km langen Halbinsel, nahe dem Ort Tekir. Zwei nur durch eine schmale Landbrücke getrennte Naturhäfen werden auf beiden Seiten durch Hügel begrenzt. Bei dem kleineren, nw gelegenen Ankerplatz handelt es sich um den Kriegshafen. Auf der nw gelegenen Halbinsel befand sich nur eine (noch nicht ausgegrabene) Wohnsiedlung. Der große Teil der öffentlichen Bauten erstreckte sich dagegen auf dem stark terrassierten, sö gelegenen Hügel.

Tempel der Aphrodite: Westlich der Akropolis, 40 m über dem Meer, befindet sich der Tempel der Aphrodite Euploia. Die Lage – von hier aus kann man beide Häfen gut überblicken – unterstreicht die Funktion der Aphrodite als Schutzpatronin der Seefahrt.

Das Heiligtum hatte eine besondere Form. Der Tempel besaß keine Cella, war rund und hatte einen Durchmesser von 17,3 m. In der Mitte stand auf einer Basis die von Praxiteles geschaffene berühmte Statue der Aphrodite. Angeblich war die Statue so schön, daß man jeden Abend aus Furcht vor Dieben extra alle Türen zum Heiligtum absperrte. König Nikomedes von Bithynien bot sogar angeblich an, im Tausch mit der Statue der Stadt die hohen Schulden zu erlassen. Von dieser einzigartigen Statue fehlt heute jedoch jede Spur.

Der Kreisrand wurde durch 18 umlaufende Säulen geschmückt. Dieser einmalige Tempel wurde in zahlreichen Wandmalereien abgebildet. Solche Zeichnungen wurden beispielsweise in der Villa Iulia Felix in Pompeji und in der Villa Hadriane bei Tivoli entdeckt.

Tempel der Demeter: Im O der Stadt, unterhalb der Akropolis, liegt das Heiligtum der Demeter und der Kore. Der Tempel wurde bereits 1856–58 von Sir

Knidos, Tempel der Aphrodite

Charles Newton ausgegraben, der die hier gefundene Demeter-Statue ins Britische Museum nach London brachte. In der glatten Felswand findet man drei Nischen, die für Statuen und Votivgaben vorgesehen waren. Das Mauerwerk, das das Heiligtum umgibt, weist zwei Bauphasen auf. Das polygonale Mauerwerk stammt aus dem 2. Jh. v. Chr., das Bruchsteinmauerwerk aus dem 3. Jh. n. Chr. Viel ist von dem Tempel heute nicht mehr zu sehen. Der Bau diente, wie so viele antike Gebäude, als Steinbruch. So wurden die Marmorplatten beim Bau des Dolmabahçe-Palastes in İstanbul und für einen weiteren Palast in Kairo verwendet.

Theater: Nahe dem Hafen steht ein kleines, aber guterhaltenes Theater für ca. 4500 Zuschauer. Die 35 Sitzreihen sind durch zwei Diazomen, sowie unten durch 8, oben durch 15 Treppen unterteilt. Das hellenist. Bühnenhaus wurde von den Römern vollständig erneuert. – Im Zuge der Ausgrabungen wurde weiter oberhalb ein *zweites, größeres Theater* entdeckt, das aber nicht in so gutem Zustand ist.

Außerdem sehenswert: In der Nähe des Aphrodite-Tempels stehen bis zu 3,5 m hohe Mauern eines *röm. Gebäudes,* und ö davon findet man Reste eines monumentalen *Altars,* zu dem eine Freitreppe hinaufführte. Diese Anlage soll dem Zeus-Tempel von Pergamon nachempfunden worden sein. – An den Altar schließt sich ein *theaterähnlicher Bau* an, der vermutlich, da man hier Hunderte von Terrakotten fand, für religiöse Feste benutzt wurde. – Weiter ö befindet sich der Eingang zu einer *Höhle.* Da man hier Keramiken fand, die teilweise aus dem 7. Jh. v. Chr. stammen, befand sich hier möglicherweise schon vor der Anlegung von Neu-Knidos ein heiliger Ort. – Ungefähr in der Mitte des terrassierten Hügels liegen Reste eines *Odeions* und des *Dionysostempels,* der in frühbyzant. Zeit, im 5. Jh. n. Chr., zu einer Kirche umgebaut wurde. Abgeschlossen wurde dieser Gebäudekomplex durch eine dorische Stoa, die der Architekt Sostratos geplant haben soll. – Nicht weit davon standen *zwei Tempel:* ein korinthischer und ein dorischer, wobei letzterer Apollon Karneios geweiht war. – Die *Agora* lag n des Kriegshafens, und außerhalb der Stadtmauer wurden *Nekropolen* entdeckt, die verschiedene Grabformen aufweisen.

Kumluca

S. 291 □ F 6

Die Hafenstadt K., die an der Küstenstraße Antalya–Finike liegt, verfügt selbst über keine nennenswerten Sehenswürdigkeiten, ist aber ein guter Ausgangspunkt für Besichtigungen der nahe gelegenen antiken Städte Korydalla und Rhodiapolis.

Umgebung

Korydalla: Man verläßt Kumluca in nw Richtung. Kurz hinter der Stadt folgt man den Hinweisschildern bis nach K. Die Gebäude dienten im 19. Jh. leider als Steinbruch, so daß heute kaum antike Ruinen vorhanden sind. Man erkennt

Knidos, Tempel der Aphrodite, Kapitell

Knidos, Theater

aber an der Geländemulde die Lage des antiken Theaters und findet Teile des *Aquäduktes.* Berühmt wurde Korydalla durch den »Schatz von Kumluca«. Die aus dem 6. Jh. n. Chr. stammenden Kirchenutensilien aus Gold und Silber wurden jedoch heimlich ins Ausland geschafft und sind zum größten Teil verschwunden.
Einige Teile konnten jedoch wiederbeschafft und im Museum von Antalya ausgestellt werden.
Rhodiapolis: Von Kumluca führt eine Straße in nw Richtung, von der die Verbindungsstraße nach Korydalla abbiegt. Man folgt der Beschilderung, fährt über Korydalla hinaus bis zum Ort Haviveliler. Von hier aus erreicht man mit Hilfe eines einheimischen Führers nach 1 Std. Fußmarsch die Ruinen von R.
Schon am Namen erkennt man, daß Rhodiapolis eine Gründung der Rhodier ist. Bekannt wurde die Stadt durch den Mäzen Opramoas von Rhodiapolis, der zahlreiche Bauten in Lykien stiftete und in der 2. Hälfte des 2. Jh. n. Chr. Lykiarch des Lykischen Bundes war.
Unter den stark überwachsenen Ruinen erkennt man noch am besten ein kleines *Theater* mit 16 Sitzreihen und ohne Diazoma. Unweit davon stand das *Grabmonument des Opramoas.* Von dem Bau selbst ist nicht mehr viel zu sehen, man fand aber zahlreiche Inschriften, die das Leben und Werk des Opramoas bezeugen. In der näheren Umgebung findet man ferner noch Überreste eines *Turmes* aus hellenist., sowie einer *dreischiffigen Basilika* aus byzant. Zeit.

Kuşadası

Einw.: 22000 S. 290 □ C 5

K. ist eines der meistbesuchten Touristenzentren an der türkischen W-Küste und ist vor allem für Kreuzfahrt-Gäste Ausgangsbasis für Besichtigungen in

Kuşadası, Hafen

Ephesos und Pamukkale. Neben den üblichen Einrichtungen einer modernen Touristenmetropole verfügt K. aber auch über historische Zeugnisse.
Gegr. wurde die Stadt als Scala Nova im 13. Jh. von Auswanderern aus der Lombardei. Die damaligen Handelsmetropolen Venedig und Genua hatten das Gelände von Byzanz per Vertrag erworben, um hier, nach der Verlandung des Hafens von Ephesos, eine neue Basis zu schaffen. Diese planmäßige Anlegung zeigt auch das rechtwinklige Straßennetz, das heute noch die Altstadt durchzieht.
Die Osmanen nannten die Stadt später Kuşadası, »Vogelinsel«, und errichteten 1680 den Öküz Mehmed Paşa Han, eine Karawanserei, die als Herberge für reisende Händler diente. Auch heute werden hier noch Gäste beherbergt. Statt an Händler wenden sich die modernen Besitzer jetzt aber an Luxusurlauber. Schön ist der Innenhof, in dem sich heute ein Restaurant befindet.
In der gesamten **Altstadt** findet man noch verputzte Fachwerkhäuser, wie sie in den kleinasiatischen Küstenstädten des 19. Jh. typisch waren.
Der Altstadt und dem Hafen vorgelagert befindet sich auf einer Insel eine **Befestigungsanlage**. Während die Mauer erst 1821 errichtet wurde, stammt der Turm bereits aus dem 13. Jh.
Zeugnisse aus antiker Zeit sind in K. nur spärlich zu finden. 4 km vom Zentrum entfernt befindet sich aber an der alten Straße nach Selçuk ein **Grabtumulus** aus hellenist. Zeit.

Umgebung

Panionion (30 km s): Neben Ephesos kann man von Kuşadası aus auch P. besuchen. Auf der Straße nach S, Richtung Antalya, biegt man 10 km nach Kuşadası r, Richtung Davutlar ab. Nach fast 20 km, die man zwischen Mykalegebirge (Samsun Dağları) und Küste entlangfährt, erreicht man das ö des Ortes Güzelçamlı gelegene P.

Die spärlichen Reste am Fuße und auf dem Gipfel des kleinen Hügels lassen die Bedeutung dieses Ortes nur schwer erahnen. So sind auf dem Hügel, im Untergehölz, nur noch Teile der Grundmauer des *Heiligtums des Poseidon* zu sehen. Dieser Tempel war das religiöse Zentrum des bereits im 8 Jh. v. Chr. gegr. Ionischen Bundes. Schon von Anfang an gehörten zwölf Städte diesem Bündnis an: Phokäa (oder: Phokaia; heute: Foça), Klazomenai (Klazümen), Erythrai, Chios, Teos (Sigaçik), Lebedos, Kolophon, Ephesos (Selçuk), Samos, Priene, Milet und Myus. Im 3. Jh. v. Chr. trat noch, als 13. Stadt, Smyrna, das heutige İzmir, dem Bündnis bei.

Herodot hat Ionien eindrucksvoll charakterisiert. »Diese Ionier, aus denen eben das Panionion besteht, haben unter allen Menschen, von denen wir wissen, gerade da ihre Städte gegründet, wo der Himmel und die Jahreszeiten am schönsten sind.

Denn weder die Lande oberhalb Ioniens tun es ihm gleich, noch die unterhalb, weder die gegen Morgen, noch die gegen Abend, denn die einen sind der Kälte und Nässe, die anderen der Hitze und Dürre unterworfen. Die Sprache ist aber nicht unter allen Ioniern dieselbe, sondern in vier Abarten gebildet. Milet ist ihre erste Stadt gegen Mittag, dann Myus und Priene; und diese sind in Karien gelegen und sprechen gleich miteinander. In Lydien aber sind: Ephesos, Kolophon, Lebedos, Teos, Klazomenä, Phokäa.

Diese Städte stimmen mit den früher genannten in der Sprache gar nicht überein, unter sich aber haben sie die gleiche Sprache.

Noch sind drei ionische Städte übrig, wovon zwei auf Inseln liegen, auf Samos und Chios, eine auf dem Festland gegründet ist, Erythrä. Nun sprechen zwar die Chier und Erythräer miteinander die gleiche Sprache, die Samier aber ihre eigene für sich. Das sind die vier Mundarten.«

Das Heiligtum befindet sich auf dem Gebiet von Priene, das auf der anderen Seite der Gebirgskette liegt. Der Küstenstreifen selbst war aber zwischen Priene und der nahe gelegenen Insel Samos immer stark umstritten.

Noch am besten zu erkennen sind die Reste eines *Versammlungsbaus* am Fuße des Hügels. Zu sehen sind elf Sitzreihen, die wie im Theater angeordnet waren. Hier versammelten sich unter dem Vor-

Kuşadası, Karawanserei

sitz eines von Priene bestimmten Priesters die Vertreter der Bündnis-Städte.
Herodot beschreibt das Heiligtum wie folgt: »Jenes Panionion ist in Mykale eine heilige Stätte gegen Mitternacht, gemeinschaftlich von den Ioniern dem Poseidon Helikonios auserkoren. Mykale aber ist eine Spitze des Festlandes, die sich im Westen gegen Samos zu erstreckt, wo sich die Ionier von den Städten immer versammelten, um ein Fest zu feiern, dem sie den Namen Panionia gaben.«

L

Labraynda (Labranda)

Muğla

Höhe: 600 m S. 290 □ C 5

Kurz nach der Ortsausfahrt von Mylasa Richtung Söke biegt nach r eine Straße Richtung L. ab. Die antiken Stätten in 600 m Höhe am Ausläufer des Latmosgebirges sind noch gut erhalten, aber aufgrund der schlechten, rund 14 km langen und kurvigen Schotterpiste von Besuchern nur wenig frequentiert.
Berühmt ist L. für sein von den Karern hochgeschätztes Heiligtum, das dem karischen Gott Zeus Labrayndos (Stratios) geweiht war. Daraus erklärt sich auch der Name. Labrys ist das karische Wort für Doppelaxt, dem Symbol des Gottes Zeus Labrayndos.
In der gesamten karischen Geschichte war der Ort von hoher Wichtigkeit. So versammelten sich beispielsweise nach einer verlustreichen Schlacht gegen die Perser im Jahr 499 v. Chr. hier die Karer, um zu beraten, ob und wie man den Persern Widerstand entgegensetzen könne. Diese Beratungen hatten jedoch keinen Erfolg. Trotz der Unterstützung Milets siegten die Perser und nahmen das nahe gelegene Mylasa ein.
Im 4. Jh. v. Chr. bauten Mausolos und später sein Bruder Idreus das Heiligtum weiter aus. Die Hekatomnaden, zu denen Mausolos gehörte, hatten eine besondere Beziehung zu Zeus Labrayndos und erhoben seinen Kult zum Staatskult. Bis zum Sturz dieser Dynastie im Jahr 334 v. Chr. erschien Labrys, die Doppelaxt, auf allen Münzen. Als ein Attentat gegen Mausolos scheiterte, wurde die Rettung dem Gott Zeus Labrayndos gutgeschrieben, was dem Kult weiteren Auftrieb und eine größere Verbreitung gab.
So verband eine heilige, 7,5 m breite und, was ungewöhnlich war, auf der ganzen Länge durchgehend gepflasterte Straße L. mit der Stadt Mylasa.

Akropolis: Mehrere hundert Meter über der terrassierten Tempelanlage befindet sich die Akropolis. Mauerreste lassen auf eine Befestigungsanlage schließen, die vermutlich Königin Ada anlegen ließ.

Tempelanlage: Vor der eigentlichen Tempelanlage lag außerhalb an einer langen Mauer eine zweistöckige, sog. *Waschungshalle.* Einige Wissenschaftler meinen jedoch abweichend davon, es handle sich hier um die von Aelian und Plinius überlieferte Fischorakelstätte.
Anschließend konnte man durch *zwei Toranlagen* von S und von O den im Heiligen Bezirk gelegenen Zentralhof betreten. Hier befand sich eine erst in röm. Zeit erbaute *Badeanlage* und ein wegen seiner vier Säulen als *dorisches Haus* bezeichnetes Gebäude, das vermutlich als Schatzkammer diente.
Über eine 12 m breite, rund 20 Stufen umfassende Treppe erreichte man vom Zentralhof aus die erste Terrasse.
Auf der dritten Terrassenstufe stand der *Tempel des Zeus Labrayndos,* der aus

Labraynda, Tempelanlage

Labraynda, Badeanlage

dem späten 7. oder frühen 6. Jh. v. Chr. stammte. Der Bau war ein einfacher, 20 × 15 m großer Antentempel mit einer 6,55 m breiten, quadratischen Cella und einer Vorhalle mit zwei Säulen zwischen den Anten.

Unter Mausolos wurde der Tempel später mit 8 ionischen Säulen an den Längs- und 6 an den Breitseiten umstellt.

In der Nachbarschaft des Tempels befinden sich drei sog. *Andron-Bauten.* Andron heißt übersetzt Männerhaus, und in diesen Häusern fanden die Bankette zu Ehren des Gottes statt.

Westlich des Tempels liegt das von Mausolos in Auftrag gegebene *Andron A.* Der fast 18,6 × 11,8 m große Bau ist einem Antentempel ähnlich und verfügt über einen großen Zentralraum, sowie über eine Vorhalle mit zwei Säulen zwischen den Anten. Nördlich des Andron A schließt ein weiteres Gebäude, der sog. Annex an, der vermutlich als Lagerhaus diente.

Auf der zweiten Terrasse, 8 m unterhalb des Tempels, liegt das von Idreus gestiftete, von seiner Bauart dem Andron A ähnliche, rund 19,6 × 12,3 m große *Andron B,* das ebenfalls über Fenster verfügte. Wie beim Andron A, schließt sich auch beim Andron B n ein Gebäude an. In diesem Fall handelt es sich um das Oikoi, ein zweiräumiges Gebäude, das vermutlich als Priesterunterkunft diente.

Auf der ersten Terrasse findet man noch Überreste des *Andron C,* das aber erst unter römischer Herrschaft entstand und erheblich kleiner ist als das Andron A und B.

Zwischen Andron B und dem Tempel lagen noch zwei Terrassenhäuser und östlich davon ein Längsbau, der vermutlich der Königliche Palast war.

Das *Terrassenhaus I* stammt vermutlich aus dem 5. Jahrhundert vor Christus und diente, wie das jüngere *Terrassenhaus II,* als Laden.

Beide Häuser standen auf der zweiten

Larisa am Hermos, Akropolis, Wehrturm

Terrasse, und ihre Dächer schlossen mit der dritten Terrasse ab.
In der näheren Umgebung befinden sich zahlreiche *Gräber*, bei denen es sich entweder um Kammergräber oder um in den Felsboden versenkte und mit Steinplatten verschlossene Gruften handelt. Bemerkenswert ist dabei ein Grab aus dem 4. Jahrhundert vor Christus, das sich n des Tempels befindet.
Es hat zwei Kammern und eine Vorhalle, die über eine gewölbte Decke verfügen. Der Eingang war durch eine sechs Tonnen schwere Steinplatte versperrt, die heute noch im Hof liegt. Oberhalb der beiden Kammern befindet sich ein zweites, jedoch nur 1,2 m hohes Geschoß.
In der Außenkammer standen zwei Sarkophage. Während davon jedoch nur noch Reste existieren, stehen in der inneren Kammer drei guterhaltene Sarkophage. Als Dach dienen monolithische Platten mit einer Kantenlänge von 4 bis 5 m.

Larisa am Hermos

S. 290 □ C 4

An der Landstraße von Çanakkale nach İzmir, oberhalb des Dorfes Buruncuk, liegen auf einem Hügel spärliche Reste einer antiken Stadt, bei der es sich vermutlich um das bereits von Homer erwähnte L. handelt. Die Stadt gehörte zu den zwölf äolischen Städten und war Mitglied im Delisch-Attischen Seebund. Doch bereits im Hellenismus verlor L. immer mehr an Bedeutung. Funde von Grabungen auf der Akropolis und in der Nekropole sind in den Museen von İstanbul, İzmir und Stockholm zu sehen. Von den antiken Gebäuden sind noch teilweise Grundmauern erhalten, die einen Eindruck über den Grundriß vermitteln. Die ältesten Gebäude stammen aus dem 6. Jh. v. Chr. Es handelt sich dabei um einen Tempel, ein Megaron und um den sog. Alten Palast.

Das **Megaron,** das ursprünglich neben dem Kernraum nur über einen Vorraum mit zwei Säulen verfügte, wurde 450 v. Chr. mit drei um einen Innenhof gelegenen Räumen erweitert.
Aus dem 4. Jh. v. Chr. stammt der **Neue Palast.** Während die Längsseiten des Innenhofes durch Säulenhallen und kleine Kammern abgegrenzt wurden, standen sich an den Enden dieses rechteckigen Atriums zwei Gebäude gegenüber. Jedes dieser Gebäude bestand dabei aus zwei miteinander verknüpften Megarons.
In der Nähe der Stadt befinden sich **Nekropolen** aus dem 6. Jh. v. Chr. Wie die aus großen Steinen gebildeten Kreise vermuten lassen, bestanden diese Nekropolen aus niedrigen Grabhügeln.

Umgebung

Neonteichos: Östlich von Larisa liegt nahe dem Dorf Yanık Köy ein Felskegel, der vermutlich zum antiken N. gehörte. Reste einer antiken Straße und einer Polygonalmauer aus Andesit sind ebenfalls noch vorhanden.

M

Magnesia am Menderes

S. 290 □ C 5

Die Ruinen von M. liegen 2 km s von Ortaklar an der Straße nach Söke. Der hier errichtete Artemis-Tempel ist der jüngste der großen Tempel Kleinasiens.
Über die Gründung der Stadt ist nichts Näheres bekannt. Vermutlich wurde sie von Aiolern erbaut. Im 7. Jh. v. Chr. nahm der Lyderkönig Gyges die Stadt ein. Um 650 v. Chr. wurde sie von Kimmeriern zerstört, anschließend durch die Milesier wieder aufgebaut. 530 v. Chr. verleibten sich die Perser M. in ihr Reich ein. Bekannt wurde die Stadt 522 v. Chr. durch einen heimtückischen Mord, dem Polykrates, der König von Samos, zum Opfer fiel. Der aus Athen verbannte Themistokles erhielt 460 v. Chr. neben Myus und Lampsakos auch M. vom persischen König Artaxerxes zum Lehen. Angeblich soll ihn anschließend Artaxerxes befohlen haben, ein Heer aufzustellen und gegen Athen zu Felde zu ziehen. Themistokles habe dies jedoch abgelehnt und Selbstmord verübt.
Um 400 v. Chr. wurde die Stadt, die zuvor vom Mäander mehrfach überflutet worden war, auf einem sicheren Hügel neu angelegt, und zwar dort, wo sich bereits ein Artemis-Heiligtum befand. Unter den Seleukiden, die M. das Recht einer freien Stadt einräumten, wurde das Heiligtum im 2. Jh. v. Chr. ausgebaut. Angeblich hatte sich Artemis 221 v. Chr. den Bürgern gezeigt, woraufhin man einen Prachtbau plante. Zwischen 189 und 133 v. Chr. gehörte die Stadt zu Pergamon, anschließend, nach der Vererbung Pergamons an Rom, zur Provinz Asia.
Als Dank, daß die Stadt 87 v. Chr. gegen Mithridates gekämpft hatte, wurde sie später von Sulla mit Privilegien belohnt. In byzant. Zeit war M. Bischofssitz, schrumpfte aber später unter türkischer Herrschaft auf Dorfgröße.
Der Artemis-Tempel wurde bereits Ende des 19. Jh. ausgegraben, später aber wieder vollständig zugeschwemmt. Grabungsfunde findet man in den Museen von İstanbul und Berlin.

Tempel der Artemis: Im Jahr 206 v. Chr. begannen die Magnesier mit Planungen, den alten archaischen Tempel durch einen Neubau zu ersetzen, der in Form und Größe mit den Tempeln von → Didyma, → Ephesos und → Sardis konkurrieren konnte.

Beauftragt wurde der Architekt Hermogenes aus Alabanda, der einen Pseudodipteros-Grundriß mit ionischer Säulenordnung entwarf.
Nach anderen Quellen zeigte sich 221 vor Christus Artemis den Bürgern. Diese göttliche Erscheinung war daraufhin der Auslöser für den prachtvolleren Neubau.
Der Bau stellte einen völlig neuen Typus der Tempelkunst dar und sollte dem späten Hellenismus als Beispiel für Weiträumigkeit, Axialität und bewußtes Licht-und-Schatten-Spiel dienen.
Das Besondere an diesem 67 m langen und 41 m breiten Bau, der auf einem achtstufigen Fundament stand, war der große Abstand der umlaufenden Säulenhalle vom Kernbau, dem Naos. Durch die 12 m hohe und 6 m breite Säulenhalle entstand der Eindruck, daß hier eine zweite Säulenreihe fehlte. Diese Säulenanordnung ließ besonders kontrastreiche Licht- und Schattenzonen entstehen, die die Wirkung des Baus weiter verstärkten. Während die Längsseiten 15 Säulen zierten, standen an den Frontseiten 8 Säulen.
Der Pronaos verfügte über 2 Säulen, während die Decke über der gleichgroßen Cella, in der 130 v. Chr. das Kultbild aufgestellt wurde, von 6 Säulen getragen wurde.
An der Rückseite des Baus gab es noch ein schmales Opisthodom.
Grundlage des Plans war ein quadratisches Netz mit einem Rasterabstand von 3,94 m. Die Säulenmittelpunkte und die Wände lagen genau auf den Rasterschnittpunkten.
Eine Ausnahme von diesem gleichförmigen Netz gab es nur in der Mitte des Tempels, wo der Abstand 5,25 m betrug.
Im Tympanon über der W-Seite befanden sich 3 Fenster, die für religiöse Zwecke genutzt wurden. Das Gebälk wurde mit einem Fries, der Amazonenkämpfe zeigte, umzogen.
Vor dem Tempel befand sich, wie üblich, ein Altar, den Hermogenes nach dem Vorbild des Pergamonaltars gestaltet hat. Der gesamte Tempelbezirk wurde von einer Säulenhalle abgeschlossen.
In der Umgebung befand sich ein kleinerer *Tempel,* der Zeus Sosipolis geweiht war, und eine *Agora,* die ebenfalls durch Säulenhallen umrahmt war.
Zu sehen sind heute nur Teile des Artemis-Tempels, vor allem Kapitelle, die über der zugeschwemmten Landschaft liegen. Eine Mauer, die das Grabungsfeld heute umgrenzt, stammt aus byzant. Zeit.

Magnesia am Menderes, Agora

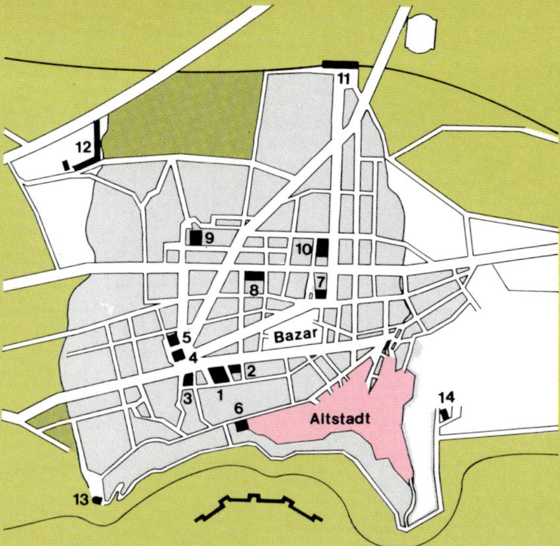

Manisa: Orientierungsplan **1** Muradiye Camii **2** Museum **3** Türbe des Saruhan **4** Sultan Camii **5** Hamam **6** Ulu Camii **7** Hatuniye Camii **8** Postamt **9** Tourismus-Direktion **10** Vilayet-Reg. **11** Bahnhof **12** Busbahnhof **13** ›Niobe-Felsen‹ **14** Derwisch-Kloster

500 m s des Tempels findet man noch Reste eines antiken *Theaters,* und ö, jenseits der Straße, steht eine große Ruine, bei der es sich vermutlich um eine *röm. Kaserne* handelt.

Magnesia am Sipylos/Manisa

Manisa

Einw.: 158300 Höhe: 50 m S. 290 □ C 4

Am Fuße des Sipylos-Gebirges (Manisa Dağları) und am S-Ende der Hyrkanischen Ebene (Gediz-Ebene) liegt M. Besiedelt wurde die Gegend bereits von den Hethitern (→ Hethitisches Felsrelief), und in früharchaischer Zeit gründeten Hellenen aus Thessalien hier eine Siedlung. Wie bei den Nachbarstädten, so war auch M. lange Zeit unter persischer Hoheit, bevor Alexander d. Gr. 334 v. Chr. die Perser vertrieb. Eine geschichtliche Bedeutung erlangte die Stadt 190 v. Chr., als in der sog. Schlacht bei Manisa die Römer und Pergamener das Heer des Seleukiden Antiochos' III. besiegten. Durch diese Niederlage fiel M. an den Pergamener Eumenes II.

Die durch eine Gebirgskette vom Meer abgeschnittene Stadt verlor anschließend an Bedeutung. Erst 1222 n. Chr. wurde die Stadt wieder wichtig für die Geschichtsbücher, als der byzant. Kaiser Johannes III. Dukas während der Herrschaft der Lateiner über Konstantinopel hierher seine Residenz verlagerte. In dieser Zeit wurde dann auch die Zitadelle oberhalb der Stadt ausgebaut. Nach einer kurzen Epoche unter den Seldschu-

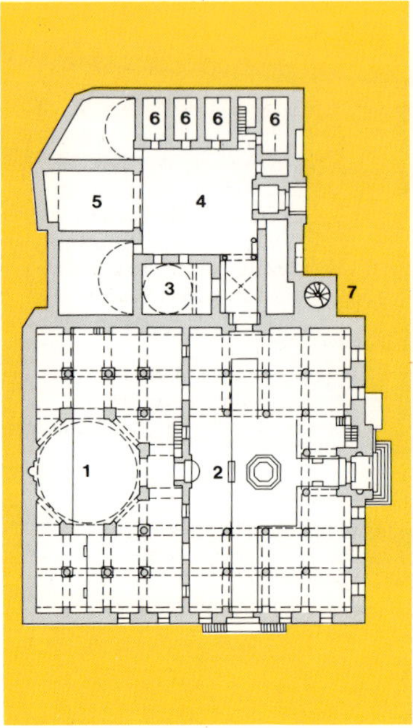

Magnesia am Sipylos/Manisa, Ulu Camii
1 Hauptkuppel der Moschee **2** Hof mit Brunnen **3** Türbe des Ishak Çelebi **4** Hof der Medrese **5** Livan **6** Zellen **7** Minarett

ken (1313–1390) übernahmen ab 1390 die Osmanen die Herrschaft über das Gebiet.
Bedeutend war dann wieder das Jahr 1416, als von M. aus der Derwisch-Scheich Bedrettin zum Aufstand aufrief. Heute lohnt ein Besuch M. vor allem wegen der Bauten aus osman. Zeit.

Muradiye Camii: Die Moschee wurde zwischen 1582–86 erbaut und liegt heute in einem dichtbewachsenen Garten am Murat Caddesi. In einem der Nebengebäude ist das → *Museum* untergebracht. Blickpunkt in dem großen Kuppelraum ist die nach Mekka gewandte Kiblawand mit ihren aus dem 16. Jh. stammenden İznik-Manufaktur-Kacheln.

Sultan Camii: Die Moschee aus dem Jahr 1522 liegt an der Kreuzung von İzmir Cadessi, Çarşi Bulvari und Murat Caddesi. Wie die ihr gegenüberliegende Muradiye Camii ist die Sultan Camii im für Istanbuler Moscheen üblichen Stil mit

Magnesia am Menderes, Blick auf den Tempel der Artemis

großem Kuppelraum und Vorhalle gebaut. Hinter der Moschee liegt ein Bad.

Ulu Camii: Am Rande der Altstadt, oberhalb des heutigen M. und unterhalb der Zitadelle, liegt die Ulu Camii, die bereits 1374 im Auftrag des Seldschuken Ishak Çelebi errichtet wurde. Zum Bau benutzt wurden damals Bausteine aus byzant. und sogar antiken Ruinen. Man betritt die Anlage durch ein kleines Tor. In dem mit spitzbogigen Säulenarkaden gesäumten Innenhof befindet sich der Reinigungsbrunnen.
Genau gegenüber vom Hoftor liegt der eigentliche Eingang in die Moschee. Bemerkenswert ist dabei die Kuppelformation.
Die *Hauptkuppel* liegt in der Mitte oberhalb eines Achtecks. An diese Kuppel schließen sich über den Säulenarkaden 19 weitere, aber kleinere Kuppeln an. Zu beachten ist auch die mit zahlreichen Schnitzereien geschmückte *Minbar,* die erst zwei Jahre nach dem Moscheebau fertiggestellt wurde.
Kehrt man aus der Moschee wieder zurück in den Innenhof, dann befindet sich am W-Ende des Hofes der Eingang zur *Medrese.*
Den Mittelpunkt bildet dort ein weiterer Innenhof, um den sich mehrere Räume gruppieren. Während an der W-Seite Zellen zu finden sind, wird die O-Seite durch die *Türbe* des Moschee-Stifters Ishak Çelebi beherrscht. An der S-Seite befindet sich ein zum Innenhof hin offener Raum, der als *Livan* bezeichnet wird. Oberhalb der NO-Ecke erhebt sich das *Minarett.*

Magnesia am Sipylos, Sultan Camii >

Türbe des Saruhan: Neben der Muradiye Camii und gegenüber der Sultan Camii liegt am İzmir Cadessi die Türbe des Saruhan. Der Seldschuke Saruhan hatte mit seinen Truppen zwischen 1313 und 1390 M. und die Region beherrscht, bevor die Osmanen die Gegend besetzten.

Niobe-Felsen: Am W-Ende der hoch oberhalb der Stadt zwischen Altstadt und Zitadelle gelegenen Straße steht der sog. Niobe-Felsen. Der Sage nach hat Niobe gegenüber Leto mit ihren zwölf Kindern geprahlt, was ihr den Zorn der Götter einbrachte. Die Kinder von Leto, Apollon und Artemis, töteten daraufhin alle Söhne und Töchter der Niobe. Aus Verzweiflung über diese göttliche Rache

Magnesia am Menderes, Theater

Magnesia am Sipylos, Türbe des Saruhan

ließ Niobe sich von Zeus in einen Stein verwandeln.

Zitadelle: Die einst mächtige Zitadelle liegt oberhalb der Stadt am S-Hang. Heute sind nur einzelne, kaum beachtenswerte Mauerreste erhalten. Aber allein wegen des Blickes auf M. und die nach N angrenzende Hyrkanische Ebene lohnt sich ein Besuch. Besondere Bedeutung erlangte die Zitadelle ab 1222, als der byzant. Kaiser Johannes III. seine Residenz nach M. verlegte und die Zitadelle ausbauen ließ.

Museum: In einem am Murat Caddesi gelegenen Nebengebäude der Muradiye Camii, das früher u.a. die Armenküche beherbergte, ist das Museum von M. untergebracht. Ausgestellt werden Funde aus der Stadt und der näheren Umgebung, wie lydische Dachterrakotten, Marmorskulpturen und Elfenbeinschnitzereien. Neben den zahlreichen hellenist. und röm. Keramiken ist im archäologischen Teil der Sammlung auch ein *Marmorschrein* samt Kybelefigur aus Sardis erwähnenswert, der aus dem 6. Jh. v. Chr. stammt. In der ethnographischen Abteilung werden, wie üblich, Möbel, Gebrauchsgegenstände und Waffen aus den letzten Jahrhunderten gezeigt. Die Ausstellungsstücke vermitteln einen guten Eindruck über das damalige Leben.

Umgebung

Hethitisches Felsrelief (5 km ö): Verläßt man M. auf der Straße nach Sardis, erreicht man bei Akpınar ein typisch türkisches Ausflugslokal mit einem kleinen Grill-Park. Rund 200 m oberhalb dieser Anlage befindet sich ein hethit. Felsrelief (Taş Suret), welches häufig auch fälschlicherweise als »Kybelerelief« bezeichnet wird. In einer Nische in der Felswand erkennt man eine sitzende Frau. Lange Zeit hatte man gemeint, daß es sich bei

Hethitisches Felsrelief (Magnesia am Sipylos)

Magnesia am Sipylos, Museum, Exponat

dieser Frau um die von Zeus zu Stein verwandelte Niobe handelt (→ Niobe-Felsen). Mittlerweile steht jedoch fest, daß das Relief aus dem 2. Jtd. v. Chr. und damit von den Hethitern stammt. Zusammen mit dem Relief von Karabel (→ Smyrna/İzmir, Umgebung) ist es das westlichste Zeugnis hethit. Kunst. Erwähnt wurde das Relief bereits im 2. Jh. n. Chr., von Pausanias.

Marmaris	
Einw.: 8000	S. 291 □ D 6

Das heutige Touristenzentrum M. bietet nur noch wenige Zeugnisse aus der Antike. Die Stadt ist aber ein guter Ausgangspunkt für Fahrten nach Knidos, das sich am Ende der Halbinsel befindet.
In der Antike wurde die Stadt Physkos genannt und gehörte zunächst zu Rhodos. Aus diesem Grund wird die Gegend mit der Halbinsel Reşadiye auch als Rhodische Peraia bezeichnet.
Rhodos wurde bereits im 14. Jahrhundert vor Christus durch mykenische Griechen bevölkert, die dann von der Insel aus auch Siedlungen auf dem kleinasiatischen Festland gründeten.
Nach der Gründung des Einheitsstaats mit Rhodos als Hauptstadt ging die Peraia 408 v. Chr. in rhodisches Staatsgebiet über und blieb es bis ins 2. Jahrhundert vor Christus.
Physkos war dabei die wichtigste Gemeinde auf dem Festland. Auf dem Hügel Asar Tepe, der n der Stadt liegt, findet man noch spärliche Reste einer Mauer aus klassischer und hellenist. Zeit. Der Hügel diente wahrscheinlich als **Akropolis.** Bei Ausgrabungen in der Umgebung wurden außerdem mehrere Inschriften entdeckt.
Zwischen 1284 und 1391 herrschten die seldschukischen Emire der Mentesche

Marmaris, Kastell

aus Milâs über die Stadt, bevor sie in das Osmanische Reich eingegliedert wurde.
In der Altstadt findet man zwischen schönen Fachwerkhäusern ein **Kastell,** das 1557 erbaut worden ist. In der Burg befindet sich heute ein kleines *Museum.* Sehenswert ist auch die **Ibrahim Ağa Camii,** die im 18. Jh. errichtet wurde.

Umgebung

Wie bereits geschildert, wurde die Gegend um das heutige M. als Rhodische Peraia bezeichnet. Neben dem bereits beschriebenen Demos Physkos, gibt es noch weitere rhodische Siedlungen, und zwar Amos, Idyma und Kedreae.
Amos: A. erreicht man von M. aus durch eine einstündige Bootsfahrt. Teile der hellenistisch-polygonalen *Stadtmauer* stehen bis zu einer Höhe von 4 m. Innerhalb der Mauern findet man die Ruinen eines ca. 15 m langen Tempels. Am N-Hang sind noch Sitzreihen des *Theaters,* sowie des dazugehörigen Dionysos-Altars erhalten.
Idyma (32 km n): 2 km von der Abzweigung der Landstraße Muğla–Fethiye nach M. liegt oberhalb des Ortes Gökova die rhodische Siedlung entfernt. Von der Stadt, die einst Mitglied im Delischen Seebund war und sogar eigene Münzen prägte, ist fast nichts mehr erhalten. Auf der *Akropolis* findet man noch Mauerreste und am Hang mehrere Felsgräber.
Kastabos (25 km sw): Folgt man von M. aus der Straße Richtung Datça, erreicht man nach 20 km die Abzweigung zum dann noch 4 km entfernten Ort Hisarönü. Südlich dieser Siedlung befinden sich auf dem Hügel Pazarlik Ruinen des *Heiligtums der Hemithea von Kastabos.* Hemithea war eine Halbgöttin, die die Dorer wohl von den Karern übernommen hatten.

Seit dem 6. Jahrhundert vor Christus gab es hier ein Heiligtum. Die Reste des ionischen, 25 × 13 m großen Peripteros stammen jedoch aus dem 3. Jh. v. Chr. Um die Cella und den tiefen Vorraum stand eine Ringhalle mit der Säulenordnung 6 × 12.

Kedreae (ca. 25 km nw): Die auf der Insel Sedir Ada gelegenen Ruinen von K. erreicht man nach einer halbstündigen Bootsfahrt von Çamlık aus. Die Stadt war Mitglied im Delischen Seebund und zahlte im 5. Jh. v. Chr. ein halbes Talent als Beitrag.

405 v. Chr. eroberte der spartanische Feldherr Lysander die Stadt und verkaufte die Einwohner als Sklaven. Anschließend gehörte die Stadt zu Rhodos. Im ö Teil der Insel findet man noch Reste eines *dorischen Apollon-Tempels* und eines *Theaters,* von dem immer noch Zuschauerreihen erhalten sind.

Die Bühne und die Orchestra sind dagegen verschüttet.

Bei Ausgrabungen an der *Agora* fand man Inschriften, die auf die Existenz eines bislang noch nicht gefundenen *Stadions* deuten. – Die Toten wurden übrigens nicht auf der Insel, sondern auf dem Festland beerdigt, wie die *Nekropolen* belegen.

Milet
Aydın

Höhe: 2–63 m S. 290 □ C 5

M. erreicht man, wie Priene und Didyma, über Söke. Zunächst folgt man der Straße Richtung Bodrum, biegt dann nach 4 km r ab. Nach 10 km auf dieser Nebenstrecke fährt man an den Ruinen von Priene vorbei, nach weiteren 25 km erreicht man die nahe dem Ort Balat gelegenen Ruinen der einstigen Geistes- und Handelsmetropole M.

GESCHICHTE

Funde von minoischen und mykenischen Keramiken aus dem 14. bis 12. Jh. v. Chr. machen eine Gründung durch Siedler aus Kreta wahrscheinlich, wie sie auch in der Überlieferung geschildert wird. Demnach soll die Stadt dann aber im 11. Jh. v. Chr. von Athen aus neu gegr. worden sein. Nach Herodot geschah dabei folgendes: Als Neleus, Sohn des athenischen Königs Kodros, mit seinen Mannen das von Kretern und Karern

Milet, Bouleuterion

besiedelte Gebiet erreichte, traf er auf entschiedenen Widerstand der einheimischen Bevölkerung. Seine Soldaten brachten daraufhin alle Männer um und zwangen die Frauen zu Ehen mit den Siedlern. Die Frauen wiederum schwörten sich, nie mit den Ehemännern an einem Tisch zu sitzen und sie auch nicht bei ihrem Namen zu nennen.
Die Stadt befand sich auf einer Halbinsel, direkt an einer tief eingeschnittenen, geschützten Bucht und verfügte über 4 Häfen. Dieser äußerst günstigen Lage verdankt es die Stadt, daß sie zu einer der wichtigsten Hafenstädte an der kleinasiatischen W-Küste aufstieg.
Ihre größte Bedeutung erreichte M. bereits in archaischer Zeit. Im 7. und 6. Jh. v. Chr. erstreckte sich die befestigte Stadt vom s der heutigen Straße gelegenen Hügel Kalapaktepe (zu erkennen an der flachen Kuppel) bis hin zum Theater. Zu dieser Zeit war M. auch das Zentrum der griech. Kolonisationsbewegung. Zwischen 750 und 550 v. Chr. wurden von hier aus 80 bis 90 Kolonien gegr. Hauptsächlich engagierte sich M. dabei im Schwarzen Meer. Noch heute existieren davon in der Türkei Sinope (Sinop), Amisos (Samsun), Trapezunt (Trabzon), auf der Krim Feodosia und Kertsch und in Rumänien Constanza. Zur Sicherung der Route zum Schwarzen Meer wurden auf der Strecke dorthin weitere Stützpunkte angelegt, wie Abydos an den Dardanellen, sowie Kyzikos und Prokonnesos am Marmarameer. Aber selbst in Ägypten gab es mit Naukratis eine von M. aus gegr. Kolonie.
In dieser Zeit wurde von M. aus auch die Wissenschaft bereichert. So entstand hier u. a. die philosophische Schule der Vorsokratiker (→ Milet und die Wissenschaft).
Im 6. Jh. v. Chr. wurde auf Initiative von M. der Apollon-Tempel von → Didyma erbaut, der einer der größten Tempel in Kleinasien war. In M. selbst, das in dieser archaischen Zeit seine Blüte erlebte, sind jedoch alle Bauten zerstört.
Im 6. Jh. v. Chr. leistete M. erfolgreichen Widerstand gegen Angriffe der lydischen Könige aus Sardes. Um den Krieg zu beenden, schlossen M. und Sardes Verträge. Ebenso einigte sich M. ab 546 v. Chr. mit den Persern, was der Stadt einen weiterhin uneingeschränkten Handel ermöglichte. Diese Freiheit wurde erst mit der Eroberung Ägyptens durch die Perser (525 v. Chr.) und deren Vorstoß zum Schwarzen Meer (ab 512 v. Chr.) eingeschränkt. Als auch noch von den Persern

Milet, Byzantinisches Kastell, im Vordergrund Theater

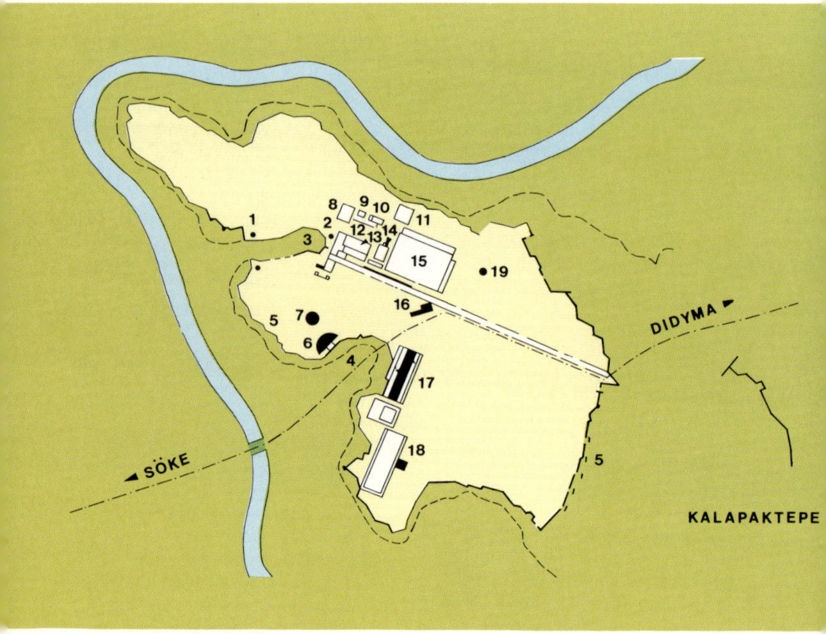

Milet 1 Löwen **2** Hafenmonument **3** Löwenhafen **4** Theaterhafen **5** Stadtmauer **6** Theater **7** Kastell **8** Heiligtum Apollon Delphinios (Delphinion) **9** Seldschuk. Bad (Thermen) **10** Gymnasium **11** Nymphäum/Kirche **12** Ionische Halle **13** N-Markt **14** Bouleuterion **15** S-Markt **16** Faustina-Thermen **17** Stadion **18** Athena-Tempel **19** Ilyas Bey Camii

abhängige Tyrannen in M. herrschten und die Stadt ausbeuteten, kam es gegen 500 v. Chr. mit dem Überfall auf die Unterstadt von Sardes zum Ionischen Aufstand. In der Seeschlacht vor M. wurde der Aufstand 494 v. Chr. niedergeschlagen. Aus Strafe schleiften die Perser M. und Didyma. Ein Schicksalsschlag, von dem sich die Stadt über 200 Jahre lang nicht erholte. Der Schweizer Historiker Jakob Burckhardt urteilt sogar, daß M. ohne die Zerstörung das geistige und wirtschaftliche Zentrum Griechenlands geworden wäre und nicht Athen. Die Perser versuchten anschließend auch die griech. Städte Athen und Eretria zu erobern, weil diese den Aufstand unterstützt hatten. Die Angreifer unterlagen jedoch in den Schlachten von Marathon (490 v. Chr.), Salamis (480 v. Chr.) und 479 v. Chr. an der Mykale (in der Nähe von M.).

M. trat anschließend dem Delisch-Attischen Seebund bei und wurde nach der städtebaulichen Theorie von Hippodamos von Milet (→ Milet und die Wissenschaft) wieder aufgebaut. 411 v. Chr. eroberten wieder die Perser die Stadt. Unter den Satrapen Hekatomnos (391 bis 377 o. 376 v. Chr.) und Mausolos (→ Halikarnassos), die die griech. Kunst förderten, entstanden jedoch zahlreiche Bauten.

334 v. Chr. eroberte Alexander d. Gr. nach einer mehrwöchigen Belagerung M.; nach dessen Tod im Jahr 324 v. Chr. litt M. an den Folgen des Diadochenstreits, während dem es nacheinander vom Makedonen Antiogonos, dem Thra-

Milet, Ilyas Bey Camii

ker Lysimachos, den Seleukiden von Syrien und den Ptolemäern von Ägypten beherrscht wurde. Unter Eumenes II. von Pergamon wurde M. wieder selbständig und blieb, nachdem Eumenes' Sohn 133 v. Chr. das gesamte Reich an die Römer vermacht hatte, auch in der Provinz Asia eine »freie Stadt«.

Unter den Römern entstand eine rege Bautätigkeit, wobei im großen und ganzen sich auch die neuen Herrscher an dem hippodamischen Stadtraster orientierten. 51 n. Chr. besuchte der Apostel Paulus die Stadt, und in byzant. Zeit war M. bis 1399 n. Chr. Bischofssitz. Justinian (527 – 565 n. Chr.) hatte die Stadt sogar noch einmal neu befestigen lassen. Aus M. stammte in dieser byzant. Epoche auch der bedeutende Architekt Isidoros, der mit Anthemios von Tralleis die Hagia Sophia in Istanbul errichtete.

Im 12. Jh. wurde neben dem Ort ein Kastell errichtet; 1389 eroberten die Osmanen den Ort, der mittlerweile nicht mehr M., sondern Balat hieß. 1402/1403 überwinterte der gefürchtete Mongolenführer Timur Lenk hier. Ab 1415 trieben osman. Vasallen von hier aus Handel mit China im O und Venedig im W. In dieser Zeit wurde auch die Ilyas Bey Camii errichtet. Im Zuge der Verlandung verlor der Hafen jedoch immer mehr an Bedeutung.

Erste Grabungen führte 1868 eine französische Expedition durch. 1899 forschte auch Theodor Wiegand hier. Funde aus M. werden im örtlichen Museum, sowie in İzmir, İstanbul und Berlin ausgestellt.

MILET UND DIE WISSENSCHAFT

Wie beim Handel, so profitierte die Stadt auch in der Wissenschaft von der Lage. Mit der griech. Kultur verschmolzen hier – zwischen Orient und Okzident – babylonische, phönikische und ägyptische Denkweisen. Nach dem deutschen

Schriftsteller und Philosophen G. Nebel hat sich in Milet »der Tod der Götter ereignet. Die Europäer haben im asiatischen Milet die Realität entdeckt.« In der Tat hatten die wissenschaftlichen Impulse, die von dieser Stadt ausgingen, eine große Bedeutung. So war M. die Heimat der Philosophen *Thales* (625 bis 545 v. Chr.), Anaximander (611–545 vor Christus) und Anaximenes (585–525 vor Christus). Die sog. Vorsokratiker beeinflußten entscheidend die spätere griech. Philosophie und damit die gesamte europäische Wissenschaft. Gerade Thales, der zu den Sieben Weisen gezählt wird, gelang es, göttlichem Glauben naturwissenschaftliche Berechnung entgegenzusetzen, und war somit der erste Philosoph. So konnte er die Sonnenfinsternis von 585 v. Chr. exakt vorhersagen. Nach ihm benannt ist in der Geometrie der Satz des Thales: »Der Sehnentangentenwinkel ist halb so groß wie der Mittelpunktswinkel über demselben Bogen, folglich gleich dem Umfangswinkel über dem selben Bogen.«

Thales beschäftigte sich auch mit der Erde, die seiner Meinung nach auf einem Urozean schwamm. Aus der Stellung der Gestirne versuchte Thales auch Positionsbestimmungen abzuleiten, womit er

Milet, Ilyas Bey Camii, Ornament

auch als Begründer der nautischen Astronomie gilt.

Während Thales die Ansicht vertrat, der Urstoff der Natur sei das Wasser, hielt sein Schüler Anaximander die Unendlichkeit und Anaximenes (ein Schüler von Anaximander) die Luft für den Grundbaustein allen Lebens.

Anaximander entwickelte die astronomische Arbeit seines Lehrers Thales weiter. So versuchte er die Entfernung der Gestirne von der Erde zu errechnen und entwarf ein Modell des Himmels. Außerdem entwickelte er ein Gnomon, also die erste Sonnenuhr. Für Anaximander war die Welt ein Zylinder, auf dessen Scheibe sich das Leben abspielte. Ursprung der Erde war die Unendlichkeit, wo aus Konflikten zwischen kalt und heiß, feucht und trocken und dgl. die Erde und das Leben hervorgingen. Überliefert hat Anaximander diese Ansicht in seinem Werk »Über die Natur«. Anaximander erarbeitete außerdem die theoretischen Grundlagen einer Weltkarte.

Hekataios, der ebenfalls aus M. stammte, versuchte dann mit seiner »Fahrt um die Welt« eine solche Karte zu zeichnen und legte damit den Grundstein der Geographie. Aber nicht nur das: Hekataios veröffentlichte 502 v. Chr. seine »Historien« und versuchte sich damit in der objektiven Geschichtsberichterstattung. In seinem Vorwort stellte Hekataios fest: »Ich schreibe dies so, wie es mir als wahr erscheint, denn die Erzählungen der Hellenen sind mannigfaltig und albern, wie mir vorkommt.«

Auch Anaximanders Schüler *Anaximenes* interessierte sich für die Astronomie. In einer Lehre, die er vermutlich 528 v. Chr. abschloß, machte Anaximenes bereits einen Unterschied zwischen den unbeweglichen Fixsternen und den beweglichen Planeten, mußte also sehr genau die Bahnen der Planeten beobachtet haben.

Seiner Meinung nach entstand die Erde durch die Luft, und zwar durch deren Verdünnung und Verdichtung. Dünne Luft würde demnach zu Feuer, dickere zunächst zu Wind, dann zu Wolken und schließlich zu Erde und Stein.

Als M. nach seiner Zerstörung im Jahr 494 v. Chr. durch die Perser wieder auf-

gebaut wurde, wurde der Stadt ein strenges, schachbrettartiges Straßenraster zugrunde gelegt, das als hippodamischer Stadtplan bezeichnet wird.
Die oft wiederholte und von Aristoteles verbreitete Ansicht, *Hippodamos von Milet* habe dieses Raster erfunden, gilt mittlerweile als widerlegt. Und dies nicht nur, weil M. bereits vor der Zerstörung nach solch einem Raster angelegt war.
Hippodamos lebte im 5. Jh. v. Chr. und war, so Aristoteles, »der Sohn des Euryphon«. Die genauen Lebensdaten sind nicht bekannt, dafür aber einige Charakterzüge. So beschreibt Aristoteles in seinem Werk »Politik« Hippodamos als einen Mann, »der die Aufteilung der Städte erfand und den Peiraieus einteilte und aus Ehrgeiz auch sonst in seinem Leben sehr auffällig war, so daß einige fanden, er lebe zu extravagant mit der Masse der Haare und kostbarem Schmuck, außerdem mit einem einfachen, aber warmen Kleide, das er nicht nur im Winter, sondern auch in der heißen Jahreszeit trug – und der außerdem auch als kundig in der Naturphilosophie gelten wollte.«
Wie geschildert kann Hippodamos das Städteraster nicht erfunden haben. Auch andere, ältere Städte waren diesem strengen Muster unterworfen. So hatte in Ägypten bereits ein Pharao 1350 v. Chr. die Hauptstadt Achet Aton (»Aufgang der Sonne«) nach einem Raster anlegen lassen. Und die Nekropolen von Gizeh waren bereits 2600 v. Chr. schachbrettartig ausgerichtet.
Die Leistung von Hippodamos von Milet lag also nicht in der Erfindung, sondern in der Begründung und Ausarbeitung einer städteplanerischen Theorie. Sein Ziel war die Rationalisierung des Raumes. Der Mensch sollte sich in einer humanisierten, also von Menschen geschaffenen Welt einfügen. Dem Chaos der Natur sollte eine menschliche Ordnung entgegengesetzt werden. Der Plan war sozusagen die Antithese zur Natur und drückt die Suche nach Logik aus.
Aristoteles schreibt über die städteplanerischen Vorstellungen von Hippodamos und erklärte, er sei der erste, »der, ohne Politiker zu sein, etwas über den besten Staat zu sagen versuchte. Er nahm einen Staat an, der zehntausend Männer umfaßte, und teilte ihn in drei Teile«.
Hippodamos kann man somit also nicht auf die bloße geometrische Rasterbildung beschränken. Seine städteplanerischen Visionen waren beeinflußt von der Politik und dem Begriff der Isonomia,

Milet, Hafenmonument

Milet, Theater

demzufolge die Bürger gleiche Rechte genossen. Platon dagegen forderte eine Stadt mit strahlenförmig angeordneten Straßen. Demnach gäbe es einen Mittelpunkt, auf den alles zustrebt.
Nach diesen städtebaulichen Grundsätzen legte Hippodamos auch die Städte Piräus und Tarent an.

SEHENSWÜRDIGKEITEN

Die Größe und Lage der antiken Stadt ist heute bei einem Besuch des Grabungsgeländes nur schwer vorstellbar. Zum einen ist die Stadtanlage mit ihren schachbrettartig angelegten Straßen nur noch an Hand von Karten zu rekonstruieren, zum anderen liegen die Ruinen ca. 10 Kilometer vom Meer entfernt, was die Vorstellung von einer blühenden Hafenstadt weiter erschwert.
Bouleuterion: Nördlich an den Südmarkt schließt sich das Bouleuterion an. Hier tagte der Stadtrat, der neben der Volksversammlung für die Geschicke der Stadt verantwortlich war. Der Bau entstand zwischen 175 und 163 v. Chr. und war laut Inschrift zu Ehren des Seleukidenkönigs Antiochos IV. Epiphanes errichtet worden.
Das Bouleuterion betrat man zunächst durch ein Propylon, das zur Straße durch vier korinthische Säulen zwischen den Anten und zum Hof hin durch zwei Säulen zwischen den Eckpfeilern geschmückt war. Von diesem Torbau gelangte man in den rechteckigen, an drei Seiten von dorischen Säulenhallen umrahmten Peristylhof. Gegenüber vom Eingang, hinter einer mit dorischen Halbsäulen und Fenstern geschmückten Wand, lag das eigentliche Zentrum, der Sitzungssaal, der 1200 Ratsmitgliedern Platz bot.
Ein *Altar,* der in der Mitte des Innenhofes stand, ist heute im Museum von İstanbul zu sehen. Der Altar war vermutlich Augustus gewidmet.

Milet, Serapeion

Byzantinisches Kastell: Auf einem Hügel oberhalb des Theaters stehen die Ruinen eines byzant. Kastells. Die Festung wurde im 12. Jh. n. Chr. errichtet und unter den Seldschuken erneuert.

Ilyas Bey Camii: Die s vom Theater gelegene Moschee, eine der bedeutendsten islamischen Bauten in der Gegend, wurde 1404 vollendet, war eine Stiftung des Menteşe Emirs Ilyas aus Milâs und wurde 1955 durch ein Erdbeben schwer beschädigt, mittlerweile aber wieder restauriert. Die Gesamtanlage besteht aus der eigentlichen Moschee, einem Friedhof, einer Medrese, einer Bibliothek, kleinen, nur 2 m hohen Wohnzellen und einem Hof, in dessen Mitte der Şadırvan stand. Für den massigen, quadratischen Unterbau wurden antike Marmorquader verwendet. Darauf bildete der achteckige Aufbau aus Marmor und Ziegel den Fuß für die Kuppel. In der rechten Ecke über der Front erkennt man Reste des Minaretts. Der Eingangsbereich wird durch einen großen Bogen umrahmt. Über der Tür und den beiden daneben liegenden Fenstern erstreckt sich eine dreibogige Zierwand. Der quadratische Innenraum wird von einer Kuppel überwölbt, zu der Trompen in den Ecken überleiten. Der Raum wird an drei Seiten durch je 2 × 2, mit Segmentböden und z. T. mit Marmorgittern verzierten Fenstern erhellt.
Im Inneren sind die Mauern durch Stalaktiten-Ornamente, sog. Mukarnas, geschmückt. Besonders reich mit Ornamenten geschmückt sind der nach Mekka ausgerichtete *Mihrab* und die *Minbar.* Zu sehen sind rankenförmige und geometrische Muster, sowie arabische Kalligraphien (Schönschriften).

Löwenhafen: Nördlich des Marktviertels, zwischen Theaterberg und dem Hügel Humeitepe, schnitt der Löwenhafen, einer der vier Häfen M.s, tief in die Stadt ein. An beiden Seiten der Hafeneinfahrt standen *Löwenstatuen* aus Marmor. Sie

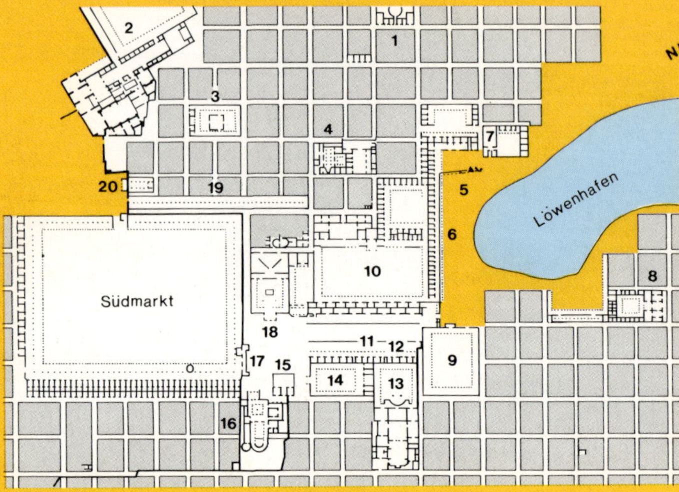

Milet, Marktviertel 1 Heroon am Theaterberg **2** Faustina-Thermen **3** Röm. Heroon **4** Michaelskirche und Bischofspalast über dem Dionysos-Tempel **5** Hafenmonument **6** Hafenhalle **7** Synagoge **8** Thermen **9** Delphinion **10** N-Markt **11** Ionische Halle **12** Seldschukisches Bad **13** Capitothermen **14** Hellenist. Gymnasium **15** Nymphäum **16** Kirche **17** Markttor **18** Bouleuterion **19** Speicherbau **20** Serapeion

wurden im 3. Jh. v. Chr. aufgestellt und ragen noch immer aus dem sumpfigen Gelände. Zwischen den beiden Statuen konnte man eine Kette spannen und so den Hafen vor Feinden abschotten.

Unverwechselbar war der Hafen aufgrund seines großen *Hafenmonuments,* das vermutlich nach dem Sieg Pomeius' über die Seeräuber (68/67 v. Chr.) errichtet worden war. Die Fundamente dieses Denkmals sind heute noch vorhanden. Die Basis bildete ein kreisrunder, vierstufiger Unterbau. Darauf stand ein dreieckförmiger Sockel mit konkav eingezogenen Seiten, dem ein ebenfalls dreieckförmiger Sockel, allerdings mit geraden Seiten, folgte.

Auf diesen Sockeln thronte ein Dreifuß, der eine Art riesige Schale stützte. Der Sockel war mit einem Tritonenfries geschmückt, und die Ecken der Dreiecke waren mit Schiffschnäbeln verlängert.

Westlich dieses Hafenmonuments befand sich die lange *Hafenhalle.* Der hellenist. Bau mit dorischen Säulen zog sich am Kai entlang und verfügte neben Lagerkammern auch über Geschäfte. Südlich von dieser Halle liegt der *Nordmarkt* und ein weiterer, jedoch noch nicht ausgegrabener Platz, der von Säulenhallen umgeben war.

Östlich des Hafens liegen Ruinen eines kleinen röm. *Thermengebäudes* und einer *Karawanserei* aus dem 15. Jh. n. Chr.

Marktviertel: Zwischen Südmarkt und Löwenhafen erstreckte sich das Marktviertel von M. In diesem Bereich fand man mehrere Märkte und zahlreiche La-

Milet, Römische Halle

gerhallen. Insgesamt konnten in diesem Bereich 210 Geschäfte rekonstruiert werden.

Der bereits im 3. Jh. v. Chr. angelegte *Südmarkt* war mit rund 160 m Länge und 130 m Breite der größte Platz in M., ist jedoch noch nicht ausgegraben. Der Platz war, wie üblich, mit Säulenhallen umrahmt, wobei die östlichste Halle die größte war. Die Halle war gestiftet worden, damit aus den Mieteinnahmen der Weiterbau des Apollon-Tempels in Didyma finanziert werden konnte.

Den Platz betrat man durch das *Markttor*. Dieses Tor wurde 1905 ausgegraben und mit Genehmigung der osman. Regierung nach Berlin gebracht, wo es heute im Pergamon-Museum zu sehen ist.

Der Eingang bildete den Abschluß einer Prachtstraße und war, weil die Straße nicht in der Platzmitte endete, zur Ecke hin verschoben. Das Tor bestand aus einer zweigeschossigen Prunkfassade mit drei Bogentoren zwischen den Tabernakeln und wurde unter Kaiser Hadrian im 2. Jh. n. Chr. errichtet. Im Untergeschoß stehen jeweils zwei Säulen auf durchgehenden Postamenten und tragen Kompositkapitelle. Im Obergeschoß waren die Säulen dagegen mit korinth. Kapitellen abgeschlossen.

Im NO des Viertels liegt das *Heiligtum des Apollon Delphinos (Delphinion)*. Es handelte sich hierbei um das Stadtheiligtum. Von hier aus führte jährlich eine Prozession über die Heilige Straße zum 15 km entfernten Hauptheiligtum nach Didyma.

Das Stadtheiligtum entstand zwischen dem 6. und 3. Jh. v. Chr. und erstreckte sich über zwei Häuserblocks. Der Platz war an drei Seiten von zweischiffigen, an der 4. Seite von einer einschiffigen Halle umrahmt. Auf dem Platz fand man Fundamente von mehreren Altären, sowie von Exedren. In röm. Zeit wurde hier auch ein Monopteros, ein offener Pavillon aus Säulen mit Gebälk und Kegeldach, errichtet; ebenso wurden die Hallen, die den Platz abschlossen, in

einschiffige umgebaut und mit korinth. Kompositkapitellen und ionischem Gebälk versehen.
Zwischen Südmarkt und den Thermen der Faustina befand sich ein *röm. Heroon* aus dem 2. Jh. n. Chr. Es bestand aus einem rechteckigen Hof, der von Säulenhallen umgeben war, und in dessen Mitte sich ein blockförmiger Grabbau befand. Die Granitsäulen trugen ionisches Gebälk und korinth. Kapitelle.
Nordwestlich an den Südmarkt angrenzend findet man noch die Reste eines rund 160 m langen und knapp 14 m breiten, zweischiffigen *Speicherbaus*, in dem wahrscheinlich Getreide gelagert wurde, sowie eines *Serapeion*. Der dreischiffige Saalbau mit ionischen Säulen, der der Göttin Serapis geweiht war, stammt aus dem 3. Jh. n. Chr. An die S-Wand wurde später noch eine viersäulige Vorhalle angebaut. Teile der Kassettendecke, die mit Götterdarstellungen verziert war, werden im Museum von Milet ausgestellt. In der Nähe liegen auch die → Thermen der Faustina. Zwischen diesen beiden Gebäuden kann man Reste der byzant. *Stadtmauer* entdecken, die unter Justinian (527–565 n. Chr.) errichtet worden war.
Zwischen Südmarkt und Löwenhafen liegt der *Nordmarkt*. Der Platz wurde bereits im 4. Jh. v. Chr. angelegt und im 2. Jh. v. Chr. mit Hallen dorischer Ordnung umgeben. Den N-Abschluß bildet dabei die langgestreckte Hafenhalle. Im O befand sich eine weitere Säulenhalle, die sich sowohl zum Markt als auch zur Prachtstraße hin öffnete.
Nördlich des Südmarktes, also zwischen Marktplatz und Löwenhafen, findet man von W nach O noch folgende Bauten: Heroon am Theaterberg, Synagoge (4. Jh. n. Chr.), → Michaelskirche, Thermen, eine 99 m lange ionische Halle, die im 15. Jh. teilweise von einem seldschukischen Bad überbaut wurde, Capitothermen (verm. vom Procurator Cn. Vergilius Capito unter Kaiser Claudius [41–54 n. Chr.] gestiftet), hellenist. Gymnasium (2. Jh. v. Chr.), röm. Nymphäum (79/80 n. Chr.) und eine Kirche aus dem 6. Jh. n. Chr.

Michaelskirche: Westlich der Achse Löwenhafen–Südmarkt liegen Reste der mittlerweile ausgegrabenen Michaelskirche und des angrenzenden Bischofspalastes. Die Kirche, die im 6. Jh. n. Chr. entstand, wurde an der Stelle des hellenist. Dionysos-Tempels errichtet. Teile des Tempels sind noch zu erkennen. So kann

Milet, Seldschukisches Bad

man eine Tempel-Ante im Mauerwerk des N-Schiffes ausmachen. Die Kirche wurde als dreischiffige Säulenbasilika angelegt, wobei der Boden des Mittelschiffs mit Marmor und der der Seitenschiffe mit Mosaiken ausgelegt war. Wie üblich, verfügte der Bau über einen Narthex und eine Apsis.

An der Kirche schloß sich im N ein Peristylhof an, über den man den *Bischofspalast* betrat. Der Bau war reich mit Mosaiken und Marmor geschmückt, die heute in einigen Räumen ausgestellt werden. Sein Hauptsaal war mit einer Größe von rund 22 × 12 m fast so groß wie die Michaelskirche. Über diesen zentralen Raum erreichte man auch die anderen Zimmer.

Theater: Schon von weitem sichtbar, beherrscht das guterhaltene, 140 m breite und 40 m hohe Theater die Ruinenlandschaft. Unter Kaiser Trajan (98 bis 117 n.Christus) entstand das Theater ca. 100 n. Chr. durch den Umbau eines älteren, griech. Theaterbaus. So wurde das griech. Bühnengebäude, das sich unmittelbar an der Stadtmauer befand, später als Hintergrund für die Orchestra (Durchmesser 34 m) genutzt. Unter den Römern entstand hier eine zunächst zwei-, dann dreigeschossige, mit übereinandergestellten Säulenordnungen geschmückte *Prunkfassade,* die heute noch gut erhalten ist. Zwischen den Ädikulen hatte die Fassade drei Durchgänge.

Während der untere Teil der Zuschauerränge am Hang entlang gebaut wurde, mußten die oberen Ränge aufgemauert werden, um so Platz für insgesamt 15 bis 25000 Zuschauer zu bieten. Der Zuschauerraum war durch mehrere Treppen und durch zwei horizontale Umgänge, die man durch überwölbte Treppenhäuser betrat, in drei Ränge mit jeweils 18 Sitzreihen unterteilt. Im mittleren Keil (Cuneus) befand sich zwischen Pfeilern, die den Baldachin schützen, die Kaiserloge. An den Sitzreihen 3 bis 6 findet man *Inschriften,* bei denen es sich um Platzreservierungen handelt.

Südlich des Theaters findet man heute zahlreiche Bauglieder. Bemerkenswert sind jene, die mit großen ionischen Eierstäben geschmückt sind. Sie stammen aus dem 6. Jh. v. Chr., also aus archaischer Zeit und wurden von den Römern wiederverwendet.

Thermen der Faustina: Die röm. Bäderanlage, die s am Fuße des Theaterhügels liegt, stammt aus der 2. Hälfte des

Milet, Thermen der Faustina

Milet, Gümüşkesen

2. Jh. n. Chr. Gestiftet wurde der Bau von Faustina, der Gattin Mark Aurels. Faustina brachte nicht nur zwölf Kinder zur Welt, sondern begleitete ihren Mann als »mater castrorum« auch auf seinen Feldzügen und stiftete zahlreiche Bauten, weshalb man ihr nach dem Tode auch den Beinamen »Pia«, die Fromme, gab.

Im Gegensatz zur eigentlich schachbrettartigen Stadtbebauung zeichnen sich die Thermen durch einen außergewöhnlich unregelmäßigen Grundriß aus. Es wird vermutet, daß die Thermen in einer Baulücke errichtet wurden und sich außerdem an der Küstenlinie orientieren mußten. Westlich des Gebäudes befindet sich ein durch Säulenhallen abgeschlossener Sportplatz, der jedoch noch nicht ausgegraben wurde.

Über eine Treppe betrat man zunächst im N einen apsidialen Saal, in dessen zehn Wandnischen *Statuen* von Apollon und den neun Musen standen (heute in İstanbul). Wie üblich, waren die Wände in allen Räumen gänzlich mit Marmor verkleidet. Zu sehen ist heute aber nur der Rohbau.

Durch einen großen Bogen gelangte man dann zum 80 m langen Ankleideraum, Apodyterium, an dessen Längsseiten je 13 Kammern eingefügt waren.

Von hier aus betrat man zunächst den kalten Raum (Frigidarium), anschließend den lauwarmen (Tepidarium), dann den warmen (Caldarium) und letztendlich den Schwitzraum (Sudatorium).

Die Heizräume befanden sich im N und O des Gebäudes. Die Wärme wurde dabei durch Hohlräume in den Böden in die einzelnen Räume geleitet, wo es dann durch Röhren in den Wänden wieder abzog.

Museum: Vom Parkplatz am Theater aus folgt man der Straße nach S, Richtung Didyma, und erreicht nach ca. 600 m das Museum von Milet. Ausgestellt werden Grabungsfunde, die von 1600 v. Chr. bis in byzant. Zeit reichen. So sind auch Keramiken aus mykenischer Zeit zu sehen. Hellenist. Statuen aus dem 2. Jh. v. Chr., sowie röm. und byzant. Funde vervollständigen die Sammlung.

Mylasa/Milâs

Muğla

Einw.: 24 000	Höhe: 16 m	S. 290 □ C 5

Die wenigen und kaum sehenswerten Reste des antiken M. finden sich in der heutigen Stadt M. bzw. deren Umgebung.

Beachtenswert ist die Ortswahl. M. bzw. Milâs befindet sich nämlich auf einer Hochebene, was in der Antike aufgrund des fehlenden natürlichen Schutzes ein ungewöhnlicher Ort für die Gründung einer Stadt war. Der nahe Gebirgszug verfügte jedoch über ein großes Marmorvorkommen, was strategische Nachteile wieder wettmachte. Zahlreiche antike Gebäude bestanden deshalb aus diesem hochwertigen Marmor. Da sich auf den Resten des antiken M. die heute moderne Stadt Milâs befindet, sind nur noch wenige antike Zeugnisse erhalten.

Die Namensendung -asa bzw. -anda deu-

Iasos (Milet)

tet generell auf eine alte, bereits vorgriech. Stadtgeschichte hin. Gestützt wird diese Vermutung mit Funden, wie die Darstellung eines für Karien typischen Zeus mit Doppelaxt, die eine Besiedlung bis in das 2. Jtd. v. Chr. beweisen.

Die erste geschichtliche Nennung stammt aus dem 7. Jh. v. Chr., wo über einen Mann namens Arselis aus M. berichtet wird, der sich in lydische Thronstreitigkeiten eingemischt hatte.

M., das unter den karischen Städten eine Vormachtstellung einnahm, geriet Mitte des 6. Jh. v. Chr. wie seine Nachbarstädte unter persische Oberhoheit. Allerdings wurde diese Knechtschaft nicht ohne Widerstand hingenommen. So versuchten Oitas und dessen Bruder, die zwischen 500 und 480 v. Chr. die Geschicke der Stadt lenkten, einen Aufstand gegen die Perser. Allerdings ohne Erfolg. Das persische Heer nahm die Stadt ein und zerstörte M.

Wann die Stadt Mitglied im 478 v. Chr. gegr. Delisch-Attischen Seebund wurde, ist unklar. Sicher ist nur, daß sie zwischen 450 und 440 v. Chr. einen mit 100, später 86 Drachmen mittleren Beitrag entrichtete.

Seine Blüte erlebte M. im 4. Jh. v. Chr. unter den persischen Satrapen Hyssaldamos, Hekatomnos und Mausolos. Während Hekatomnos Karien noch von M. aus regierte, verlegte sein Sohn Mausolos gegen 360 v. Chr. den Regierungssitz nach Halikarnassos. Doch auch nach 360 v. Chr. blieb M. eine bedeutende Stadt, zumal hier auch das Heiligtum von Labraynda stand.

Mit dem Triumph Alexanders d. Gr. beginnt in M. mit dem Jahr 334 v. Chr. die makedonische Ära. Anschließend geriet M. im Nachfolgestreit im 3. Jh. v. Chr. zunächst unter ptolemäische Herrschaft, anschließend fiel es an die Seleukiden. Als der Makedonenkönig Antigonos Doson (229–221 v. Chr.) Karien eroberte, rührte sich in M. kein Widerstand. Im Gegenteil, auch zum Nachfolger König Philipp gab es eher freundschaftliche Be-

ziehungen. So versorgte M. Philipps Truppen mit Proviant und Ausrüstung, als das Heer im Winter 201/200 v. Chr. in der Schlacht gegen Attalos in Bargylia in Not geriet.
196 v. Chr. trat M. dem Friedensvertrag zwischen Milet und Magnesia am Maiandros bei. Im Krieg gegen Antiochos unterstützte M. die röm. Truppen. Als später mit dem Frieden von Apamea Karien an Rhodos fiel, wurde M. von allen Tributzahlungen befreit. Doch trotz dieser Bevorzugung beteiligte sich M. 167 vor Christus am Aufstand der Karer gegen die Rhodier. Dieser Aufstand wurde zwar niedergeschlagen, aber die Karer ließen weitere folgen. Als dann der röm. Senat per Dekret Rhodos anwies, sich zurückzuziehen, war Karien wieder frei.
M., das mit mehreren karischen Städten einen Bund schloß, hatte weiterhin gute Beziehungen zu Rom und bekam sogar den Conventus-Status, d. h. hier tagte der jeweilige Provinzstatthalter.
40 v. Chr. zerstörte Labienus mit seinem parthischen Heer die Stadt. Octavian, der spätere Kaiser Augustus, half danach der Stadt finanziell und stellte Mittel für den Wiederaufbau zur Verfügung. Aus Dank für diese Hilfe wurde ein Tempel der Dea Roma und Augustus geweiht.

Iasos (Milet), Agora

Dieses Bauwerk soll bis zum 18. Jh. gestanden haben.
Während der Christenzeit wurde die Stadt Bischofssitz und gehörte zum Erzbistum von Aphrodisias.
Die Stadt verfügte über ein großes Gebiet. So gehörte auch das 60 Stadien entfernte, mit einer festen Straße verbundene → Labraynda mit seinem Heiligtum zu M. Außerdem soll die Stadt auch über einen befestigten Hafen verfügt haben. Näheres ist aber nicht bekannt. Sicher ist dagegen, daß sich das Gebiet M. über das gesamte Tal des Flusses Sarıçay ausdehnte. Die Münzprägung läßt sich ohne Unterbrechungen bis in das 3. Jh. n. Chr. nachweisen.

Grabbau: Das bekannteste noch existierende Monument von M. ist ein zweigeschossiger Grabbau im W der Stadt, das vermutlich zur Zeitenwende entstand und heute als *Gümüşkesen* bezeichnet wird.
In dem ca. 2 m hohen Sockel befindet sich die Grabkammer. Das Obergeschoß bildet eine dorische Säulenordnung mit vier Eck- und je zwei Seitensäulen, die das Dachgebälk stützen. Im Inneren der Grabkammer sorgen vier Säulen für die nötige Stabilität.

Tempel des Zeus: Hauptgott von M. war Zeus, dessen Name mit zahlreichen Beinamen versehen wurde. Z. B.: Zeus Karios, Zeus Labrayndos oder Zeus Osogos.
Dargestellt wurde Zeus auf Münzen stehend, in griech. Kleidung, mit einer Doppelaxt (Labrys) über der rechten Schulter und einer Lanze in der linken Hand, was auf eine vorgriech. Herkunft schließen läßt. Mitten in der heutigen Stadt befinden sich die Reste des Zeus-Tempels. Zu sehen ist ein hoher Unterbau aus regelmäßigen Steinquadern und einer einzelnen korinth. Säule. Der Tempel entstand vermutlich im Rahmen des Wiederaufbaus nach der Stadtzerstörung durch Labienus im Jahr 40 v. Chr.
Von dem *Tempel,* der *Zeus Osogos* geweiht war, ist dagegen nichts übriggeblieben. Nur seine Lage außerhalb der Stadt ist bekannt. Ebenfalls keine Überreste gibt es von dem *Tempel der Dea Roma*

und des Augustus, der als Dank für den Wiederaufbau errichtet worden war. Aus Zeichnungen von Reisenden, die aus dem 17. Jh. stammen, ist aber dessen Existenz, Größe und Aussehen überliefert. So hatte dieser Tempel an der Frontseite sechs ionische Säulen.

Theater: Nur noch an der Aushöhlung der Cavea ist das einstige Theater von M. zu erkennen, das außerhalb der Stadt liegt.

Felsgrab: An der Strecke Milâs–Güllük befindet sich 3 km s der Stadt und ö der Straße ein Felsgrab, das als Berber Ìni oder Berber Yataği bezeichnet wird.
Die in den Fels gehauene Fassade erinnert an einen Tempel und besteht aus zwei unkannelierten dorischen Halbsäulen sowie zwei Eckpfeilern, auf denen sich der Architrav und ein Dreieckgiebel befinden.
Im Inneren liegt eine große Grabkammer mit zwei Bänken, sowie eine weitere kleinere Kammer.
Es wird vermutet, daß es sich hierbei entweder um das Grab von Mausolos' Vater Hekatomnos oder um das Grab von Mausolos' Großvater Hyssaldomos handelt.

Umgebung

Iasos: Auf einem auf einer Halbinsel gelegenen Hügel liegen die Reste der antiken Stadt I.
Heute sind die Ruinen entweder per Boot von Güllük aus zu besichtigen oder man biegt auf der Landstraße Söke–Milâs rund 5 km nach Selimiye Richtung S ab und folgt den Wegweisern ins 25 km entfernte Iasos.
Archäologische Funde beweisen eine Besiedlung von karischen Stämmen bereits in der Bronzezeit. Anders wird die Gründung in einer Legende geschildert. Demnach sollte die Siedlung vom peloponnesischen Argos aus kolonisiert werden, was jedoch zunächst am Widerstand der Ureinwohner scheiterte.
Mit der Unterstützung aus Milet gelang dann aber das Unternehmen, und als Stadtgründer wurde auf den Münzen ein Mann namens Iasos abgebildet.
Während man demnach eine Gründung bereits im 9. Jh. v. Chr. annehmen darf, gibt es gesicherte Erkenntnisse über die Stadtexistenz erst in der Mitte des 5. Jh. v. Chr., als I. in den Tributlisten des Delischen Seebundes aufgeführt wird. Es mußte zunächst 1 Talent zu dem Bündnis

Iasos (Milet), Agora

beitragen, später drei und dann sogar vier Talente.
421 v. Chr. wird die Stadt von der Flotte der Peloponnesier und dem Landheer des persischen Satrapen Tissaphernes erobert. Aufgrund einer Verwechslung gibt es 412 v. Chr. ein erneutes Unglück. Herrscher der Stadt ist Amorges, Sohn des persischen Satrapen Pissuthnes. Amorges will seinen Vater im Aufstand gegen den König Xerxes unterstützen und verhandelt deshalb mit Athen, wo er auch prompt militärische Unterstützung zugesagt bekommt. Aber Feinde erfahren von dieser Verhandlung. Der persische Satrap Tissaphernes überredet daraufhin die Spartaner, I. von See aus anzugreifen.
Als die Bürger der Stadt die Flotte sehen, halten sie die Schiffe für die versprochene Verstärkung aus Athen und machen keine Anstalten, ihre Stadt zu verteidigen. Diese Verwechslung müssen sie bitter bezahlen. Die Stadt wurde geplündert und Amorges hingerichtet. Aber damit nicht genug. 405 oder 404 v. Chr. überfielen die Spartaner unter der Führung des Feldherrn Lysander erneut die Stadt, töteten fast tausend Männer und raubten Frauen und Kinder. Erst als Athen in der Seeschlacht von Konon bei Knidos im Jahr 394 v. Chr. einen Sieg über die Spartaner erreichte, konnte I. das spartanische Joch abschütteln. Anschließend war I. mit Rhodos, Ephesos, Samos und Knidos verbündet. Dieses Bündnis währte jedoch nicht lange. 387 v. Chr. wurde im Rahmen des sog. Königsfriedens die Stadt, wie andere Städte Kleinasiens auch, den Persern zugesprochen. Als Satrap von Karien fungierte damals Hekatomnos, der Vater von Mausolos.
Durch den Feldzug Alexanders d. Gr. fiel I. 334 v. Chr. wieder an die Griechen. Glück für die Stadt: In Alexanders Heer befanden sich mehrere vor den Persern geflüchtete Bürger aus I. Einer von ihnen, Grogos, war sogar ein hoher Offizier, dem es gelang, Alexander davon zu überzeugen, der Stadt einen See (heute Moor) zurückzugeben, der für den Fischfang sehr wichtig war. Aus Dank erhielten Grogos und sein Bruder, der sich ebenfalls für die Stadt eingesetzt hatte, in I. Steuerfreiheit und einen Ehrenplatz im Theater. Nach einer langen Zeit des Friedens besetzte noch vor dem makedon. Krieg Philipp V. von Makedonien die Stadt, mußte sich aber 196 v. Chr. der Forderung Roms beugen und I. wieder verlassen.

Iasos (Milet), Agora

Sechs Jahre später, 190 v. Chr., besetzte Antiochos d. Gr. von Syrien die Stadt. Alle, die ihm bei dieser Eroberung Widerstand geleistet hatten, mußten die Stadt verlassen. Viele von ihnen kämpften später auf der Seite Roms und Rhodos'. Als die Römer dann einen Angriff auf I. planten, rieten sie mit Erfolg ab und bewahrten so die Stadt vor der Zerstörung. Nach der Schlacht bei Magnesia am Sipylos erhielt per Friedensvertrag Rhodos die Stadt, und 129 v. Chr. kam I. zur Provinz Asia. Da I. 82 v. Chr. im Mithridatischen Krieg auf der Seite des Königs stand, wurde es von Sulla brutal bestraft. Als er die Stadt eingenommen hatte, erlaubte er Piraten, die Stadt vor seinen Augen zu plündern. Während der röm. Kaiserzeit erlangte I. keine große Bedeutung mehr; in der byzant. Ära wurde I. unter dem Metropoliten von Aphrodisias Bischofssitz.

Agora: Der mittlerweile ausgegrabene Marktplatz war wie üblich von Säulenhallen umgeben. Die Säulen waren dabei korinth., und die Hallen wurden durch ein mit Rankenwerk und Putten verzierten Fries geschmückt. Die Agora schloß direkt an die hellenist. Stadtmauer an, die an dieser Stelle ein Tor mit doppelter Durchfahrt, also ein Dipylon, hatte. Laut Architravinschriften entstand die Agora unter den Kaisern Hadrian und Antoninus Pius, also in der ersten Hälfte des 2. Jh. n. Chr.

Bouleuterion: Es lag an der S-Seite der Agora. Die Sitzränge für die Stadtvertreter hinter der fast runden Orchestra waren halbrund angelegt und durch vier Treppen in drei Teile gegliedert.

Festungen: Auf dem Gipfel des Stadthügels findet man Reste eines ma Kastells. – Auf der Landzunge, die die Halbinsel mit dem Festland verbindet, wurde in byzant. Zeit eine Festung errichtet, wobei teilweise die Agora überbaut wurde.

Hafenturm: Am SW-Ende der Halbinsel, auf einer Mole, steht ein antiker Turm, der die Hafeneinfahrt sichern sollte.

Heroon: Der von den Dorfbewohnern Balık Bazarı benannte röm. Grabbau befindet sich außerhalb der antiken Stadt auf dem Gebiet der heutigen Ortschaft Kuren. Es handelt sich dabei um eine Nachbildung eines kleinen Podiumtempels, der in einem Hof steht. Die eigentliche Grabkammer befindet sich im Sockel des Baus. Der im korinth. Stil

Myra, Nekropole, Felsengräber >

Iasos (Milet), Theater

errichtete Grabbau steht auf einem zehnstufigen Podium und ist ob seiner Größe bemerkenswert.
Kirche: Neben dem ma Kastell befinden sich auf dem Gipfelplateau Ruinen einer byzant. Kirche, die in drei Bauphasen über einem hellenist. Peristyl errichtet wurde.
Nekropole: Auf dem Gebiet des heutigen Dorfes Kuren wurden zahlreiche Gräber gefunden. Am auffälligsten ist ein zweigeschossiger Grabbau aus Ziegelmauerwerk, der aus röm. Zeit stammt. Die ältesten hier gefundenen Gräber sind jedoch weitaus älter und stammen aus dem 3. Jtd. v. Chr. Bei einfachen Gräbern wurden die Toten nicht liegend, sondern hockend beigesetzt.
Quadermauer: Westlich des Dorfes Kuren, rund 1 km von der Küste entfernt, verläuft eine 2,5 km lange antike Quadermauer aus dem 5. oder frühen 4. Jh. v. Chr.
Die sorgfältig gebaute Mauer ist mit zahlreichen Vorsprüngen, Rundtürmen und Toren ausgestattet. Es handelt sich hierbei nicht um eine Stadtbefestigung, sondern vermutlich um eine Mauer um ein militärisches Lager, das Amorges errichtet haben könnte.
Tempel: Am NO-Ausläufer des Stadthügels liegt das Zeus-Heiligtum. Hauptgottheit der Stadt war jedoch Artemis Astias. Die Cella des ihr gewidmeten Tempels war nicht überdacht. Trotzdem wurde die Kultstatue angeblich nicht von Schnee und Regen benetzt, weil Zeus den Niederschlag am Tempel vorbeileitete.
Theater: Am NO-Hang liegt das Theater, das vermutlich bereits im 4. Jh. v. Chr. erbaut wurde. Es hat einen Durchmesser von 60 m, und mehrere Sitzreihen sind noch erhalten. Die Stützmauer der Cavea besteht aus bossiertem Mauerwerk. Das Bühnengebäude wurde im Zuge einer Renovierung in spätröm. Zeit 6 m in die Orchestra hineingebaut. Inschriften in der Theatermauer, die aus dem 2. Jh. v. Chr. stammen, berichten über Darbietungen und über Spenden von reichen Bürgern. – Südlich des Theaters wurden ein *röm. Wohnviertel* und eine *antike Straße* z. T. wieder ausgegraben.
Wohnhaus: Am SO-Ende der Halbinsel wurde ein röm. Wohnhaus samt Mosaikböden ausgegraben.
Zentralbau: Unterhalb des Zeus-Tempels findet man Reste eines zweigeschossigen Zentralbaus aus byzant. Zeit. In der Nähe stehen auch noch Reste der Stadtmauer und eines Tores.

Myra/Kale
Antalya

Höhe: 45 m — S. 291 □ E/F 6

Die Kreisstadt Kale an der Landstraße Fethiye–Antalya ist Ausgangspunkt für einen Besuch der nur wenige hundert Meter vom Zentrum entfernten Ruinen von M., der berühmten Kirche des hl. Nikolaus und zahlreicher Ruinenstädte in der näheren Umgebung, wie z. B. des Hafens von Andriake.
Antike Quellen erwähnen M. zwar erst im 1. Jh. v. Chr., aber die Felsgräber beweisen eine Gründung vor dem 5. Jh. v. Chr. Die Stadt zählte zu den Metropolen Lykiens und verfügte im Lykischen Bund (→ Xanthos, Letoon) über drei Stimmen. Auch in der weiteren Ge-

Myra, Nekropole, Felsengräber

schichte wird M. nur am Rande erwähnt. Z.B. 18 n.Chr., als Germanicus mit seiner Frau Agrippina die Stadt besuchte und man für die hohen Gäste Statuen aufstellte, sowie 60 n.Chr., als der Apostel Paulus im nahe gelegenen Hafen Andriake ein Schiff Richtung Rom bestieg. Nach dem schweren Erdbeben von 141 n.Chr. erlebte M. seine Blüte, als auch auswärtige Mäzene den Wiederaufbau finanzierten. Besonders Opramoas von Rhodiapolis tat sich hier hervor, wie eine Inschrift in seinem Grabhaus in Rhodiapolis (→ Kumluca, Rhodiapolis) belegt: »Der Stadt Myra, die ebenfalls von einem Erbeben zerstört worden war, stellte er das Heiligtum der Artemis, das unter allen Bauwerken in Lykien das schönste und größte war, sowie die Exedra, die im Gymnasium an die Stoa angebaut wurde, wieder her.« Auch die Marmorvertäfelung der Exedra, Teile des Theaters und ein vergoldetes Standbild wurden von ihm finanziert.

Im 2.Jh.n.Chr. war das Leben in der Stadt bis aufs kleinste geregelt. So berichten Inschriften, daß nur lizensierte Fährunternehmer Passagiere von M. nach Limyra transportieren durften. Auf der Agora (ö v.Theater, keine Spuren) wurde in einer der dorischen Säulen die jeweils gültige Pachtgebühr eingemeißelt.

Theodosios II. (408–450 n.Chr.) machte M. sogar zur Hauptstadt von Lykien, und ebenfalls im 5.Jh. wirkte hier der hl. Nikolaus als Bischof der Stadt. Sein Grab und seine Kirche wurden später zum Wallfahrtsort. Ab dem 7. und bis zum 10.Jh. litt die Stadt unter arabischen Überfällen. Die Verlandung des Hafens und die zahlreichen Erdbeben taten dann ihr übriges, daß fast alle Bewohner die Stadt verließen.

Von den antiken Zeugnissen sind im wesentlichen nur drei übriggeblieben: die Akropolis, die Felsgräber und das Theater. Aus byzant. Zeit zählt dann noch die Kirche des hl. Nikolaus zu einem »Muß« bei einer Stadtbesichtigung.

Akropolis: Rund 150 m oberhalb des Theaters befindet sich die Akropolis, in deren steil abfallende Felswände die Nekropole eingeschlagen wurde. 200 m ö des Theaters führt ein enger, teilweise durch Treppen unterbrochener Pfad auf den Gipfel. Auf dem Plateau findet man unterschiedlich alte Teile von Befestigungsanlagen. Das polygonale, 9,5 m lange und 4 m breite Mauerwerk am S-Tor

Myra, Nekropole, Detail

stammt aus dem 5. Jh. v. Chr., das isodome Mauerwerk aus dem 3. Jh. v. Chr. und das kleinsteinige Mauerwerk aus byzant. Zeit. Vor dem S-Tor findet man noch Fundamente, auf denen entweder ein Heroon oder ein röm. Tempel stand. Die Wasserversorgung auf der Akropolis wurde durch Zisternen sichergestellt. Die Burg gehörte in hellenist. Zeit zu einem komplexen Bewachungssystem. Von Sura über Andriake bis hin zu einer vorgelagerten Insel standen jeweils in Sichtweite Wachtürme, die es so möglich machten, Feinde rechtzeitig zu entdekken.

Nekropole: Nach J. Borchhardt werden die berühmten, über hundert Gräber umfassenden Nekropolen von M. in zwei Gruppen gegliedert: die sog. Seenekropolen befinden sich an der steilen Felswand ö und w des Theaters, die sog. Flußnekropolen liegen an der NO-Seite des Hügels. Da man in den Nekropolen von M. die verschiedensten Grabformen findet, zunächst ein kurzer Überblick über die lykischen Grabbauten.
Die Grabbauten, zumindest die für hohe Mitglieder des Adels, spielten in Lykien schon immer eine wichtige Rolle. Die Forschung darüber ist zwar noch nicht abgeschlossen, aber man geht davon aus, daß das *Pfeilergrab* (→ Xanthos) die älteste Grabform ist und zwischen dem 6. und 4. Jh. v. Chr. benutzt wurde. Dabei stand auf einem Sockel ein Monolith, in dem sich oben eine Grabkammer befand. Woraus diese Form entwickelt wurde, ist unklar. Man weiß aber, welche Funktion diese Bauten haben sollten. Nach lykischem Glauben transportierten riesige Vögel die Verstorbenen in das Paradies. Um diesen »Himmels-Transport« nicht zu verpassen, mußte das Grab möglichst hoch sein.
Aus den Pfeilergräbern haben sich dann die *Grabhäuser* entwickelt, die man nicht nur in M., sondern auch sehr gut in Telmessos und Limyra begutachten kann. Diese Grabhäuser ahmen teilweise heute noch typische lykische Holzhäuser nach, deren Querbalken über die Außenwände ragen. Während die Außenfassade aufwendig verziert wurde, war das Innere kahl. Auf schlichten Steinklinen wurden die Verstorbenen bestattet. Bemerkenswert sind bei diesem Typus die Dachkonstruktionen, die vom Flachdach über das Satteldach bis zum got. anmutenden Spitzbogendach gehen. Im Zuge des wachsenden griech. Einflusses wurden in den Grabbauten Tempel kopiert.

Myra, Theater

Myra, Theater, Detail

Bei den sog. Grabtempeln werden hauptsächlich zwei ionische Säulen in antis dargestellt. Wie bei einem Tempel gibt es auch hier den Pronaos, hinter dem sich dann die Cella bzw. die Grabkammer befindet. Diese Tempelgräber waren zwar zum Großteil in den Fels gehauen, es gibt aber auch einige frei stehende Bauten, wie das Nereidengrab von Xanthos (→ Xanthos).

In Anlehnung an die Grabhäuser entwickelten sich ab dem 4. Jh. v. Chr. *Sarkophage.* Dabei stand auf einem Hyposorion, in dem Bedienstete bestattet wurden, ein Sarkophag, der mit einem Deckel abgeschlossen wurde. Diese Deckel waren in Anlehnung an Dächer spitzgiebelig und ähnelten den späteren got. Fenstern. Der gesamte Grabbau war mit Reliefs geschmückt.

Seenekropole: In der Felswand, oberhalb eines frei stehenden Hausgrabes, sieht man drei gut erhaltene Reliefs, die Szenen aus dem Leben des Verstorbenen zeigen und aus dem 4. Jh. v. Chr. stammen. Links hilft ein Diener dem Krieger beim Anlegen seiner Rüstung. In der Mitte sieht man zwei nur mit einem Mantel bekleidete Soldaten, r ruht ein Mann im Kreis seiner Familie auf einer Kline, wobei es sich wahrscheinlich um das Totenmahl handelt. Weiter w erkennt man ein Hausgrab, dessen Relief einen Schildraub zeigt. In der lykischen Kunst wurde diese Szene häufig dargestellt, da es sich hierbei um den entscheidenden Höhepunkt in einem Kampf handelt. Ungewöhnlich ist der ungriech. verzierte Giebel, dessen Reliefumrandungen fensterförmig erscheinen.

Flußnekropole: Am linken, oberen Rand der Nekropole befindet sich eines der schönsten Tempelgräber Lykiens. Der Grabbau ist einem ionischen Peripteraltempel nachempfunden und wird als Löwengrab bezeichnet, da im Giebelrelief ein Löwe dargestellt ist, der einen Stier reißt. Der Vorraum war früher, wie einzelne Spuren belegen, vollständig be-

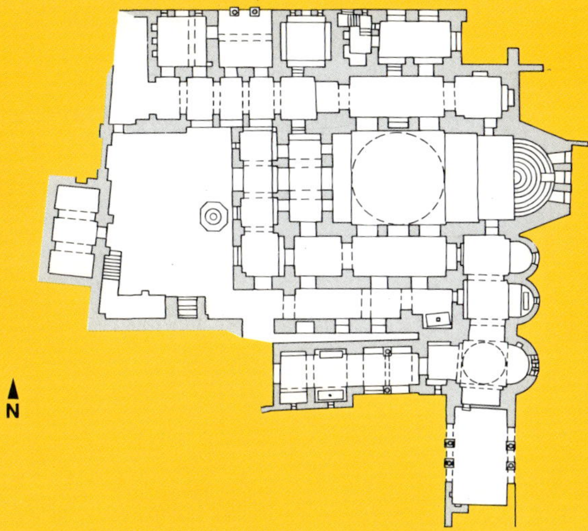

Myra, Kirche des hl. Nikolaus

malt. In der Nähe befindet sich ein ebenfalls sehr schönes Hausgrab, in dessen Relief elf Personen in Originalgröße dargestellt werden.

Theater: Direkt unter der Steilwand der Akropolis befindet sich das sehr schöne Theater von M. Es wurde unter den Griechen errichtet und unter den Römern umgebaut.
Die Cavea wird durch hohe Gewölbe gestützt, durch die man die Diazoma erreichte. Dieser Umgang teilte den Zuschauerraum in einen unteren Teil von 29 und in einen oberen von 9 Sitzreihen. An der Rückwand der Diazoma, am Treppenaufgang zum oberen Teil, befand sich eine Nische, in der eine Abbildung von Tyche, der Schutzgöttin der Stadt, aufgestellt wurde.
14 Treppen durchschnitten die halbkreisförmige Cavea vertikal. Einlaßspuren für Masten zeigen, daß der gesamte Zuschauerraum durch Sonnensegel überdeckt werden konnte.
Das Bühnenhaus ist durch die Erdbeben in seine Einzelteile zerlegt. So entdeckt man auf der Orchestra und vor dem Theater zahlreiche Bauteile, von denen einige auch mit Theatermasken geschmückt sind. Diese Teile gehörten zu einem Fries, der das Bühnenhaus schmückte und sich über dem 1. Stockwerk befand. – Östlich vom Theater lag die *Agora;* dort findet man außerdem noch heute Reste einer *Thermenanlage.*

Kirche des hl. Nikolaus: Im 4. Jh. n. Chr. lebte der in Patara (→ Patara) geborene Bischof Nikolaus in M., der vor allem als Schutzheiliger der Kinder noch heute weltweit bekannt ist. Seine Hilfsbereitschaft und seine angeblich vollbrachten Wunder machten den heiligen Nikolaus schon zu Lebzeiten zur Legende. Angeblich war Nikolaus als kleiner Junge beim Kirchbau dabei. Beim Spielen stürzten plötzlich die Mauern über ihm zusammen. Durch das Wehklagen der Mutter taten sich die Steine jedoch auf, und der Junge blieb unverletzt. Auch der Brauch, Kinder am Nikolaus-Tag zu beschenken, geht auf ihn zurück. Der Legende nach kam ein ehem. reicher, dann aber verarmter Mann zum Bischof und klagte, daß er keine Ehemänner für seine drei Töchter fände, weil er kein Geld für eine Mitgift habe. Da der Mann aus Stolz keine Geschenke annehmen wollte, warf der Bischof ihm nachts heimlich drei Beutel Gold ins Haus. Dieses »Geschenk vom Himmel« ermöglichte dann die Hochzeiten.

Die Kirche von M., in der der Bischof beigesetzt wurde, entwickelte sich schon kurz nach dessen Tod zu einem Wallfahrtsort. Wohl aus diesem Grund ließ Kaiser Justinian I. (527–565 n. Chr.) die von einem Erdbeben im Jahr 529 zerstörte Stadt wieder aufbauen und befreite sie auch noch von der Steuerlast. Ab dem 7. Jh. litt die Stadt unter arabischen Überfällen, so daß die Basilika im 8. Jh. erneut renoviert werden mußte. 1034, bei einem dieser Überfälle, wurde die Kirche wieder stark zerstört. Kaiser Konstantin IX. Monomachos (1042 bis 1055) ließ die Kirche jedoch nicht nur wieder aufbauen, sondern auch noch um ein Kloster erweitern. 1087 stahlen italienische Kaufleute die Gebeine des hl. Nikolaus, brachten sie nach Bari, wo sie in der neugebauten Basilika San Nicola bestattet wurden. Als die Byzantiner 1097 den Ort nach osman. Überfällen zurückeroberten, bauten sie die Kirche aus und zeigten den Pilgern einen zweiten Sarkophag, in dem sich angeblich die Gebeine des hl. Nikolaus befinden sollten. Wagner berichtet: »Ferner nahm man einfach einen anderen antiken Sarkophag und bezeichnete ihn als das Grab des hl. Nikolaus, was von den Gläubigen akzeptiert wurde. Man erkennt den Sarg heute daran, daß kleine Metallschalen in den Sargdeckel eingelassen sind mit einer Durchbohrung in den Sargkasten. Durch diese Öffnungen wurde Öl gegossen, das nach Berührung der Reliquien als geheiligt angesehen und unten am Sarkophag wieder aufgefangen und in kleine Fläschschen abgefüllt wurde. Diese Flüssigkeit (Myron), nach der Überlieferung auch als die Ausschwitzung der Beine des Heiligen bezeichnet, verkaufte man an die Pilger.«

Als die Türken unter Hamidoğulları im 13. Jh. hier endgültig Fuß faßten, verlor der Wallfahrtsort an Bedeutung. 1862 kaufte der russische Zar Nikolaus I.

Myra, Kirche des hl. Nikolaus

(1825–1855) die Kirche, um sie renovieren zu lassen und so vor der endgültigen Zerstörung zu bewahren.
Diese wechselvolle Geschichte hat sich auch am Bau ausgewirkt, dessen Teile aus den verschiedensten Epochen stammen. Den Mittelpunkt bildet die Kuppelkirche mit Apsis, Bema, Kuppelraum, zwei Seitenschiffen, einem zusätzlichen Seitenschiff im S und zwei Eckräumen. Der quadratische Mittelraum wird heute durch ein mächtiges Kreuzgratgewölbe überdeckt und durch drei Arkaden abgegrenzt. In mittelbyzant. Zeit wurde die Kirche mit Bauten erweitert. Hinzu kamen die Hofanlage im W samt Umfassungsmauer, ein rechteckiger Raum hinter der W-Wand, die Terrasse in der SW-Ecke und ein Doppelgrab vor der S-Wand.

Umgebung

Andriake (5 km sw): A. liegt in einer geschützten Bucht. Man folgt zunächst der Straße Richtung Kaş, fährt dann aber an einer Straßengabelung nicht nach r, sondern geradeaus. Die antike Stadt wurde von dem Fluß Andrakos geteilt, der hier noch heute in das Meer mündet. Ursprünglich wurde A. als Hafen von M. angelegt und erst im 2. Jh. n. Chr. verstärkt ausgebaut. So ließ Kaiser Hadrian (117–138 n. Chr.) ein *Granarium,* eine Getreidekammer, errichten, die noch weit in byzant. Zeit hinein benutzt wurde. Die Ruinen dieses Granariums liegen heute s des Flusses in den Dünen. Der Bau war zweistöckig, 65 × 32 m groß und in acht Räume unterteilt. Über dem l Mitteltor standen Büsten von Kaiser Hadrian und seiner Frau Sabina. – Ebenfalls s des Flusses findet man die *Ruinen* weiterer Lager- und Wohnhäuser, Reste von Kirchen, die Agora und eine Zisterne. Westlich dieser S-Stadt stehen auf einem Hügel noch Reste eines Wachturmes und einer Verteidigungsmauer. – Nördlich des Flusses Andrakos findet man hinter den modernen Restaurants ebenfalls Mauerabschnitte, Teile einer Kirche und weiter n Nekropolen.
Gürses (8 km w): Auf der Hauptstraße von Kale nach Kaş, 10 km vor Yavu, liegen im O Reste des antiken G. Um die Akropolis gruppieren sich mehrere *lykische Sarkophage.*
Hoiran (14 km w): Auf der Straße von Kale nach Kaş zweigt 4 km vor Yavu beim Dorf Davazlar ein Feldweg nach H. ab, wo sich ein eindrucksvolles *Hausgrab* befindet. Die Grabstätte ist frei stehend und wurde aus einem Monolithen herausgearbeitet. Die Reliefs zeigen Szenen aus dem Leben des Verstorbenen. – Südöstlich dieses Grabes erreicht man nach einem 10minütigen Fußmarsch ein *Ruinengelände.* Um welche Siedlung es sich hier handelt, ist nicht bekannt.
Kyaneai (18 km w): An der Straße von Kale nach Kaş liegt oberhalb des Ortes Yavu das antike K. Die lykische Stadt wurde erst in der röm. Kaiserzeit ausgebaut. In byzant. Zeit war K. Bischofssitz, bevor der Ort im 10. Jh. aufgegeben wurde. Schon während des halbstündigen Anstieges passiert man Nekropolen. Bemerkenswert dabei sind ein *Hyposorion-Sarkophag* und ein *Tempelgrab* ionischer Ordnung mit allerdings nur einer Säule zwischen den Anten und einer zusätzlichen Felskammer über dem Giebel. – Da die *Ruinen im Stadtgebiet* überwuchert sind, ist eine Identifizierung schwierig.

Myra, Kirche des hl. Nikolaus, Fresko

Hier befinden sich aber die Bischofskirche, die Agora, eine Bibliothek, Reste von Wohnhäusern, mehrere Tempel, ein Heroon aus dem 4. Jh. v. Chr. und weiter w ein Theater aus dem 2. Jh. n. Chr.

Soura (5 km w): Liegt an der Straße Richtung Kaş. Die Siedlung wurde bereits in früher lykischer Zeit angelegt, war aber nie eine eigenständige Stadt. Berühmt wurde der Ort jedoch aufgrund der *Fischorakelstelle des Apollon,* wie Polycharmos berichtet: »Wenn sie an das Meer gehen, dort wo nahe der Küste der Hain des Apollon ist, in dem sich am Sandstrand der Wasserwirbel befindet, so kommen die, die das Orakel befragen, mit zwei Holzspießchen, an denen je zehn gebratene Fleischstückchen befestigt sind. Und der Priester läßt sich schweigend beim Hain nieder, während der Orakelsuchende die Stäbchen in den Strudel wirft und beobachtet, was geschieht. Nach dem Einwurf der Stäbchen füllt sich der Strudel mit Meerwasser, und es stellen sich Fische von solcher Menge und Vielfalt ein, daß der nie geschaute Vorgang Schrecken hervorruft, und dabei sind Fische von solcher Größe, daß man sich in acht nehmen muß. Wenn der Prophet die Fischarten vermeldet hat, bekommt der Orakelsuchende vom Priester die entsprechende Auskunft in seinem Anliegen.«

Der erwähnte *Apollon-Tempel,* der früher direkt am Hafen stand, steht heute in einem Sumpfgebiet, ist aber noch relativ gut erhalten. Die beiden Säulen des 13,7 × 7,2 m großen Anten-Tempels aus späthellenistischer Zeit waren dorisch, und das Gebälk bestand aus einem Architrav und einem Triglyphen-Metopen-Fries. – Nordöstlich von diesem Tempel erhebt sich die *Akropolis.* Hier findet man die Reste eines Priester-Wohnhauses, eines Wachturmes und einer Stadtmauer. – Nördlich des Apollon-Tempels steht eine *byzant. Kirche,* und in der Umgebung entdeckt man die typisch lykischen *Felsgräber.*

Trysa (10 km westlich): Auf der Hauptstraße von Kale nach Kaş, 8 km vor Yavu, steht am Straßenrand eine Zisterne. Von hier aus führt ein Pfad zu den Ruinen von T., die man nach 10minütigem Fußmarsch erreicht. Von der Geschichte ist fast nichts bekannt. Man weiß aber durch Münzfunde, daß die Stadt Mitglied im Lykischen Bund war. Bemerkenswert ist ein umgestürzter, ursprünglich 4 m hoher *Grabpfeiler,* der aus dem 6. Jh. v. Chr. stammt und damit eines der ältesten lykischen Grabbauten

Andriake (Myra), Ruinen

ist. – Hier fand man auch ein sehr prächtiges *Heroon* (380 vor Christus), dessen Relief- und Skulpturenschmuck jedoch nach Wien ins Kunsthistorische Museum gebracht wurde.

N

Neandria

S.288 □ B 3

Die spärlichen Reste des antiken N., einer der ältesten äolischen Orte in Kleinasien, liegen nahe dem Ort Kayacık auf dem Gipfel des Berges Cığrı Dağ, der nur nach einem halbstündigen Fußmarsch zu erreichen ist. Vom Gipfel aus hat man einen schönen Blick auf die Troas im N und das Idagebirge im O. Ihre Blütezeit erlebte die Stadt im 6.Jh. v.Chr. Bereits hundert Jahre später konnte N. nur noch einen geringen Beitrag zum Delisch-Attischen Seebund bezahlen, und im 4.Jh. v.Chr. wurde die Stadt dann verlassen. Die meisten Einwohner siedelten ins nahe Alexandria Troas um. Die Stadt N. lag zwar strategisch günstig auf einem Hügel, war aber vom Meer und damit von der Möglichkeit, Handel zu treiben, zu weit entfernt. Zu sehen sind heute noch, neben den spärlichen Resten eines **ionischen Tempels** aus dem 6.Jh. v.Chr., die Ruinen der **Stadtmauer.** Dieses polygonale Mauerwerk umschloß die Stadt auf einer Länge von mehr als 3 km.

Nysa/Sultanhisar

S.291 □ D 5

Das antike N. liegt landeinwärts in der Mäander-Ebene auf den Ausläufern des Messogis-Berges und ist über das heutige Sultanhisar zu erreichen. Dieser Ort liegt an der Landstraße, die von Selçuk (Ephesos) über Aydın nach Denizli führt. Damit ist N. ein idealer Abstecher für Pamukkale-Touristen.

Eine Stadtbeschreibung aus der antiken Zeit ist von Strabon (64–23 n.Chr.) überliefert. Der 64 (oder 63) v.Chr. geborene Historiker wurde in N. erzogen, und in seinen Reden und Schriften werden zahlreiche Redner und Philosophen aus dieser Stadt, wie z.B. sein Lehrer Aristomedos, erwähnt. Strabon beschreibt N. dabei folgendermaßen: »Die Stadt liegt am Messogis und lehnt sich größtenteils am Berg an. Es ist eine Doppelstadt, denn es trennt sie ein Gießbach, der eine Schlucht bildet und deren Teile nur durch eine Brücke verbunden sind. Der eine Stadtteil ist durch ein Amphitheater geschmückt, welches einen verborgenen Durchfluß des Gießbaches unter sich hat. Neben dem Theater sind zwei Hügel. Unterhalb des einen liegt das Gymnasium, unterhalb des anderen die Agora und das Geronticum (Rathaus). Wie bei Tralles erstreckt sich aber gegen Süden unterhalb der Stadt die Ebene.«

Über die Gründung N. gibt es mehrere Sagen. Nach Methodios wurde die Stadt von dem in Karien lebenden, aber aus Kreta stammenden Athymbros als Akara gegr. und später in N. umbenannt. Nach Stephanos von Byzanz bekam der König Antiochos I. von Syrien in einem Traum einen göttlichen Auftrag. Er gründete daraufhin drei Städte, die er nach den Namen seiner Frau, seiner Mutter und seiner Schwester in Nysa, Antiochis und Laodike taufte. Eine dritte Gründungssage ist von Strabon überliefert. Demnach kamen drei Brüder aus Sparta nach Karien und gründeten hier drei Städte, die sie nach ihren Namen als Athymbros, Athymbrados und Hydrelos benannten. Später wurden diese drei Städte vereinigt und in Nysa umgetauft.

Nysa, Odeion

Bis zum Ende des 3. Jh. v. Chr. hieß die Stadt wahrscheinlich wirklich Athymba. In Inschriften werden die Bewohner zumindest als Athymbier bezeichnet. Im 2. Jh. v. Chr. wurde die Stadt zu Ehren einer Seleukiden-Frau in N. umbenannt. Warum dies geschah, ist nicht bekannt. Sicher ist nur, und dies beweisen Schreiben von Seleukos und Antiochos aus dem Jahr 281 v. Chr., daß die Seleukiden damals über N. herrschten.
Während von der Stadtgeschichte nur wenig überliefert ist, ist das Schicksal des Chaeremon bis heute bekannt. Dieser war ein reicher Bürger in N. und unterstützte die Römer gegen Mithridates im gleichnamigen Krieg. Um der Rache Mithridates' zu entgehen, flüchtete Chaeremon nach Ephesos und suchte dort im Heiligtum der Artemis Schutz. Obwohl im Tempelbereich ein unverletzliches Asylrecht galt, ließ Mithridates Chaeremon festnehmen und töten.
Ein zweites Mal trat die Familie Chaeremon in Erscheinung, als ein Verwandter mit dem Namen Pythodoros eine Tochter von Marcus Antonius heiratete. Aus dieser Ehe ging die spätere Königin von Pontus und Kappadokien hervor.

Bibliothek: Zwischen Theater und Gymnasium lag die Bibliothek, die erst nach Strabon (64–23 n. Chr.) erbaut worden war. Wie die berühmte Celsus-Bibliothek von Ephesos war das mehrstöckige Gebäude auch in N. zweischalig gebaut, um so die Schriftwerke vor der Feuchtigkeit zu schützen.

Brücke: Von der von Strabon (64–23 n. Chr.) überlieferten »Brücke« ist nur noch wenig erhalten. Dabei handelte es sich eigentlich nicht um eine herkömmliche Brücke, sondern um eine 100 m lange Plattform, die unterhalb des Theaters lag und die Schlucht überdeckte.

Geronticum: Gut erhalten ist das Geronticum, das nw der Agora gelegene Rathaus von N. Die Sitze waren in einem

Neandria, Stadtmauer

Halbkreis angeordnet, und 5 Treppen führten zu den insgesamt 12 Sitzreihen. Hinter dem Rednerpult befanden sich zwischen 4 Pfeilern 3 Eingänge.

Plutonium: Berühmt war N. wegen des Tempels des Pluton, dem Gott der Unterwelt, und der Kore. Wie beim Artemis-Tempel in Ephesos galt auch für dieses Heiligtum ein Asylrecht. Wie wichtig dieser Tempel für die Stadt war, zeigen Münzprägungen, wo Abbildungen des Pluton und der Kore weitaus häufiger zu finden waren als von Zeus, Apollon, Tyche, Artemis und Dionysos, die ebenfalls in N. verehrt wurden.
Der Tempel liegt außerhalb der Stadt. Strabon (64–23 n. Chr.) schreibt: »An der Straße von Tralleis nach Nysa liegt ein Dorf der Nysaer namens Acharaka, wo sich das Plutonium mit einem reichen Bezirk und einem Tempel des Pluto und der Persephone sowie das Charonium, eine bemerkenswerte Höhle über dem Bezirk, befinden. Hier sollen Kranke von diesen Gottheiten geheilt werden; sie wohnen im Dorf nahe der Höhle mit sehr erfahrenen Priestern, die für Patienten den Inkubationsschlaf ausüben und entsprechend ihren Träumen die Behandlung vorschreiben; manchmal träumen die Kranken selbst.
Oft werden die Patienten in die Höhle geführt und verbleiben dort wie die wilden Tiere in ihrem Lager mehrere Tage ohne Speise. Für alle anderen ist der Ort eine verbotene Stätte, eher tödlich als heilsam. Man feiert hier ein Fest, bei dem ein Stier von jungen Männern aus Nysa in die Höhle gebracht wird; freigelassen schreitet das Tier noch etwas vorwärts, um dann zusammenzubrechen und zu verenden.« (→Hierapolis, Plutonium).
Der teilweise ausgegrabene Tempel verfügte über eine Säulenordnung von 12 × 6. Die unkannelierten Säulentrommeln, von denen einige noch erhalten sind, hatten einen Durchmesser von 1,20 m. Durch 2 parallele Mauern war

Nysa, Theater

das Innere des Tempel in 3 Räume geteilt.
Nach Strabons Bericht müßte sich oberhalb des Tempels das Charonium befinden, doch eine Höhle existiert dort heute nicht mehr. Weiter w von dieser damaligen Höhle befindet sich eine Quelle mit schwefelhaltigem Wasser, durch dessen Heilwirkung der Ort berühmt geworden war.

Theater: Noch gut erhalten ist das für damalige Verhältnisse sehr große Theater. Die Cavea, deren Sitzreihen bis heute fast vollständig sind, ist größer als ein Halbkreis. Eine Diazoma teilt die Cavea in 23 untere und 26 obere Sitzreihen. Von oben führen 17 Treppen, von unten 9 Treppen zur Diazoma. Erhalten ist auch noch die Front des Bühnengebäudes, das aus röm. Zeit stammt. Es hatte 5 Türen, die zur Bühne führten. – Unter dem Theater strömte der bei Strabon beschriebene Gießbach durch einen rund 100 m langen *Tunnel.*

Thermen: Ebenfalls erst nach Strabon (64 v.–23 n. Chr.) gebaut, befinden sich im Süden der Stadt Reste einer *Badeanlage,* die später mit einer Kirche überbaut wurde.
Zwischen der Agora und dem Amphitheater gibt es ebenfalls ein *Gebäude,* das wahrscheinlich als Bad diente. Es hatte mehrere Nischen, in denen Statuen aufgestellt waren.

Außerdem sehenswert: Von der *Agora,* die sich ö der Schlucht befindet, sind nur noch wenige Reste, wie mehrere Säulenstümpfe, erhalten. – Direkt am Flußufer zeugen heute noch einige Sitze vom *Amphitheater.* Die Lage am Fluß war ideal, um für Wasserspiele die Arena überfluten zu können. – Das *Gymnasium* lag im W der Stadt und ist heute kaum noch zu erkennen. – Ebenfalls im W von Nysa befinden sich zahlreiche *Nekropolen.* – Während es noch *Stadtmauern* aus byzant. Zeit gibt, sind Ruinen aus der hellenist. Zeit nicht mehr erhalten.

Nysa, Stadtmauern

O

Olympos

S. 291 □ F 6

Neben Phaselis war O. einer der beiden Hauptorte an der lykischen Küste. Die Stadt ist eine späte, erst im 2. Jh. v. Chr. wahrscheinlich von den Hellenen gegr. Siedlung. Aus dieser Zeit stammen Münzdrucke für den Lykischen Bund. Ihren Namen hat die Stadt wahrscheinlich von einem in der Antike als Olympos bezeichneten Berg, der wie seine zwei Dutzend Namensvettern in Griechenland und Kleinasien als Göttersitz diente. Bei diesem Berg handelt es sich wohl um den 15 km entfernten, 2375 Meter hohen Tahtalı Dağ, der höchsten Erhebung des Olympos-Beydağları-Nationalparks.

Da die Stadt noch nicht ausgegraben wurde, zeugen nur Münzfunde von der Stadtgeschichte. So fand man Silbermünzen des Lykischen Bundes, die zwischen 168 und 78 v. Chr. in O. geprägt wurden. Um 100 v. Chr. zählte O. zu den wichtigsten Städten Lykiens und war eine der sechs Städte, die im Lykischen Bund über drei Stimmen verfügte (→Xanthos, Letoon).

Wie das nahe gelegene Phaselis, so wurde auch O. von kilikischen Seeräubern im 1.Jh. v.Chr. eingenommen und 78 v.Chr. durch den römischen Prokonsul von Cilica, P.Servilus Vatia, erobert. Nach der Niederlage verbrannte der Piratenführer Zeniketes sich und seine Familie auf dem Berg Olympos, wo er seinen Hauptsitz hatte und laut Strabon (64–23 n.Chr.) Lykien, Pamphylien und Pisidien überblicken konnte.
Sowohl durch die Piraten-Herrschaft als auch durch die römische Eroberung wurde O. stark mitgenommen und verlor seine Bedeutung im Lykischen Bund. Erst während der röm. Kaiserzeit konnte O. sich dann von den Zerstörungen erholen und die alte Bedeutung teilweise wiedererlangen. Als Hadrian O. auf seiner zweiten Reise zwischen 129 und 131 n.Chr. besuchte, wurde die Stadt ihm zu Ehren in Hadrianopolis kurzfristig umgetauft. In diese Zeit fiel auch die Hephaistos-Verehrung als Hauptgottheit. Hephaistos war der Gott des Feuers und der Schmiedekunst, Gatte von Aphrodite und ungeliebter Sohn des Zeus. Eine Fuß-Stunde nw der Stadt befand sich das Heiligtum (→Umgebung, Chimaira).
Zuvor hatten die Piraten in O. erstmals geheime Riten für den persischen Lichtgott Mithras durchgeführt. Dieser Kult verbreitete sich rasch von Kleinasien aus bis nach Europa und hatte im 2.Jh. n.Chr. mehr Anhänger als das Christentum. Im Jahr 307 n.Chr. wurde Mithras sogar zum Reichsgott erklärt. Dank Plutarch ist die Episode überliefert: »Die Seeräuber führten fremdartige Opfer in Olympos durch und feierten bestimmte geheime Riten, von denen eine, die des Mithras, erstmalig von ihnen eingeführt wurde; sie blieb beliebt bis in unsere Zeit.«
Nach erneuten Piratenüberfällen im 3.Jh.n.Chr. versank O. in die Bedeutungslosigkeit. Daran änderte sich auch nichts, als im 3.Jh. O. zum Bischofssitz wurde und später Kreuzritter aus Venedig, Genua und Rhodos O. als Basis nutzten. Mit der Ausbreitung des Osmanischen Reiches im 15.Jh. wurde O. dann endgültig aufgegeben.

Stadtrundgang: O. liegt unweit des Meeres, versteckt im Tal zweier Bergketten, die die Stadt fast vollständig einkesseln. Da die Stadt noch nicht ausgegraben ist, befinden sich die Ruinen versteckt zwischen der üppigen Pflanzenwelt. Zum Meer und zum Land hin ist O. nur durch Schluchten zu erreichen. Ein Fluß teilt

Olympos, Ruinen

dabei die Stadt in eine nördliche und südliche Hälfte, die in der Antike durch eine **Brücke** verbunden waren. Von diesem Bauwerk ist heute noch ein Pfeiler erhalten. Südlich des Baches finden sich die heute fast vollkommen überwachsenen Überreste des **Theaters** und zahlreiche **Nekropolen,** die von der typisch lykischen Form abweichen, da es sich hierbei um überwölbte, mit weißem Stuck verzierte Grabkammern handelt, deren Eingang durch einen Türstein verschlossen wurde. Bemerkenswert sind auch die nicht-lykischen Inschriften, die den Türsturz zieren. Das Theater ist in einem schlechten Zustand, so fehlen die Sitzreihen fast vollständig. Nur ein überwölbter Eingang gibt heute noch eine Vorstellung von der einstigen Pracht. Zwischen dem Theater und dem Meer findet man Überreste einer byzant. **Basilika,** Reste der **Stadtmauer** und eines Gebäudes, das vermutlich als **Lagerhalle** gedient hatte.
Nördlich des Flusses befand sich die Hauptsiedlung von O. Heute findet man dort noch Reste wie das verzierte Eingangstor eines ionischen **Antentempels,** der vermutlich aus dem 2. Jh. n. Chr. stammt (an einer Statuenbasis wurde eine Weihinschrift für Kaiser Mark Aurel aus dem Jahre 172–173 n Chr. gefunden), sowie spärliche Reste eines **Bades.** Östlich und oberhalb dieser Hauptsiedlung befand sich die **Akropolis**, auf der sich geringe Reste einer ma Festung befinden.

Umgebung

Chimaira (ca. 5 km n): Von O. fährt man 1 km zurück Richtung Hauptstraße Finike–Antalya. Im Ort Çıralı fährt man dann 2,5 km Richtung nw, biegt nach einem Bauernhaus l ab und erreicht nach einem weiteren Kilometer einen Parkplatz. Von hier aus folgt man zu Fuß einem mit roten Punkten markierten Weg und erreicht nach zwanzig Minuten das antike Ch., benannt nach dem gleichnamigen feuerspeienden Ungeheuer mit Löwenkopf, Ziegenkörper und Drachen- bzw. Schlangenschwanz, welches der antike Held Bellerophontes für den lykischen König Iobates töten sollte. *Bellerophontes-Sage:* Aufgrund eines unglücklichen Zufalls erschlug Bellerophontes, Sohn des Korintherkönigs Glaukos und Enkel des von den Göttern zum Steinerollen verdammten Sisyphus, einen Menschen und mußte deshalb flie-

Olympos, Nekropole, Sarkophag

hen. In Tiryns wurde Bellerophontes von König Prötos herzlich aufgenommen und von seiner Schuld freigesprochen. Doch dessen Gemahlin Antéa verliebte sich in den Jüngling und wollte ihn verführen. Bellerophontes wies alle Annäherungsversuche von sich und machte die Königin dadurch so wütend, daß sie gegenüber ihrem Mann behauptete, Bellerophontes habe sie zum Ehebruch verführen wollen und müsse deshalb getötet werden.

Trotz seines Zorns hatte König Prötos den Jüngling so ins Herz geschlossen, daß er ihn nicht töten konnte. Er schickte ihn statt dessen nach Xanthos zu seinem Schwiegervater Iobates, dem König von Lykien. Dort sollte er ein angebliches Empfehlungsschreiben vorweisen. Doch das Schreiben enthielt keine Empfehlung, sondern den geheimen Hinweis, Bellerophontes zu töten.

Doch auch Iobates fand den Jüngling sympathisch und wollte ihn nicht direkt ermorden. Statt dessen stellte er ihm scheinbar unerfüllbare und todbringende Aufgaben; u. a. sollte er das feuerspeiende Ungeheuer Chimära erledigen. Die Götter hatten jedoch Mitleid und schickten ihm das unsterbliche Flügelroß Pegasus zur Hilfe.

Von der Luft aus konnte somit Bellerophontes das Ungeheuer mit Pfeilen gefahrlos erlegen.

Als der Jüngling auch weitere Aufgaben meisterte, sah Iobates ein, daß Bellerophontes kein Verbrecher war, gab ihm seine Tochter Philonoe zur Frau und teilte fortan mit ihm den Thron.

Doch damit war das Glück für Bellerophontes zu Ende. Zwei seiner drei Kinder starben schon in jungen Jahren, und als Bellerophontes mit seinem Flügelpferd Pegasus sich als Sterblicher auf den Göttersitz Olymp emporschwingen wollte, fiel er zu Boden und mußte fortan den Rest seines Lebens einsam umherirren.

An einem 250 Meter hohen Berghang befindet sich die *Kultstätte zu Ehren Hephaistos'* mit dem ewigen Feuer. In einer nur ein Meter breiten Höhle brennt noch heute eine Erdgasflamme (türk.: Yanartaş bzw. Yanar; dt.: Feuerstein), der man in antiker Zeit übernatürliche Kräfte zuschrieb. So würde sie angeblich Fleisch nicht verbrennen und sei weder mit Wasser noch mit Erde zu löschen.

Überliefert ist, daß Opramoas von Rhodiapolis zu Ehren Hephaistos' hier Feste abhielt und 12 000 Denare stiftete. In der Nähe der Feuerstelle, die bei Tag kaum

Olympos, Nekropole, Sarkophag

zu sehen ist, befinden sich Mauerreste, die jedoch aus dem späten MA stammen. Über die Zusammensetzung des brennenden Gases gibt es keine genauen Angaben, zumal sich Austrittsstelle und Mischung wohl in der Zeit mehrfach geändert haben. Türk. Wissenschaftler stellten bei einer Untersuchung jedoch geringe Mengen Methan fest.

P

Patara

S. 291 □ E 6

Von der Landstraße Fethiye–Kaş ist P. gut zu erreichen. Nach den beim Ort Kınık gelegenen Ruinen von Xanthos fährt man weiter Richtung Kaş, biegt vor Kalkan r ab und folgt der Beschilderung bis nach P.
P. ist die römischste der lykischen Städte. Sie war zwar wegen des Hafens zu allen Zeiten bedeutend, aber vor allem unter den Römern entstanden hier zahlreiche Bauten. So hatte hier auch der Legatus Augusti, der Statthalter Roms, seinen Sitz.
Der Überlieferung nach wurde die Stadt von Pataros, Sohn des Apollon und der Nymphe Lykia, gegr. Diese Überlieferung diente aber häufig nur dazu, durch die angebliche Zurückführung der Stadtgründung auf griech. Götter auch eine griech. Abstammung und damit den berechtigten Besitz herleiten zu können. Im 5. Jh. v. Chr. wird die Stadt bereits von Herodot erwähnt. Gebäude aus lykischer Zeit oder zumindest Gebäudeinschriften in lykischer Sprache fehlen jedoch. Aber immerhin fand man Scherben aus dem 6. Jh. v. Chr. und Münzen mit der Inschrift »PTTARA«, die eine frühe lykische Besiedlung belegen.
Unter den Griechen genoß die Stadt hohes Ansehen, da sich hier ein bekanntes Apollon-Heiligtum befand, in dem, allerdings nur in den Wintermonaten, auch Orakel gelesen wurden. Im Sommer wirkte das Orakel dafür in Delos. Das Orakel soll dem von Achilleus verwundeten Telephos gesagt haben, die Wunde könne nur von demjenigen geheilt werden, der sie ihm zugefügt habe. Durch Rost von Achilleus Schwert soll dann die Heilung erfolgt sein.
Im Frühjahr 333 v. Chr. wurde die Stadt samt Hafen ohne Gegenwehr an Alexander d. Gr. übergeben.
Im Zuge des Diadochenstreits besetzte Antigonos Monophthalmos 315 v. Chr. P. Ab 304 v. Chr. beherrschte dessen Sohn Demetrios Polioketes die Stadt. Später, im 3. Jh. v. Chr., ging P., wie viele lykische Städte, in den Besitz der Ptolemäer über, deren Führer Ptolemaios II. Philadelphos (283–246 v. Chr.) die Stadt ausbaute und nach seiner Gattin Arsinoë umbenannte.
Wie die Nachbarstädte wurde P. anschließend seleukidisch, dann rhodisch. Als Brutus 42 v. Chr. die Stadt angriff, um Steuern einzutreiben, ergab man sich, das Schicksal von →Xanthos vor Augen, kampflos.
Im 2. Jh. n. Chr. lief P. dank des großzügigen Ausbaus durch die Römer und dank des Hafens auch der lykischen Hauptstadt Xanthos den Rang ab. So wurden seitdem zahlreiche Bundesversammlungen in P. abgehalten.
Ein Höhepunkt für die Stadt war der Besuch Kaiser Hadrians und dessen Frau Sabina im Jahr 129 n. Chr. Bei seiner Visite ordnete Hadrian den Bau eines Granariums, einer Kornkammer, an und unterstrich damit die Bedeutung P.s als Basis Richtung Osten.
Für die Christen hat der Ort aus zwei Gründen Bedeutung. Zum einen wechselte Paulus hier auf seinem Weg nach

Patara, Grabdenkmäler

Ephesos das Schiff, zum anderen wurde in P. der hl. Nikolaus und spätere Bischof von Myra (→Myra) geboren.
Bis ins 12. Jh. wurde P. als Hafenstadt genutzt, verfiel dann jedoch schnell und diente im 15. Jh. nur noch Piraten als Unterschlupf.

Die Ruinen befinden sich heute in einer riesigen Dünenlandschaft, die das antike Hafenbecken längst überdeckt hat. Auf der Straße zum sehr schönen Sandstrand passiert man zuerst einen Triumphbogen. Die anderen Bauten liegen dann anschließend r von der Straße. Noch nicht entdeckt ist der Standort des Apollon-Tempels, in dem das berühmte Orakel gelesen wurde.

Akropolis: Von der oberhalb des Theaters gelegenen Akropolis hat man einen guten Blick über die Ruinen von P. Auf dem Hügel findet man außerdem Reste einer *Zisterne,* die über eine halbe Million Liter Wasser speichern konnte.

Granarium: Am W-Ufer des antiken Hafenbeckens stand das von Hadrian in Auftrag gegebene Granarium.
Der Bau war 67 m lang, 19 m breit und durch 8 Tonnengewölbe in einzelne Lagerhallen geteilt, in denen riesige Getreidevorräte aufbewahrt wurden. Die Fassade war durch Kaiserbüsten geschmückt. – 300 m s entdeckt man im Sand ein Fundament, auf dem vermutlich ein *Leuchtturm* stand. – Hinter dem Granarium, also w davon, befand sich die *Agora.* – Und n des Lagerhauses steht ein schönes, noch relativ gut erhaltenes *Tempelgrab.* Die Front war durch 4 Säulen und die Decke durch Kassetten geschmückt.

Tempel: Nördlich des Theaters liegen, vom Sand teilweise überschüttet, Reste eines Tempels, den einheimische Führer gerne als Apollon-Tempel ausgeben. Aufgrund der geringen Größe dürfte es sich aber nicht um dieses berühmte Heiligtum handeln, dessen Standort nach

Patara, Triumphbogen

wie vor unbekannt ist. Der hier vorliegende Tempel, dessen Cellawände noch bis zu 6 m hoch sind, stammt aus dem 2. Jh. n. Chr. und wurde in korinthischer Ordnung gebaut. In der Ebene w von diesem Tempel lag in der Antike der Hafen.

Theater: Die Cavea, die an den Hang der Akropolis gebaut wurde, ist fast vollständig von Sand bedeckt, das Bühnenhaus überwachsen. Der Bau entstand 147 n. Chr. mit Finanzzuschüssen von Quintus Velius Titianus und dessen Tochter Velia Procla und ersetzte ein älteres Theater aus hellenist. Zeit, das durch ein Erdbeben zerstört worden war.

Thermen: Westlich vom Triumphbogen, s eines kleinen Hügels, liegen Reste eines *mehrräumigen Gebäudes,* bei dem es sich vermutlich um eine Thermenanlage oder um eine Schiffswerft handelte. – Nicht weit davon findet man spärliche Reste einer *Basilika.* – Noch weiter s liegen dann die Ruinen der *großen Therme* von P., die laut Bauinschrift unter Vespasian (69–79 n. Chr.) erbaut worden war. Sie hatte vermutlich 5 Räume, die nach der üblichen Reihenfolge (Apodyterium, Frigidarium, Tepidarium, Caldarium und Sudatorium) eingerichtet waren.

Triumphbogen: Der sehr gut erhaltene, dreibogige Triumphbogen wurde gegen Ende des 1. Jh. n. Chr. erbaut. In 6 Konsolen standen, so die Inschriften, Büsten von Mettius Modestus und dessen Familie. Der Römer war um 100 n. Chr. Statthalter der Provinz Lycia et Pamphylia.
In 3 großen Nischen standen vermutlich Büsten der kaiserlichen Familie. Außerdem wurde der Torbau durch dorischen Fries und Gebälk geschmückt.
Eine weitere Inschrift gibt als Erbauer das »Volk von Patara – Metropolis der lykischen Nation« an. – Der Hügel w vom Triumphbogen wird als möglicher Standort des *Apollon-Tempels* in Betracht gezogen.

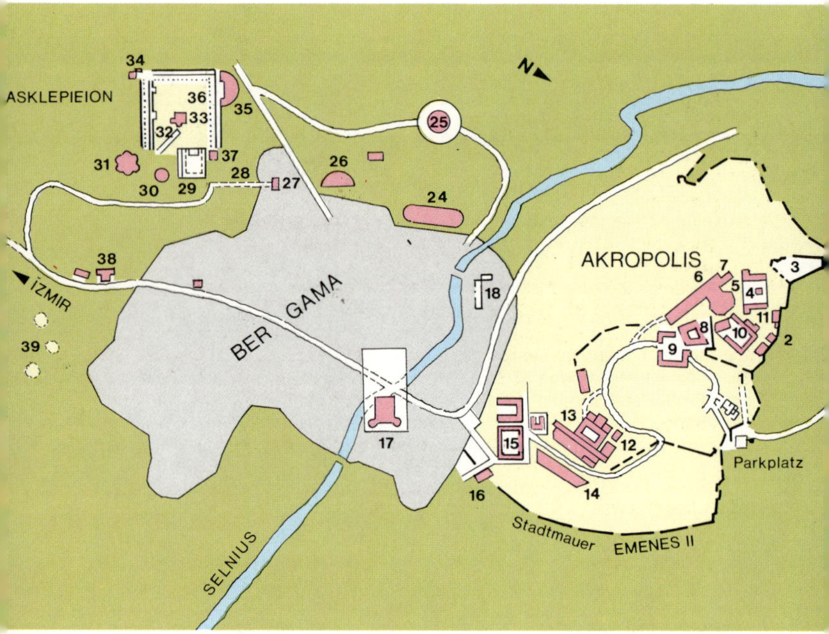

Pergamon, Akropolis

Pergamon 1 Oberes Akropolis-Tor **2** Königspaläste **3** Magazine **4** Trajan-Tempel **5** Theater **6** Theaterterrasse **7** Dionysos-Tempel **8** Zeus-Altar **9** Obere Agora **10** Athena-Tempel **11** Bibliothek **12** Oberes Gymnasium (neoi) **13** Mittleres Gymnasium (Epheren) **14** Unteres Gymnasium (Paides) **15** Untere Agora **16** Eumenes-Tor **17** Kızıl Avlu (Rote Halle) **18** Ulu Camii **19** Üç Kemer Köprüsü (Dreibogenbrücke) **20** Tabak Köprüsü (Tellerbrücke) **21** Seldschuk Hamam **22** Cadirvanlı Camii und Minarett **23** Bedesten **24** Stadion **25** Röm. Amphitheater **26** Röm. Theater **27** Viran-Tor **28** Säulenstraße **29** Propylon **30** Tempel des Zeus-Asklepios **31** Telephoros-Tempel **32** Tunnel **33** Hl. Quelle **34** Toiletten **35** Theater **36** Säulenhalle **37** Bibliothek **38** Museum **39** Grabhügel

Pergamon/Bergama

İzmir

Einw.: 60 000 H.: 50–333 m S. 288 □ C 3

Neben Ephesos und Troja zählen die Ruinen P.s zu den Hauptattraktionen der türkischen W-Küste. Noch immer sind sie ein eindrucksvoller Beweis sowohl für die hellenist. als auch für die röm. Baukunst.

GESCHICHTE

P. wurde vermutlich schon während der Bronzezeit besiedelt. Im 7. und 6. Jahrhundert v. Christus herrschten hier die Lyder, ab 546 v. Christus die Perser. 399 v. Christus war die Stadt laut des griech. Geschichtsschreibers Xenophon Verhandlungsort zwischen Persien und Sparta. Als Folge vom Feldzug Alexanders des Großen wurde Pergamon griechisch. Nach dem Tod Alexanders erkämpfte sich im Nachfolge-Streit Lysimachos, König von Thrakien, durch einen Sieg in der Schlacht bei Ipsos 301 v. Chr. die Stadt. Lysimachos deponierte daraufhin seinen Staatsschatz in P. und beauftragte seinen Heerführer Philetairos mit der Bewachung. Lysimachos fiel 281 v. Chr. einer Intrige zum Opfer: Lysimachos' Frau Arsinoë, die Tochter Berenikes und Schwester Ptolemaios' II., organisierte gegen dessen erblichen Thronfolger Agathokles ein Komplott, um ihre eigenen Kinder zu begünstigen. Nach dem Mord an Agathokles flüchteten entweder 284 oder 283 v. Chr. dessen Frau Lysandra, eine Halbschwester Arsinoës, und Familienangehörige zu Seleukos I. Nikator, dem König von Syrien. Auch andere wichtige Persönlichkeiten, wie Philetairos, der Bewacher des Staatsschatzes, kehrten Lysimachos den Rükken. Vermutlich steckte hinter dieser Intrige Seleukos. Letzte Beweise dafür aber fehlen. Fakt ist jedoch, daß der syrische König die Gunst der Stunde nutzte und ab 282 v. Chr. gegen Lysimachos zu Felde zog. Zur Entscheidung kam es ein Jahr später, als Lysimachos bei Korupedion im Hermostal n des heutigen İzmir fiel. Doch der Sieg des Seleukos währte nicht lange. Ein paar Monate später wurde der Letzte der Diadochen von Ptolemaios Keraunos ermordet.

Mit dem Staatsschatz des getöteten Lysimachos im Rücken nutzte Philetairos die Chance, übernahm 283 v. Chr. die Macht in P. und begründete damit die Dynastie der Attaliden. Um die Nachfolge zu si-

Pergamon, Blick zum Oberen Burgberg

chern, adoptierte der Eunuch Philetairos seinen Neffen Eumenes und setzte ihn als Erben ein.
In die Regierungszeit von Philetairos (283–263 v. Chr.) fielen unter anderem die Tempelbauten für Athena auf dem Oberen und für Demeter auf dem Unteren Burgberg.
In der Schlacht bei Sardes, 262 v. Chr., errang Philetairos' Nachfolger Eumenes I. (263–241 v. Chr.) einen wichtigen Sieg über Antiochos, dem Sohn Seleukos' I., und konnte damit nicht nur P. Unabhängigkeit bewahren, sondern auch das Herrschaftsgebiet weiter ausdehnen.
Nachfolger von Eumenes I. wurde sein Neffe Attalos I. (241–197 v. Chr.), der 230 v. Chr. in der Schlacht bei den Kaikos-Quellen nahe P. einen wichtigen Sieg über die keltischen Galater erzielte. Als Erinnerung an diese Schlacht ließ Attalos nicht nur ein Siegesdenkmal im Athena-Tempel errichten, sondern sich auch noch zum König krönen und als »Soter«, Retter von Kleinasien, feiern.
Nach diesem Sieg konnte Attalos das Herrschaftsgebiet noch weiter ausbauen. Ab 228 bis 220 v. Chr. reichte sein Einflußbereich bis zum Taurusgebirge. Als Attalos jedoch im Krieg gegen Philipp V. von Makedonien die Römer zu Hilfe rief, gab er damit den Anlaß zur Expansion des Römischen Reiches gen Osten.
Nachfolger von Attalos wurde dessen Sohn Eumenes II., der von 197 bis 159 v. Chr. regierte; aus dessen Amtszeit stammen die meisten der heute noch sichtbaren Bauten auf dem Burgberg. Eumenes II. setzte das Bündnis mit Rom fort, um so den Seleukiden und Makedonen Paroli bieten zu können.
Nach der Schlacht von Magnesia 190 v. Christus bekam Pergamon durch den zwei Jahre später geschlossenen Frieden von Apamea die verlorenen Gebiete bis zum Taurusgebirge wieder zurück, war damit das führende Kulturzentrum an der W-Küste und machte selbst Alexandria den Titel als Geistesmetropole der hellenist. Welt streitig. Mit Siegen über die Galater und über Prusias I. von Bithynien gelang Eumenes II. auch die Ausdehnung Richtung N. Während seiner Amtszeit ließ Eumenes II. unter anderem den Zeusaltar, die Bibliothek im Athena-Tempel und die Untere Agora errichten.
Nachfolger von Eumenes II. wurde dessen bei der Regierungsübernahme bereits 61 Jahre alter Bruder Attalos II. Philadelphos, der von 159 bis 138 v. Chr. regierte und zuvor als Feldherr militärische Erfahrung gesammelt hatte. Auch er hielt an dem Bündnis mit Rom fest, besiegte mit dessen Unterstützung zwischen 156 und 154 v. Chr. Bithynien und hatte teil an der Zerstörung Korinths durch die Römer im Jahr 146 v. Chr. Diese enge Kooperation mit Rom begründete Attalos II. kurz nach der Machtübernahme in einem Schreiben an einen Priester. Darin erklärte der König, würde man ohne die Zustimmung Roms erfolgreich Krieg führen, würde dies Neid und Mißtrauen wecken. Wäre man jedoch nicht erfolgreich, dann gäbe es Hohn und keine Hilfe.
Nachfolger wurde erneut ein Neffe, und zwar der Sohn des früheren Herrschers Eumenes II., Attalos III. Philometor. Attalos III. bestieg als 24jähriger den Thron, regierte jedoch nur fünf Jahre, bevor er starb. Attalos III. gilt mehr als Philosoph und Träumer denn als Staatsmann und Feldherr. So war er ein anerkannter Fachmann im Kräuteranbau und

Pergamon, Athena-Tempel

in der Giftmischerei. Diese Gifte probierte Attalos übrigens an Verbrechern aus – mit Erfolg. Außerdem verfaßte er eine Abhandlung über die Landwirtschaft und interessierte sich sehr für Bildhauerei und Bronzeguß.

Kurz vor seinem Tod nach einer kurzen, schweren Krankheit im Jahr 133 v. Chr. vermachte der sohnlose Attalos III. das Königreich per Testament den Römern und besiegelte damit das Ende der Dynastie der Attaliden. Die einzige Bedingung, die Attalos III. an das Erbe knüpfte, war, daß P. und die anderen griech. Städte frei bleiben müßten.

Die Römer hatten das Gebiet zwar testamentarisch geerbt, doch Aristonikos, ein unehelicher Sohn von Attalos II., versuchte mit einem Aufstand der nichtköniglichen Sklaven und des Proletariats das Erbe an sich zu reißen. Anschließend wollte Aristonikos einen Staat unter dem Namen »Helipolis« (Sonnenstaat) gründen, dessen Struktur stark an den Kommunismus erinnert. So gelang es den Römern erst mit militärischen Mitteln 129 v. Chr., endgültig die Herrschaft über P. auszuüben.

Höhen und Tiefen erlebte die Stadt im 1. Jh. v. Chr., als mit dem Mithridatischen Krieg von 88 bis 66 v. Chr. und dem Römischen Bürgerkrieg von 49 bis 31 v. Chr. sich Krieg und Frieden abwechselten. Nach der Neuordnung der Provinz Asia 27 v. Chr. kehrte wieder ein stabiler Frieden in P. ein, während dessen die Bevölkerungszahl rapide anstieg und die Stadt sich unterhalb des Burgberges in der Ebene stark ausweitete. Auch das Christentum faßte in P. schnell Fuß. So zählt das Neue Testament die Stadt zu den sieben ältesten Gemeinden Kleinasiens. Eine besondere Förderung erlebte P. unter den römischen Herrschern Trajan (98–117 n. Chr.) und Hadrian (117–138 n. Chr.), der das Asklepieion ausbauen ließ.

262 n. Chr. fielen zum ersten Mal die Goten in P. ein. 716 n. Chr. konnten die Araber die Stadt kurzzeitig erobern, mußten sich dann aber den Byzantinern wieder geschlagen geben. Eine kurze Blüte erlebte P. unter dem byzant. Kaiser Manuel I. Komnenos (1143–1180). Ab 1302 nutzten die türk. Seldschuken die Stadt als Festung, und ab 1345 wurde P. zur osman. Provinzstadt erklärt. Eine kurze Unterbrechung dieser Herrschaft gab es 1402/03, als der Mongolen-Führer Timur Lenk die Stadt kurzzeitig besetzt hielt. In die Zeit der Osmanen fällt auch der Bau der Ulu Camii.

Pergamon, Dionysos-Tempel

Wiederentdeckt wurde Pergamon von dem deutschen Ingenieur Carl Humann, der mit dem Bau von Fernstraßen durch Anatolien beschäftigt war und im Jahr 1864 auf dem Wagen eines Bauern zufällig antike Marmorreliefs entdeckte, die vom Oberen Burgberg stammten und zur Kalkgewinnung abtransportiert werden sollten.

Mit Genehmigung der osmanischen Regierung fanden dann am Oberen Burgberg unter der Leitung von Humann und Alexander Conze zwischen 1878 und 1886 erste Grabungen statt. Humann wurde nach seinem Tod im Jahr 1896 auf dem Oberen Burgberg, östlich der Rampe zur Oberen Agora, unter einem Granitblock beigesetzt.

Anschließend leiteten Wilhelm Dörpfeld von 1900 und 1913 und Theodor Wiegand von 1927 und 1938 weitere Ausgrabungen.

Die Besichtigung Pergamons läßt sich am praktischsten in vier Teile aufgliedern.

Man beginnt am Oberen Burgberg, besucht anschließend die Sehenswürdigkeiten des Unteren Burgberges und der heutigen Stadt Bergama und schließt mit dem Besuch des Richtung Meer am Stadtrand liegenden Asklepieions ab.

Pergamon, Trajan-Tempel

Pergamon, Oberer Burgberg 1 Moderne Rampe **2** Burgtor **3** Magazinbauten **4, 5, 6** Paläste **7** Palast Eumenes' II. **a** Mosaikraum **8** Trajan-Tempel **9** Athena-Tempel **a** Tempel **b** Einschiffige Halle **c** Propylon **d** Zweischiffige Halle **e, f** Bibliothek **10** Handelsbauten **11** Heroon **12** Zeus-Altar **13** Obere Agora **14** Theater **15** Dionysos-Tempel

OBERER BURGBERG

Agora, obere: Neben dem Zeus-Altar führt eine gepflasterte Rampe zur oberen Agora hinab. Dieser rechteckige Marktplatz liegt 13,5 m unter dem Zeus-Altar und ist an die Bergstruktur angepaßt. Die Agora wird nur von drei Seiten von dorischen Säulenhallen, an die sich Kammern anschlossen, begrenzt. Der an der Hangkante liegende Agora-Rand wurde mit drei Gebäuden bebaut, und zwar mit einem vom Beginn des 2. Jh. n. Chr. stammenden sog. Prostylos, einem hellenist. Antenbau und einem in röm. Zeit umgebauten Gebäude, dessen Funktion bis heute ungeklärt ist. Bei dem *Prostylos* handelt es sich um einen

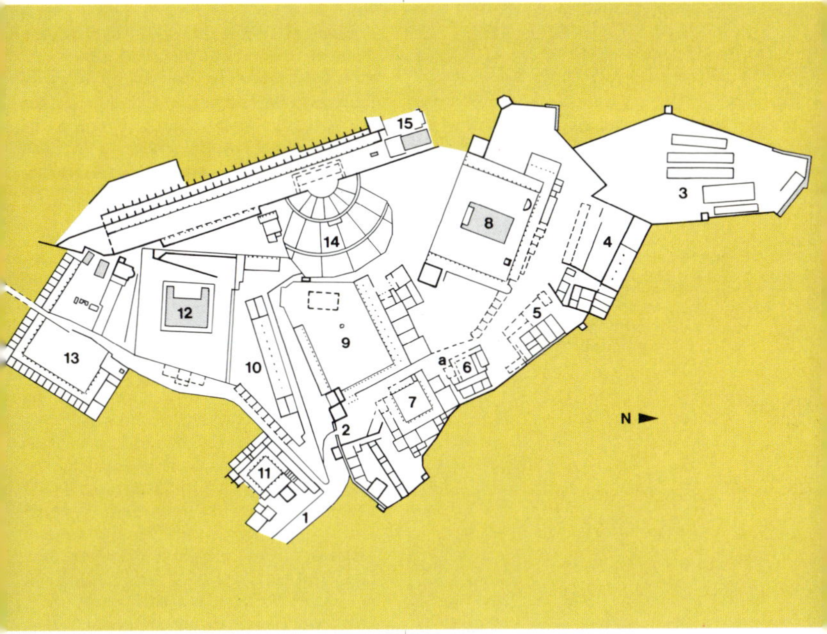

Pergamon, Königspalast

Pergamon, Theater (röm. Theater?)

Antentempel mit einer zusätzlichen Säulenreihe an der Stirnseite. Dieser Tempel, der vermutlich dem Gott der Händler, Hermes, geweiht war, ist mit einem Stylobat von nur 11,8 m × 7,45 m relativ klein.
Östlich der Agora befindet sich unter einer Granitplatte das *Grab* des Pergamon-Entdeckers *Carl Humann.*

Athena-Tempel: Er liegt 9 m unterhalb des auf dem Akropolis-Gipfel weit sichtbaren, teilweise wieder aufgestellten Trajan-Tempels und ist das älteste noch heute sichtbare Gebäude P.s. Der Tempel wurde im 3. Jh. v. Chr. unter der Regentschaft des Attaliden-Dynastie-Begründers Philetairos (281–263 v. Chr.) erbaut. Nach dem attischen Brauch, daß der Haupttempel einer Stadt dorisch sein müsse, handelt es sich beim Athena-Tempel von P. um einen dorischen Peripteros, mit 6 × 10 Säulen und einem Stylobat von 12 × 22 m. Neben den Tempeln in Assos und Troja zählt der Athena-Tempel in P. damit zu den wenigen dorischen Tempeln in Kleinasien. Der Tempel bestand aus einem Pronaos und zwei hintereinander liegenden Cellas, in denen vermutlich in einer ein Götterbild der Athena, in der anderen eines des Zeus stand; er hatte jedoch kein Opisthodom. Der *Pronaos* war geprägt durch eine überschlanke Säulenstellung mit zwei Säulen zwischen den Anten.
Umrahmt ist der Tempel von einem weiten Platz, der mit *Hallen* abschließt, die aus der Zeit Eumenes' II. (197–159 v. Chr.) stammen. Während die Längsachse des Tempels aber in N-S-Richtung liegt, ist die Längsachse des Platzes von SW nach NO gerichtet. Der Tempel wird demnach nicht symmetrisch umrahmt. Im N wurde der Platz durch eine doppelschiffige, zweigeschossige Halle abgeschlossen. Im Untergeschoß bildete nach außen eine dorische Säulenordnung mit 4 Triglyphen (mit den Metopen, dem abgeteilten, rechteckigen Relief, abwechselndes dreiteiliges Feld am Fries des dorischen Tempels) pro Joch den Abschluß, während innen Säulen mit pergamenischen Schilfblattkapitellen und im ersten Stock ionische Säulen standen, die mit dorischem Gebälk kombiniert wurden. Im Obergeschoß dienten Reliefplatten als Brüstung, die mit Kriegsszenen verziert waren und an die Siege Attalos' I. und dessen Sohn und Nachfolger Eumenes II. über die Galater erinnerten. Östlich und s wurde der Platz um den Athena-Tempel durch eine einschiffige Halle begrenzt, die, was die Säulenanordnung betrifft, ebenso aufgebaut war wie die n Halle.
In der Mitte des Platzes stand nicht wie üblich ein Altar, sondern eine Statuengruppe, die Attalos I. nach dem Sieg im Jahr 230 v. Chr. über die Galater hatte errichten lassen. Berühmt wurde dieses Denkmal durch röm. Teil-Kopien, wie »Sterbender Gallier« oder »Gallier tötet sich und sein Weib«, die heute noch im Kapitolinischen und Thermen-Museum in Rom bestaunt werden können.

Bibliothek: Hinter der doppelschiffigen, zweigeschossigen Halle, die den Platz um den Athena-Tempel im N begrenzt, lagen weitere, allerdings nicht symmetrisch angelegte Bauten, wie die berühmte Bi-

Pergamon, Handelsbauten

bliothek von P., die 200000 Schriften umfaßt haben soll. Die Pergamener wollten damit der Bibliothek von Alexandria Konkurrenz machen, doch die Ptolemäer, die zuständig für die Bibliothek von Alexandria waren, wehrten sich, indem sie den Papyrus-Export stoppten. Als Ersatz begannen die Pergamener Schriften auf dünner Tierhaut festzuhalten, woran seitdem der Name »Pergament« erinnert. Im Gegensatz zum Papyrus ließ sich das Pergamener Papier jedoch nicht aufrollen, sondern nur aufeinanderlegen und zusammenbinden. Daraus entstand dann der Kodex (Block), also die heute noch übliche Buchform. Den gesamten Bestand brachte schließlich Antonius als Hochzeitsgeschenk für Kleopatra nach Alexandria. Dort wurde die Bibliothek dann vom Kalifen Omar bei dessen Eroberung Ägyptens im 7. Jh. n. Chr. zerstört.
Teile dieser Bibliothek sind im Grundriß noch zu erkennen. In der Mitte einer dieser Räume stand auch eine heute im Berliner Pergamon-Museum zu betrachtende Statue der Athena, die nicht nur Beschützerin P.s war, sondern auch als Göttin der Weisheit fungierte.

Dionysos-Tempel: Am Ende der 250 m langen Theaterterrasse führte eine Freitreppe zu dem auf einem 4,5 m hohen Podium gelegenen Dionysostempel. Vor dem Bau befand sich, wie üblich, ein Altar. Der erste Tempel an dieser Stelle stammte aus dem 2. Jh. v. Chr. und war ein 22 m langer und 12 m breiter ionischer Prostylos aus dem Vulkanstein Andesit.
Im 3. Jh. n. Chr. wurde auf Weisung Caracallas dieser Bau durch einen Marmortempel ersetzt, der nicht nur Dionysos, sondern auch Caracalla geweiht war.

Handelsbauten: Zwischen Athena-Heiligtum und Zeus-Altar liegen an einer Hangkante Reste zweier langgestreckter Gebäude, bei denen es sich vermutlich um Handelsbauten handelt.

Heroon: Unterhalb des Burgtores, w der modernen Rampe, die heute den Parkplatz mit den antiken Bauten des Oberen Burgberges verbindet, liegt das Heroon. Der Kult für einen Halbgott (Heros) stammte aus dem Orient und wurde bereits in hellenist. Zeit vom pergamenischen Herrscherhaus übernommen. Der Heilige Bezirk ist – vergleichbar mit antiken Wohnhäusern – mit Peristyl und Kammern gegliedert. Östlich des Säulenhofes stand eine große Halle, die in röm. Zeit noch durch einen quadratischen Kultraum ergänzt wurde. Dieser Kultraum verfügt noch über ein Obergeschoß, das mit Säulen geschmückt war.

Magazinbauten: Am n Ende des Oberen Burgberges standen auf einem Plateau vier Magazinbauten. Diese Gebäude aus dem 3. und 2. Jh. v. Chr. dienten als Nachschub-Lager z. B. bei Belagerungen oder anderen Krisen. Heute erkennt man noch die rechteckigen Steinfundamente, auf denen damals die Holzkonstruktionen standen.
Auf diesem Plateau endeten auch die Leitungen, die P. mit Wasser versorgten. Gut sichtbar sind Reste eines *Aquäduktes* aus röm. Zeit. In unmittelbarer Nähe davon zeugt eine kleine Furche vom hellenist. Wasserversorgungssystem. Dabei floß das Wasser in über 45 km langen Tonrohren mit leichtem Gefälle bis zu einem Wasserbassin, der auf einem Hügel gegenüber der Akropolis lag. Dort floß das Wasser dann in Metallrohren talwärts. Durch den Druck, der im Tal 20 atü betrug, floß das Wasser nach dem System der kommunizierenden Röhren automatisch am Burgberg bis zum Plateau wieder hoch. Die Römer nutzten später nicht dieses physikalische Gesetz, sondern bauten ein riesiges Aquädukt, in dem das Wasser über die ganze Strecke leicht bergab floß.

Paläste: Auf einem Plateau, an der O-Seite der Akropolis, liegen Reste der sog. Paläste. Es handelt sich dabei um die Wohnhäuser der pergamenischen Könige.
Der nördlichste der vier Bauten ist zugleich der älteste und stammt aus dem Jahr 281 v. Chr. Die später gebauten Paläste übertrafen sich jeweils in ihrer Pracht. Der jüngste Bau, der Palast Eumenes' II., stammt aus dem Jahr 160 v. Chr. Hier wurde ein schönes *Bodenmosaik* gefunden. Diese Paläste waren nach einem einheitlichen Muster gebaut. Um einen mit Säulen verzierten Innen-

Pergamon, Zeus-Altar

hof fügten sich die Wohnräume an. Zu der ebenfalls mit Säulen umrahmten Eingangshalle führte eine Freitreppe.

Theater: Westlich vom Athena-Tempel, direkt am steilen Berghang gelegen, befindet sich das Theater von Pergamon, das Platz für 10000 Zuschauer bot.
Die durch zwei Umgänge und mehrere Treppen unterteilten Sitzreihen erstrekken sich von der Theaterterrasse bis kurz unterhalb des Athena-Tempels und haben eine Gesamthöhe von 37,5 m.
Vor dem Zuschauerraum befinden sich mit Steinen verstärkte Führungslöcher, in die die Balken für das Bühnengebäude eingeführt wurden.
Da Theateraufführungen zunächst nur am Festtag des Dionysos stattfanden, konnte der Holzbau auf- und abgebaut werden. In röm. Zeit wurde diese Holzbühne durch ein steinernes Podium ersetzt.
Zugänglich war das Theater entweder vom Athena-Tempel aus durch einen Tunnel oder von der 250 m langen Theater-Terrasse. Diese Terrasse wird durch 3 mit Pfeilern verstärkte, insgesamt 12 m hohe Stützmauern gesichert. Am Ende dieser Terrasse befindet sich der Dionysos-Tempel.

Pergamon, Unterer Burgberg, Burgtor >

Trajan-Tempel: Wegen der teilweise wiederaufgestellten Säulen sind die Reste des Tempels weithin sichtbar und stellen sicherlich die eindrucksvollsten Reste des antiken P. dar.
Angelegt wurde diese Anlage auf dem Gipfelplateau der Akropolis unter Trajan (98–117 n. Chr.) und dessen Nachfolger Hadrian (117–138 n. Chr.). Es handelt sich dabei um einen an drei Seiten von Säulenhallen umrahmten röm. Podiumtempel, der als Kultstätte zu Ehren der Kaiser Trajan und Hadrian diente.
Der 59 m breite und 66 m lange Platz war künstlich angelegt worden. Zum einen dienten ältere hellenist. Bauten als Grundlage, zum anderen wurde die Fläche durch ein Tonnengewölbe geebnet. Zum steil abfallenden SW-Hang der Akropolis war dieses Gewölbe durch eine bis zu 23 m hohe und 110 m lange Wand abgeschlossen.
In der Mitte dieses gepflasterten Platzes stand der Tempel mit einer korinthischen Säulenordnung von 6 × 10. Unterhalb des Tempels war das Gewölbe besonders verstärkt worden, um die nötige Tragfestigkeit sicherzustellen. Der Tem-

Pergamon, Unterer Burgberg

Blick auf Bergama

pel selbst verfügte über eine Freitreppe im W und über überlebensgroße Statuen der beiden Kaiser im Inneren.
Wie bereits erwähnt, war der Platz nur an drei Seiten von Säulenhallen umgeben. Die offene vierte Seite liegt am steil abfallenden Berghang; von hier aus hat man einen eindrucksvollen Blick auf das Tal und die unterhalb der Akropolis liegende Stadt Bergama. Während die seitlichen Hallen in derselben Ebene wie der Tempel lagen, befand sich die rückwärtige Halle leicht erhöht auf Quadermauern. Die Hallen verfügten über eine ionische Säulenordnung. Bemerkenswert sind dabei die Kapitelle, deren Ausschmückung auf eine besondere äolisch-pergamenische Tradition zurückgeht. Der Hauptteil ist durch Schilfblätter, der Hals mit mehreren Akanthusblättern geschmückt.

Zeus-Altar: Ca. 32 m unterhalb des Gipfels befinden sich auf einer 77 m langen und 69 m breiten Terrasse Reste des auch als Pergamonaltar bezeichneten Zeus-Altars. Die rekonstruierte Front, die vor allem durch den großen *Relieffries* beeindruckt, kam im Zuge von Carl Humanns Grabungen mit Genehmigung der osman. Regierung nach Berlin und ist dort noch heute im Pergamon-Museum zu besichtigen. Dieser Relieffries zeigt den Sieg der olympischen Götter und erinnert damit im übertragenen Sinne an den Sieg Pergamons über die Galater. Auf der dem Hof zugewandten Seite findet man noch einen zweiten Relieffries, der Szenen aus der Telephos-Sage zeigt.
Dieser ca. 36 m lange und 34 m breite Altar war Zeus und Athena geweiht und wurde im Auftrag von Eumenes II. (197 bis 159 v. Chr.) nach dessen Sieg über die Galater (183 v. Chr.) erbaut. Antike Schriftsteller bezeichneten den Bau mit seiner 20 m breiten Freitreppe sogar als Weltwunder.
Der Bau ist folgendermaßen gegliedert: Die Basis bildet eine umlaufende Krepis

Bergama, Kızıl Avlı

von 4 Stufen. Oberhalb dieser Stufen sind 2 Sockel, auf denen sich der 2,30 m hohe Relieffries befindet. Dieser umfaßt das Gebäude und wird im W nur durch die 20 m breite Freitreppe unterbrochen. Diese führte zu einer ionischen Säulenhalle, die die Freitreppe auch an den Seiten als sog. doppelseitiger Risalit umfaßte. Die Säulen waren mit einer Höhe von 2,67 m relativ klein. Die Gebälkhöhe betrug nur 55 cm. Durch diese Säulenhalle hindurch betrat man den mit Pfeilern und Halbsäulen umgebenen Innenhof, in dessen Mitte ein langgestreckter Brandopferaltar stand.

Da der Großteil des Tempels nach Berlin verfrachtet wurde, ist heute nur noch sehr wenig vom prachtvollen Tempel zu sehen. In der Mitte des terrassierten Platzes zeugen die Fundamente aus Andesitquadermauern vom damaligen Standort. In der unmittelbaren Umgebung findet man noch Teile des Oberbaus und des zerstörten Propylons. Im 8. Jh. n. Chr. wurden Teile des Zeus-Altars für den Bau der byzant. Festung verwendet. Im 19. Jh. nutzte man die antiken Quader zur Kalkgewinnung.

UNTERER BURGBERG

Von der oberen Agora führt eine antike Straße zu den Ruinen am Unteren Burgberg. Die heutige Straße führt direkt an der unteren Agora vorbei.

Agora, untere: Unterhalb des Hellenistischen Hauses, kurz bevor die antike auf die moderne Straße trifft, durchschreitet man die untere Agora. Der 64 m lange und 34 m breite Platz war mit Steinplatten gepflastert und an allen 4 Seiten durch zweigeschossige dorische Säulenhallen umrahmt, die an der Hangseite im O und S sogar noch ein Untergeschoß hatten.

Hier fand man auch eine wichtige Inschrift, die sog. *Astynomen-Inschrift,* die heute im Museum von Bergama ausge-

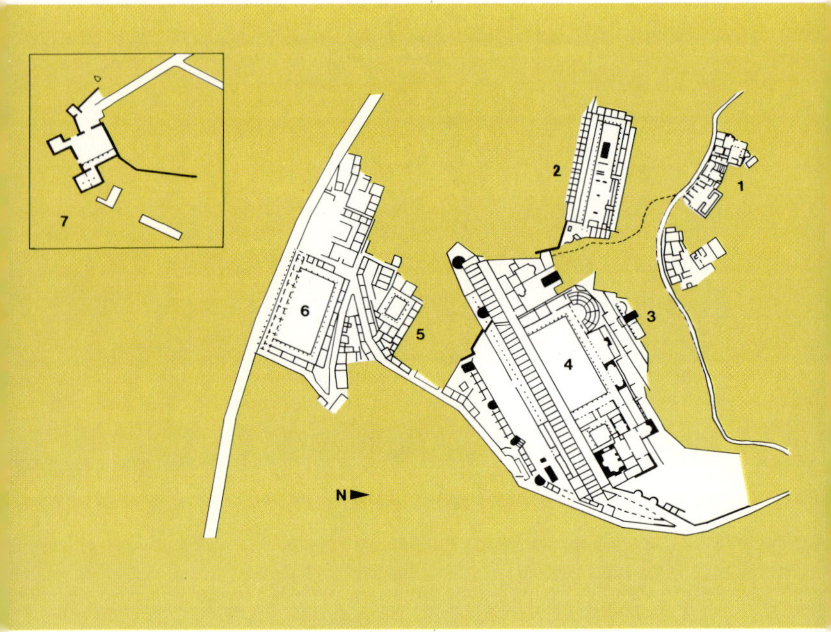

Pergamon, Unterer Burgberg, Eumenes-Tor

Pergamon, Unterer Burgberg 1 Wohnsiedlung mit Gymnasium und Bad, Wirtschaftsräumen, Sälen, Odeion, Garküchen, Laden, und Bankettsaal **2** Demeter-Heiligtum mit Propylon, Tempel, Altar, Hallen, Sitzstufen, Halle, Brunnen und Opferschacht **3** Hera-Heiligtum **4** Oberes Gymnasium mit Dorischem Tempel, Kellerstadion, Waschraum, Auditorium, Ephebeion, Kaisersaal, Therme, Pflasterstraße, Mittlerem Gymnasium, Tempel, Halle, Treppenhaus, Brunnenbecken und Unterem Gymnasium **5** Hellenistisches Haus **6** Untere Agora **7** Eumenes-Tor

stellt wird und die Gesetzestexte aus dem Bau- und Wasserwesen zum Inhalt hat.

Demeter-Heiligtum: Es liegt unterhalb der Wohnsiedlung, s der antiken Straße. Östlich davon befinden sich das Hera-Heiligtum und die Gymnasien.
Der Tempel war Demeter, der Göttin der Feldfrüchte, geweiht. Um sich vor Mißernten und Naturkatastrophen zu schützen, wurde Demeter immer reich beschenkt. Da der Bau im Laufe seiner Geschichte mehrfach erweitert wurde, handelt es sich nicht um ein einheitlich gebautes Heiligtum.

Das auf einer 100 m langen und fast 50 m breiten Terrassenanlage liegende Heiligtum war im 3. Jh. v. Chr. ein einfacher ionischer Antentempel aus Vulkangestein (Andesit), der mit einem marmornen Bukrainienfries geschmückt war. Diesen Tempel und den davorliegenden großen Altar hatten Philetairos (283–263 v. Chr.) und dessen Bruder Eumenes erbauen lassen. Apollonis, Frau von Attalos I. (241–197 v. Chr.), fügte tal- und bergwärts des Tempels am Terrassenrand jeweils eine Säulenhalle an und ließ außerdem Propyläen errichten, durch die man den Heiligen Bezirk betrat. Noch vor diesen Propyläen befand sich ein halbrunder Brunnen und ein Opferschacht, in den Opfergaben für Demeter geworfen wurden.
Die S-Säulenhalle, die das Heiligtum zum Tal hin abschloß, war eine über 90 m lange, zweischiffige Halle. Das Bauwerk wurde durch Mauern gestützt; das äußere Schiff verfügte deshalb über ein mit Fenstern versehenes Untergeschoß.
Unter Antoninus Pius wurde in röm. Zeit der Tempel mit einer Vorhalle und 4 korinthischen Marmorsäulen erweitert. Später wurden auf dem Tempelvorplatz noch weitere Altäre aufgestellt. Am zum

Bergama, Ulu Camii

Bergama, Museum, Exponat

Bergama, Museum

Berg gelegenen Rand wurde noch eine weitere Säulenhalle und eine in den Berg gefaßte Zuschauertribüne mit mehreren Sitzreihen errichtet.

Gymnasien: Die drei Gymnasien am Unteren Burgberg wurden bereits in hellenist. Zeit angelegt, in röm. Zeit dann ausgebaut. Von der antiken Straße führte eine gepflasterte Abzweigung direkt zum oberen Gymnasium.
Die Gymnasien dienten sowohl der geistigen als auch der körperlichen Erziehung von jungen Männern. Dabei gab es drei Altersstufen, wobei jede in einem einzelnen Gymnasium untergebracht war. Das untere Gymnasium beherbergte die Paides, also Jungen unter 15 Jahre. Im Gymnasium auf der mittleren Terrasse wurden die Epheben, die männlichen Jugendlichen zwischen 16 und 20, ausgebildet. Das weitaus größte Gymnasium war das auf der oberen Terrasse. Hier lernten und trainierten die Neoi, die Männer über 20 Jahre.

Im Bereich des *oberen Gymnasiums* findet man Reste eines dorischen Tempels, eines Kellerstadions, eines Waschraums, eines Auditoriums, eines Ephebeions, des Kaisersaals und der Thermen. Bei dem Tempel handelt es sich um ein wahrscheinlich Asklepios geweihten Prostylos ionischer Ordnung aus dem 2. Jh. v. Chr. Dieser Tempel entstand durch einen Umbau eines größeren dorischen Gebäudes, den vermutlich der Architekt Hermogenes durchführte. Östlich davon befindet sich das eigentliche Zentrum des oberen Gymnasiums. Der Hof wurde von drei Seiten von zweigeschossigen korinthischen Säulenhallen umrahmt. Hinter der W-Halle befindet sich der Waschraum, hinter der O-Halle die Therme mit ihren geheizten und ungeheizten Räumen aus Marmor. Südlich des Hofes liegt das 210 m lange und knapp 7 m breite Kellerstadion. Und im N schließen sich an den Hof das Auditorium mit seinen halbkreisförmigen Sitzreihen, das Ephebeion und, die wegen ihrer 2 gegenüber-

liegenden Apsiden, in denen vermutlich Kaiserstatuen untergebracht waren, als »Kaisersaal« bezeichnete Halle an.
Weitaus kleiner liegt das *mittlere Gymnasium* ca. 15 m unterhalb des oberen Gymnasiums. Es stammt vermutlich aus der Zeit Eumenes' II. (197–159 v. Chr.). Am O-Ende dieser Anlage befindet sich ein kleiner Tempel mit einem Altar vor dem Eingang. Der Prostylos hat eine korinthische Ordnung, und in die Wände waren die Namen der Schüler, der Epheben, eingemeißelt. Größtes Gebäude dieses Gymnasiums ist eine lange Halle, die parallel zum Kellerstadion des oberen Gymnasiums verläuft. Ebenfalls zum mittleren Gymnasium gehörte ein dreiläufiges, überwölbtes Treppenhaus und ein über 20 m langes, überdachtes Brunnenbecken. Dieses Treppenhaus führt zu der antiken Straße, die an dieser Stelle zu einem Platz verbreitert worden ist.
Von hier aus führte auch eine Tür zum *unteren Gymnasium,* das lediglich aus einem offenen Platz bestand, der zwischen der Stützmauer des mittleren Gymnasiums und der antiken Straße lag. Im 8. Jh. n. Chr., in byzant. Zeit, wurde dieses untere Gymnasium durch den Bau von Stadtmauer und Wehrtürmen zerstört.

Hellenistisches Haus: An der antiken Straße, zwischen den Gymnasien und der unteren Agora, liegen Reste eines hellenist. Hauses aus dem 2. Jh. v. Chr. Das Haus gehörte laut Inschrift Attalos, der allerdings nicht identisch ist mit den Königen von P. Das Gebäude bestand aus 2 Geschossen und aus einem Innenhof. Dieses Atrium wurde durch eine zweigeschossige Säulenhalle umrahmt und verfügte über 2 Zisternen. Die Räume waren mit farbigen *Mosaiken, Wandmalereien* und *Wandstuck* verziert, deren Reste noch heute zu sehen sind.

Hera-Heiligtum: Zwischen antiker Straße und den Gymnasien, ö des Demeter-Heiligtums, befindet sich das in die Stützmauern gebaute Hera-Heiligtum. Es handelt sich dabei um einen viersäuligen dorischen Tempel mit einem Prostylosgrundriß, dessen Eingang man über eine Freitreppe erreichte. Am Tempel befand sich eine Weihinschrift für Attalos II. (159–138 v. Chr.). Vom Tempel aus hat man einen guten Blick über das unterhalb gelegene Obere Gymnasium.

Bergama, Museum, Kapitell

Eumenes-Tor: Unterhalb der modernen Straße, direkt an der Stadtgrenze des heutigen Bergama, befinden sich Reste des sog. Eumenes-Tores, des Haupttores. Die Toranlage wurde unter Eumenes II. (197–159 v. Chr.) errichtet und war Teil der Stadtmauer, deren Reste entlang der modernen Straße zu sehen sind. Das Eumenes-Tor verfügte über einen sog. *Zwinger,* d. h. die Straße führte im Zickzack durch das Tor, was zusätzlich ein rasches Eindringen von Feinden verhindern sollte.

BERGAMA

Dort, wo sich heute die Altstadt des türk. Bergama befindet, war in röm. Zeit die Unterstadt angesiedelt, was zahlreiche Gebäude beweisen. Aber nicht nur wegen der antiken Zeugnisse lohnt ein Bummel durch Bergama, sondern auch wegen der verwinkelten Gassen, der schattigen Teegärten in den Hinterhöfen und der alten Fachwerkhäuser. Die Altstadt mit ihren Moscheen und ihrem montäglichen Markt ist für die Bauern aus der Umgebung, die häufig noch per Pferdewagen anreisen, ein wichtiges Zentrum, was das pulsierende Leben auf den Straßen beweist.

Bedesten: In der Nähe der Cadıvanlı Camii befindet sich der Basar von B. mit Bedesten, Basargebäuden, aus dem 15. Jh.

Cadıvanlı Camii: Die Moschee wurde 1550 erbaut. Das *Minarett* aus glasiertem Ziegelmauerwerk direkt daneben ist ein Überbleibsel einer älteren Moschee aus dem 14. Jh.

Kızıl Avlı (Rote Halle): Überragendes Bauwerk im heutigen B. ist noch immer die Rote Halle. Die mächtige Ruine eines röm. Sakralbaus aus der Mitte des 2. Jh. n. Chr. wurde aus rotem Ziegel gebaut und war der Hauptbau einer großzügigen Tempelanlage. Vor der Halle befand sich ein 260 m langer und 110 m breiter Vorplatz, der künstlich errichtet und sogar über den Fluß gebaut worden war. Auf diesem Vorplatz wurden große Teile der Altstadt von B. errichtet.
Die früher mit Marmor verkleidete Haupthalle ist 60 m lang, 26 m breit und heute noch bis zu 19 m hoch. Das Innere betritt man durch 7 m hohe Türen. Der ursprüngliche Grundriß ist wegen dem späteren Einbau einer Kirche nur schwer zu erkennen. Der vordere Teil war mit Marmorplatten ausgelegt. In der Mitte des Raumes befand sich ein breites, flaches Wasserbecken. Anschließend folgte ein tiefer Graben, hinter dem sich ein 1,5 m hohes und 10 m breites Podium erhob. Auf dieser Erhöhung stand eine quadratische, 4,6 m breite Basis, die als Fundament für ein ca. 12 m hohes Kultbild diente. Durch unterirdische Gänge konnten Priester dieses Kultbild betreten und wohl auch »zum Sprechen« bringen. Seitlich an diese Mittelhalle schlossen sich zwei Rundbauten an, wovon der n heute noch als *Moschee* benutzt wird. Ebenfalls r und l des Hauptbaus befanden sich von Hallen umrahmte Brunnenanlagen. Diese Hallen wurden nicht nur durch Säulen, sondern im O der Anlage in Anlehnung an ägypt. Traditionen auch

Bergama Asklepieion, Pergamon-Str. zum Asklepieion

durch Marmordoppelfiguren gestützt, was darauf schließen läßt, daß die Anlage dem ägypt. Gott Serapis geweiht war. Vor dem mächtigen Hauptbau stand eine weitere Säulenhalle, die sich über die ganze Breite des Vorplatzes erstreckte.

Römisches Amphitheater: Westlich der Altstadt B. liegen Reste eines röm. Amphitheaters, die man in Kleinasien nur sehr selten findet. Das Amphitheater war in einer Talmulde über einem Bach angelegt. Durch Aufstauen des Flusses konnte die Bühne unter Wasser gesetzt und für Seeschlachten (Numachien) benutzt werden.

Römisches Theater: Ein paar hundert Meter s des Amphitheaters sind Reste, wie ein Bogen, eines röm. Theaters zu erkennen. Hier endete auch die antike Straße zum Asklepieion.

Seldschukisches Hamam: Auf der anderen Flußseite, unweit der Ulu Camii, steht ein stark beschädigtes Hamam mit mehreren Kuppelräumen aus der seldschukischen Zeit.

Tabak Köprüsü (Tellerbrücke): Die Tellerbrücke liegt flußaufwärts vor der Roten Halle und stammt aus röm. Zeit. Hier befindet sich auch der Eingang zum Doppeltunnel, durch den der Fluß unter die Tempelanlage geführt wurde, und der Rest einer hellenist. Brücke.

Üç Kemer Köprüsü (Dreibogenbrücke): Die Brücke befindet sich flußabwärts hinter der Roten Halle. Wegen der Konstruktion aus drei Quaderbögen wird diese röm. Brücke Üç Kemer Köprüsü, Dreibogenbrücke, genannt. Neben der Tabak Köprüsü ist sie eine der beiden noch heute vorhandenen Brücken aus röm. Zeit.

Ulu Camii: Die Ulu Camii, Große Moschee, liegt n des Stadtzentrums am Fluß und ist die Hauptmoschee von B. Der Bau wurde bereits unter Sultan Yıldırım Beyazid in den Jahren 1398/99 errichtet. Die Ulu Camii ist ein dreischiffiger, quadratischer Bau mit drei Kuppeln über dem Mittelschiff und einer schön verzierten Gebetsnische. Die Brücke, die von der Altstadt zur Moschee führt, stammt aus osman. Zeit.

Museum: Das Museum von B. befindet sich außerhalb der Altstadt an der Hauptstraße Richtung İzmir und zeigt hauptsächlich Funde aus P. Im Vorhof und in den Hallen sind Kapitelle, Gebälkteile und Reliefs aus hellenist. bis byzant. Zeit ausgestellt. In der n Halle befinden sich Inschriften, darunter auch die sog. *Astynomen-Inschrift,* durch die Bau- und Wassergesetze überliefert wurden. Zu sehen sind außerdem Figuren, wie eine reichverzierte römische Statue vom Trajaneum, und zahlreiche Kleinfunde, wie Friesfragmente, Keramikfunde, Bronzestatuetten und dergleichen, die nicht nur aus P., sondern auch aus Çandarı (Pitane) stammen. In der ethnographischen Abteilung werden außerdem Textilien und volkstümliche Gebrauchsgegenstände ausgestellt. Auch ein Modell des Zeus-Altars ist zu sehen. Das Original und viele weitere bedeutende Funde aus P. werden dagegen im Berliner Pergamon-Museum ausgestellt.

Grabhügel Maltepe und Yiğma Tepe: Östlich der Hauptstraße nach İzmir, s

Bergama Asklepieion, Asklepieion, Stoa

Bergama Asklepieion, Asklepieion, Kapitell

der Altstadt liegt der pergamenische Grabhügel *Maltepe*. Der Hügel hat einen Durchmesser von 170 m und ist von einer Mauer umfaßt. Durch einen 70 m langen, dunklen Gewölbegang erreicht man die Grabkammer, die jedoch schon vor der Entdeckung geplündert worden ist. Die Gewölbeformation läßt als Baudatum auf das 2. oder 3. Jh. n. Chr. schließen. – 1 km sö liegt ein weiterer, noch höherer Grabhügel. Der *Yiğma Tepe* ist von einer mörtellosen Mauer aus Quadern umrahmt und deshalb vermutlich älter als Maltepe. Eine Grabkammer wurde jedoch noch nicht gefunden.

ASKLEPIEION

Von der Hauptstraße Richtung İzmir stadtauswärts zweigt nach r eine Straße ab, die direkt zum Asklepieion führt. Da die Anlage außerhalb der Stadt in einer Talsenke liegt, wurde sie in späterer Zeit nicht besiedelt und blieb damit weitgehend unverändert. Aus diesem Grund zählt das Asklepieion von Pergamon zu einem der bedeutendsten Ruinenkomplexe aus röm. Zeit.

Bereits Homer erwähnt in der »Ilias« einen gewissen Asklepios. Dabei handelte es sich um einen Heros, der Arzt und Schüler des Kentauren Chiron war. Ab dem 5. Jh. v. Chr. wurde Asklepios als Gott verehrt. Der Kult hatte seinen Ursprung vermutlich in Epidauros oder auf der Insel Kos und kam später nach P. Nach dem Vorbild des Komplexes in Epidauros entstand im 4. Jh. v. Chr. das Asklepieion von P. In der Talsenke befand sich auch eine Quelle, deren Wasser angeblich heilend war.

Als bedeutendster Vertreter dieses Kultes galt in P. der Arzt Galen (129–199 n. Chr.), der das medizinische Wissen der Antike zusammenfaßte und dessen Erkenntnisse sogar noch auf die Medizin des MA großen Einfluß ausübten. Grundlage dieser Medizin ist die sog. Viersäftelehre (Humoraltherapie). Aus dieser Theorie stammen die noch heute gebräuchlichen Begriffe »Choleriker«, »Melancholiker«, »Sanguiniker«, »Humor« und »Phlegma«. Galen begann seine Karriere als Gladiatorenarzt und forschte vor allem auf den Gebieten der Chirurgie, Anatomie und Pharmakologie.

Überliefert wurde die in P. gebräuchliche Therapie von dem Rhetoriker und Schriftsteller Ailios Aristides (117–187 n. Chr.). Er beschrieb ausführlich, wie er die Wechselbäder, Dauerläufe und Brunnenkuren erlebte, und was er im Heilschlaf träumte.

Obwohl das Asklepieion schon am Ende des 4. Jh. entstand, ist von hellenist. Bauten nur wenig übriggeblieben. 175 v. Chr. zerstörte ein Erdbeben die Gebäude, und 156 v. Chr. verwüstete das Heer des Königs von Bithynien, Prusias II., die Vorstädte von P. Die noch heute sehr gut erhaltenen Ruinen stammen meist aus dem 2. Jh. n. Chr. Unter den Kaisern Trajan und Hadrian ist damals der Gesamtkomplex nach einem einheitlichen Plan angelegt worden.

Die Anlage stieg zu einem der wichtig-

Bergama, Asklepieion, Architrav

sten Wallfahrtsorte der damaligen Zeit auf. Aus dem gesamten Röm. Reich kamen die Bürger, um das Heilwasser zu trinken, in den heiligen Becken zu baden oder Schlammbäder zu nehmen. Vor allem die Verbindung zwischen Körper und Geist, zwischen Medizin, Psychologie, Religion, Magie und Mystik machten den Ort unvergleichbar.

Von P. aus erreichte man in der Antike das Asklepieion über eine 820 m lange Prunkallee, die auf beiden Seiten über Fußwege aus Marmor verfügte. Neben der als *via tecta* bezeichneten Verbindungsstraße standen entlang der Strecke Portiken, Geschäfte, Versammlungssäle und natürlich auch Gräber. Von diesen Bauten neben der Straße sind heute noch ein Straßenbrunnen, ein Rundgrab aus der Zeit Kaiser Augustus' und ein Grabmonopteros zu sehen.
Am Ende traf die Straße fast in einem 45°-Winkel auf **Propyläen,** die mit ihrem von Kolonnaden umgebenen Hof und der anschließenden Freitreppe den eigentlichen Eingang zum insgesamt 130 m langen und 110 m breiten Heiligen Bezirk darstellten.

Bibliothek: Sie befand sich r der Propyläen. Da Favia Metilina die Bibliothek Hadrian gewidmet hatte, stand in einer Nische gegenüber vom Eingang ein Standbild des Kaisers. In den anderen Nischen dieses quadratischen Gebäudes waren die Schriftrollen aufbewahrt worden. Neben religiösen und philosophischen wurden hier auch medizinische Werke gesammelt.

Telephoros-Tempel: In der SO-Ecke des Heiligen Bezirks befand sich ein weiterer Rundbau, der sog. Telephoros-Tempel (Telephoros war der Sohn von Asklepios). Die Kuppel hatte einen Durchmesser von 26,5 m. Das Zentrum bildete ein kreisförmiger Saal, von dem aus 6

hufeisenförmige Apsiden abzweigten. Das Untergeschoß bestand aus 2 ringförmigen Tonnengewölben, in deren Wände Brunnen eingebaut worden waren. Das Heilwasser wurde durch einen 80 m langen Tunnel von der Quelle hierher geleitet. Sogar eine mit Marmor verkleidete WC-Anlage war hier vorhanden. Unter den 40 Sitzen befand sich ein ständig durchspülter Abwasserkanal.
Andere Autoren nennen den Telephoros-Tempel auch Kursaal und weisen das Gebäude als Behandlungszentrum aus. Doch damit allein wird man dem Gebäude nicht gerecht. Hier treffen vielmehr Kult und Medizin zusammen, was auch in der Größe des Bauwerkes deutlich wird.

Zeus-Asklepios-Tempel: Zur Linken der Propyläen ist er in Form eines Pantheons mit einem Kuppeldurchmesser von fast 24 m gebaut. Es ist damit ein kleinerer und einfacherer Nachbau des hadrianischen Pantheons von Rom, welches einen Kuppeldurchmesser von 44 m hatte. Gestiftet wurde dieser Tempel zu Ehren von Zeus und Asklepios ca. 140 n. Chr. von Konsul Lucius Rufinus. Über eine Freitreppe erreichte man die mit 4 Säulen geschmückte Vorhalle. Anschließend betrat man den Rundbau, dessen 8 Nischen abwechselnd rund und eckig waren. Für das nötige Licht sorgte vermutlich, wie beim röm. Vorbild, eine runde Öffnung in der Mitte der Kuppel.

Außerdem sehenswert: Während Bibliothek, Propyläen, Zeus-Asklepios-Tempel und Telephoros-Tempel den Heiligen Bezirk nach O abschlossen, wurden unter Hadrian die anderen 3 Seiten durch *ionische Säulenhallen* begrenzt.
Westlich und außerhalb des Heiligen Bezirks sind Reste einer *dorischen Säulenhalle,* die aus hellenist. Zeit stammt, zu erkennen. – Fast in der Mitte des Platzes befand sich der *Asklepios-Tempel,* der jedoch weitaus kleiner war als die beiden Rundtempel am Rande des Heiligen Bezirks.
Vor der Freitreppe des Asklepios-Tempels sprudelte die *Heilige Quelle.* Südlich davon befanden sich zusätzliche Schöpfbrunnen und vermutlich auch Gebäude für den heilenden Tempelschlaf, der sog. Inkubation. – In der NW-Ecke des Heiligen Bezirks wurde in die Mulde eines Hanges ein *Theater* mit rund 3500 Sitzplätzen eingebaut.

Bergama, Asklepieion, Theater

Phaselis
Antalya

Höhe: 20 m S. 291 □ F 6

Aufgrund der günstigen Lage wurde Ph. von den Rhodiern schon früh als griech. Überseekolonie benutzt. Über die genaue Gründungsgeschichte gibt es widersprüchliche Überlieferungen. Laut Aristeinetos soll der Rhodier-Führer Lakios die Stadt 690 v. Chr. gegr. haben. Grundlage für die friedliche Gründung war demnach ein Geschäft zwischen Lakios und einem einheimischen Hirten namens Kylabros. Lakios bot dem Hirten für das Land wahlweise Getreide oder Salzfische, woraufhin sich der unerfahrene Einheimische für die Salzfische entschied. Aus dieser Überlieferung heraus stammt wahrscheinlich auch der Brauch, Salzfische zu opfern, sowie die sprichwörtliche Umschreibung »Ein Opfer der Phaseliten« für eine nutzlose Opfergabe. Nach anderen Quellen soll dagegen schon vor 690 v. Chr. König Mopsos die Stadt gegr. haben. Die Siedlung habe demnach auch zunächst Mopsopia geheißen. Weitere frühere Namen von Ph. sind Pityusa und später Pharsalos.

Aufgrund der günstigen Lage entwickelte sich Ph. schnell zu einer bedeutenden Handelsstadt, die mit dem Stadt-, N- und S-Hafen gleich über 3 Umschlagplätze verfügte. So erlaubte der ägypt. König Amasis (570 bis 526 v. Chr.) den Phaseliern eine Filiale in im Nildelta gelegenen Naukratis, dem Hauptumschlagplatz im griech.-ägypt. Handel. Neben der geographischen Lage zwischen O und W profitierte Ph. auch von einem günstigen Hinterland. So verfügten die Phaselier nicht nur über einen üppigen Holzbestand, sondern konnten auch Blumenprodukte wie Rosenöl und wohlriechende Salben exportieren. Die Bedeutung der Häfen unterstreicht auch die erste Silbermünze aus dem Jahr 466 v. Chr., die ein Schiffsvorderteil zierte. In späterer Zeit wurden die Münzen hauptsächlich mit den Lieblingsgöttern Athena und Apollon verziert.

Die Stadt stand bereits damals unter persischer Oberhoheit. Als Kimon 466 v. Chr. einen Feldzug gegen die Perser unternahm, blieben die Phaselier den Persern treu. Nach der »Befreiung« wurden sie deshalb hoch besteuert. Dank der Vermittlung durch die Chier blieb Ph. jedoch Schlimmeres erspart. Plutarch: »Als Kimon nach Ph. kam, fand er bei den Bürgern, wiewohl sie Griechen waren, schlechte Aufnahme. ... Da begann er, ihr Land zu verwüsten und die Stadt anzugreifen. Doch die mit ihm fahrenden Chier, die eine lange Freundschaft mit den Phaseliten unterhielten, taten ihr Bestes, um ihn zurückzuhalten. ... Schließlich brachten sie die beiden Parteien zur Einigung. Die Ph. stimmten zu, zehn Talente zu zahlen und Kimon auf seinem Zug gegen die Barbaren zu begleiten.«

Für einen horrenden Beitrag von 6 Talenten wurde Ph. Mitglied im Attisch-Delischen Seebund und zahlte damit genauso viel wie das weitaus reichere Ephesos, blieb aber dafür, wie die anderen Bündnispartner, eine autonome Stadt. Um Angriffe von Peloponnesern zu verhindern, schickte Athen 430/429 v. Chr. sogar 6 Kriegsschiffe nach Ph. Im Krieg zwischen dem persischen Satrapen von Karien, Mausolos, und dem König von Limyra, Perikles, in der ersten Hälfte des 4. Jh. v. Chr. kämpfte Ph. auf sei-

Phaselis,
Blick vom Theater auf die Agora

Phaselis, Aquädukt

ten Mausolos'. Als Alexander der Große nach der Schlacht am Granikos 334 vor Christus Richtung Lykien marschierte, schickte ihm Ph. Gesandte entgegen, die ihm eine goldene Krone überreichten. Mit Hilfe von Alexander konnte Ph. eine nahe gelegene Raubburg der Pisider ausheben und damit die Handelswege sicherer machen.

Nach Alexanders Tod fiel Ph. unter die Herrschaft der ägypt. Ptolemäerkönige. Ein Versuch von Antigonos, die Stadt zu erobern, scheiterte 309 v. Chr. Zeugnisse der Fremdherrschaft sind Münzprägungen, die die Isisverehrung dokumentieren. Nach der ägypt. Herrschaft übernahm 197 v. Chr. kurzfristig Antiochos d. Gr. von Syrien die Gebiete Lykien und Pamphylien, unterlag aber bereits 190 v. Chr. den von Ph. unterstützten Römern und Rhodiern in der Schlacht von Magnesia. Nach einer kurzen Zeit unter rhodischer Herrschaft erklärte der römische Senat 167 v. Chr. ganz Lykien einschließlich Ph. für frei.

Gegen Mitte des 2. Jh. v. Chr. trat Ph. dem Lykischen Bund bei, wurde aber 100 v. Chr. von Piraten eingenommen, die erst 78 v. Chr. durch den röm. Feldherrn Servilius Vatia vertrieben wurden. Anschließend wurde Ph. wieder Mitglied des Lykischen Bundes; die Bürger der Stadt legten sogar ihre griech. Namen ab und nahmen lykische an.

Auf seiner Flucht vor Cäsar machte Pompeius kurzfristig hier Station. Als Brutus 42 v. Chr. Xanthos eroberte, ergab sich Ph. kampflos und wurde 43 v. Chr. dem Römischen Reich angegliedert.

Als Kaiser Hadrian 129 n. Chr. die Stadt besuchte, bauten ihm zu Ehren die Bürger ein Tor, errichteten mehrere Statuen und legten sogar ein Forum an.

Mitte des 6. Jh. n. Chr. litt die Stadt unter Arabereinfällen und wurde zerstört. Erst im 7. und 8. Jh. erlebte Ph. eine neue Blüte, als es Byzanz als Flottenbasis diente. Mitte des 12. Jh. n. Chr. eroberten die Seldschuken die Stadt.

Phaselis, Tetragonos Agora

Stadtrundgang: Die Stadt ist geprägt durch ihre Lage auf einer Landzunge. Aus diesem Grund verfügte die Stadt n und s der Landzunge über zwei natürliche **Häfen.** Im N wurde außerdem ein noch besser geschützter Stadthafen angelegt. Dieser heute stark versandete Stadthafen hatte eine fast runde Form und wurde durch eine Mole begrenzt. Die 18 Meter breite Hafeneinfahrt soll verschließbar gewesen sein und wurde durch zwei Wehrtürme gesichert. Der S-Hafen lag dagegen ungeschützt außerhalb der Mauern. Der N-Hafen wurde von Klippen begrenzt, auf denen eine Befestigungsanlage errichtet worden war.

Die Stadt läßt sich demnach in vier Teile gliedern, in die Akropolis, Innen-, W- und N-Stadt. Die Hauptstraße in der Innenstadt verbindet die beiden natürlichen Häfen miteinander. Die **Straße** beeindruckt noch heute durch ihr großes Pflasterwerk, unter dem sich ein Abwasserkanal befindet. An dieser Straße liegen auch die meisten noch heute sichtbaren Bauten, wie die Agoren (Tetragonos Agora, Domitianische Agora, Agora), das Hadrianstor am S-Ende der Straße und das Badehaus, das direkt vor dem Theater liegt. Aufgrund der Hanglage dominierte das Theater das Stadtbild. Die Cavea bot rund 1500 Zuschauern Platz, und zur fast 20 Meter breiten Orchestra führten 5 breite Tore.

Mittelpunkt der Innenstadt ist ein kleiner Platz vor dem Badehaus, wo die Hauptstraße einen Knick macht. Nordwestlich wird dieser Platz durch die 37 × 33 m große **Tetragonos Agora** begrenzt, die wahrscheinlich zu Zeiten Hadrians entstand. In diese Agora wurde Anfang des 6. Jh. n. Chr. eine dreischiffige **Säulenbasilika** gebaut, deren Apsis noch heute sichtbar ist.

Östlich befindet sich die schwerzugängliche und mit einer Mauer an der Meerseite gutgeschützte **Akropolis.** Aufgrund von hier gefundenen Scherben darf man annehmen, daß sie wahrscheinlich der älteste Teil der Stadt ist. Hier stand auch

der Tempel der Athena Polias, in dem Pausanias den Speer des Achilleus aufbewahrt haben soll.
Außerhalb der Innenstadt, nahe dem heutigen Parkplatz, befinden sich Reste des **Aquädukts.**
Ebenfalls in der näheren Umgebung findet man Teile der Stadtbefestigung, Hausruinen und Nekropole. Nordöstlich der Stadt liegt ein im Sommer ausgetrockneter Sumpf, den Strabon (64–23 n. Chr.) noch als See erwähnte. Südlich des Sees lag die **W-Stadt.**
Hier soll während der Kaiserzeit ein zentrales Heiligtum gestanden haben.
Nördlich des Sees bzw. Sumpfes, auf einem Plateau, befand sich die **N-Stadt.**
In deren Nähe, am Steilabfall des Plateaus, begann auch das Aquädukt, das die Innenstadt mit Quellwasser versorgte.

Phokäa/Foça

Einw.: 10000 S. 290 □ B 4

Das antike Ph. und heutige Foça wurde im 8. Jh. v. Chr. von Ioniern gegr. Von hier aus wurden dann weitere Siedlungen wie Lampsakos, Amisos und Tartessos gegr. 544 v. Chr. belagerten die Perser die Stadt.

Phokäa, Taşkule

Nach der Flucht nach Chios und Korsika waren die Phokäaer so geschwächt, daß sie 494 v. Chr. mit nur drei Schiffen am ionischen Aufstand gegen die Perser teilnehmen konnten.
In der Tributliste des Attisch-Delischen Seebundes waren sie denn auch als einer der ärmsten Mitglieder aufgeführt. Taktisch unklug wandten sich die Phokäaer später mehrmals gegen Rom. Die Folge: Die Hafenstadt verlor zu Gunsten Smyrnas (İzmir) immer mehr an Bedeutung. 1275 wurde dann ein genuesisches Kastell errichtet, und 1455 fiel die Stadt an die Osmanen.
Das eindrucksvollste Zeugnis des antiken Ph. liegt 7 km außerhalb der Stadt, an der Straße in Richtung İzmir.
Es handelt sich dabei um das sog. **Taşkule,** ein 6 m hohes Grabmonument mit zwei Kammern.
In der Nähe einer heutigen Schule wurden Reste eines ionischen **Tempels** entdeckt.
Südlich der Stadt befindet sich ein heute als »Şeytan hamamı« (»Teufelsbad«) bezeichnetes **Kammergrab.**

Pinara

S. 291 □ E 6

Auf der Straße von Fethiye Richtung Kaş zweigt 20 km nach Kemer eine Seitenstraße nach P. ab.
Schon von weitem kann man die über 900 Gräber erkennen, die in die steile Felswand getrieben wurden.
Pfeilgräber deuten auf eine Besiedlung ab dem 5. Jh. v. Chr. hin. Der Überlieferung nach wurde P. von Xanthos gegr. Lykische Inschriften aus dem 4. Jh. v. Chr. belegen zumindest eine enge Beziehung zwischen den beiden Städten.
Die Stadt wurde, wie seine Nachbarn, 334 v. Chr. von Alexander d. Gr. erobert und zählte im 2. Jh. v. Chr. mit seinem dreifachen Stimmrecht zu den sechs wichtigsten Städten im Lykischen Bund.
Schon unter den Römern verlor die abgelegene Stadt immer mehr an Bedeu-

tung, war aber dennoch in byzant. Zeit Bischofssitz. Im MA wurde die Stadt durch ein Erdbeben zerstört und 1840 von Ch. Fellows wiederentdeckt.
Vielleicht nahm die Stadt sogar auch am Trojanischen Krieg teil. Homer berichtet von einem Bogenschützen Pandaros, der auf seiten der Trojaner kämpfte, und Strabon (64–23 n. Chr.) hat überliefert, daß sich in Pinara ein Kult für Pandaros befand.

Akropolis: Der unverwechselbare, 450 m hohe Felsbuckel mit seinen von über *900 Gräbern* wabenförmig durchlöcherten Steilwänden stellt die Akropolis von P. dar.
Die Gräber haben keinen Zugang. Von oben ließ man Arbeitsbühnen an Stricken herunter, um so die Gräber aus dem Fels zu hauen.
Plinius bezeichnete denn auch die Steinmetze von Pinara anschaulich als Vogelmenschen. Die abgerundete Gipfelkuppe gab der Stadt vermutlich auch den Namen, da das lykische Wort »pinara« rund bedeutet.
Auf dem ansonsten unbewohnten Felsplateau befinden sich Reste einer *Gipfelfestung,* weshalb das Plateau auch als Oberburg bezeichnet wird.
Da es hier oben keine Quelle gibt, dürfte die Akropolis nur als letzte Zufluchtsstätte vor Feinden gedient haben. Das Plateau erreicht man am besten mit einem ortskundigen Führer von S aus über einen steilen Pfad.

Königsgrab: Nahe einer Quelle, unterhalb der eigentlichen Siedlung, befindet sich ein besonders schönes lykisches Reliefgrab, das auch als Königsgrab bezeichnet wird. Die Grabfront ahmt einen ionischen Tempel nach.
Reliefs bedecken Türsturz und Giebel. In der Vorhalle entdeckt man Skizzen von antiken Städten. Welche Orte dabei dargestellt werden, ist nicht bekannt. Die Vermutungen reichen von P. über Xanthos bis Telmessos. – In der Nähe befindet sich noch ein weiteres eindrucksvolles *Grab.*
Die spitzbogige Fassade ist einem Sarkophag nachempfunden, und der Giebel wird durch zwei Hörner abgeschlossen. Von hier aus führt auch eine Treppe hinauf zum eigentlichen Stadtgebiet.

Stadtgebiet: Am ö Fuß der Akropolis erstreckt sich das eigentliche Stadtgebiet von P. In dem überwucherten Gelände entdeckt man Ruinen eines Podiumtempels aus dem 2. Jh. n. Chr., der Agora, des Odeions, eines Stadttors, sowie nö der Stadt eine Gruppe von Sarkophagen mit Spitzbogengiebeln. Das *Odeion* (oder möglicherweise Bouleuterion) war ein kleiner, überdachter Bau, dessen 13 Sitzreihen konzentrisch angeordnet waren und 800 Menschen Platz boten.

Theater: Das freigelegte Theater, das sich ö der Stadt an einen kleinen Hügel anlehnt, lag außerhalb der Stadtmauern. Es wurde unter den Griechen im 2. Jh. v. Chr. errichtet und unter röm. Herrschaft nicht, wie sonst üblich, umgebaut. Gut erhalten ist die mehr als halbkreisförmige Cavea, die mit ihren 27 Sitzreihen rund 3200 Zuschauern Platz bot. Vom Bühnenhaus sind dagegen nur noch Fundamentreste sichtbar.
Der langgestreckte Bau besaß zur Orchestra hin 5 Türen, und vor der Türwand stand ein Proszenium mit dorischen Säulen.

Pinara, Akropolis, Felsengräber

Pitane/Çandarlı

S.290 □ B 4

Das antike P. und heutige Çandarlı wurde der Sage nach von der Amazone Pitane gegr. Aus antiker Zeit sind nur noch einige Mauerreste erhalten. Funde aus einer archaischen **Nekropole** werden in den Museen von Pergamon, İzmir und İstanbul ausgestellt. Aus dem 13. Jh. stammt ein genuesisches **Kastell,** das mit seinen 5 schlanken Ecktürmen das Stadtbild beherrscht.

Priene

Aydın

H.: 36–130 m S.290 □ C 5

Die antike Hafenstadt P. liegt durch die Verlandung des Büyük Menderes heute mehrere Kilometer vom Meer entfernt im Landesinneren. Von Söke aus folgt man der Straße Richtung Bodrum, biegt dann nach 4 km r ab und folgt der Nebenstrecke bis zum 10 km entfernten Ort Güllübahçe, in dessen Nähe sich die Ruinen von P. befinden. Diese Straße führt anschließend weiter zu den Ruinen von →Milet und →Didyma.

P., das sich unter einer steilen Akropolis erstreckte, entstand hier im Zuge einer Neuanlegung in der Mitte des 4. Jh. v. Chr. Wo sich das ursprüngliche P., das aufgrund der Verlandung aufgegeben werden mußte, befindet, ist unbekannt. Alle Suchaktionen waren bislang erfolglos. Auch das Gründungsdatum ist demnach ungewiß. Da aber P. Mitglied des seit dem 7. Jh. v. Chr. existierenden ionischen Städtebundes war, ist eine über die Neugründung im 4. Jh. hinausgehende Geschichte bewiesen.

Auf dem Stadtgebiet von P. lag auch das Haupttheiligtum des Ionischen Bundes, das sog. Panionion (→Kuşadası). Heiligtum und Stadt sind allerdings durch eine Gebirgskette getrennt, weshalb man das Panionion besser von Kuşadası aus besucht.

Außerdem ist überliefert, daß die Lyder zwischen 645 und 546 v. Chr. über die Stadt herrschten. Der berühmteste Bürger dieser Zeit war Bias.

Der Staatsmann wurde wegen seiner diplomatischen Urteile hochgeehrt und zählte u. a. mit Solon zu den Sieben Weisen. Zwei seiner Thesen lauten: »Die

Pinara, Theater

meisten Menschen sind schlecht.« Und: »Gewinne durch Überzeugen, nicht durch Gewalt.«
Nach den Lydern nahmen die Perser die Stadt ein, die sie 494 v.Chr. wegen ihrer Teilnahme am ionischen Aufstand niederbrannten.
Der neue Standort nach der Neugründung hatte gleich mehrere Vorteile: Die steile Akropolis schützte vor Feinden, zahlreiche Quellen sorgten für Wasser, und die Lage auf dem Hügel machte zum einen eine erneute Bedrohung durch den Fluß unmöglich, zum anderen war es hier windiger als in der Ebene.
Sprich: Die Mückenplage wurde somit beseitigt. Der zur Stadt gehörende Hafen wurde ein paar Kilometer entfernt angelegt.
Als erstes öffentliches Gebäude wurde mit dem Bau des Athena-Tempels, des Hauptheiligtums von P. begonnen. Obwohl der Bau später auch von Alexander d. Gr. finanziell unterstützt wurde, konnte der Tempel erst im 2. Jh. v. Chr. endgültig fertiggestellt werden.
Nach dem Tod von Alexander d. Gr. war P. Spielball im Diadochen-Streit. Zunächst herrschte hier Lysimachos von Thrakien, dann zogen die Seleukiden in der Stadt ein, es folgten die Ptolemäer von Ägypten, bevor schließlich die Pergamener die Stadt eroberten.
Pergamon mußte in seiner Herrschaft über die Stadt zahlreiche Streitigkeiten zwischen P. und Samos schlichten. Zankapfel war dabei die Ebene beim Panionion.
155 v.Chr. ergriff P. im Kampf um die Herrschaft über Kappadokien die Partei von Orophernes, dessen großen Silberschatz sie im Athena-Tempel verwahrte. Dessen Gegner Ariarathes V., der auch mit Attalos II. verbündet war, war jedoch übermächtig, und die Stadt mußte anschließend unter dieser Niederlage leiden. Ab 129 v.Chr. gehörte P. dann zur römischen Provinz Asia.
Im 6. Jh. n. Chr., in byzant. Zeit, erhielt die Stadt eine Bischofskirche, und die Agora wurde mit einem Kastell überbaut. Im MA verödete die Stadt, was den Archäologen Humann und Wiegand zugute kam, entdeckten sie doch eine nahezu unversehrte, spätklassische ionische Stadtanlage. Wegen des guten Zustandes wird Priene auch oft als »Pompeji Kleinasiens« bezeichnet. Funde aus Priene sind in den Museen von Milet, İstanbul, London und Berlin ausgestellt.

Bei der Neugründung wurde P. von dem Architekten Hippodamos von Milet planmäßig angelegt.
Das Raster durchzog das Stadtgebiet in ns und wö Richtung.
Alle Gebäude fügten sich diesem strengen, schachbrettartigen Schema, bis auf das Stadion, das aufgrund der Geländesituation diagonal angelegt wurde, und das Demeter-Heiligtum, das außerhalb des Rasters lag.
Da die wenigen W-O-Straßen den gesamten Verkehr aufnehmen mußten, wurden sie mit 7 m Breite großzügig angelegt.
Die N-S-Verbindungen spielten dagegen eine geringere Rolle, zumal die Fahrbahnen aufgrund der Steigung teilweise durch Treppen unterbrochen wurden, und hatten nur eine Breite von 4 m. Durch das Straßennetz wurde die Stadt in die vier Bereiche Religion, Politik, Wirtschaft und Kultur geteilt.
Das Raster bildete insgesamt 90 »insulae«. Auf jeder dieser 47,5 × 35,4 m gro-

Pitane, Kastell

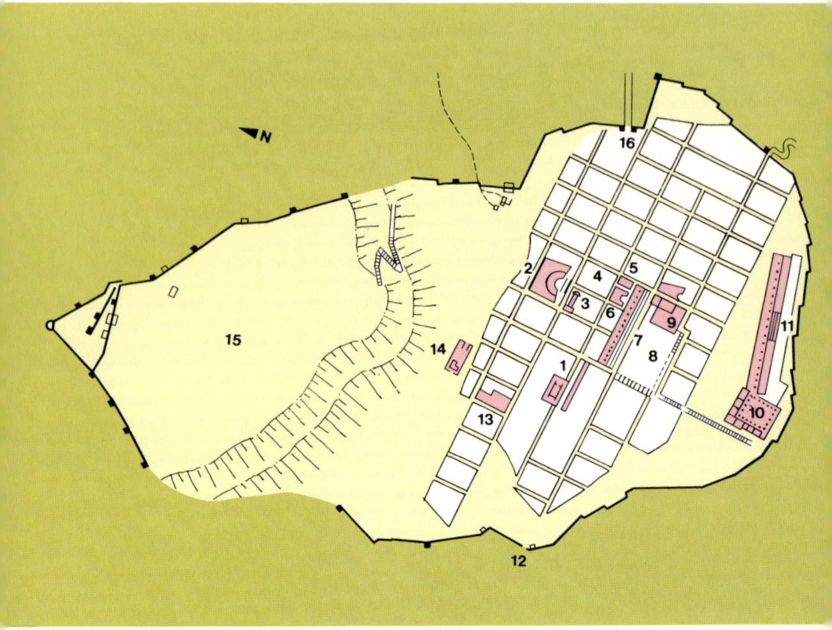

Priene, Athena-Tempel

Priene 1 Athena-Tempel **2** Theater **3** Byzant. Kirche (Bischofskirche) **4** Oberes Gymnasium **5** Prytaneion **6** Bouleuterion **7** Stoa (Säulenhalle) **8** Agora **9** Zeus-Tempel **10** Unteres Gymnasium **11** Stadion **12** W-Tor **13** Wohnhaus an der Theaterstraße **14** Heiligtum v. Demeter und Persephone **15** Akropolis **16** Ost-Tor

ßen Flächen stand entweder ein öffentliches Gebäude oder ein Wohnblock mit bis zu 8 Häusern. Beim Hausbau war der sog. Peristyltyp vorherrschend. Die größtenteils zweistöckigen Bauten hatten zur Straßenseite keine Fenster.

Agora: Der Handelsplatz, Zentrum des wirtschaftlichen Stadtteils, dehnt sich über zwei »insulae« aus und war an 3 Seiten von Säulenhallen begrenzt. In der Mitte des Platzes befand sich ein *Altar,* der Hermes, dem Schutzgott des Handels, geweiht war. An der N-Seite schließt sich die 150 v. Chr. errichtete Stoa an.

Akropolis: Die Akropolis befindet sich 90 Meter über der Stadt und ist mit ihr durch eine steile (nur für wirklich Schwindelfreie), schwierig zu findende *Steintreppe* verbunden. Die Burganlage auf dem Gipfelplateau wurde in byzant. Zeit weiter ausgebaut.

Athena-Tempel: Athena Polias, die »Städteschützerin«, war die Hauptgöttin von P. Ihr Tempel, der zwischen 350 und 330 v. Chr. von dem Architekten Pytheos, der bereits zuvor den Bau des Mausoleums in Halikarnassos geleitet hatte, erbaut wurde, bildete das religiöse Zentrum. Dank der Aufzeichnungen des röm. Architekten Vitruv (»Zehn Bücher über Architektur«) wurde der Bau in der Klassik zum Vorbild für den ionischen Peripteraltempel und diente später mit seinen 11 Säulen an der Längs- und 6 Säulen an den Schmalseiten auch in Europa während der Renaissance als antiker Musterbau.
Wegen der Hanglage wurde der Tempel auf einem durch Stützmauern künstlich gebildeten Plateau errichtet. Ab dem 2. Jh. v. Chr. wurde der Tempelbereich nach S hin durch eine Säulenhalle abgeschlossen, die sich Richtung S, also talwärts, öffnete. Der Tempelunterbau hatte eine Größe von 37,2 × 19,55 m. Der Kernbau an sich war nur 29,5 m lang, was 100 attische Fuß entsprach. Mit 50 Fuß fiel die Hälfte der Gebäudelänge

Priene, Bischofskirche, Detail

auf die Cella, die durch 4 m breite und 8 m hohe Türen abgeschlossen war. Hier stand auf einem 1 m hohen Sockel das Kultbild, das im 2. Jh., etwa 156 v. Chr., der Fürst Orophernes der Stadt schenkte. Dabei handelte es sich um eine 1/3 kleinere, aber immer noch 6,5 m hohe Nachbildung der Gold-Elfenbein-Athena des Phidias, die im Parthenon von Athen stand; Athena wurde gezeigt mit Helm, Schild (Ägis) und Lanze.
Die Vorhalle war 30 Fuß tief, das Opisthodom nur 12 Fuß flach. Dieser rückwärtige Raum wurde später zugemauert und diente als Schatzkammer. Die Seitenfronten waren 50 Fuß hoch, und die Länge der Säulen entsprach genau dem Zehnfachen ihres Durchmessers. Den Heiligen Bezirk erreichte man im O durch ein *Propylon,* dessen beiderseitige Vorhalle mit vier ionischen Säulen versehen war. Nach dem Eingang traf man dann auf einen *Prunkaltar,* der wie der Zeus-Altar in Pergamon innerhalb einer hufeisenförmigen Säulenanlage stand. Die Skulpturen zwischen den Säulen stellten den Kampf der Götter mit den Giganten dar.
Zu sehen ist heute noch der dreistufige Unterbau, mehrere, allerdings nicht in voller Höhe, wiederaufgerichtete Säulen und zahlreiche Baureste, sowie Teile des Altars.

Bischofskirche: Dreischiffige Basilika mit Narthex und Apsis, die im 6. Jh. n. Chr. unterhalb des Theaters errichtet wurde. Ihre 2×10 dorischen Säulen stammen aus älteren Bauten. In einer zweiten Bauphase bekam das Gebäude ein Gewölbe, und im Mittelschiff wurde ein Ambo aufgestellt.

Bouleuterion: Mit dem danebenliegenden Prytaneion bildete das Bouleuterion, eines der besterhaltenen Rathäuser im gesamten griech. Raum, das politische Zentrum der Stadt. Hier versammelte und beriet sich die Bule, der Stadtrat. Der auch im Inneren rechteckige (nicht wie sonst üblich halbrunde) Bau verfügte auf 3 Seiten über Sitzreihen, die insgesamt 640 Personen Platz boten. In die Wand, die die vierte Seite abschloß, waren 2 Türen und eine Nische für den Vorsitzenden eingelassen. Davor stand ein mit Stierköpfen und Lorbeer verzierter Altar. Hinter der obersten Sitzreihe standen Pfeiler, die das 14,5 m breite Holzdach stützten. Später wurden diese Pfeiler zwischen den Sitzreihen aufgestellt.

Priene, Bouleuterion

Demeter-Heiligtum: Von den oberen Rängen des Theaters führt heute ein Pfad zum 40 m entfernten Demeter-Heiligtum, einem der ältesten Bauten von P. Im Gegensatz zu den meisten antiken Bauten fügte sich dieser Tempel nicht in das vorgeplante Stadtraster ein. Der 45 × 18 m große Bezirk war ummauert und nur durch ein einfaches Tor zu betreten.
Der Tempel selbst verfügte über eine weite dorische Vorhalle und einen querliegenden Raum, in dessen Wandnischen Weihgeschenke aufgestellt waren. Südlich der Vorhalle befand sich eine Opfergrube. Neben Demeter wurden hier also auch *Persephone,* der Göttin der Unterwelt, Opfer gebracht.

Gymnasium, oberes: Unterhalb des Theaters liegen Reste des oberen Gymnasiums. Der auch als röm. Gymnasium bezeichnete Bau wurde mehrfach verändert und diente unter Kaiser Hadrian als Münze. Ursprünglich handelte es sich auch hier um ein Gebäude, von dessen Peristylhof man die einzelnen Räume betreten konnte.

Gymnasium, unteres: Neben dem Stadion erstreckt sich das Gelände des unteren Gymnasiums. Zu sehen ist die Lage der Palästra, die man durch einen Torbau betrat und die auf allen vier Seiten von dorischen Säulenhallen umgeben war, sowie der Grundriß des Unterrichtsgebäudes, das mindestens über 5 Säle und einen Waschraum verfügte. Bemerkenswert ist dabei der mittlere, der sog. Ephebensaal. Hier wurden nämlich zahlreiche Schülerinschriften entdeckt.

Heiligtum der ägyptischen Götter: Ein Altar für die ägypt. Götter Isis, Serapis und Anubis befand sich l vom O-Tor in einer Hofanlage. Dieses Heiligtum ist Zeugnis der kurzzeitigen Herrschaft des ägypt. Königs Ptolemaios III. Euergetes über P. und Ionien in der Mitte des 3. Jh. v. Chr. Das Heiligtum wurde von ägypt. Priestern gepflegt.

Osttor: Neben dem tiefer gelegenen *Quellentor* einer der beiden O-Eingänge in die Stadt.

Prytaneion: Zusammen mit dem Bouleuterion gehörte das Prytaneion zum Rathaus und damit zum politischen Zentrum der Stadt. Beide Gebäude lagen nebeneinander. Während im Bouleuterion der Stadtrat tagte, grenzten im Prytaneion an den säulenumstandenen Innenhof die Amtsräume an. Hier wurden auch offizielle Empfänge abgehalten.

Stadion: Wegen seiner Größe und der Geländeform paßt das Stadion nicht in das schachbrettartige Stadtraster, sondern liegt diagonal und fügt sich so dem Hang an.
Die im 2. Jh. v. Chr. erbaute Laufbahn war 190 m lang, 20 m breit und verfügte nur im N, zum Berg hin, über Sitzreihen, wobei allerdings nur die mittleren aus Stein gehauen waren, während die Sitzreihen an den Seiten aus Holz bestanden. Die Wettläufe begannen grundsätzlich im W, wo auch Reste der Startblöcke gefunden wurden, und endeten im O.

Stadtmauer: Die insgesamt 2,5 km lange, 6 m hohe und 2 m breite mit Türmen zusätzlich geschützte Stadtmauer war im Gegensatz zur Stadt unregelmäßig angelegt, da sie sich dem Gelände anpassen

Priene, Bouleuterion, Detail

Priene, Theater, Marmorsessel

mußte. Im W verfügte sie über ein Tor, im O über zwei.

Stoa: Die zweischiffige Stoa, die auch als Heilige Halle bezeichnet wird, wurde 150 v. Chr. n der Agora auf einem sechsstufigen Unterbau errichtet und hatte eine Gesamtlänge von 116 m. Die 49 Außensäulen waren dorisch, die 24 Innensäulen ionisch. Im Inneren befand sich ein Kultraum für die Dea Roma und für Kaiser Augustus.

Theater: Das Theater erstreckte sich wie die Agora über zwei »insulae«. Es wurde im 3. Jh. v. Chr. er- und im 2. Jh. v. Chr. von den Römern umgebaut. Trotz des Umbaus ist das Theater von P. eines der besten noch erhaltenen Beispiele für den hellenist. Theaterbau.
Die 50 Sitzreihen, die in der Mitte durch einen breiten Umgang getrennt und durch 6 Treppen auch vertikal geteilt waren, boten Platz für 5000 bis 6500 Menschen. 5 *Marmorsessel* waren als Ehrensitze Priestern oder hohen Vertretern des Magistrats vorbehalten. Dem zweistöckigen Bühnenhaus aus Bossenquadern mit röm. Einbauten in Mörtelmauerwerk war eine Vorhalle mit Pfeilern, denen 10 dorische Halbsäulen vorgeblendet sind, vor-

Priene, Theater

gestellt. Zu erkennen sind hier noch Reste der *originalen Bemalung.* An den Seiten bildeten Tore die Haupteingänge zum Theater. Zwischen den Pfeilern wurden Tafeln mit aufgemalten Hintergründen aufgestellt. Unter den Römern wurde dann das Theaterspiel auf das Vordach verlegt.
Vor der Bühne stand ein Altar, der dem Theatergott Dionysos geweiht war, und auf drei Rundbasen standen Statuen und eine Wasseruhr, die normalerweise bei Diskussionen zur Begrenzung der Redezeit benutzt wurde. Das deutet darauf hin, daß in diesem Theater auch Ratsversammlungen oder dgl. stattfanden.

Westtor: Eines von drei Stadttoren. Während es im O zwei Eingänge gab, ist das Westtor auf der w Seite der einzige Eingang.

Wohnhäuser: Die Wohnhäuser waren bis zu 6 m hoch und fügten sich in das schachbrettartige Stadtmuster ein.
Im NO der Stadt lag das 130 v. Chr. für 1000 Drachmen restaurierte Haus Alexanders d. Gr., der von P. aus Milet kontrollierte.
Ein gutes Beispiel für die damalige Wohnarchitektur findet man an der sog. Theaterstraße, wo der Grundriß eines Wohnhauses freigelegt wurde.
Wie bei den Griechen üblich, bestand das Haus aus einem Steinsockel, auf dem anschließend Lehmziegel geschichtet wurden.
Der Besucher passierte am Eingang zunächst eine Art »Pförtnerloge«, bevor er den mit Säulen gesäumten Innenhof betrat.
Von hier aus waren alle Räume erreichbar, wobei der prachtvollste Raum genau gegenüber vom Eingang lag.
Während im 5. und 4. Jh. v. Chr. das typische Wohnhaus nur 2 Säulen zwischen den Pfeilern hatte, wurde dieser Typ im 3. und 2. Jh. v. Chr. vom Peristylhaus abgelöst.

Zeus-Tempel: Der Zeustempel schloß sich im O direkt an die Agora an. Der einfache Tempelbau mit 2 Säulen zwischen den Anten wurde später durch ein byzant. Kastell überbaut.

S

Sardes

Manisa

H.: 103–200 m S. 291 □ D 4

An der Strecke İzmir–Ankara liegt 100 km landeinwärts an den Ausläufern des Tmolos-Gebirges (Boz Dağları) Sardes (auch: Sardis; Sardeis), die Hauptstadt der Lyder. Der Sage nach sollen die Tyloniden als erste lydische Dynastie bereits zwischen 1200 und 680 v. Chr. geherrscht haben. Historisches Faktum ist dagegen, daß Gyges anschließend die Dynastie der Mermnaden gründete und mehrere Küstenstädte eroberte. Der letzte Vertreter dieser Dynastie war Kroisos, der in Gestalt des geflügelten Satzes »reich wie Krösus« noch heute bekannt ist. Unter seiner Herrschaft kontrollierten die Lyder den gesamten W-Teil Kleinasiens. Die Lyder gelten als die Erfinder mehrerer Würfel- und Ballspiele, entwickelten eine eigene Musiktonart und prägten bereits im 7. Jh. v. Chr. Münzen. Diese Geldstücke wurden aus einer als Elektron bezeichneten Gold-Silber-Legierung hergestellt. Mischung und Gewicht waren genau festgelegt.
Als der Perserkönig Kyros 546 v. Chr. S. eroberte, fiel das lydische Reich zusammen. Die Perser wählten S. zum Sitz ihres Satrapen und machten Lydien zur persischen Provinz. Diese Bedeutung von S. wurde anschließend durch den Bau der sog. Königsstraße unterstrichen,

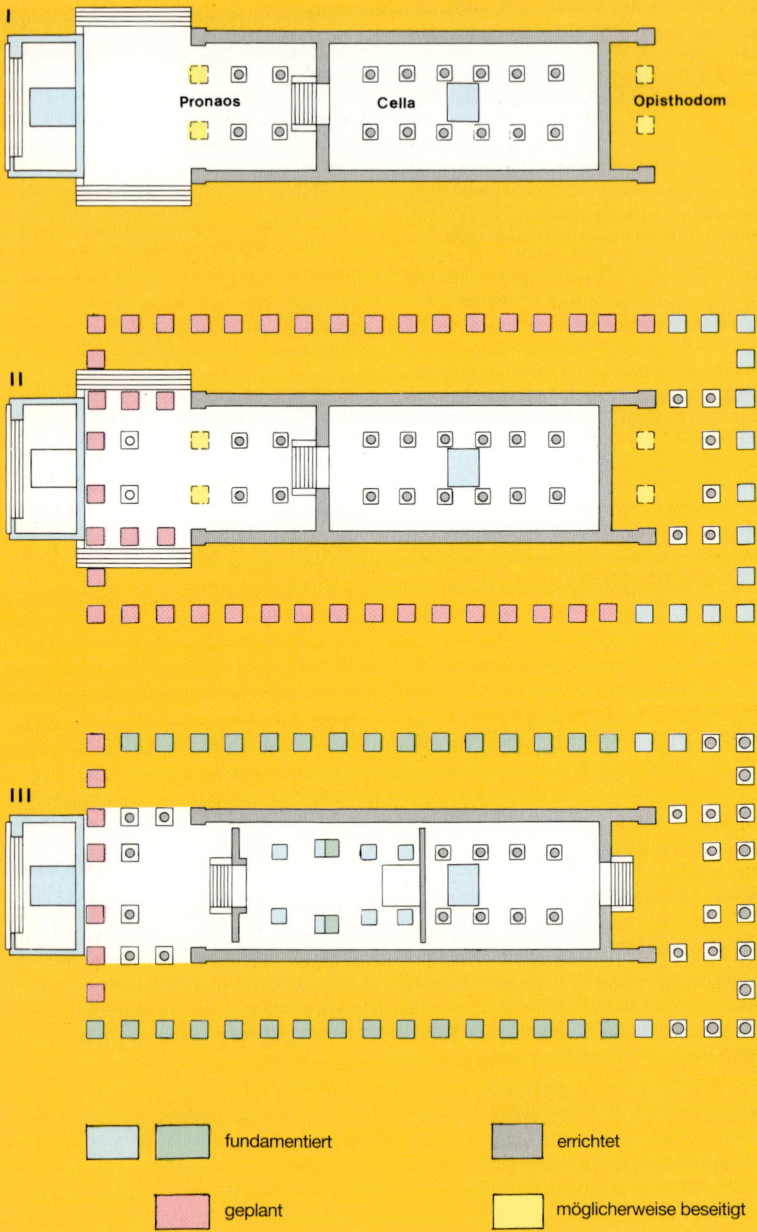
I
Pronaos
Cella
Opisthodom
II
III
fundamentiert
errichtet
geplant
möglicherweise beseitigt

Sardes. Bauphasen des Artemis-Tempels

die Ephesos und das 2500 Kilometer entfernte, im heutigen Iran gelegene Susa verband und durch S. führte. Ab 334 v. Chr. gehörten S. und Lydien zum Reich von Alexander d. Gr. Zwischen 188 und 133 v. Chr. herrschten die Pergamener über die Stadt. Anschließend gehörte S. zum Röm., später zum Byzant. Reich. 616 n. Chr. überfielen die Perser die Stadt und brannten sie nieder. Das gleiche Schicksal wiederholte sich 717, als die Araber die Stadt zerstörten. 1310 eroberte der Seldschuke Saruhan die damals byzant. Stadt; ab 1425 war S. Teil des Osman. Reiches.

Die einstmals wichtige Metropole ist heute nur noch eine an der vielbefahrenen Strecke İzmir–Ankara gelegene, unbedeutende Ortschaft mit dem Namen Sart, die kurz vor der Stadt Salihli liegt.

Schon zu Beginn des 20. Jh. wurden hier archäologische Ausgrabungen durchgeführt, deren Funde in den Museen von Manisa, İstanbul und New York zu sehen sind.

Die Reste von S. lassen sich heute in zwei Etappen besichtigen. Direkt an der Landstraße liegt das röm. Gymnasium (und weitere antike Funde). In s Richtung (Gebirgskette), ca. 2 km entfernt, stehen Reste des hellenist. Artemis-Tempels.

Artemis-Tempel: Der Artemis-Tempel von S. zählt zu den größten Tempeln Kleinasiens. Der Bau wurde im Lauf der Geschichte mehrfach vergrößert. Nach Gruben läßt sich die Baugeschichte des Artemis-Tempels in drei Phasen gliedern.

Erste Phase: Ende des 4. Jh. v. Chr. entstand der Tempel mit einem Naos. An eine langgestreckte Cella, die über 2 × 6 Säulen verfügte, wurde nach W ein tiefer, mit vermutlich 2 × 3 Säulen geschmückter Pronaos angegliedert. Damit war der Tempel nicht nach O, sondern nach W gerichtet. An der Rückwand der Cella, also im O, wurde ein flaches Ophistodom mit vermutlich 2 Säulen angefügt. Spuren dieser Säulen sind jedoch nicht mehr nachzuweisen. Vermutlich wurden sie mit Beginn der zweiten Bauphase entfernt.

Zweite Phase: Im 2. Jh. v. Chr. wurde der Tempel um- und ausgebaut. In dieser Phase wurde wie bei einem Pseudodipteros an den Tempel eine Ringhalle ange-

Sardes, Artemis-Tempel

Sardes, Gymnasium

fügt. Von der Längsmauer hatten die Säulen einen Abstand von 2 Säulenreihen. Sowohl am Pronaos als auch am Ophistodom wurden die Säulen weiter nach vorne gesetzt. Das Ophistodom sollte im Endstadium über 6 oder 8, der Pronaos über 14 oder 16 Säulen verfügen. Der Umbau wurde jedoch nicht vollendet. Auch von den 52 Säulen, die die Ringhalle bilden sollten, wurden nur wenige errichtet.

Dritte Phase: Unter dem röm. Kaiser Antoninus Pius (138–161 n. Chr.) wurde der Tempel erneut stark verändert. So sollte der Bau nicht nur zu Ehren Artemis', sondern auch als Heiligtum für die 141 n. Chr. gestorbene göttliche Kaiserin Faustina dienen.

Aus diesem Grund wurde die Cella nach W zu Lasten des Pronaos vergrößert. In der Mitte der Cella wurde eine Trennwand errichtet, und in die Wand zum Ophistodom wurde ein zweiter Eingang gebaut. Durch diesen Umbau wurde ein symmetrischer Doppeltempel errichtet, dessen jeweilige Cella von O bzw. W zu betreten war.

Dabei wurde darauf geachtet, daß Pronaos und ehem. Ophistodom gleich groß waren. Heute stehen im O der Ruine noch die hohen Cellawände, während im W nur noch die Fundamente erhalten sind. Eindrucksvoll sind die 2 über 17 m hohen *Säulen,* die noch ganz stehen. Die n hat ein ionisches Kapitell aus röm. Zeit, während die s noch aus hellenist. Zeit stammt.

Lydisches Gebäude: Nördlich des Artemis-Tempels steht ein rekonstruiertes lydisches Gebäude mit einem Terrakottadach. Es stammt aus dem 6. Jh. v. Chr.

Gymnasium: Das Gymnasium mit seinem eindrucksvollen, wiedererrichteten Marmorhof liegt direkt am Ortsrand von S. an der Straße nach Salihli.

Der großzügig angelegte Hof war von Säulenhallen umgeben. An diese Palästra schloß im W der ebenfalls durch

Sardes, Gymnasium

Säulen abgetrennte *Marmorhof* an. Der Innenhof war mit einem Säulengang umrahmt.
Während die Seite zur Palästra nur einstöckig war, waren die anderen drei durch Wände begrenzten Seiten zweigeschossig.
Diese Wände waren mit zahlreichen Ädikulen geschmückt, also mit Nischen, Türen und Fenstern, die meist mit zwei Säulen, Gebälk und Giebeln umrahmt waren.
Laut Inschrift werden Geta, Caracalla und deren Mutter Julia Domna als Spender genannt. Hinter diesem Marmorhof erstreckte sich ein symmetrisch angeordneter Badebereich, der jedoch noch nicht freigelegt und rekonstruiert wurde.
Im S der Palästra wurde im 3. Jh. n. Chr. eine *jüdische Synagoge* eingebaut, die durch ihre schönen Marmormosaiken besticht. In byzant. Zeit wurde an diese S-Seite (zur Landstraße hin) eine weitere Säulenhalle mit zahlreichen Läden gebaut.

In der Umgebung findet man außerdem Reste von lydischen Bauten.

Sidyma

S. 291 □ E 6

Kurz vor der Ortschaft Gölbent biegt man von der Landstraße Fethiye – Kaş r ab und erreicht nach 7 km die nahe dem Ort Dodurga gelegenen Ruinen von Sidyma.
Obwohl der lykische Stadtname und ein in der Umgebung stehendes *Pfeilergrab* aus dem 5. Jh. v. Chr. eine alte Geschichte vermuten lassen, ist die Existenz der Stadt durch historische Quellen erst für das 1. Jh. v. Chr. belegt. Ihre Blüte erlebte die Stadt in der röm. Kaiserzeit, war aber auch anschließend im Byzant. Reich von Bedeutung, wie zahlreiche Erwähnungen in Werken von Schriftstellern der damaligen Zeit belegen.

Sidyma, Ruinen

Trotzdem, die Stadtgeschichte ist nur spärlich überliefert. Historische Bedeutung erlangte S. nur ein einziges Mal, und zwar im 5. Jh. Auf einem Feldzug gegen die Perser erkrankte der spätere Kaiser Markian (450–457 n. Chr.) und wurde hier zusammen mit zwei Brüdern als Pfleger zurückgelassen. Als Markian sich nach seiner Genesung auf einer Jagd zur Rast niederlegte, sorgte ein Adler mit seinen großen Schwingen für den kühlenden Schatten. Dieses wiederum deuteten die Brüder als gutes Omen für eine baldige Thronbesteigung. Als Markian Jahre später Theodosios II. auf dem Thron folgte, erwies er seinen Brüdern eine Gunst und beförderte sie in hohe Staatsämter.
Die Ruinen von S. liegen zum einen auf der 820 m hohen Akropolis, zum anderen sö davon am Fuße des Berges auf einer Talsohle.

Akropolis: Auf dem Berg befindet sich eine *Festungsanlage,* die aus byzant. Zeit stammt. Hier findet man aber auch ältere Mauerreste, die auf die Existenz von früheren Befestigungen schließen lassen, und spärliche Ruinen eines antiken *Theaters.*

Stadtgebiet: Die Ruinen des eigentlichen Stadtgebiets von S. sind über die heutige Ortschaft Dodurga verteilt. Erhalten sind noch *Bogen* und *Säulenreste,* die zu röm. Thermen bzw. zu einer Stoa gehörten. – Vor allem im NO des heutigen Dorfes erstreckt sich eine weitläufige *Nekropole.* Eindrucksvoll sind ein mächtiger Doppel-Sarkophag, in dem der Arzt M. Aurelios Ptolemaios Aristodemos mit seinem gleichnamigen Sohn bestattet ist, ein röm. Grabbau aus mächtigen Steinquadern und 2 Tempelgräber. Während das eine Tempelgrab mit dorischem Triglyphen- und Metopenfries verziert ist, hatte das zweite 2 Säulen zwischen den Anten und ist noch heute durch eine Steinplatte abgedeckt, deren Unterseite mit einer Kassettendecke geschmückt ist.

Smyrna, Römische Agora

Smyrna/İzmir İzmir		
Einw.: 2 Mill.	Höhe: 10 m	S. 290 □ C 4

Nach İstanbul und Ankara ist İ. die drittgrößte Stadt in der Türkei. Die Zwei-Millionen-Metropole erstreckt sich heute auf einer Länge von 30 km um den İzmir-Körfezi-Golf. Auf der N-Seite der Bucht liegen die Industriegebiete Turan, Bayraklı und Cinarli sowie das Geschäftszentrum Karsiyaka. Das Stadtzentrum befindet sich zwischen der SO-Küste und dem in der Antike als Pagos und heute als Kadife Kale (»Samtfestung«) bezeichneten Hügel. İ. verfügt über einen der wichtigsten Häfen in der Türkei. Außerdem zählt die Stadt nach der Region İstanbul-İzmir mit über 800 Betrieben (Stand: 1985) zur zweitwichtigsten Industrieregion in der Türkei.
Die lange Geschichte İ.s läßt sich bis ins

Smyrna, Römische Agora

Smyrna, Römische Agora

3. Jtd. vor Christus zurückverfolgen. İ. gilt als einer der möglichen Geburtsorte des Dichters Homer (→Troja/Homer). Schwere Brände und Erdbeben haben aber viele historische Bauten zerstört. Die starke Industrialisierung mit ihren negativen Folgen ist zweiter Grund, warum İ. nicht zu den beliebteren Ausflugszielen an der türkischen W-Küste zählt.

Wissenschaftliche Erkenntnisse lassen eine erste Besiedlung bereits im 3. Jtd. v. Chr. vermuten. Gesichert ist zumindest eine frühe Stadtgründung der Griechen. Um 1000 v. Chr. sollen die Äolier oder Ionier auf dem rund 4 km vom heutigen Stadtzentrum entfernten Bayrakli-Hügel die Stadt S. gegr. haben. 575 v. Chr. nahmen die Lyder die Stadt ein und zerstörten sie fast vollständig. Anschließend, von 544–334 v. Chr. beherrschten die Perser die Gegend um S. Nachdem Alexander d. Gr. (336–323 v. Chr.) die Perser vertrieben hatte und 334 v. Chr. die Stadt besuchte, ließ er am Pagosberg S. wieder aufbauen. In jener Zeit entstand auch die heute noch existierende Festung Kadifekale. Unter hellenist. Herrschaft gewann der Hafen weiter an Bedeutung.

Ab 27 n. Chr. herrschten die Römer in der Stadt, und S. verdrängte das bis dahin führende Ephesos und wurde somit zu einem der bedeutendsten Häfen im gesamten Mittelmeer. Unter den röm. Kaisern Augustus und Tiberius erlebte S. seine Glanzzeit. Über 100 000 Menschen lebten in der Stadt, die sich dank der berühmten Handelswege aus Zentral- und Ostasien, die hier endeten, zum Hauptumschlagspunkt für Seide, Edelsteine, Spezereien, Zucker, Baumwolle, Öl, Wein, Früchte und Pelze entwickelte.

In der byzant. Epoche konnte die Stadt zwar ihre Bedeutung als wichtigen Umschlagplatz behaupten, doch der Umsatz ging aufgrund des im Gegensatz zum Röm. Reich kleineren Byzanz deutlich zurück. Im 7. Jh. versuchten mehrfach Araber die Stadt einzunehmen, zwischen

dem 11. und dem Beginn des 14. Jh. wurde S. mehrfach von turkmenischen Stämmen überfallen. Als der Mongolen-Führer Timur 1402 die Stadt eroberte, war die byzant. Epoche in S. endgültig beendet. Die Mongolen blieben zwar nur kurz, überließen die Stadt aber dem w-anatolischen Adyinogullari-Emirat, bevor 1416 die Osmanen S. eroberten und İ. nannten.
Ab dem 16. Jh. begann der Hafen immer mehr an Bedeutung zu verlieren. Die Entdeckung Amerikas und des Seeweges nach Indien und Ostasien sowie die damit verbundene Verschiebung im Welthandel, und in neuerer Zeit die Eröffnung des Suezkanals (1869) und der Bau der Eisenbahnlinie von İstanbul nach O Richtung Persien am Ende des 19. Jh. sind einige Gründe.
Durch die wechselhafte Geschichte und die Nähe zu den griech. Inseln Chios, Samos und Lesbos war die Bevölkerung noch bis in dieses Jahrhundert hinein bunt gemischt. Um 1910 bildeten die Griechen mit 110000 der insgesamt 300000 Einwohner die größte Gruppe, gefolgt von den Türken mit 90000 Menschen, 55000 sonstigen Europäern, 30000 Juden und 15000 Armeniern. Vor allem die Griechen beherrschten den Hafen und das Schiffahrtsgewerbe. Während die moslemischen Türken vorwiegend am Hang des Pagosberges wohnten, siedelten sich die Christen vorwiegend im flachen Teil, am Hafen, an. Dieser Teil der Stadt wurde von den Muslimen dann auch als »Gawur İzmir«, als »ungläubiges İzmir« bezeichnet.
Nach der Niederlage des Osmanischen Reiches im Ersten Weltkrieg wurde Smyrnie bzw. İzmir unter griech. Oberhoheit gestellt.
Von hier aus versuchten die Griechen 1922 ihren Traum vom großgriechischen Reich militärisch zu verwirklichen. Nach anfänglich erfolgreichen Vorstößen in Richtung O eroberte die türkische Befreiungsarmee im Herbst 1922 İ. zurück. Aus Rache wurden die Wohnviertel der Griechen und Armenier systematisch niedergebrannt. Tausende verloren bei diesem Pogrom ihr Leben. 1923 wurden im Rahmen eines sog. »Bevölkerungsaustausches« die noch verbliebenen

Smyrna, Römische Agora, türk. Grabsteine

Griechen nach Griechenland geschickt. Mit Folgen: Die damit auf 100000 Bewohner geschrumpfte Stadt brauchte lange, um sich von diesem Exodus zu erholen. Auf den niedergebrannten christlichen Stadtbezirken entstanden moderne Wohnhäuser, ein großes Messegelände und ein Erholungspark.
In den 50er und 60er Jahren wurde İ. durch eine starke Industrialisierung gezeichnet. Die Bevölkerung verachtfachte sich innerhalb der letzten 30 Jahre, und die stark umweltbelastenden Industriegebiete von Turan, Bayraklı und Cinarli kennzeichnen heute das Stadtbild auf der N-Seite der Bucht.

Agora, römische: Eingang Nähe der Eşref Paşa Caddesi im Stadtteil Namazgah. Eine der wenigen Überreste, die an die antike Epoche erinnern. Erhalten sind Reste einer 160 Meter langen, dreischiffigen und wahrscheinlich zweigeschossigen Basilika, 13 korinthische Säulen mit

< *Smyrna, Konak Camii*

Kapitellen und an der N-Seite ein gewölbtes Untergeschoß. In der W-Halle wurde ein Bildnis der jüngeren Faustina, der Frau Marc Aurels (161–180 n. Chr.), gefunden.
Dieses Bild und der Baustil führten zur Datierung Ende des 2. Jh. bzw. nach dem starken Erdbeben von 178 n. Chr. Ebenfalls entdeckt wurden überlebensgroße Reliefs von Demeter und Poseidon, die möglicherweise den Fries eines großen Altars verzierten. – In der türk. Zeit wurde die Agora als Begräbnisstätte benutzt, worauf auch die zahlreichen *Grabsteine* hindeuten. Öffnungszeiten: 9–12 und 13.30–17.30 Uhr.

Alt-Smyrna/Bayraklı: Das heutige Tepekulu war vermutlich der Ort, wo die ersten Siedlungen S.s entstanden.
Das heutige Weingut liegt gegenüber von Pagos an der N-Seite der Bucht auf einem kleinen Hügel, der im Altertum eine Halbinsel war. Engl. und türk. Archäologen entdeckten bei Ausgrabungen 1948–51 in 3 Schichten 3 verschiedene Haustypen und konnten Spuren sichern, die eine Besiedlung bis ins 3. Jtd. v. Chr. beweisen.
Die Grundmauern eines *Athena-Tempels* mit äolischen Kapitellen wurden an der N-Seite des Hügels gefunden; es dürfte der älteste griech. Tempel Kleinasiens sein.
Außerdem wurden Baureste vom Grab des Tantalos und Nekropolen gefunden. Grabungsfunde werden im *Archäologischen Museum* von İ. ausgestellt.

Aquädukte: 2 Aquädukte wurden in röm. Zeit erbaut und noch von den Osmanen benutzt. Das *Sirinyer Aquädukt* liegt im gleichnamigen Stadtteil und führt über den Fluß Kemer. Das *Yeşildere Aquädukt* hat seinen Namen ebenfalls vom Stadtteil, in dem es sich befindet.

Atatürk-Denkmal: Das Atatürk Anıtı steht auf dem Cumhuriyet-Platz, über den der Atatürk Caddesi führt. Das Denkmal wurde 1933 zu Ehren des türk. Staatsgründers Atatürk aufgestellt.

Smyrna, Archäologisches Museum, Athlet

Basar: Er erstreckt sich ö vom Rathaus und wird eingegrenzt von Atatürk Caddesi, Fevzi Paşa Bulvari und Ana Fartalar Caddesi. Spuren aus spätosman. Zeit.

Byzantinische Festung Kadifekale: Auf dem Gipfel des in der Antike als Pagos bezeichneten Hügels sind die Überreste der Burg Kadifekale zu sehen. Die unteren Mauerschichten des langgestreckten polygonalen Mauerrings zeigen stellenweise noch hellenist. Quaderwerk, auf dem byzant. und türk. Bruchsteinmauern stehen. Von hier aus hat man einen guten Blick über die Stadt.
Im O das Gecekondu-Viertel, der Hafen im N und jenseits des Golfes die alten Vororte Karsiyaka und Bayraklı.
Ursprünglich angelegt wurde die Festung im 4. Jh. vor Christus unter Lysimachos, der nach der Zerstörung von Bayraklı Stadt und Burg hier neu aufbauen ließ. In byzant. Zeit wurde die Festung verstärkt.

Karawanserei: Neben der Hisar Camii befindet sich die 1741 erbaute Kizlargasi-K. Der Innenhof ist von einem zweistöckigen Bau mit schönen Arkaden umgeben, der heute als Luxushotel genutzt wird.

Kültürpark/Messe: Der Kültürpark liegt n des Basmahane-Bahnhof und s der Dr. Mustafa Ender Caddesi auf dem ehem. griech. Stadtviertel. Während des türk.-griech. Krieges von 1922 wurde die Siedlung total zerstört. An dieser Stelle wurde nach dem Krieg ein Messegelände samt Kulturpark erbaut. In der Parkanlage findet man auch Restaurants, Nachtclubs und einen kleinen Zoo.

Moscheen: *Hisar Camii:* Im Einkaufszentrum Kemeralti. Bekannteste Moschee in İ. Erbaut 1598. Ehem. Kirche, später mehrmals renoviert. – *Konak Camii:* Am Konak-Platz. Erbaut 1756. – *Sadirvan Camii:* Im Basar. Erbaut 1636 von Biyikhoglu Mehmet.

Theater (Haci Ali Efendi Caddesi): Am W-Hang des Pagoshügels sind mit viel Mühe bei der Hausnummer 985 Mulden eines antiken Theaters und eines *Stadions* zu erkennen. Der größte Teil ist heute überbaut.

Smyrna, Uhrturm

Uhrturm: Am Konak-Platz, schräg gegenüber vom Rathaus. Wahrzeichen des modernen İ. Im Auftrag von Sultan Abdülhamids wurde der Turm 1901 erbaut.

Museen: *Archäologisches Museum:* Auf dem Atatürk Caddesi (Promenade) fährt man nach S und folgt nach dem Rathaus der Serpentinenstraße bis zum Museum. Das Museum bietet eine dreigeteilte Sammlung über die Antike. Bauglieder und Bauskulpturen sind im Untergeschoß und im Garten zu sehen. Skulpturen werden im Hauptgeschoß ausgestellt, und antike Keramik-Gegenstände befinden sich im Obergeschoß.
Ethnographisches Museum: Das Museum liegt direkt neben dem Archäologischen Museum. Zu sehen sind türk. Trachten und Textilien, sowie Wohnräume und Handwerksstätten aus verschiedenen Epochen. Nachgestellt wird auch die Herstellung der Boncuks, der blauweißen Glasamulette.
Atatürk-Museum: An der Seepromenade Atatürk Caddesi bzw. Birinci Kordon steht ein im typischen İzmir-Stil errichtetes Haus, in dem Atatürk während seines Aufenthalts in İ. wohnte. Heute ist das Haus ein Museum mit Erinnerungsstükken an den Gründer der modernen Türkei und an den türk.-griech. Krieg von 1922.
Selçuk-Yaşar-Kunstmuseum: Das im Stadtteil Alsancak gelegene Museum zeigt Gemälde von türk. Künstlern aus allen Epochen.

Umgebung

Bäder des Agamemnon (10 km w): Südlich der Hauptstraße nach Çeşme, Richtung Inciraltı, an Kreuzung l. Heiße Schwefelquellen in und um einen kleinen Fluß. Bekannt seit der Antike wegen der Thermalquellen. Im Sommer trocken.
Diana-Bäder (2 km ö): Östlich vom Basmahane-Bahnhof über die Kemer-Brükke, außerhalb des Vorortes Tepecik.
Felsrelief von Karabel (ca. 35 km ö): Östlich v. İ., nahe dem Ort Kemalpaşa. 2 km ö v. Kemalpaşa, an der Kreuzung der Straße Richtung S, ins Gebirge fol-

gen. Nach 6 km unterfährt man einen großen Betonbogen. Direkt dahinter l hinauf und nach 200 m steht man vor dem hethit. Felsrelief von Karabel (»Etibaba«). Es zählt neben dem Relief von Akpınar (→Magnesia am Sipylos/Manisa) zu den westlichsten hethit. Denkmälern. In der Nische der Felswand ist der lebensgroße, nach r gehende Kriegsgott zu sehen. Er trägt einen kurzen Rock und eine hohe Mütze. Außerdem ist er mit einem Speer und einem Bogen bewaffnet. Von den Hieroglyphen sind nur noch Reste zu erkennen. Wahrscheinlich wurde das Relief während des Neuen Hethiterreiches von einem Lokalfürsten angebracht. Erwähnt wurde die Zeichnung bereits von Herodot, der die Darstellung aber für eine Abbildung des ägypt. Pharaos Sesostris (19. Jh. v. Chr.) hielt.

Schloß des Kaisers Andronikos I. Komnenos (ca. 25 km ö, in Kemalpaşa): In den Gärten l vom Ortseingang liegt die Ruine eines rechteckigen, einfachen Schlosses, errichtet vom byzant. Kaiser Andronikos I. Komnenos im 12. Jh.

Soma

S. 288 □ C 3

45 km ö von Bergama. Sehenswert ist die **Hızırbey Camii,** die 1791 entstand. Die Moschee ist eine der letzten noch vorhandenen Holzbauten aus dem 18. Jh. und ist mit Schnitzereien und Wandmalereien reich verziert.

Stratonikeia

Muğla

S. 291 □ D 5

Die Ruinen der antiken Stadt St. liegen bei der heutigen Ortschaft Eskihisar, das rund 7 km vom an der Landstraße Söke nach Milâs gelegenen Ort Yatağan entfernt ist. Die Geschichte der Stadt St. läßt sich bis ins 8. Jh. v. Chr. zurückverfolgen. Nach antiken Überlieferungen hieß der Ort zunächst Chrysaoris, dann Idrias und letztendlich St. Hauptgott des Ortes war Zeus Chrysaoreus, dessen Tempel außerhalb der eigentlichen Stadt lag. Der Tempel war Treffpunkt der Chrysaorischen Liga, der alle Karer angehörten, und diente nicht nur für Opferzeremonien, sondern auch für Beratungen.

Nach 281 v. Chr. wurde die Stadt neu gegr. Nach der Überlieferung verheiratete Seleukos I., König von Syrien, seinen Sohn Antiochos I. mit seiner zweiten Frau Stratonike. Eine Stiefmutter als Ehefrau zu bekommen, war zur damaligen Zeit nichts Ungewöhnliches. Als Antiochos I. dann eine neue Stadt in Karien gründete, nannte er den Ort zu Ehren seiner Stiefmutter-Gattin Stratonikeia. Strabon berichet, die Seleukiden hätten aus politischen Gründen die Stadt später an die Rhodier verschenkt. Sicher ist, daß 188 v. Chr., im Frieden von Apamea, den Rhodiern bestätigt wurde, Eigentümer der Stadt zu sein, sie aber 167 v. Chr. St. wieder verloren.

Bedeutung erlangte die Stadt während des Streits um das Erbe von →Pergamon. Der uneheliche Sohn des Königs Eumenes II., Aristonikos, weigerte sich, das Testament anzuerkennen und Perga-

Smyrna, Atatürk-Denkmal

Stratonikeia, Stadtmauer

mon den Römern zu überlassen. Im Zuge dieses Erbstreites mußte Aristonikos nach St. flüchten, wurde dort aber 133 v. Chr. zur Anerkennung des Testaments gezwungen.
Im Zuge des ersten Mithridatischen Krieges zwischen 88 und 85 v. Chr. eroberte Mithridates aus Pontus die Stadt und verhängte gegen die Bürger eine Geldstrafe, weil sie ihm Widerstand geleistet hatten.
Am Ende dieses Krieges wurde die Stadt ob ihres Widerstandes belohnt und bekam vom röm. Heerführer Sulla die für den Handel günstig an der Küste gelegenen Orte Themessos und Keramos zugesprochen.
Als Labienus mit seinem parthischen Heer die Stadt 40 v. Chr. belagerte, konnten sich die Verteidiger durchsetzen, und Labienus mußte wieder abziehen, zog anschließend nach Lagina weiter und plünderte dort das Hekate-Heiligtum. Ihre Blüte erlebte die Stadt während der Kaiserzeit, die ihr zahlreiche Prachtbauten bescherte. Unter den Christen wurde St. Bischofssitz.

Agora: Westlich vom Bouleuterion lag die Agora, von der nur noch einige Mauerblöcke zeugen.

Bouleuterion: Das gut erhaltene Rathaus stammt aus röm. Zeit und liegt ziemlich genau in der Mitte der Stadt. In dem rechteckigen Grundriß befand sich eine Orchestra, die größer als ein Halbkreis war. Über Treppen, die sich an den Seiten befanden, gelangte man in das Innere.
An der N-Wand des Gebäudes fand man zahlreiche latein. und griech. Inschriften. – Das Bouleuterion war durch eine zweite, 100 × 100 m große Befestigungsanlage noch einmal geschützt. Zu dieser Anlage gehört das *Tor,* von dem noch heute Reste erhalten sind.

Stadtmauer: Sie ist rund 3,5 km lang und aus unterschiedlichem Gestein gebaut, was auf mehrere Bauphasen schließen läßt. Während die Mauer in der Ebene 3 m dick ist und fein bearbeitet wurde, ist sie am Berg nur 2,4 m dick und besteht aus grobem Gestein, dessen Zwischenräume mit Geröll aufgefüllt wurden.
Demnach scheint es eine ältere Oberstadt und eine spätere Besiedlung in der Ebene gegeben zu haben. Am NO-Ende dieser unteren Stadt, wo sich auch die mächtigsten Teile der Befestigungsanlage befinden, zeugen Reste von einer Kolonnade, die zum N-Stadttor führte, welches aus massiven Mauern bestand. Ein *Torbogen,* sowie eine unkannelierte *Säule* der Kolonnade sind noch erhalten.

Tempel: Oberhalb des Theaters findet man Ruinen eines kleinen ionischen Tempels.

Theater: Am N-Hang des Akropolis-Hügels liegt das gut erhaltene Theater von St., das rund 10000 Menschen Platz bot. Die Cavea ist durch 10 Treppen in 9 konische Bereiche vertikal getrennt. Horizontal wird der Zuschauerraum durch eine Diazoma in einen unteren und einen oberen Bereich geteilt. Nur noch einzelne Fundamente zeugen von der Existenz des Bühnengebäudes.

Museum: In einem kleinen Museum, das an der Abzweigung von Landstraße und antiker Straße liegt, sind archäologische Funde aus St. ausgestellt.

Umgebung

Lagina (ca. 20 km n): Gehörte in der Antike zur Stadt St. Beide Orte waren durch einen 6 Meilen langen Weg miteinander verbunden. Die Ruinen liegen nahe dem heutigen Ort Turgut, der 3 km von der Stadt Yatağan entfernt ist.
Bedeutend ist der Ort, weil sich hier das *Heiligtum der Hekate,* einer rein karischen Gottheit, befand. Der Sage nach ist Hekate eine Tochter des Titanen Perses und Asteria. Nach Hesiods Werk *Theogonia* aus dem 7. Jh. v. Chr. war Hekate eine mächtige Göttin, die über Erde, Wasser und Luft herrschte. Später galt sie dann noch als Göttin des Mondes, sowie als Göttin der Gespenster und des Zaubers, weshalb sie hauptsächlich in der Nähe von Begräbnisstätten wohnte. Ihr zu Ehren wurden Hunde geopfert, weshalb der Göttin in zahlreichen Darstellungen ein Hund vor den Füßen liegt. Außerdem brachte man ihr in der Nacht vor Neumond als Opfergaben Nahrungsmittel, wie Gebäck, Fische, Eier und Käse. Die Erkennungszeichen von Hekate sind eine Schlange im Haar, sowie Dolch, Schlüssel und Peitsche. Sie wurde auch häufig als Frau mit drei Körpern oder mit drei Köpfen dargestellt. Mit der römischen Herrschaft wurde das Heiligtum unter Schutz gestellt und alle vier Jahre ein Fest unter dem Namen Hekatesia Romaia gefeiert. Dies war allerdings nur ein Fest unter vielen. So wurde jedes Jahr sieben Tage lang das Hekatesia, ein Schlüsselfest begangen, wo der Tempelschlüssel vom Heiligtum nach St. und zurück getragen wurde. Zum einen wurde damit die enge Bindung zwischen den beiden Orten bekräftigt, zum anderen war der Schlüssel ein Symbol für den Eingang zur Unterwelt. Als Schlüsselträgerin wurde ein junges Mädchen erkoren, das in der Priesterschar besonderes Ansehen genoß, und dessen Aufgabe es war, den Tempel auf- und zuzuschließen. Jeweils am 30. März eines Jahres wurde das Geburtstagsfest der Hekate gefeiert, und an jedem 30. Tag im Monat stand ebenfalls ein Fest zu Ehren der Göttin auf dem Programm. Nach der Niederlage Mithridates', bestätigte im Jahr 88 v. Chr. sogar der Senat in Rom die Unverletzbarkeit des Heiligtums. Diese Garantie wurde daraufhin in die Außenmauern des Tempelbezirks eingemeißelt. Allerdings mit wenig Erfolg. Als Labienus mit seinem Partheraufgebot 40 v. Chr. es nicht schaffte, das nahe gelegene St. zu erobern, plünderte er statt dessen das Heiligtum der Hekate – trotz Inschrift. Erst durch die Hilfe von Augustus erholte sich der Kult und lebte 27 v. Chr. wieder auf.

Stratonikeia, N-Stadttor

Der rechteckige Tempelbezirk hatte eine Größe von 450 × 120 m und war auf 3 Seiten von einer Stoa umrahmt. Während die W- und N-Stoa ebenerdig waren, stand die S-Stoa auf einem breiten Sockel, von dem Stufen zum Tempelbezirk führten, die wahrscheinlich als Sitzreihen für mystische Vorführungen dienten. Östlich dieser Stoa stand ein Propylon, von dem noch Teile erhalten sind. In der Mitte der Anlage befand sich der Tempel der Hekate, dessen mutmaßliches Baudatum nicht feststeht. Experten tippen zwischen 125 v. Chr. bis zur Zeit des Augustus.

Der Tempel war in korinthischer Ordnung gebaut und verfügte über 11 Säulen an den Längs- und 8 an den Breitseiten. Vor der Cella, in der das Götterbild stand, befand sich ein langer Pronaos mit 2 Säulen zwischen den Anten. Auf einem Fries wurde Hekate als Geburtshelferin des Zeus dargestellt.

Auf einem anderen beobachtet sie eine Schlacht zwischen Göttern und Giganten. Und auf einem dritten absolviert sie ein Trinkopfer. – Östlich des Tempels liegen Ruinen, die vermutlich vom Altar stammen. Da zu einem Tempelbezirk auch Wohnhäuser für die Priester und das Personal gehörten, wird das antike L. über weitere Bauten verfügt haben, deren Zeugnisse heute aber nicht mehr zu sehen sind.

Panamara (ca. 10 km sö): Wie Lagina, so gehörte auch P. zu St. und war mit der Stadt durch eine gepflasterte Straße verbunden. In P. befand sich das *Heiligtum des Zeus Panamaros.*

Die noch nicht ausgegrabenen Ruinen befinden sich auf einem Hügel oberhalb des Dorfes Bağyaka. – Neben einem Tempel zu Ehren Zeus Panamaros gab es auch noch einen *Tempel* für dessen Frau *Hera.*

Kleinere Kultstätten, die sich ebenfalls in P. befanden, waren noch anderen Göttern wie Artemis und Sarapis geweiht. Zerstört worden ist das Heiligtum im Jahr 88 v. Chr. durch Mithridates.

In P. standen mehrere Feste auf dem Programm. Das längste war das zehntägige Panamareis, in dessen Verlauf die Zeus-Statue nach St. gebracht wurde. Jedes Jahr gab es das eintägige Hereia, das zu Ehren von Zeus' Ehefrau Hera begangen wurde und bei dem ausschließlich Frauen zugelassen waren. Alle vier Jahre feierten die Männer das zweitägige Fest Komyria, das zu Ehren Zeus' abgehalten wurde.

T

Teos
İzmir

Höhe: 30 m S. 290 □ B 4

Von Seferihisar erreicht man den 24 km entfernten Küstenort Sıgacık (auch: Sağacık). Von hier aus führt eine Schotterstraße zu den 1 km s gelegenen Ruinen von T.

Berühmt ist T. vor allem wegen des Dionysos-Heiligtums. Von der Stadtgeschichte selbst ist dagegen nur wenig bekannt, sicher ist aber, daß es sich hierbei um eine aiolische Gründung handelt. Nach der Überlieferung soll ein gewisser Minyer aus der böotischen Stadt Orchomenos die Siedlung gegr. haben. Erst später zogen Ionier und Athener hierher. Fest steht auch, daß T. zeitweise sehr wohlhabend war. Im 6. Jh. v. Chr. wurde hier der lyrische Dichter Anakreon geboren.

Gegen Ende des 3. Jh. v. Chr. bis Mitte des 2. Jh. v. Chr. siedelte sich in der unmittelbaren Nähe des Heiligtums die sog. Gemeinschaft der Techniten des Dionysos an. Hierbei handelte es sich um religiöse Schauspieler, Musiker und andere Künstler, die besondere Privilegien besaßen und beispielsweise keine Steuern zahlen mußten. Da die Dionysiasten aber gleichzeitig sehr unbeherrscht waren und sich nicht den Gepflogenheiten der Städter anpaßten, wurden sie auf Bitten der Bürger von Attalos II. wieder vertrieben.

Ausgegraben wurde das **Dionysos-Heiligtum** bereits im 18. Jh. Später diente das antike Bauwerk jedoch als Steinbruch, weshalb heute nur noch z. T. wiederhergestellte Reste der Cellamauer und einige Säulen erhalten sind. Nach Vitruv war im 3. Jh. v. Chr. der Erbauer des Artemis-Tempels von Magnesia, Hermogenes aus Alabanda, Architekt des Heiligtums. Es handelte sich dabei um einen 35 m langen und 18,5 m breiten Peripteros mit tiefem Pronaos und flachem Ophistodom. Die vorderen Anten waren also weit vorgezogen und bildeten eine fast quadratische Vorhalle, während die hinteren nur wenig vorstanden. Die beiden Vor-Räume, zwischen denen die Cella lag, wurden an der offenen Seite durch Säulen abgeschlossen. Der gesamte Bau war dann noch einmal durch eine Säulenreihe umgeben. Wie eine Inschrift im Architrav zeigt, wurde unter Hadrian (117–138 n. Chr.) das Heiligtum renoviert. Bemerkenswert ist, daß der Grundriß des ionischen Tempels von T. dem des Athena-Tempels von Priene entspricht. Die einzigen Unterschiede: Der Tempel von T. stand auf einem Podium, und in Priene waren die Säulenbasen stärker verziert. Bemerkenswert ist auch die konvex-konkave attische Form der Säulenbasis und der mit Skulpturen geschmückte Fries (heute: Museum von İzmir).

Nördlich des Heiligtums findet man dann noch die Ruinen der antiken Siedlung. Erhalten sind Reste einer **Polygonalmauer,** die vermutlich bereits aus archaischer Zeit stammt.

Außerdem wurde w davon das **Odeion** freigelegt. An einer Mulde am Hang der Akropolis erkennt man die Lage des **Theaters,** dessen Bühnenhaus an Hand von Fundament-Resten ebenfalls zu erkennen ist. Dieses Theater wurde bereits in hellenist. Zeit errichtet, dann aber durch ein Erdbeben zerstört und unter röm. Herrschaft wieder aufgebaut.

Thyateira/Akhisar

Manisa

Einw.: 74 000 — S. 290 □ C 4

Akhisar liegt 50 km n Manisa an der Strecke İzmir–İstanbul. Für die Christen

Teos, Dionysos-Heiligtum

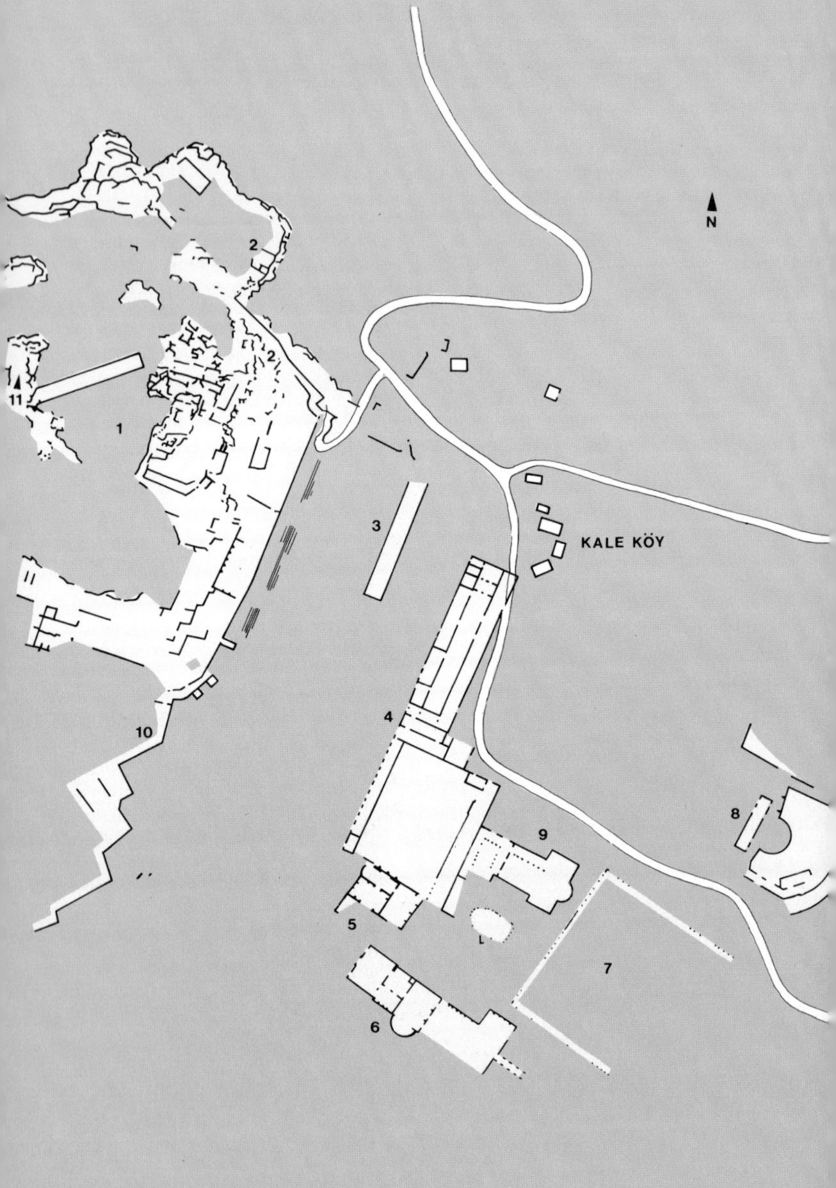
N
KALE KÖY
1
2
2
3
4
5
6
7
8
9
10
11

Tlos 1 Akropolis **2** Felsgräber **3** Stadion **4** Hallengebäude **5** Therme A **6** Therme B **7** Agora **8** Theater **9** Byzantinische Kirche **10** Römische Mauer mit Toranlage **11** Lykische Felshäuser

ist diese Stadt von Bedeutung, weil sie, wie Johannes in der Offenbarung (2,18) berichtet, eine der sieben Urgemeinden beherbergt hat. Die Stadt wurde bereits von den Lydern gegr. Aus röm. Zeit sind noch spärliche Reste einer Stoa und eines Tempels erhalten.

Tlos

S. 291 □ E 6

Von Fethiye fährt man nach Kemer, folgt dann der Landstraße Richtung Antalya (nicht nach Kaş) und biegt 1 km nach dieser Abzweigung r in eine kleine Asphaltstraße. Nach 8 km, kurz bevor sich diese Straße gabelt, biegt man l ab und erreicht über eine 4 km lange Schotterpiste bei dem Ort Kale Köy die sehenswerten, aber kaum besuchten Ruinen von T.

Tlos, Osmanische Festung auf der Akropolis >

Der Fund eines Bronzebeils beweist eine Besiedlung schon im 2. Jtd. v. Chr., womit T. einer der ältesten Orte in Lykien sein dürfte. Hethit. Quellen aus dem 14. Jh. v. Chr. erwähnen schon eine Stadt namens Dalawa, was unter den Lykern in Tlawa und später in T. abgewandelt wurde. Der Sage nach stammen die Bewohner der Stadt wie ihre Nachbarn aus Xanthos und Pinara direkt von den Nachkommen aus der Ehe zwischen Tremile und der Nymphe Praxidike ab. Konkretes über die frühe Geschichte ist jedoch nicht bekannt. Im 4. Jh. v. Chr. unterstützte die Stadt den Feldzug des karischen Dynasten Pixodares gegen Kaunos und wurde mit Geldgeschenken belohnt. Im 2. Jh. v. Chr. scheiterte ein Versuch eines gewissen Eudemos aus Xanthos, hier eine Tyrannis zu errichten. Im Lykischen Bund zählte T. zu den 6 bedeutendsten Städten und verfügte in der Bundesversammlung über 3 Stimmen. In der röm. Kaiserzeit führte T. den Ehrentitel »glänzende Metropolis der lykischen Nation«. Einzelheiten sind jedoch auch aus dieser Zeit nicht bekannt.

Tlos, Akropolis mit Felsengräbern

Tlos, Theater

In byzant. Zeit waren die Bischöfe von T. dem Metropoliten von Myra unterstellt und nahmen an den Konzilen von Kalchedon (451 n.Chr.) und Nikaia (787 n.Chr.) teil. Im 19.Jh. erbaute ein gewisser Kanlı Ali Ağa auf der Akropolis eine Festung und beutete die Bauern im Xanthos-Tal mit brutaler Gewalt aus.

Akropolis: Ältere lykische und byzantinische Gebäude wurden in osmanischer Zeit überbaut, als der berüchtigte Kanlı Ali Ağa im 19.Jahrhundert hier seine Festung errichtete. Der lange Bau auf der Akropolis entstand ebenfalls erst in osman. Zeit und diente vermutlich als Pferdestall.
Von den *lykischen Bauten* kann man noch Zisternen und Häuserreste und, am W-Hang, Teile der Stadtmauer ausmachen, die später unter den Römern weiter verstärkt wurde. Erhalten ist davon vor allem die mächtige *Toranlage* im SO des Hügels, die im 2.Jh. nach Christus erbaut wurde.

Felsgräber: Am steilen N- und W-Hang der Akropolis findet man zahlreiche Felsgräber und Sarkophage. Bemerkenswert ist eines der Felsgräber wegen des guterhaltenen Reliefs, das den Ablauf eines Zweikampfes darstellt. Das Grab stammt aus dem 5.Jh. v.Chr. Das schönste Felsgrab befindet sich am steilen W-Hang und wird als *Bellerophongrab* bezeichnet. Das Grab ahmt einen Tempel mit zwei Säulen zwischen den Anten nach, und die aus dem Fels gehauene Fassade war bemalt. Am Ende der Vorhalle befinden sich r und l von einer Blindtür zwei Mauerdurchbrüche, durch die man in die schlichte Grabkammer gelangt. Seinen Namen hat das Grab wegen der Abbildungen in der Vorhalle, die den mythischen Helden Bellerophon auf seinem geflügelten Pferd Pegasos zeigen (→Olympos, Chimaria).

Stadion: Westlich der Akropolis, in einer Talmulde, erstreckte sich das Stadion, von dessen zwölf Sitzreihen noch Reste erhalten sind. Östlich davon befindet sich ein 150 m langer, zweigeschossiger *Hallenbau* mit drei parallelen Schiffen. Das Gebäude, dessen Funktion unklar ist, war durch Arkaden zum Stadion hin offen.

Theater: Folgt man der modernen Straße bei Kale Köy 0,5 km weit Richtung S, erreicht man das Theater von T. Der Bau stammt aus der röm. Kaiserzeit; vor allem der Zuschauerraum, dessen 34 Sitzreihen durch einen Umgang geteilt waren, ist gut erhalten. Das Bühnenhaus ist dagegen zusammengefallen. Hier und auf der Orchestra türmen sich zahlreiche antike Bauteile, von denen viele mit Masken, Skulpturen und Inschriften verziert sind. Diese Inschriften belegen eine Bauzeit, die sich über 150 Jahre erstreckte. – Nordöstlich des Theaters liegen noch Reste eines zweiten *röm. Tempels.*

Thermen: Südlich des am Stadion gelegenen Hallenbaus befinden sich Reste zweier Thermenanlagen. Die weiter sö gelegene, größere Anlage beeindruckte vor allem durch eine von sieben Arkaden erhellte Exedra. Der halbrunde, nischenähnliche Raum, der sich an eine Säulenhalle anschloß, wurde laut Inschrift von Opramoas von Rhodiapolis (→Kumluca, Rhodiapolis) in der Mitte des 2. Jh. n. Chr. gestiftet. – Östlich der Thermen erstreckte sich die *Agora,* n davon ein *Tempel* aus der röm. Kaiserzeit und eine byzant. *Basilika.*

Tralleis/Aydın

Aydın

Einw.: 100 000	Höhe: 66 m	S. 290 □ C 5

Die in der Antike als Tralleis bzw. Tralles und heute als Aydın bezeichnete Stadt liegt am Fuße des Gevizli Dağı an der N-Grenze des Büyük-Menderes-Tales und wird bei Ausflügen von der Küste bei Kaşadasi nach Pamukkale durchquert.

In der karischen Geschichte trat T. nicht hervor. Zum ersten Mal wurde sie in der 2. Hälfte des 5. Jh. v. Chr. als persisches

Troja, Das Trojanische Pferd

Militärlager erwähnt. Nach dem Tod Alexanders d. Gr. wechselte die Stadt die Herrscher. Ab 313 v. Chr. gehörte es zu Antigonos I., ab 301 zu Lysimachos, ab 281 zu den Seleukiden, ab 190 zu Pergamon und wurde durch die Vererbung Pergamons an die Römer ab 133 v. Chr. Teil der Provinz Asia. Nach der Zerstörung durch ein Erdbeben wurde die Stadt unter Kaiser Augustus wieder aufgebaut und hieß kurzzeitig Kaisareia. Ab 100 n. Chr. war sie Bischofssitz.

In T. wurde der berühmte Architekt Anthemios v. Tralles geboren, der gemeinsam mit Isidoros v. Milet (→) zwischen 532 und 537 die Hagia Sophia in İstanbul erschuf. Als 1071 in der Schlacht bei Malagirt Alp Arslan Diogenes die Truppen des byzant. Kaisers Romanos IV. besiegte, kam die Stadt schon früh unter seldschukische Herrschaft. Nachdem sie mehrfach die Besitzer gewechselt hatte, verblieb sie 1280 endgültig unter seldschukischer Herrschaft und erhielt den Namen Güzel Hisar. Ab 1310 stieg T. zu

einem eigenen Emirat auf und wurde nach ihrem Fürsten Aydinoğlu in Aydın umgetauft.
Im Zuge des griech.-türk. Krieges von 1922 wurde die Stadt niedergebrannt, anschließend wieder aufgebaut und unter Atatürk 1924 zur Provinzhauptstadt befördert.

Alihan Kümbeti: Dieser im Üveyes-Paşa-Stadtviertel gelegene Bau aus dem 14. Jh. verfügt über ein Kuppelgrab mit 4 Gräbern. Die Eingangstür ist mit Mosaiken aus Ziegeln geschmückt.

Moscheen: Da die Stadt bereits früh unter islamischen Einfluß geriet, gibt es mehrere sehenswerte Moscheen. So stammt die *Eski Camii* aus dem Jahr 1585 und die *Üveys Paşa Camii* (am Sakarya Caddesi im Köprülü mahallesi) aus dem Jahr 1568. 1594 wurde dann die *Ramazan Paşa Camii* (im Markt) erbaut, die über schöne Schnitzarbeiten verfügt. Die *Süleyman Bey Camii,* die sich nahe dem Bahnhof befindet, wurde 1683 errichtet und zählt aufgrund des mit pyramidenförmigen Kuppeln verzierten Şadırvan zu den schönsten Bauten in Aydın. Ebenfalls ein eindrucksvolles Şadırvan hat die *Cihanoğlu* oder *Cihanzade Camii* (im Köprülü mahallesi) aufzuweisen. Die Brunnenanlage verfügt über Becken aus Marmor und wird von zwölf Säulen umrahmt. Die Anlage, zu der noch eine Medrese und eine Türbe gehören, entstand 1756.

Museum: Im kleinen Museum werden Funde aus T. und aus der Umgebung ausgestellt. So findet man hier große hellenist. Terrakottafiguren, die bei Grabungen im Stadtbereich entdeckt wurden. Außerdem werden Keramiken und Skulpturen aus röm. Zeit und in einer ethnographischen Abteilung türk. Textilien ausgestellt.

Tralleis: Reste des antiken T., das 100 m nw auf dem Hügel oberhalb der Stadt liegt, sind nur spärlich vorhanden und lohnen kaum einen Besuch, zumal die Ruinen heute auch noch auf militärischem Sperrgebiet liegen und für Besichtigungen eine Ausnahmegenehmigung nötig ist.
Immerhin erkennt man im Gelände noch Umrisse eines Theaters im Akropolishügel, der Agora, eines Stadions und eines Tempels, der Dionysos geweiht war. Eindrucksvoll sind *3 Rundbögen,* die von den Stadtbewohnern als Üç göz (drei

Troja, Blick von Troja auf die Troas

Augen) bezeichnet werden. Sie waren Teil eines röm. Gymnasiums.

Troja
Çanakkale

Höhe: 25–40 m S. 288 □ B 3

Das antike T. liegt 30 km s der Provinzhauptstadt Çanakkale, nahe dem Ort Tevfikye in der Flußebene des Küçük Menderes (Skamander) und des Dumrek (Sinoış) auf dem Hügel Hisarlık. Verglichen mit den imposanten Ruinen antiker Städte wie Ephesos oder Pergamon ist T. auf den ersten Blick nur ein unübersichtlicher und enttäuschender Steinhaufen. Doch auf den zweiten Blick entpuppt sich Troja als ein einzigartiger Ort antiker Geschichte. Eine fast kontinuierliche Besiedlung über 4000 Jahre ist mittlerweile nachgewiesen worden, und gerade wegen Homers Werken »Ilias« und »Odyssee« ist ein Besuch ein Erlebnis. Noch immer gibt es in T. viele Rätsel zu lösen. So fehlt bis heute der endgültige Beweis, daß es sich bei den Funden auf dem Hügel Hisarlık auch wirklich um T. handelt.

TROJAS GESCHICHTE IN DER GRIECHISCHEN MYTHOLOGIE

Nach Homers »Ilias« war T. unter der Regentschaft des Königs Priamos eine blühende Handelsstadt. Eines Tages jedoch erschien ein Wahrsager beim König und warnte Priamos vor dessen Sohn. Paris, so der Hellseher, werde eines Tages unbeschreibliches Unglück über T. bringen. Der König glaubte dem Seher und schickte seinen Sohn aus der Stadt. Im nahen Idagebirge mußte Paris fortan Schafe hüten.
Zur gleichen Zeit brach auf dem Götterberg Olymp ein himmlischer Streit aus. Auslöser war die Hochzeit des Königs Peleus mit der Meernymphe Thetis. Zu diesem Fest war Eris, die Göttin der Zwietracht, nicht geladen und schwor deshalb Rache. Als das Fest in vollem Gange war, erschien Eris dennoch und warf plötzlich einen goldenen Apfel mit der Aufschrift »Für die Schönste« in die Menge. Da jede der Göttinnen die schönste sein wollte, entbrannte ein heftiger Streit. Hauptkonkurrentinnen waren dabei Hera, Athena und Aphrodite, die von Zeus ein endgültiges Urteil for-

Troja, Schliemanngraben

derten. Doch Zeus zog sich diplomatisch aus der Affäre und verwies die drei Göttinnen an Paris, der im Idagebirge nicht nur Schafe hütete, sondern sich mit der Bergnymphe Oeneon die Zeit vertrieb.

Die Göttinnen reisten daraufhin zu Paris, der von der Schönheit der drei überwältigt war.

Da Paris sich nicht entscheiden konnte, boten ihm die Göttinnen Geschenke an. Hera versprach, ihn zum König über Europa und Asien zu machen, wenn er sie zur schönsten Göttin wählen würde. Athena bot ihm einen erfolgreichen Feldzug gegen Griechenland. Doch die beiden hatten keine Chance gegen das Angebot von Aphrodite. Sie versprach, Paris die schönste sterbliche Frau als Gattin zu schenken.

Und Aphrodite hielt Wort. Sie schickte Paris nach Sparta.

Dort lebte Helena, die anerkanntermaßen schönste Frau der Welt. Doch Helena war schon mit dem König von Sparta, Menelaos, verheiratet.

Der König ahnte jedoch nichts von seinem Schicksal und überschüttete Paris mit Gastfreundschaft.

Als Menelaos eines Tages nach Kreta reisen mußte, nutzten Paris und Helena die Chance und flohen nach T. Als Menelaos bei seiner Rückkehr die Flucht entdeckte, schwor er Rache und rief ganz Griechenland zur Strafexpedition gegen T. auf.

Nur zwei griechische Helden wollten zunächst nicht kämpfen: Der kluge Odysseus und der unbezwingbare Achilleus.

Um der Einberufung zu entgehen, verkleidete sich Achilleus als Frau und Odysseus spielte einen Verrückten.

Doch die Griechen durchschauten die

Troja (Periodenangaben in Klammern) **1** S-Tor (VI) **2** Theater oder Bouleuterion (IX) **3** O-Mauer und Turm (VI) **4** NÖ-Eckturm (VI) **5** O-Tor (VI) **6** Rechteckraum (VI) **7** Stützenraum (VI) **8** Megaronhaus (VI/VIIa) **9** Hausfundamente (VIIa) **10** Vorplatz des Athena-Tempels (VIII/IX) **11** Brunnenschacht (VII/IX) **12** Athena-Tempel (abgetragen; VIII) **13** Festungsmauer und N-Turm (I) **14** Propylon (II) und Megaronbauten (II) **15** Häuser (I) **16** Rampe (II) **17** Megaron (VI) **18** Haussockel (VI) und Festungsmauer (VI) **19** Heiligtum (VIII) und Heiligtum (IX) **20** 500 m s Mauerreste, entdeckt 1993 **21** Röm. Odeion (IX) **22** ›Pfeilerhaus‹ (VI) **23** Haus (VI) **24** Toranlagen (II)

Troja, Heinrich Schliemann

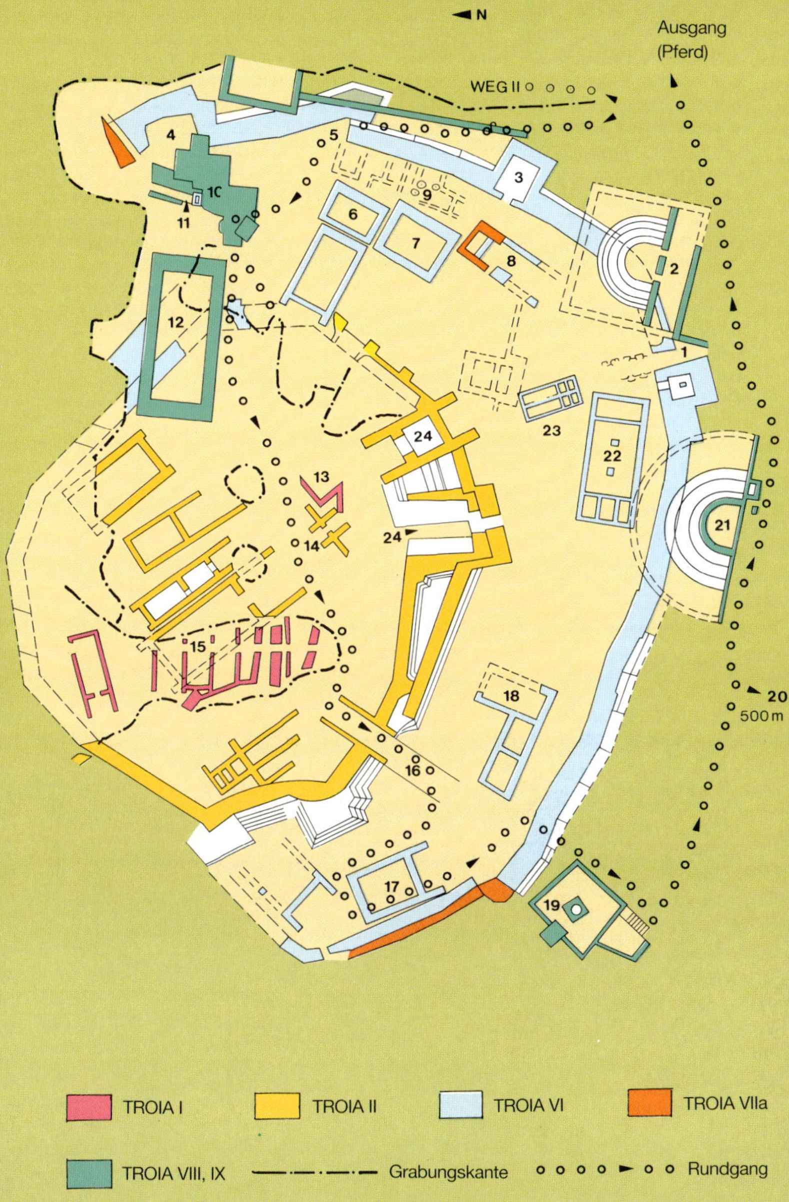
N
Ausgang
(Pferd)
WEG II
1
2
3
4
5
6
7
8
9
10
11
12
13
14
15
16
17
18
19
20
500 m s
21
22
23
24
24
TROIA I
TROIA II
TROIA VI
TROIA VIIa
TROIA VIII, IX
Grabungskante
Rundgang

List, und unter der Führung von Agamemnon segelte die Flotte mit den beiden gen T. Neun Jahre zog sich der Krieg vor T.s Mauern hin, ohne daß eine Entscheidung fiel. Sogar die Götter auf dem Olymp stritten mit. Nachdem Achilleus' bester Freund Patroklos in einer der vielen Schlachten von Hektor getötet worden war, jagte Achilleus den Trojaner Hektor aus Wut dreimal um die Stadtmauern herum, tötete ihn und schleifte seine Leiche um T.s Mauern. Wenig später starb aber auch Achilleus, nachdem ihm Paris von der Stadtmauer einen vergifteten Pfeil in die Ferse geschossen hatte. Dies war die einzig verwundbare Stelle des griech. Helden. Seine Mutter Thetis hatte den jungen Achilleus, um ihn unverwundbar zu machen, in den Fluß Styx getaucht, ihn dabei jedoch an den Fersen festgehalten, die somit nicht vom heiligen Wasser berührt worden waren.

Im zehnten Jahr des Trojanischen Krieges kam Odysseus auf die Idee, ein hölzernes Pferd zu bauen, in dessen Bauch er ein paar mutige Soldaten versteckte. Die Trojaner staunten nicht schlecht, als eines Morgens die griech. Angreifer scheinbar abgereist waren. Das einzige, was sie zurückließen, war ein riesiges Holzpferd und einen angeblichen Überläufer namens Simon. Den verblüfften Trojanern erzählte Simon folgende listige Geschichte. Er sei als Opfer ausgewählt worden, damit die Griechen günstige Winde für die Heimfahrt bekämen, habe aber rechtzeitig fliehen können. Das Pferd, so erklärte Simon, sei als Weihgabe für die Göttin Athena gebaut. Man habe es deshalb so groß gebaut, damit die Trojaner es nicht in ihre Stadt ziehen und damit Athenas ewigen Schutz bekommen könnten. Würde man es aber zerstören, bliebe Athena eine Feindin T.s. T.s Priester Laokoon warnte seine Bürger mit dem berühmten Zitat: »Nehmt euch in acht vor den Griechen, auch wenn sie Geschenke bringen.« Doch Poseidon schickte Meeresdrachen, die den Zweifler und dessen Söhne töteten. Die Trojaner verstanden dies als Wink des Himmels. Sie rissen das W-Tor nieder, um das große Pferd in die Stadt zu ziehen. In der Nacht kletterten die Griechen aus dem Holzbauch und öffneten das provisorische Stadttor für die griech. Armee. Die Trojaner wurden daraufhin im Schlaf überrascht und niedergemetzelt. Helena kehrte zu ihrem Mann Menelaos zurück, und König Priamos wurde von Neoptolemos vor den

Troja II, Gepflasterter Toraufgang

Augen seiner Frau und Töchter getötet. Nach dem Blutbad brannten die Griechen die Stadt nieder.
Mit der Hilfe von Aphrodite gelang jedoch dem Trojaner Aeneas mit seinem alten Vater Anchises und seinem Sohn Askanius die Flucht. Nach der von Vergil (70–19 v. Chr.) überlieferten »Aeneis« (Aeneas-Sage), landeten die geflüchteten Trojaner nach einer langen, abenteuerlichen Reise in Italien, und Aeneas heiratete dort die Königstochter Lavinia. Aus dieser Verbindung stammen später Romulus und Remus, die Begründer der Stadt Rom. Diese direkte Abstammung von T. galt in Rom als historisches Faktum. Nach dem Sieg Roms über Karthago 240 v. Chr. baten deshalb die griech. Akarnanen mit dem Argument, sie seien die einzigen Griechen gewesen, die nicht gegen T. gekämpft hätten, um röm. Unterstützung.
Nach dem Krieg mit Antiochos III. und dem Frieden von Apameia 188 v. Chr. unterstützten die Römer ihre Mutterstadt T. bzw. Ilium, indem sie sie für frei erklärten und das Gebiet um die Städte Rhoeteum und Gergithum vergrößerten. Später befreite Cäsar die Stadt sogar von Steuerzahlungen. Cäsar und sein Adoptivsohn Octavianus, der spätere Kaiser Augustus, leiteten ihre Herkunft sogar direkt aus T. ab. Cäsars Geschlecht waren die Iulier, die angeblich von Ilus abstammen. Ilus war der Sage nach der Gründer T.s und Großvater von Priamos. Die Stammutter der Iulier war die Liebesgöttin Venus bzw. die griech. Aphrodite, die wiederum als Mutter Aeneas' galt. Cäsar trug sich sogar mit dem Gedanken, in die Stadt seiner Urahnen überzusiedeln.

HOMER

Die Werke »Ilias« und »Odyssee« gelten als Grundlage der abendländischen Kulturgeschichte. Während die »Ilias« eindeutig Homer zugeordnet wird, ist die Frage, ob Homer auch die »Odyssee« schuf, nach wie vor umstritten. Grund für diese Skepsis sind stilistische und inhaltliche Unterschiede zwischen den beiden Werken. Faktum dagegen ist, daß sowohl die »Ilias« als auch die »Odyssee« auf jahrhundertealten mündlichen Überlieferungen beruhen.
Über Homer selbst ist wenig bekannt, schon seine Lebensdaten sind unklar. So schreibt der »Erfinder der Geschichts-

Troja II, Toraufgang

Troja VI, Befestigungsmauer

schreibung« Herodot: »Hesiod und Homer nämlich haben meiner Meinung nach höchstens 400 Jahre vor mir gelebt.“ Da Homer aber schon von Dichtern im 7. und 6. Jh. v. Chr. erwähnt wurde, muß er auch vor dieser Zeit gelebt haben. Er muß auch, dies ergaben Werkstudien, vor dem Epiker Hesiod von Askra gelebt haben, der ziemlich sicher 700 v. Chr. in Böotien geboren wurde. Auch der Geburtsort Homers ist unbekannt. Zwei Dutzend Städte behaupteten, daß der Dichter in ihren Mauern das Licht der Welt erblickte. Eine Untersuchung des Namens Homer ergab, daß der Dichterfürst in einem Gebiet geboren worden sein muß, wo der ionische und äolische Dialekt ineinander übergingen. Aus diesem Grund wird vermutet, daß Homer an der türk. W-Küste zwischen den antiken Städten Phokaia und Kolophon oder auf der Insel Chios geboren worden ist. Innerhalb dieses Gebietes liegt das antike Smyrna (heute: İzmir), das für sich in Anspruch nimmt, Homers Geburtsort zu sein. Selbst in der Antike wußte man nicht viel über Homer. Nur eines schien damals sicher: »Homer caecus fuisse dicitur«; Homer, so wird gesagt, soll blind gewesen sein. Aus diesem Grund zeigen antike Skulpturen ihn immer als blinden Mann.

HEINRICH SCHLIEMANN

Fast ebenso interessant wie die Geschichte T.s ist die Suche nach der antiken Stadt, die unlösbar mit dem Namen ihres Entdeckers Heinrich Schliemann verbunden ist. Schliemann wurde am 6.1. 1822 als Sohn eines Pfarrers im mecklenburgischen Neubukow geboren. Nach einer Krämerlehre in Fürstenberg wurde Schliemann 1844 Buchhalter der Amsterdamer Firma B. H. Schröder & Co. und 2 Jahre später deren Handelsagent in Petersburg. Ab 1847 arbeitete Schliemann sehr erfolgreich als Groß-

Troja VI, Grabungsarbeiten am Burgturm

händler und erzielte vor allem mit dem Indigo-Handel (Indigo = blauer Farbstoff) bis 1856 ein beachtliches Vermögen. Nach einer achtmonatigen Reise in den Orient (1858/1859) beendete Schliemann 1863 seine Kaufmanns-Karriere, studierte ab 1866 in Paris an der Sorbonne Archäologie und promovierte anschließend in Rostock. 1869 ließ er sich von seiner ersten Frau Ekaterina Petrowna Lyschin scheiden und heiratete kurz darauf die Griechin Sophia Engastromenos in Athen.

1870 unternahm Schliemann eine erste, jedoch illegale Grabung am Hisarlık. Im Gegensatz zur damaligen Lehrmeinung, glaubte Schliemann an Homers Schilderungen in den Sagen »Ilias« und »Odyssee«. Zwischen 1871 und 1873 grub Schliemann dann T. aus. Schliemann hielt dabei die älteste, unterste Schicht für das homerische Troja, zog deshalb einen tiefen Suchgraben quer durch den Hügel und zerstörte damit automatisch darüberliegende, jüngere Schichten. Als Schliemann den angeblichen →»Schatz des Priamos« entdeckte, ließ er diesen heimlich außer Landes schaffen. Ein Gericht verurteilte ihn deshalb zu einer Geldstrafe.

Anschließend forschte Schliemann noch an anderen Orten und entdeckte in Mykene die Schachtgräber am Löwentor. Es folgten weitere Grabungen in T. Ab 1882 arbeitete Schliemann dort mit der Unterstützung von Wilhelm Dörpfeld (1853 bis 1940). 1889 hat die erste, ein Jahr später die zweite Troja-Konferenz stattgefunden, auf denen Schliemann seine Ergebnisse verteidigte. Am 26. Dezember 1890 ist Schliemann an den Folgen einer einen Monat zuvor in Halle durchgeführten Ohrenoperation in Neapel gestorben und wurde anschließend in Athen beigesetzt. Noch zu Lebzeiten schenkte Schliemann seine Grabungsfunde der Stadt Berlin, dessen Ehrenbürger er kurz darauf geworden ist. Auch der angebliche »Schatz des Priamos« gehörte zu dieser Schenkung.

Troja IX, Tempel der Athene

Schliemann ging zwar als Troja-Entdecker in die Geschichte ein, aber bereits vor ihm hatte es zahlreiche Suchaktionen nach der sagenhaften Stadt gegeben. So setzte schon im 16. Jh. der Engländer George Sandys den Hügel Hisarlık mit dem antiken T. gleich. Die Schürfungen, die Sandys 1610 durchführte, blieben jedoch ohne großen Erfolg. Über 150 Jahre später meinten die Franzosen Laurence Conte Choisel-Gouffier und Jean Baptiste Lechevalier T. gefunden zu haben. Sie lokalisierten auf ihren Reisen durch die Troas in den Jahren 1781 bis 1791 T. jedoch 8 km sö auf dem heutigen Bali Dağ, sö des Dorfes Bunarbarschi. Die meisten Wissenschaftler der damaligen Zeit schlossen sich dieser Erkenntnis an, zumal der Österreicher J. G. v. Hahn bei Grabungen dort tatsächlich antike Funde machte. Auch Schliemann grub zuerst am Bali Dağ, zweifelte dann aber, da die Distanz zur Küste mit 3 Fußstunden mit den Schilderungen Homers übereinstimmte.

GESCHICHTE TROJAS

Die Unterscheidung der Siedlungsschichten Troja I bis IX geht zurück auf Schliemanns Mitstreiter und Nachfolger Wilhelm Dörpfeld, der aufgrund der Grabungsergebnisse neun verschiedene Siedlungen ausmachen konnte. Grabungen amerikanischer Archäologen unter Leitung von Carl William Blegen (1887 bis 1971) zwischen 1932 und 1938 brachten jedoch eine Vielzahl weiterer Schichten zutage. Die Geschichte T.s wurde danach in 46 Bauphasen unterteilt. Bei neuesten Grabungen eines internationalen Teams unter Leitung des Tübinger Prähistorikers Manfred Korfmann gelang 1989 der Nachweis, daß T. noch älter ist als bislang vermutet und schon im 4. Jtd. statt wie bislang angenommen im 3. Jtd. v. Chr. gegründet worden war.

Als Baumaterial wurden damals vor allem luftgetrocknete Lehmziegel verwendet, die jedoch nur eine kurze Haltbarkeit hatten. Aus diesem Grund mußten die Bewohner ihre Häuser laufend neu bauen. Da sie dies immer auf dem Schutt der alten Ruinen taten, entstand so im Laufe der Jahrtausende ein fast 20 Meter hoher Siedlungshügel. Auf einer Fläche von nur 200 × 150 m stapeln sich nun fast 4000 Jahre Geschichte, die die Ausgrabungen so kompliziert und einen Besuch so schwer verständlich machen.

Troja 0 (3500–3000 v. Chr.): Dieser Siedlungshorizont wurde erst 1989 bei Arbeiten im Schliemann-Graben entdeckt. Bis dato galt Troja I als älteste Siedlungsschicht T.s Die neuen Funde beweisen nun bereits eine Besiedlung im 4. Jtd. v. Chr. Korfmann schrieb dazu: »Unter einer Befestigungsmauer der Phase Schicht Troja I lag eine Schicht mit Brandresten, davor ein dickes, abfallendes Paket völlig sterilen Kalksplitts und kalkiger Erden. Wäre nicht der Oberteil einer weiteren Mauer aufgetaucht, die ja schließlich auch einen Fundamenthorizont haben mußte, so hätte jeder Archäologe hier die Grabung eingestellt. Die Mauer legte jedoch nahe, daß man mit Gewinn tiefer gehen konnte. Unter der sterilen Kalkschicht kam dann erneut eine dicke Schicht mit Brandresten zutage, die an einen dicken Außenputz dieser Mauer anzog. Das ist ein Grabungsbefund, der meiner Meinung nach älter als Troja I sein muß. Außer der stratigraphischen Situation stützen auch zwei C14-Daten, die sich altersmäßig deutlich von denjenigen der Troja-I-Schicht unterscheiden, diese Ansicht.«

Troja I (3000–2500 v. Chr.): In der modernen Forschung wird das 4 m dicke Stratum (Kulturschicht) des Troja I in 10 verschiedene Unterschichten gegliedert, die der ausgehenden Jungsteinzeit bzw. der Übergangsphase zur Frühbronzezeit angehören. Das damalige T. war eine dorfähnliche Anlage mit mehrfach verstärkten Mauern aus Bruchsteinen. Die Mauerzüge messen 14,32 und 34 m. Der Haupteingang befand sich im S und bestand aus einer rund 15 m breiten Toranlage, die durch 2 viereckige Türme geschützt war. Diese Ruinen sind die ältesten Bauwerke dieser Art in ganz Kleinasien. Im sog. Schliemann-Graben wurden Reste mehrerer Langhäuser entdeckt, die in sogenannter Fischgrätentechnik erbaut worden waren. Die damaligen Bewohner lebten von Ackerbau, Viehzucht und Fischfang. Charakteristisch für diese Zeit sind dunkelgraue oder schwarze, manchmal auch braune oder rote Keramiken, die ohne Töpferscheibe von Hand hergestellt worden waren. Die Schalen hatten einen umgeknickten Rand und verfügten über eine Politur. Die Forschung ergab, daß Troja I durch eine Brandkatastrophe unterging.

Troja II (2500–2300 v. Chr.): Im Rahmen des Wiederaufbaus wurde T. nach S hin auf 8000 bis 9000 qm erweitert. Der Durchmesser betrug 110 m. Geschützt wurde der damals bedeutende Fürsten- oder Königssitz durch eine 330 m lange Mauer, deren Fundament aus Steinen bestand, auf denen Lehmziegel den Abschluß bildeten. 2 große Toranlagen im SO und SW der Stadt ermöglichten über eine Rampe den Zugang in die Stadt. Beim sw Tor handelt es sich laut Schliemann um den in der Ilias als Skäisches Tor bezeichneten Stadteingang. Außerdem gab es im w Teil der Mauer noch ein drittes, aber mit 8 m Länge und 5 m Breite recht kleines Tor. Die Gebäude waren in der sog. Megaronform gebaut, also in der Vorform des griech. Antentempels. Während man früher meinte, daß bereits bei Troja I diese Megaronform verwendet wurde, mußte diese Auffassung nach neuesten Erkenntnissen revidiert werden. Das größte Gebäude war mit 36 m Länge, 13,2 m Breite und einer Mauerstärke von bis zu 1,5 m das *Megaron II A,* das wahrscheinlich als Versammlungsraum diente. In der Mitte des Saales wurden Reste eines 4 m großen Herdes gefunden. Die Tür hatte eine Breite von 4 m, und das Dach war mit Schilf gedeckt.

Troja II wird in 7 Bauphasen untergliedert, dessen bedeutendste Troja II c ist. 3000 Menschen lebten damals in T. Der von Schliemann entdeckte, angebliche »Schatz des Priamos« stammte höchstwahrscheinlich aus der 7. Bauphase, also Troja II g. Aus diesem Grund hielt

Schliemann diese Phase auch für das homerische T., zumal die Untersuchungen ergaben, daß Troja II anschließend durch eine Brandkatastrophe unterging. Der Schatz lag in der Nähe des *Hauses HS,* das zusammen mit dem *Haus HT* als ehem. Palast angesehen wird.
Funde beweisen, daß Troja II umfangreichen Handel betrieben haben muß. So zählte Troja II zu den außerhalb von Mesopotamien und Ägypten raren Plätzen, wo Arbeits- und Kriegsgeräte bereits aus Bronze hergestellt und Keramiken mit Hilfe der Töpferscheibe geformt wurden. Charakteristisch für die Keramikkunst der damaligen Zeit sind die sog. *Gesichtsvasen,* die von Schliemann als »Depas Amphikypellon« bezeichnet wurden. Es handelt sich dabei um trichterförmige Tonbecher ohne Standfläche, die nur von 2 bis zum Boden reichenden Henkeln gestützt wurden.

Troja III–V (2300–1700 v. Chr.): Nach dem Untergang von Troja II durch eine Brandkatastrophe, dessen Zeugnis eine 2 m dicke Asche- und Schuttschicht ist, wurde die Stadt an gleicher Stelle wieder aufgebaut.
Nach den Ergebnissen der amerik. Grabungen in den 30er Jahren wird Troja III in 4, Troja IV in 5 und Troja V in 4 Bauphasen unterschieden. Bis 1700 v. Chr. dehnte sich die Stadt auf eine Fläche von 18 000 qm aus. Reste aus dieser Zeit sind spärlich vorhanden. So wurde erst 1990 s des Schliemann-Grabens ein Teil der zu Troja III gehörenden Stadtmauer entdeckt. Dieses Bollwerk bestand erstmals aus behauenem Stein und ist damit das älteste Zeugnis dieser Mauerbautechnik überhaupt.
Vor 1990, als man noch keine Reste einer antiken Stadtbefestigung gefunden hatte, ging man von einer ungeschützten und deshalb bedeutungslosen Stadt aus. Diese Auffassung scheint nach den neuesten Arbeiten Korfmanns nicht mehr haltbar. Korfmann geht sogar davon aus, daß auch Troja IV und V über ein Bollwerk verfügten. Die Epochen Troja III bis V sind geprägt durch eine große Kontinuität ohne große Entwicklungssprünge. Wie Troja II, so ging auch Troja V durch eine Feuersbrunst unter.

Troja VI (1700–1250 v. Chr.): Zwischen Troja V und VI gibt es einen entscheidenden Einschnitt. Keramik-, Waffen- und Werkzeugfunde dieser Zeit unterscheiden sich grundsätzlich von früheren Produkten. Der starke mykenische Einfluß ist vor allem durch die Keramikfunde nachzuweisen. So wurde die sog. graue minysche Ware gefunden, also Keramik, die Metall ähneln sollte und wahrscheinlich aus Griechenland stammte. Auch das Pferd war mittlerweile bekannt, wie Knochenfunde beweisen. Die Archäologen folgern daraus, daß die Bevölkerung von Troja VI nicht mit der von Troja V identisch ist. Wie es zu diesem »Bürgerwechsel« kam, ist rätselhaft, zumal Spuren eines möglicherweise dafür verantwortlichen Krieges nicht gefunden worden sind. Nicht bewiesen ist auch die weitverbreitete, von Dörpfeld erstmals geäußerte Vermutung, bei der Schicht VI handele es sich um das homerische T. Ein Indiz für diese Behauptung ist die Tatsache, daß das mykenische Griechenland zu dieser Zeit seine größte Blüte und damit Stärke erreichte. Das strategisch günstig am Hellespont gelegene T. könnte die Mykenen in ihrem Handel gestört haben. Möglicherweise war dies dann der Auslöser des Trojanischen Krieges.
Die 6 m dicke Kulturschicht wird in 8 Bauphasen unterteilt und zeigt die Zerstörung von Troja VI h durch ein Erdbeben. Dieses Erdbeben muß nicht im Gegensatz zu Homers Ilias stehen. Homers Geschichte mit dem Pferd könnte auch als Symbol verstanden werden. Gott der Pferde war nämlich Poseidon. Aber Poseidon war noch mehr, nämlich Gott der Erdbeben. Insofern könnte Homers Ilias auch so verstanden werden, daß die Griechen jahrelang erfolglos T. belagerten, bis ihnen der »Gott der Pferde und des Erdbebens« mit einer Naturkatastrophe zu Hilfe kam und die feindliche Stadt zerstörte.
Neueste Erkenntnisse ergeben, daß das in 8 Bauphasen untergliederte Troja VI dreimal so groß gewesen sein muß wie angenommen. Bislang ging man davon aus, daß die 540 m lange und 4,5 m dicke Stadtmauer eine Fläche von 20 000 qm umschloß und außerhalb der Mauern

nicht besiedelt war. Mittlerweile wurden aber auch außerhalb der Mauern in 1,5 bis 2 m Tiefe Reste von Troja VI entdeckt. Die Häuser standen auf mehreren Terrassen, die den Hügel konzentrisch umzogen. Der Grundriß der Stadtmauer glich einem Sägezahnmuster. Die heute mit bis zu 4 m Höhe teilweise guterhaltene Mauer war durch Türme verstärkt und hatte 5 Tore. Das ö *Haupttor* war durch eine 2 m breite und 5 m lange Überlappung der Stadtmauer besonders geschützt. Dieser Korridor bog anschließend im rechten Winkel nach innen ab, und erst hier befand sich das eigentliche Tor. Die gesamte Verteidigungsanlage bestand aus dauerhaften Kalksteinquadern. Dieser Fürsten- oder Königssitz stand damit den mykenischen Burgen auf dem griech. Festland in keiner Weise nach.
Die gesamte obere Schicht wurde leider in späterer Zeit durch den Bau eines griech.-röm. Tempels fast vollständig zerstört. Somit fehlen Zeugnisse der Innenbebauung fast ganz. Ebenfalls zu Troja VI gehört eine Nekropole, die sich 500 m s des Hügels befindet.

Troja VII (1250 v.Chr.–1000 v.Chr.): *Troja VIIa 1250–1180 v.Chr.:* Nach dem Untergang von Troja VI begann ein eiliger, hastiger Wiederaufbau, doch mit der einstigen Größe war es vorbei. Der Anfang vom Ende hatte begonnen. Die Ruinen wurden wiederverwendet und die Stadt notdürftig befestigt. Dies deutet zum einen auf unsichere Zeiten, zum anderen auf einen Machtverlust T.s hin. Für diese These spricht auch das schnelle und gewaltsame Ende dieser Siedlungsschicht. Der amerik. Archäologe Carl William Blegen vermutet deshalb, daß das homerische T. Troja VIIa sei. Diese These gilt mittlerweile als fast sicher widerlegt. Die Zerstörer von Troja VIIa sind nämlich nach wissenschaftlichen Erkenntnissen nicht die Griechen, sondern wandernde Seevölker gewesen.
Troja VIIb (1180–1000 v.Chr.): Zwischen VIIb1 (bis 1100 v.Chr.) und VIIb2 fand ein Bevölkerungswechsel in T. statt. In der Schicht VIIb2 wurden im Gegensatz zum spätmykenischen VIIb1 eigentlich für das Balkangebiet typische *Buckelkeramiken* gefunden. Eine Zerstörung oder kriegerische Einnahme konnte jedoch nicht nachgewiesen werden. Die Gründe für diesen Bevölkerungswechsel sind also nach wie vor unklar.

Troja VIII (950 v.Chr.–85 v.Chr.): Bislang ging man davon aus, daß die damaligen Bewohner T. kurze Zeit darauf verließen, der Ruinenhügel rund 3 Jh. in Vergessenheit geriet und erst 700 v.Chr. durch äolische Griechen als Ilion wiedererbaut wurde. Die neuesten Erkenntnisse widersprechen dieser auch von Schliemann vertretenen Ansicht. Neueste Keramik-Untersuchungen lassen den Schluß zu, daß sich die Griechen kurz nach dem Untergang von VIIb2, ca. 950 v.Chr., in T. niederließen.
652 v.Chr. eroberte der Lyderkönig Gyges den Ort. 546 v.Chr. wurde T. dann persisch und 334 v.Chr. griech., als Alexander d.Gr. die Stadt seinem Reich angliederte. Seit 3.Jh. v.Chr. wurde die »Heilige Stadt Ilios« zum Wallfahrtsort. Im SW lag ein *Heiligtum,* das wahrscheinlich Kybele geweiht war, und im Inneren der Stadt stand der *Tempel der Athena Ilias.* Hier hatte der Perserkönig Xerxes bereits gegen 480 v.Chr. der Stadtgöttin 1000 Rinder geopfert. Im S

Troja IX, Athene-Tempel, Kassettendekke, Fragmente

der Burg gab es eine Unterstadt, in der die rund 3000 Einwohner lebten. Reste von Troja VIII sind nur noch spärlich erhalten, da die Römer unter Feldherr Flavius Fimbria die Stadt 85 v. Chr. fast vollständig zerstörten. Der Grund war die Annäherung T.s an Mithridates von Pontos gewesen.

Troja IX (85 v. Chr.–5. Jh. n. Chr.): Kurz nach der Zerstörung wurde T. auf Anweisung von Sulla wiederaufgebaut und als Ilium novum bezeichnet. Die Stadt erlebte daraufhin einen starken Aufschwung, den sie vor allem der Aeneas-Sage zu verdanken hat, nach der T. die Urheimat der Römer ist. Aus diesem Grund war die Stadt trotz der röm. Herrschaft weitgehend autonom. Bis Valerian (253–259 n. Chr.) prägte T. sogar seine eigenen Münzen. In dieser röm. Zeit entstanden auch zahlreiche Bauten. So ließ Augustus einen *Athene-Tempel* auf dem Hügel errichten. Der Peripteralbau hatte die Größe von 35,7 × 16,4 m und verfügte über 6 × 12 Säulen. Durch die nötigen Planierungsarbeiten im Vorfeld des Tempelbaus wurden damals jedoch Schichten von Troja VI vollständig zerstört. Ebenfalls in dieser Zeit entstanden am S-Fuß des Tempelberges ein *Theater* und das *Bouleuterion* für die Ratsversammlungen. Auch geringe Bodenmosaikreste einer frühchristl. Kirche wurden nicht weit davon gefunden.
267 n. Chr. überfielen die Goten T. und plünderten die Stadt. Im 4. Jh. n. Chr. plante Konstantin (306–337 n. Chr.) zunächst T. als neue Hauptstadt des wiedergeeinten Röm. Reiches, entschied sich dann aber doch für Byzanz, das später nach ihm in Konstantinopel umbenannt wurde und heute İstanbul heißt. Bis ins 14. Jh. war T. bzw. Ilion zeitweilig Bischofssitz, geriet aber anschließend in Vergessenheit und wurde erst von Schliemann wieder entdeckt.

RUNDGANG

Noch bevor man auf der kleinen Verbindungsstraße das Grabungsgelände erreicht, liegt r das sog. Schliemann-Haus. Es handelt sich hierbei jedoch nur um einen Nachbau, den ein Film-Team für Dreharbeiten über eine Schliemann-Dokumentation errichten ließ. Schon von hier aus zu sehen ist das ebenfalls nachgebaute Trojanische Pferd, das direkt am Eingang zum Grabungsgelände steht.

Troja VIII, Heiligtum

Hier befindet sich auch ein kleines **Museum** mit Grabungsfunden. Westlich davon beginnt der mit Tafeln und Skizzen gut beschilderte Rundgang. Von einer Anhöhe, die n der großen Einführungstafel liegt, hat man zunächst einen guten Überblick über das Grabungsgelände. Direkt vor dem Betrachter liegt dann die mit länglichen Quadern erbaute *O-Mauer* und Reste des *O-Turmes.* Man folgt anschließend der O-Mauer Richtung N und betritt durch das *O-Tor* das eigentliche T. Gleich hinter dem Stadttor liegen l Reste mehrerer *Häuser,* die vorwiegend aus Troja VI stammen. Folgt man dem Rundgang weiter Richtung N, erreicht man nach wenigen Metern den höher gelegenen Vorplatz des *Athena-Tempels.* Ein kleiner Korridor führt zu einem *Brunnenschacht.* Von hier hat man auch einen guten Blick gen N auf den *nö Eckturm* von Troja VI. Westlich davon lag der Athena-Tempel (Troja VIII), von dessen im 19. Jh. ausgegrabenen Fundamenten allerdings nichts mehr erhalten ist. Nur einige Bauteile sind noch sichtbar. Der jüngste Tempel war einer der wenigen dorischen Ringhallentempel in Kleinasien.

Der Rundweg führt anschließend an einer *Stadtmauer* und einem *Turm* vorbei bis zum sog. *Schliemann-Graben.* Durch den tiefen Einschnitt des Grabens ist deutlich zu erkennen, wie Schliemann ohne Rücksicht auf die jüngeren Schichten gegraben hatte. Hier fand Schliemann auch nahe der Stadtmauer den sog. »Schatz des Priamos«.

Anschließend führt der Rundgang über eine fast 6 m breite und steile Rampe aus Troja II hinab zu einem *Megaron* aus Troja VI. Dieses Haus ist jedoch schlecht erhalten und von Häuser-Resten aus der Periode VII a überlagert. In diesem Bereich fand man mykenische Keramiken, die eine kulturelle Verbindung zwischen Troja VI und Griechenland beweisen.

An einer *Festungsmauer* aus der Zeit Troja VI geht es an *2 Heiligtümern* aus Troja VIII und Troja IX weiter bis zu den Resten eines *röm. Odeions* (Troja IX). Von hier aus hat man auch einen Blick auf Bauten, die mehr in der Mitte des Geländes liegen, wie auf ein *Pfeilerhaus,* welches das größte noch sichtbare Wohnhaus aus Troja VI darstellt und ein weiteres Haus aus Troja VI. Folgt man dem Rundgang weiter, liegt n des Weges das *S-Tor* (Troja VI) und ein Bau mit Sitzreihen, der entweder als *Theater* oder als Versammlungsbau bzw. *Bouleuterion* genutzt wurde (Troja IX). Anschließend

Troja IX, Odeion

Troja IX, Odeion, Detail

erreicht man wieder den Ausgangspunkt des Rundweges.

SCHATZ DES PRIAMOS

»Und während meine Arbeiter aßen und ausruhten, schnitt ich den Schatz mit einem großen Messer heraus, was nicht ohne die allergrößte Kraftanstrengung und die furchtbarste Lebensgefahr möglich war, denn die große Festungsmauer, welche ich untergraben hatte, drohte jeden Augenblick auf mich einzustürzen«, erinnerte sich Heinrich Schliemann an die Entdeckung des sog. Priamos-Schatzes. Insgesamt 8833 Einzelstücke konnte Schliemann bergen und unentdeckt außer Landes schaffen. Dieser Diebstahl und zahlreiche Ungereimtheiten im Zusammenhang mit dem Fund haben Schliemann später in Mißkredit gebracht. So hat Schliemann über Fundort und -zeit unterschiedliche Angaben gemacht. Heute geht man davon aus, daß er den Schatz Ende Mai 1873 morgens zwischen acht und neun Uhr in einer Nische der Ringmauer fand. Auch Schliemanns Behauptung, seine Frau Sophia hätte den Schatz mitentdeckt, gilt als widerlegt. Sophia Schliemann war zu diesem Zeitpunkt nämlich nicht in T., sondern in Athen. Wahrscheinlich hatte Schliemann seine Frau an dem Ruhm teilhaben lassen und ihr damit ein Denkmal setzen wollen.

Wie es Schliemann gelang, den Schatz außer Landes zu schaffen, ist bis heute ungeklärt. Fest steht jedoch, daß die Türkei die Herausgabe verlangte. Als Schliemann sich weigerte, wurde er 1875 in Athen zu einer Geldstrafe von 10000 Franc verurteilt, die er an das Kaiserliche Museum in Konstantinopel zu zahlen hatte. Auch die Echtheit des Schatzes wurde immer wieder angezweifelt und Schliemann als Fälscher beschimpft. Auf dem Schliemann-Kongreß 1990 in Athen sprach sich Edmund

Troja, S-Tor

F. Bloedow jedoch für die Echtheit aus. Allerdings gilt als sicher, daß der sogenannte Schatz des Priamos nicht Priamos gehörte, sondern von einem anderen Herrscher sein muß. Der Grund: Die Funde stammen mit großer Wahrscheinlichkeit aus dem 3. Jahrtausend v. Chr., sind also für einen »Priamos-Schatz« fast 2000 Jahre zu alt. Der einmalige Schatz gelangte zunächst nach Berlin. In den letzten Tagen des 2. Weltkriegs verschwanden aber die antiken Schmuckstücke auf mysteriöse Weise. Obwohl mehrere Spuren nach Rußland führten, blieb der »Schatz des Priamos« bis heute verschollen.

TROJA UND ATLANTIS

Die Erforschung T.s ist auch über 100 Jahre nach der Entdeckung durch Schliemann nicht abgeschlossen. Eine interessante Entdeckung machten deutsche Archäologen 1993, als sie 500 m s vom eigentlichen Grabungshügel Reste einer Mauer fanden, die möglicherweise zu einer zweiten, weitaus größeren Befestigungsanlage gehört. Demnach wäre T. weitaus größer gewesen, als bislang angenommen.

Dieser Fund stützt auch eine interessante These, mit der der deutsche Geoarchäologe Eberhard Zangger 1992 die Fachwelt verblüffte. In seinem Buch »Atlantis – Eine Legende wird entziffert« vermutet Zangger, daß die versunkene Stadt Atlantis und T. identisch seien.

Die Schilderungen über Atlantis stammen von Platon, dessen Bericht über das Paradies, das nach der Entartung seiner Bewohner im Meer versank, bislang als phantastische, nicht-reale Geschichte interpretiert wurde. Daß gerade der Denker Platon, der die Dichter ablehnte, weil sie »wolkig und nicht wahr sprechen«, selbst eine Geschichte einfach erfindet, ist unwahrscheinlich, zumal Platon mehrfach seinen Atlantis-Bericht als wahr beschworen hat. Die Geschichte wurde von Platon aber nur überliefert. Der eigentliche Urheber soll der Feldherr Solon (640 bis 560 v. Chr.) gewesen sein, der die Atlantis-Erzählung von einer Bildsäule in Ägypten abgeschrieben haben will. Solon war ein Freund eines Urahnen Platons. Möglicherweise wurden Solons Aufzeichnungen dann über Generationen in der Familie Platons weitergegeben. Gestützt wird diese These auch von einer Textanalyse. Demnach weicht der Sprachstil in der Atlantis-Erzählung von dem in anderen Platon-Texten ab.

Zangger stellt außerdem bei einem Vergleich zwischen dem von Platon beschriebenen Atlantis und dem homerischen T. interessante Übereinstimmungen fest. So berichtet Platon, daß Atlantis über 1200 Schiffe verfügt hätte. Homer gibt an, die trojanische Flotte habe aus 1185 Schiffen bestanden. Platon schildert, daß in Atlantis ein starker N-Wind vorgeherrscht hätte. Diese Windrichtung ist im Mittelmeerraum untypisch, mit Ausnahme der Einfahrt in das Marmarameer. Am Hellespont bei T. herrschen vor allem im Sommer und Winter starke N-Winde vor. In Atlantis sollen, so Platon, zwei Quellen, eine heiße und eine kalte, gesprudelt haben. Homer berichtet über T. gleichlautendes. Demnach soll eine Quelle heiß »wie loderndes Feuer«, die andere kalt »wie der Hagel« gewesen sein. Außerdem kannten die Bewohner von Atlantis Messing. In der Antike wurde diese Legierung aber nur in Edremit hergestellt, und dieser Ort liegt 80 km sö von T. Platon berichtet, der Palastbereich von Atlantis habe einen Durchmesser von fünf Stadien, also 900 Metern, gehabt. Diese Größe deckt sich mit dem Durchmesser des trojanischen Palastbereiches.

Als Beweis, daß es sich bei dem Platon-Bericht um eine erfundene Geschichte handelt, sah man bislang die Zeitangabe an. Laut Platon soll Solon von ägypt. Priestern zu einer Hieroglyphensäule geführt worden sein. Auf dieser stand, Atlantis sei »vor 9000 Jahren« von Ur-Griechen erobert worden. Die Wissenschaftler halten es aber für unmöglich, daß eine angeblich hochentwickelte Stadt mitten in der Steinzeit existierte. Zangger hat aber für das Zeitproblem eine plausible Erklärung. In Ägypten waren ab der Mitte des 3. Jtd. v. Chr. sowohl Sonnen- als auch Mondkalender in Gebrauch. Rechnet man bei der Zeitangabe nicht in Sonnen-, sondern in Mondphasen, müßte man den Untergang Atlantis' weitaus später, nämlich ins Jahr 1207 v. Chr. datieren. Etwa zur gleichen Zeit fiel auch T. Auch die weiteren Schilderungen auf der Hieroglyphensäule stimmen mit der Geschichte überein. So wird berichtet, daß nach der Atlantis-Eroberung die griech. Städte von Naturkatastrophen verwüstet wurden, daß die staatlichen Strukturen zerbrachen und auch die Kunst des Schreibens verlorenging. Am Ende dieser Entwicklung versank Atlantis durch Erdbeben im Erdboden. Nach den historischen Fakten zerbrach in der späten Bronzezeit die mykenische Palastkultur, und T. wurde von Naturkatastrophen zerstört.

Bislang ging man immer davon aus, daß Atlantis, wenn es denn existiert hat, eine Insel im W gewesen sei. Doch diese falsche geographische Angabe läßt sich durch einen Übersetzungsfehler erklären. So berichtet Solon durch Platon, Atlantis läge jenseits der »Säulen des Herakles«, also w der Straße von Gibraltar im Atlantik. Die Archäer, die Atlantis erobert haben sollen, kannten aber diese Meerenge noch gar nicht. In dieser Zeit wurde mit dem Begriff »Säulen des Herakles« der Hellespont, also die Meerenge bei T. bezeichnet. Zangger meint außerdem, daß Solon bei der Übersetzung der Hieroglyphen das Zeichen für »Insel« mit dem für »Küste« verwechselt hat.

Platon berichtet, Atlantis habe über ein riesiges Hafengelände verfügt. Die Schwemmebene vor T. ist ebenfalls mit zahlreichen Gräben durchzogen. Die Troja-Forscher haben diese Funde bislang als Entwässerungsgräben interpretiert. Mit einer Untersuchung der Tiefe dieser Gräben könnte Zanggers Troja-Atlantis-These zwar nicht verifiziert, aber im Fall des Falles falsifiziert werden. Handelt es sich um Hafenkanäle, müßten die Gräben mehrere Meter tief sein. Sind es nur Entwässerungsgräben, dann können sie auch weitaus flacher sein.

X

Xanthos

Antalya

Höhe: 150 m S. 291 □ E 6

Die Ruinen von X. liegen nahe dem an der Landstraße Fethiye–Kaş gelegenen Ort Kınık.
In der Bellerophon-Sage (→ Olympos, Chimaira) spielte X. eine entscheidende Rolle. Und auch während des Trojanischen Krieges wird über die Stadt berichtet; so sollen mit Glaukos, ein Enkel von Bellerophon, und Sarpedon zwei Bürger aus X. das lykische Heer angeführt haben, das die Trojaner unterstützte.
Archäologische Funde auf der Akropolis belegen eine Besiedlung bereits im 8. Jh. v. Chr. Lange Zeit war die Stadt unabhängig, wurde dann aber 545 v. Chr. von dem persischen Feldherrn Harpagos eingenommen. Herodot hat die tragische Niederlage, die sich ähnlich in Kaunos wiederholte, überliefert: »In ihrer Stadt eingeschlossen, versammelten sie (die Einwohner von X.) ihre Frauen, ihre Kinder, ihre Habe und ihre Sklaven auf der Akropolis und zündeten diese an, so daß sie vollständig niederbrannte. Als sie dies getan und einander furchtbare Eide geschworen hatten, zogen sie alle ins Feld und fielen im Kampf. Von den jetzigen Lykiern aber, die Xanthier zu sein behaupten, sind die meisten, außer 80 Familien, Zugewanderte. Diese 80 Familien aber waren damals gerade abwesend und blieben deswegen am Leben.«
Trotz der persischen Oberhoheit war die Stadt relativ unabhängig und wurde wieder aufgebaut. Um 470 v. Chr. wurde die Stadt im Zuge eines Feldzuges, den der athenische Oberbefehlshaber Kimon angeführt hatte, wieder niedergebrannt und erneut aufgebaut. 429 v. Chr. sandten die Athener eine von Melesandros angeführte Flottenexpedition nach X. um dort Steuern einzutreiben. X., dessen Soldaten vom aus der Harpagiden-Dynastie stammenden Fürsten Kherëi angeführt wurden, konnte sich jedoch erfolgreich zur Wehr setzen. Als Melesandros getötet und die Athener vertrieben worden waren, wurde dies als großer Sieg gefeiert und in zahlreichen Inschriften verewigt.
Im Winter 334/333 v. Chr. eroberte Alexander d. Gr. die Stadt, die anschließend im Zuge des Diadochen-Streits wechselnde Herrscher erlebte.
Nach der Niederlage von Antiochos III. in der Schlacht von Magnesia (190 v. Chr.) gegen Römer und Rhodier, fiel Lykien samt X. an Rhodos. Nach 2 vergeblichen Aufständen erlangte die Stadt, die an der Spitze des Lykischen Bundes stand, 168 v. Chr. die Unabhängigkeit wieder. Daß X. auch im 1. Mithridatischen Krieg Rom die Treue hielt, wurde mit zahlreichen Privilegien belohnt. X. blühte daraufhin zu einer reichen Metropole auf. Die Schattenseite dieser Entwicklung: In den Wirren des röm. Bürgerkriegs kam Brutus 42 v. Chr. nach Lykien und wollte in X. Steuern eintreiben sowie Truppen ausheben. Als die Lage bereits aussichtslos war, zündeten die Xanthier erneut ihre Stadt an und begingen Selbstmord, wie Appian berichtet: »Etwa bei Sonnenuntergang war die Stadt eingenommen. Daraufhin steckten die jeder Fluchtmöglichkeit beraubten Xanthier alles in Brand, stürzten Frauen und Kinder in das Feuer und töteten sich gegenseitig. Als Brutus die Klagerufe hörte, ergriff ihn Mitleid. Er bot seinen Soldaten eine Belohnung für jeden geretteten Xanthier, so daß schließlich 150 Bürger am Leben blieben.« Dieses von Appian geschilderte »Mitleid« des Brutus war wohl eher Taktik. Der Feldherr fürchtete nämlich durch das Blutbad bei den Griechen an

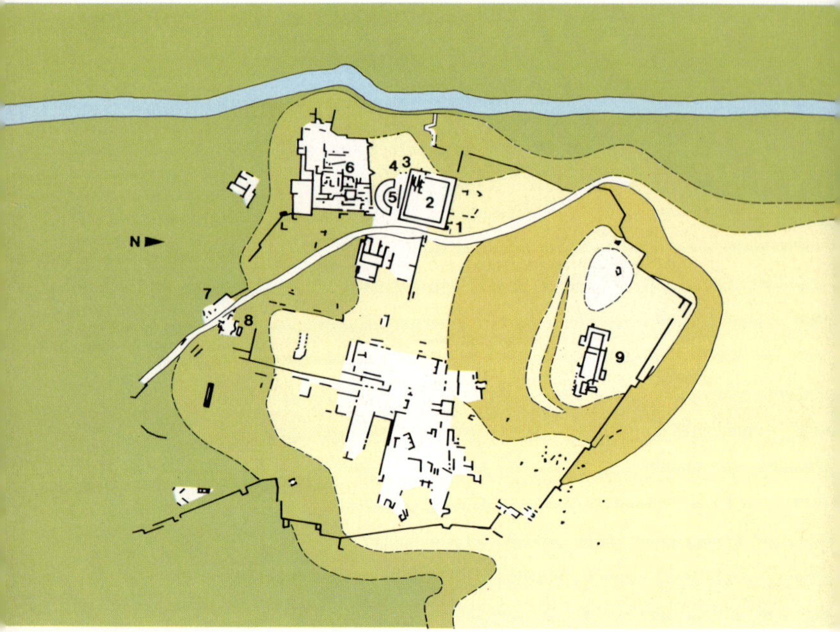

Xanthos **1** Inschriftenpfeiler **2** Agora **3** Harpyienmonument **4** Pfeilersarkophag **5** Theater **6** Lykische Akropolis **7** Vespasian-Bogen; S-Tor **8** Nereidenmonument **9** Römische Akropolis

Ansehen zu verlieren und weiteren Widerstand zu provozieren. Trotzdem: Nach dieser Tragödie kümmerten sich die Römer verstärkt um einen Wiederaufbau der Stadt. Selbst Marcus Antonius und später Kaiser Vespasian (69–79 n. Chr.) unterstützten die Stadt, die nicht nur die Pax Romana, sondern auch Bauten wie eine neue Agora und ein neues Theater erhielt. Im 7. Jh. n. Chr. wurde die Stadt zum einen wegen der zahlreichen Araberüberfälle, zum anderen wegen der Verlandung des Hafens aufgegeben.

Ab 1838 wurde X. von Ch. Fellows ausgegraben. Sein bedeutendster Fund waren Reliefteile des durch ein Erdbeben zerstörten Nereidenmonuments.

Agora: Nördlich des Theaters liegt die Agora. Der Marktplatz aus dem 2. oder 3. Jh. n. Chr. war an allen Seiten von Säulenhallen umgeben; der Haupteingang lag im O.

Akropolis: Während sich in lykischer Zeit die Akropolis s des Theaters befand, benutzten die Römer den weiter n vom Theater gelegenen Hügel der Akropolis. Auf der *lykischen Akropolis* stehen noch Mauern aus den verschiedensten Epochen. So stammt das mächtige Polygonalmauerwerk bereits aus dem 5. Jh. v. Chr. Hier befanden sich auch der große Palast, der 545 v. Chr. zerstört wurde, und ein Heiligtum, das vermutlich Artemis geweiht war. – Auf der *röm. Akropolis* findet man ebenfalls Mauerreste und erneut Gräber. Das eindrucksvollste steht dabei im O der Akropolis und wird mit Payava-Sarkophag bezeichnet.

Inschriftenpfeiler: In der NO-Ecke der Agora steht der sog. Inschriftenpfeiler,

Bllick auf Xanthos

der wegen seiner spitz zulaufenden Form auch als Obelisk bezeichnet wird. Es handelt sich jedoch um ein Grabmal aus dem 5. Jh. v. Chr., in dem der Dynast Kherei beigesetzt wurde und dessen Statue den Pfeiler krönte. Kherei hatte mit seiner Flotte 429 v. Chr. eine von Melesandros angeführte athenische Expedition, die in X. Steuern eintreiben wollte, zurückgeschlagen. Auf allen 4 Seiten des Grabmals gibt die Inschrift diesen für X. wichtigen Sieg wieder. Die insgesamt 250 Zeilen sind die längste bislang entdeckte Inschrift in lykischer Sprache.

Harpyienmonument: Westlich vom Theater erheben sich nebeneinander zwei auffällige lykische Grabmonumente: Der →Pfeilersarkophag und das n Harpyienmonument, das um 480 v. Chr. errichtet worden ist. Die Basis bildet ein Sockel, auf dem ein fast 5,5 m hoher Monolithpfeiler steht. Auf diesem Pfeiler befindet sich die mit Reliefplatten (Kopien, Originale in London) geschmückte Grabkammer. Auf der N- und S-Seite erkennt man Darstellungen von Fabelwesen, die halb Frau, halb Vogel sind, also Harpyien darstellen und der Säule den Namen gaben.

Nereidenmonument: Das Nereidenmonument ist das größte und schönste bislang entdeckte lykische Grabmal und wurde im 4. Jh. v. Chr. erbaut. Das von griech. Künstlern geschaffene Werk ist ein Beweis dafür, daß die griech. Kultur schon vor dem griech. Feldherrn Alexander d. Gr. Kleinasien »erobert« hatte.
Bereits Ch. Fellows, Entdecker von X., fand Reliefteile des von einem Erdbeben zerstörten Nereidenmonuments und brachte sie nach London. Doch die Teile reichten zu einer Rekonstruktion nicht aus. Erst französische Nachgrabungen brachten weitere Reliefabschnitte zutage, so daß die Fassade 1969 rekonstruiert und im Britischen Museum aufgestellt werden konnte. Vor Ort kann man anhand des Fundamentes nur noch den

Xanthos, Harpyienmonument

Xanthos, Inschriftenpfeiler

Standort des Monuments ausmachen. Es liegt noch vor dem Theater an der rechten Straßenseite gegenüber vom S-Tor und dem Vespasian-Bogen.
Der Grabbau war einem ionischen Tempel mit einem Peristyl, das je 4 Säulen an den Front- und je 6 an den Längsseiten hatte, nachgeahmt.
Zwischen den Säulen standen 12 Meernymphen. Diese Nereiden waren als tanzende Mädchengestalten dargestellt, die von Meerestieren und Vögeln umgeben waren.

Payava-Sarkophag: Am O-Ende der röm. Akropolis steht noch das Fundament des Payava-Sarkophags. Der Grabbau, der mit sehr schönen Reliefs verziert ist, wurde ebenfalls nach London gebracht.

Pfeilersarkophag: Er ist das s der beiden Grabmonumente, die w des Theaters in voller Höhe stehen. Dieses einzigartige Monument ist ein zweigeschossiges Doppelgrab und wurde im 4. Jh. v. Chr. errichtet. Eine der Reliefplatten wurde beim Bau jedoch wiederverwendet und stammt sogar aus dem 6. Jh. v. Chr. Im Gegensatz zum →Harpyienmonument ist der Pfeiler kein Monolith, sondern wurde durch vier Orthostatenplatten gebildet. Diese bildeten die untere Grabkammer, in der Bedienstete, Sklaven beigesetzt wurden. In dem mit einem spitzbogigen, »gotischen«, Giebel abgeschlossenen Sarkophag lag das Hauptgrab.

Südtor: Noch vor dem Ruinenzentrum fährt man auf der Straße von Kınık an dem S-Tor, das zur hellenist. Stadtmauer gehörte, und an dem im dorischen Stil errichteten *Vespasian-Bogen* vorbei. Am S-Tor fand man eine Inschrift, wonach Antiochos III. X. den Göttern Leto, Apollon und Artemis geweiht hat.

Theater: Das Theater liegt n der Akropolis und ist der eindrucksvollste Bau

Xanthos, Theater

von X. Es stammt aus dem 2. Jh. n. Chr. und wurde an Stelle eines älteren, hellenist. Theaters errichtet. Der halbkreisförmige Zuschauerraum hatte sein Gegenstück in einem zweistöckigen Bühnenhaus, dessen Fassade aufwendig geschmückt war. Von den beiden überwölbten Parodoi diente nur der ö als Ausgang.

Der w Parodoi war eine Attrappe und wurde nur wegen der Bausymmetrie angelegt. Laut Inschrift hat Opramoas von Rhodiapolis (→Kumluca, Rhodiapolis) 30 000 Denare für das Theater gestiftet, vermutlich damit man Erdbebenschäden reparieren konnte. In byzant. Zeit fielen einige obere Sitzreihen dem Bau einer Mauer zum Opfer.

Umgebung

Letoon (5 km sw): Von Kınık folgt man 1 km der Landstraße Richtung Kaş, biegt r ab und erreicht nach 4 km die Ruinen von Letoon.

Geschichte: In L. stand der der Göttin Leto geweihte Tempel, der zugleich Hauptheiligtum von X. und des Lykischen Bundes war. Die Geschichte von L. ist damit eng mit der von X. und der des Lykischen Bundes verknüpft. In dem Lykischen Bund waren laut Strabon 23, laut Plinius sogar 36 Städte Lykiens vertreten. Je nach Bedeutung und Größe hatten die Mitgliedsstädte in der Bundesversammlung bis zu 3 Stimmen. Dieses Drei-Stimmen-Recht besaßen neben X. auch noch Tlos, Pinara, Patara, Myra und Olympos. Aus der Tatsache, daß sich kleinere Gemeinden zusammenschlossen, um so überhaupt eine Stimme zu bekommen, resultiert vermutlich die unterschiedliche Anzahl der Städte bei Strabon und Plinius. Die föderale Demokratie war in der frühen Antike einzigartig und galt für viele bis in die heutige Zeit hinein als Vorbild. So lobte Montesquieu in seinem 1748 verlegten Werk

Letoon (Xanthos), Leto-Heiligtum

»Le l'esprit les lois« diese Struktur. Wie auch bei den griech. Stadt-Demokratien muß man einschränkend darauf verweisen, daß es sich hier nicht um Demokratien in unserem Sinne handelte, bei der also alle Bewohner Stimmrecht hatten, vielmehr wurden in die Bundesversammlung nur Mitglieder des Adels entsandt.
Das Bündnis bestand trotz verschiedener Fremdherrscher fort.
Weder die Perser noch Alexander d. Gr. und seine Nachfolger zerstörten den Bund. Seine größte Bedeutung erlangte das Bündnis ab 188 v. Chr. unter der rhodischen Fremdherrschaft.
Nach 2 gescheiterten Aufständen schüttelten die Lyker das rhodische Joch ab und erhielten von Rom den Status einer »civitas libera«, einer »freien Stadt« zugesprochen.
Spätestens nach der Gründung der Doppelprovinz Lycia et Pamphylia im Jahre 43 n. Chr. unter Kaiser Claudius (41–54 n. Chr.) verlor das Bündnis an Bedeutung.

Zurück zu Letoon: Auch hier berichtet ein Mythos über die Gründung. Leto war die Geliebte des Zeus und gebar auf der Insel Delos die Zwillinge Apollon und Artemis. Um der Eifersucht der Zeus-Gattin Hera zu entkommen, flüchtete Leto mit ihren Kindern nach Lykien.
Dort wollte sie an einem Fluß ihre Zwillinge waschen, wurde jedoch von Bauern vertrieben. Wölfe zeigten ihr daraufhin den Weg zu einer abgeschiedenen Quelle.
Dort entstand später das Letoon. Aus Dank weihte sie das Wasser Apollon und nannte das Land, das bis dahin Termilis hieß, nach den Wölfen, deren griechische Bezeichnung »Lykos« lautet, in Lykien um.
Eine andere Sage behauptet, daß Leto die göttlichen Zwillinge in Lykien gebar und ihr bei den Geburtswehen der Fluß Xanthos entsprungen sei.

Inschriften-Stele: Am Felshang ö des Apollon-Tempels entdeckten französi-

Letoon (Xanthos), Artemis-Heiligtum

sche Archäologen unter Leitung von H. Metzger 1973 eine sog. Inschriften-Stele.
Diese frei stehende Säule wird jetzt im Museum von Fethiye ausgestellt. Das Besondere an diesem äußerst wichtigen Fund ist, daß der Text in 3 Sprachen abgefaßt war, und zwar in Griechisch, in Lykisch und in Aramäisch, der persischen Diplomatensprache.
Durch diese vorliegende Übersetzung war es möglich, die lykische Sprache zu entschlüsseln.
Durch den Text, der über den König Basileus berichtet, wurde erstmals bekannt, daß König Mausolos nicht durchgehend von 377 bis 353 v. Chr. regiert hat.
Scheinbar fiel Mausolos beim persischen Herrscher Artaxerxes III. (358–337 v. Chr.) in Ungnade, wurde durch Pixodares ersetzt, konnte aber kurz darauf auf den Thron zurückkehren.
Pixodares betrat nach dem Tod Mausolos' und der Vertreibung von Mausolos' Schwester-Gattin Ada den Thron erneut (→Halikarnassos), bevor er von Alexander d. Gr. wieder vertrieben wurde.
Kirche: Südlich der 3 Tempel wurde in frühchristlicher Zeit aus antiken Baugliedern ein Kloster samt Kirche errichtet.
Die basilikaähnliche Kirche hatte im W die Hauptapsis und 2 weitere im N-Flügel.
Vom Atrium führten 3 Türen an der W-Wand direkt zum Hauptschiff. Eine Plinthe mit einer Kerbe für die Kanzelplatte kennzeichnet die Grenze zwischen Hauptschiff und Chor. Das Kloster wurde im 7. Jh. n. Chr. durch einfallende Araber zerstört.
Nymphäum: Im S des Letoons liegen Reste eines monumentalen Nymphäums, das laut Inschrift unter Kaiser Hadrian (117–138 n. Chr.) entstand. Das Brunnenhaus wurde im O durch 2 Exedren abgeschlossen. Das Becken war halbrund und hatte einen Durchmesser von 27 m.
Stoa: Im N des Letoons befinden sich heute meist unter Wasser stehende Re-

Letoon (Xanthos), Nymphäum

ste einer zweischiffigen hellenist. Stoa. Der Bau wurde auf lykischen Fundamenten errichtet, die aus dem 6. oder 5. Jh. v. Chr. stammen.
Eine der freigelegten Inschriften belegt, daß Alexander d. Gr. diesen Ort besucht hat. Daneben erkennt man den Grundriß eines unter Kaiser Trajan (98–117 n. Chr.) entstandenen Gebäudes.
Tempel: Auf dem Gelände des Letoon liegen nebeneinander 3 Tempel, von denen der größte Leto und die beiden kleineren ihren Kindern Artemis und Apollon geweiht waren.
Der von W aus gesehen erste Tempel, das *Leto-Heiligtum*, ist ein Peripteros mit 6 × 11 ionischen Säulen und wurde im 3. Jh. v. Chr. erbaut.
Während der Pronaos tief in den Bau hineinführt, ist der Opisthodom nur angedeutet.
Der Tempel war über 30 m lang und knapp 16 m breit. Die Cella, in der die Leto-Statue und ein runder Opferstein aus Marmor standen, war innen mit Halbsäulen geschmückt. Dagegen waren außen Gebälk und Sima mit Palmetten und Löwenköpfen verziert.
Der anschließende, mit 18,2 × 8,7 m Größe wesentlich kleinere Tempel ist das im 4. Jh. errichtete *Artemis-Heiligtum.*
Im N-Teil des Baus wurde ein Stein in die Cella miteinbezogen, was wohl bedeutet, daß dieser Felsblock heilig war.
Da der Tempel älter als das Leto-Heiligtum ist, handelt es sich hierbei möglicherweise um eine ältere Kultstätte, die später mitbenutzt und Artemis geweiht wurde.
Der ö gelegene *Apollon-Tempel* ist mit 27,9 × 15 m Größe fast so groß wie das Leto-Heiligtum.
Es handelt sich ebenfalls um einen Peripteros, also um einen Bau mit Pronaos, Cella und (hier angedeutetem) Opisthodom, der von Säulen umgeben war.
Die 11 Säulen an den Längs- und 6 Säulen an den Frontseiten waren jedoch dorisch.
Da der Tempel Apollon geweiht war,

Letoon (Xanthos), Byzantin. Kirche

Letoon (Xanthos), Stoa

verwundert dies nicht. Die feinere, ionische Säulenform wird auch oft als weiblich, die grobere, dorische Ordnung als männlich charakterisiert. Vermutlich sollte dieser Geschlechtsunterschied durch die Säulenwahl ausgedrückt werden.
Der Tempel wurde in der 2. Hälfte des 2. Jh. v. Chr. erbaut, steht aber vermutlich auf einem Heiligtum, das bereits im 4. Jh. v. Chr. errichtet worden war.
Bemerkenswert ist der Fußboden der Cella, dessen Mosaik Apollons Leier und Artemis' Bogen und Köcher zeigt.
Theater: Das Bühnenhaus des hellenist. Theaters ist zwar vollständig zerstört, aber die durch eine Diazoma geteilten Sitzreihen der Cavea sind noch gut erhalten.
2 Tunnel führten zur Cavea, wobei der sw Gang durch ein Maskenfries geschmückt ist, auf dem u. a. Dionysos dargestellt wird.

Letoon (Xanthos), Inschriften-Stele >

HISTORISCHER ABRISS

In der mindestens viertausendjährigen Geschichte wurde die Westküste von zahlreichen Völkern besiedelt. Wegen dieser komplexen und auch von Region zu Region unterschiedlichen Geschichte kann die folgende kurze Darstellung nur eine oberflächliche Orientierung sein.
Die Wissenschaft geht davon aus, daß im vorderasiatischen Raum die ersten Menschen als Sammler und Jäger bereits zur Altsteinzeit (Paläolithikum) lebten. In der Jungsteinzeit, dem Neolithikum, wurden die Menschen vor allem in Zentralanatolien und im südlichen Teil des Taurusgebirges seßhaft. In Haufendörfern entstanden aus Lehm erste Häuser. Da diese Behausungen aber nicht sehr langlebig waren, baute jede Generation auf den Ruinen des alten Hauses ein neues. Im Laufe der Zeit entstanden so, wie in Troja, Siedlungshügel. Spätestens in der Bronzezeit begann sich aus diesen Haufendörfern eine differenzierte Gesellschaft samt Arbeitsteilung zu entwikkeln. Die technische Errungenschaft, wie man Kupfer zu Bronzegegenständen verarbeitet, haben die Bewohner Kleinasiens vermutlich von den Sumerern übernommen. Spuren aus dieser Zeit finden wir nicht nur in Troja, sondern auch in Bayraklı bei İzmir und in Karataş-Semayük bei Elmalı.
Während es sich hierbei um autarke Siedlungen handelte, entwickelte sich ab 2000 v. Chr. in Zentralanatolien das erste Großreich. Indogermanen, vor allem die Hethiter, waren dorthin vorgedrungen und hatten die Urbevölkerung vertrieben. Aus zunächst lokalen Fürstentümern entstand das sog. Alte Hethiterreich (1640–1380 v. Chr.) und anschließend das sog. Neue Hethiterreich (1380 bis 1200 v. Chr.). Dieses Neue Hethiterreich hatte seine Hauptstadt in Hatuşa und entwickelte einen Expansionsdrang hauptsächlich Richtung O nach Mesopotamien, Assyrien und Ägypten. Im W kamen die Hethiter, wie Felsreliefs zeigen, bis zu den heutigen Städten Manisa und İzmir.
Mit dem Einfall der sog. Seevölker in Kleinasien ging dieses erste Großreich 1200 v. Chr. unter. Nur im S und O Kleinasiens konnten sich noch lokale Fürstentümer der Hethiter halten, die aber für die geschichtliche Entwicklung keine Rolle mehr spielten. Zu diesen Seevölkern zählten wahrscheinlich auch die indogermanischen Phryger. Sie schufen um 800 v. Chr. ein großes Reich mit Gordion (sw von Ankara) als Hauptstadt und beherrschten fast ganz Kleinasien. Allerdings mit einer Ausnahme: Die Phryger siedelten nur im Landesinneren, nicht an der Küste. Die Küste, und damit auch die heutige türkische Westküste, blieb außerhalb ihres Einflußgebiets. So konnte sich schon zu dieser Zeit die Kultur der Karer, Lyder und Lyker frei entwickeln. Gegen Ende des 7. Jh. v. Chr. zerstörten Reitervölker aus dem O das Reich der Phryger und das der Urartäer, welches sich noch weiter ö gebildet hatte. Während die persischen Meder Urartu übernahmen, nutzten die Lyder (Hauptstadt Sardes) das Machtvakuum im W und dehnten ihr Herrschaftsgebiet bis weit ins zentralanatolische Hochland aus.
Bereits 2000 v. Chr. hatten auch die ersten Griechen an der kleinasiatischen Westküste gesiedelt. Kurze Zeit später gründeten auch die Assyrer hier Handelsniederlassungen und brachten damit die Schrift nach Kleinasien, aus der die Griechen später ihre eigene Schrift entwickeln sollten. Im Gegensatz zu den bereits erwähnten Großreichen im N und O spielten die griech. Siedlungen keine entscheidende Rolle. Ab 1200 v. Chr., nach der Zerstörung Trojas, bekam die griech. Siedlungsbewegung einen neuen Schub. Ab 1000 v. Chr. gründeten die Äolier in Mysien (zwischen Troja und dem heutigen Bursa), die Dorer in Karien (zwischen Aydın und Marmaris) und die Ionier beim heutigen İzmir mehrere Stadtstaaten. Um 700 v. Chr. zerstören die Kimmerier zahlreiche Städte in Kleinasien.
Das 6. Jh. v. Chr. stand dann ganz im Zeichen von Kroisos und Kyros. Kroisos, König von Lydien und damit Herrscher über ein Weltreich, fragte angeblich ein Orakel, was geschehe, wenn er über einen Fluß weiter Richtung O ziehe. Die Antwort: Dann wirst Du ein großes Reich zerstören. Kroisos interpretierte

dies als Sieg seiner Truppen über die Perser, doch es kam anders. Unter König Kyros d. Gr. besiegten die Perser, die zuvor auch die Meder geschlagen hatten, die Lyder, womit, wie im Orakel vorhergesagt, ein großes Reich (nämlich das des Kroisos) aufhörte zu existieren, und unterwarfen dann auch die ionischen Städte an der Westküste. Ihr Großreich unterteilten die Perser in Verwaltungsbezirke, sog. Satrapien. Dabei hatten die lokalen Herrscher weitgehende Freiheiten. Die vormalige Hauptstadt der Lyder, Sardes, blieb bedeutend. Dies nicht nur, weil sie Sitz eines Satrapen wurde, sondern auch, weil die Königsstraße hindurchführte. Dieser unbefestigte Weg begann in der persischen Hauptstadt Susa, führte über das heutige Ankara quer durch Anatolien nach Sardes und weiter bis zur Westküste.

499 v. Chr. erhoben sich die Ionier gegen die persischen Machthaber und hatten zunächst auch Erfolg. So gelang 498 v. Chr. die Eroberung und Einäscherung der Unterstadt von Sardes, dem Zentrum der persischen Macht in Kleinasien. Doch das Weltreich rächte sich, und 494 v. Chr. war der Aufstand mit der Zerstörung von Milet endgültig niedergeschlagen. Abschließend wollten die Perser auch eine Strafexpedition nach Griechenland gegen die Städte Athen und Eretria, die den Aufstand unterstützt hatten, durchführen. Zwar konnten die Perser noch Eretria zerstören, aber in der Ebene von Marathon (490 v. Chr.) erlitten sie ihre erste schwere Niederlage. 480 v. Chr. schließlich wurde die persische Flotte vor Salamis entscheidend geschlagen, und in den darauffolgenden beiden Jahren befreiten die Griechen die ionischen Städte an der Westküste, die daraufhin dem Delischen Bund beitraten. Mit dem Kallias-Frieden von 449 v. Chr. anerkannten die Perser die Autonomie der kleinasiatischen Griechenstädte. Nach dem Peloponnesischen Krieg (431–404 v. Chr.) nutzten die Perser geschickt die Feindschaft zwischen Sparta und Athen. Als sich die ionischen Städte aus Angst vor den Persern an Sparta wandten, veranlaßten die Perser Athen, Korinth, Theben und Argos zum Krieg gegen Sparta. Um aber ein Erstarken der Athener zu verhindern, wechselten die Perser geschickt die Seite und verbündeten sich kurze Zeit später mit Sparta. Im Königs- oder Antalkidasfrieden von 387 v. Chr. wurde dann u. a. vereinbart, daß die griech. Städte in Kleinasien wieder den Persern unterstellt werden.

336 v. Chr. bestieg Alexander d. Gr. den Thron von Makedonien. Mit dem Übertritt am Hellespont nach Kleinasien eröffnete er den Feldzug gegen die Perser und errang 334 v. Chr. mit der Schlacht am Granikos seinen ersten Erfolg. Der Feldzug führte anschließend an der kleinasiatischen Küste, wo sich die Städte zum Teil ohne Gegenwehr ergaben, bis nach Issos, wo er 333 v. Chr. den Persern eine vernichtende Niederlage zufügte. Anschließend eroberten Alexanders Truppen nicht nur Persien, sondern drangen auch bis Ägypten und sogar Indien vor. Alexander plante eine griechisch-persische Oberschicht – u. a. durch eine gezielte Heiratspolitik – zu installieren, um das riesige Reich abzusichern, starb aber 323 v. Chr. in Babylon. Nach seinem Tod begannen die Streitereien um die Nachfolge, die sog. Diadochen-Kämpfe. Zunächst blieb es noch bei der Einheit. So wurde Perdikkas Reichsverweser, doch wurde er 321 v. Chr. ermordet. Anschließend wurden auch die leiblichen Erben von Alexander ermordet, und unter seinen Feldherren begann der Kampf um die Führung. Nachdem sich zunächst Antigonos durchzusetzen schien, ließen sich seine Rivalen Seleukos (oberes Asien), Ptolemaios (Ägypten), Lysimachos (Thrakien) und Kassander (Makedonien) zu Königen krönen. Antigonos, letzter Herrscher über das griech. Großreich, wurde 301 v. Chr. bei Ipsos von Lysimachos und Seleukos geschlagen und fiel. Antigonos' Sohn, Demetrios, versuchte das Erbe seines Vaters zu retten, hatte zunächst auch Erfolge und konnte u. a. Athen einnehmen, geriet dann aber in Seleukos' Gefangenschaft und starb 283 v. Chr. Auch Lysimachos hatte keinen Erfolg. Sein Versuch, ein neues Großreich zu erkämpfen, endete auf dem Kurupedion, wo er 281 v. Chr. Seleukos unterlag und fiel. Doch Seleukos konnte

sich ebenso nicht behaupten. Er wurde kurz darauf von Ptolemaios Keraunos ermordet, der ebenfalls nicht mehr lange zu leben hatte und 279 v. Chr. bei einem Einfall der Galater starb. Aus dem Herrschaftsgebiet des Lysimachos entwickelte sich das Reich von Pergamon, das damit zum hellenist. Zentrum in Kleinasien aufstieg.

Ab 190 v. Chr. gewannen die Römer durch ihre geschickte Bündnispolitik (u. a. mit Pergamon) in Kleinasien an Einfluß, erbten 133 v. Chr. das pergamenische Reich und gründeten später die Provinz Asia. Mit den Missionsreisen des Apostels Paulus zwischen 45 und 60 n. Chr. kam das Christentum nach Kleinasien. Nach anfänglicher Verfolgung wurde das Christentum um 300 n. Chr. Staatsreligion. Zur einschneidendsten Veränderung im Römischen Reich kam es unter Konstantin d. Gr. (324–337 n. Chr.), der seinen Herrschaftssitz von Rom in die alte dorische Handelsstadt Byzantion, dem späteren Konstantinopel und heutigen Istanbul verlegte. 395 wurde das Römische Reich endgültig in Ost- und Westrom geteilt. Das Oströmische, Byzantinische Reich erlebte seine Blüte unter Justinian I. (527–565), der als Symbol der Größe in İstanbul die Hagia Sophia (532–537) erbauen ließ. Anschließend setzte der allmähliche Niedergang ein. Im 6. Jh. litt das Byzant. Reich unter Einfällen von Slawen, im 7. Jh. unter Raubzügen von Arabern. Die entscheidende Wende kam 1071, als die Byzantiner in der Schlacht bei Malazgirt von Turkmenen besiegt wurden, die daraufhin weiter Richtung W zogen. Am erfolgreichsten unter diesen Turkmenen-Stämmen war die Dynastie der Selçuk, die im Hochland das Reich der Rum-Seldschuken mit der Hauptstadt Ikonion (heute: Konya) gründeten. An der Küste hatten sich dagegen ab dem 11. Jh. die Kreuzfahrer festgesetzt, die 1203/1204 Konstantinopel erobern (und vor allem plündern) konnten und das Lateinische Kaiserreich ausriefen.

Ab 1243 wurde das Reich der Rum-Seldschuken durch Einfälle der Mongolen zerstört. Der Oghusenstamm Kayi, der zu den Rum-Seldschuken gehörte, zog daraufhin weiter Richtung W und ließ sich 1243 dann in Kleinasien nieder. Ihr späterer Führer Osman (1281–1326) vergrößerte das Gebiet, gründete 1301 das Osmanische Reich und ließ sich zum Sultan krönen. 1323 besetzten seine Truppen das heutige Bursa. Einen Rückschlag für die Osmanen gab es 1402, als der Mongolenkhan Timur Lenk ihnen bei Ankara eine verheerende Niederlage zufügte und das Reich verwüstete. Die Osmanen erholten sich nur langsam. Erst 1413, nach einem zehnjährigen Bruderkrieg, stellte Mehmet I. die Einheit wieder her. 1453 eroberte Mehmet II. Fâtih Konstantinopel, das spätere İstanbul. Unter den Sultanen Selim I. (1512–1520) und Süleyman II. (1520–1556) blühte das Reich auf. Süleyman II. eroberte nicht nur Bagdad, Belgrad und Rhodos, sondern auch fast ganz Ungarn, Georgien, Aserbeidschan und Teile von Nordafrika. 1529 belagerten die Türken sogar Wien. Mit dem Tod Süleymans im Jahre 1566 begann der Zerfall des Reiches. Zwar konnten die Türken 1683 noch einmal Wien belagern (allerdings wieder erfolglos), aber bereits 1699 gingen Teile Polens, Dalmatiens, Ungarns und Südrußlands verloren. Im 17. und 18. Jh. waren Österreich, Rußland und Venedig Hauptgegner des Osmanischen Reiches, das im Verlauf mehrerer Kriege (z. B. Russisch-Türkische Kriege zwischen 1768–1812) immer mehr an Bedeutung verlor.

1914 trat dann das Osmanische Reich an der Seite Deutschlands in den 1. Weltkrieg ein. Im gleichen Jahr wurde Zypern von den Briten annektiert und Ägypten zum britischen Protektorat erklärt. 1916 besetzten die Russen Türkisch-Armenien, ein Jahr später die Briten Persien, und 1918 verloren die Türken auch ihre übrigen arabischen Gebiete. 1919 eroberten alliierte Truppen İstanbul. Die Griechen besetzten daraufhin Thrazien und das Gebiet um İzmir, die Italiener die Gegenden um Antalya und Konya und die Franzosen Kilikien. Mit dem Friedensvertrag von Sèvres im Jahre 1920 wurde die Aufteilung des Landes geregelt. İstanbul sollte unter alliierter Kontrolle bleiben und fast der gesamte Rest von Griechenland, Frankreich und Italien beherrscht werden. Das ehem. Osmanische Großreich wäre demnach auf ein paar Steppengebiete in Inneranatolien geschrumpft. Noch vor Inkrafttreten dieses Vertrages organisierte Mustafa Kemal Paşa, der spätere Atatürk, den »Nationalen Widerstand« gegen die Besatzungsmächte, der vor allem in den Krieg gegen Griechenland mündete. 1923 wurde im Frieden von Lausanne die türkische Frage erneut beraten. Diesmal erhielten die Türken Ostthrazien, Westarmenien und das Gebiet um İzmir zugesprochen und damit fast das Gebiet der heutigen Türkei (die Provinz Hatay kam erst 1939 hinzu).

Nachdem 1922 das Sultanat abgeschafft worden war, wurde 1923 Mustafa Kemal Paşa der erste Präsident der Türkischen Republik. Er nahm später den Namen Atatürk, Vater der Türken, an. Atatürk wird noch heute als Held verehrt, was unzählige Denkmäler, Bilder und nach ihm benannte Straßen beweisen. Er zeichnete für zahlreiche Reformen verantwortlich, die aus dem Osmanischen Reich einen modernen Staat machen sollten. So löste er das Kalifat, das Amt des höchsten islamischen Würdenträgers, auf, verbot auch die Derwisch-Klöster und machte Ankara zu Hauptstadt. Er führte nicht nur die lateinische Schrift ein, sondern ersetzte die moslemische Jahreszählung durch den Gregorianischen Kalender, verlegte den moslemischen Feiertag von Freitag auf Sonntag, verordnete eine westeuropäische Kleiderordnung und erteilte den Frauen das Wahlrecht.

Nach seinem Tod am 10. Januar 1938 in İstanbul war bis 1950 İsmet İnönü Präsident der Türkei, die sich während des 2. Weltkrieges weitgehend neutral verhielt. Unter Ministerpräsident Adnan Menderes und Staatspräsident Celal Bayar (1950–60) wurde die Integration nach Westen fortgesetzt. 1952 trat die Türkei der Nato bei und unterschrieb 1955 mit den USA, Iran und Irak den Baghdad-Vertrag (auch: CENTO-Pakt). Eine immer erfolgreicher werdende innertürkische Opposition nahmen rechtsgerichtete Generale 1960 zum Anlaß eines Staatsstreichs. Anschließend gab es bei Wahlen eine Reihe von Regierungswechseln, bis sich 1965 Süleyman Demirel mit seiner rechts-konservativen Gerechtigkeitspartei durchsetzen und bis 1971 das Amt des Ministerpräsidenten behaupten konnte. Inflation und Arbeitslosigkeit führten zu Beginn der 70er Jahre zu Studentenunruhen und Streiks. 1971 griff deshalb erneut das Militär ein und übernahm die Macht, wobei es später zu zahlreichen Menschenrechtsverletzungen kam. Außerdem wurden Zeitungen zensiert und Oppositionsparteien verboten. Erst in den 80er Jahren besserte sich diese Situation, so wurden 1983 die meisten Parteien, mit Ausnahme von kommunistischen und faschistischen Bewegungen, wieder zugelassen.

Register der Fachausdrücke

Abakus (griech.-lat. »Tischplatte«): Deckplatte über dem Kapitell einer Säule.
Achse: Gedachte Linie, die vertikal oder horizontal (Quer-, Längsachse) ein Gebäude einteilt; z. B. Fensterachse.
Ädikula: Wandnische, die zur Aufstellung einer Büste oder Statue dient; meist mit → Giebel, → Pfeilern oder → Säulen verziert.
Agnus Dei (lat. »Lamm Gottes«): Symbol Christi mit der Kreuzesfahne.
Akanthus: Schmuckelement, das sich vor allem am → korinthischen → Kapitell findet und aus der stilisierten Darstellung eines scharf gezackten, distelähnlichen Blattes entwickelt wurde.
Altar: Opfertisch bei Griechen und Römern. Tisch des Herrn im christlichen Glauben. In katholischen Kirchen neben dem Hauptaltar oft mehrere Nebenaltäre für verschiedene Heilige, in protestantischen Kirchen meist nur ein Altar.
Altaraufsatz: Schreinartiger Aufbau über dem Altartisch.
Altarauszug: Oberer, abgehobener Teil des → Altaraufsatzes.
Altargerät: Gefäße und Requisiten für die gottesdienstlichen Handlungen am → Altar.
Altarretabel: → Altaraufsatz.
Ambo: Pult an den Chorschranken in altchristlichen und mittelalterlichen Kirchen; Vorläufer der → Kanzel.
Andachtsbilder: Kleinere Kunstwerke mit Einzeldarstellungen, die an Nebenaltären gezeigt werden und der religiösen Erbauung dienen.
Anna selbdritt: Darstellung von Anna, Maria und dem Jesusknaben.
Antependium: Frontverkleidung des Altartisches.
Apsis: Abschluß des → Chors, meist halbkreisförmig. In der Regel Standort des → Altars.
Aquädukt: Wasserleitung, oft als über eine Bogenbrücke geführter Kanal, bei den Römern häufig zu Monumentalbauten entwickelt.
Aquamanile: Gießgefäß oder Schüssel für rituelle Waschungen bei der kath. Liturgie.
Arabeske: Ein stilisiertes Blattwerk, das als Schmuckmotiv verwendet wird.
Architrav: Steinerner Hauptbalken über den → Säulen.
Archivolte: Bogenlauf über romanischen und gotischen Portalen.
Arkade: Bogen, der von → Säulen oder → Pfeilern getragen wird. Mehrere Arkaden werden zu Bogengängen zusammengefaßt. Wenn die Arkaden keine Öffnung haben (und nur aus dekorativen Gründen verwendet werden), spricht man auch von Blendarkaden.
Arkatur: Von Pfeilern oder auch Säulen getragene Bogenstellung.
Atrium: Bei den Römern ein zentraler Raum mit einer Öffnung im Dach, durch die das Regenwasser einfallen konnte.
In der christlichen Architektur ein Vorhof, der meist von → Säulen umgeben ist, auch Paradies genannt.
Attika: Eine (meist reich verzierte) Wand, die über das → Gesims einer Säulenreihe gemauert wird und das Dach verdecken soll.
Aufgehendes Mauerwerk: Der sichtbare (oberirdische) Teil des Mauerwerks.
Aula: Halle, Versammlungssaal.
Auslucht (niederdeutsch Utlucht): Gebäudeerker auf massivem Sockel (→ Erker).

Backstein: Ziegel, der im Brand gehärtet wor-

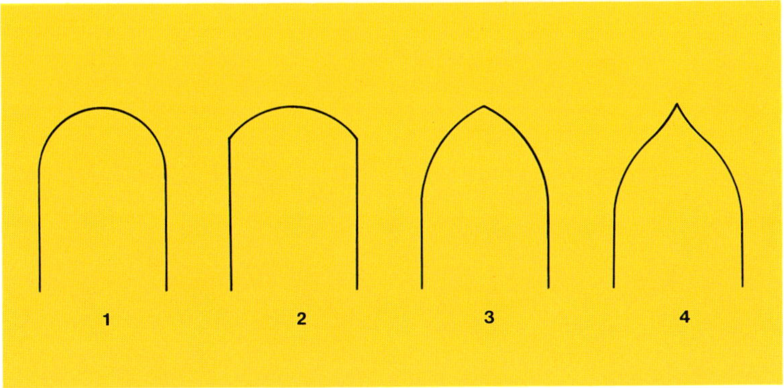

1 Rundbogen 2 Flachbogen 3 Spitzbogen 4 Kielbogen

den ist (im Gegensatz zum natürlichen Gestein).
Backsteingotik: Bauten aus → Backstein in den Forrnen der → Gotik. Vorwiegend in Nord-, Ost- und Süddeutschland zu fnden.
Baldachin: Schutzdach über → Altären, Grabmalen, Statuen und Portalen.
Balkendecke: Holzdecke aus unverputzten Balken über einem → Schiff; durch die Balken ist die Decke meist in Dekorationsfelder unterteilt.
Baluster: Kleine bauchige oder profilierte Säule.
Balustrade: Aus → Balustern gebildetes Geländer.
Bandelwerk: Ein im späten 17.Jh. in Frankreich entstandenes Ornament aus verschlungenen Bändern.
Baptisterium: Taufkirche oder Taufkapelle, in der Regel Zentralbau.
Barbakane: einer mittelalterlichen Stadtbefestigung vorgelagerter Torbau, meist gerundet und mit Schießscharten versehen.
Barock: Stilbezeichnung für die Kunst und Kulturepoche ab etwa 1600 bis etwa 1750. Bestimmend sind kraftvoll bewegte, ineinandergreifende Formen.
Basilika: Griechische Königshalle; im Kirchenbau Bezeichnung für eine mehrschiffige Kirche (→ Schiff), deren Satteldach über dem Hauptschiff höher ist als die Pultdächer über den Seitenschiffen. Siehe auch → Säulenbasilika und → Pfeilerbasilika.
Basis: Fuß einer → Säule oder eines → Pfeilers, meist breit auslaufend und dekorativ gestaltet.
Basrelief (auch: Flachrelief): Aus der Fläche nur wenig vortretende, Rundungen lediglich andeutende Skulptur.
Bauhütte: Die Werkstatt der Handwerker, die an einem Kirchenbau beteiligt waren.
Beinhaus: Gebäude zur Aufnahme von Gebeinen aus ausgeräumten Gräbem, meist verbunden mit einer Kapelle.
Bergfried: Hauptturm einer Burg, letzte Zufluchtsstätte bei Belagerungen.
Bering: Mantelmauer einer Burg.
Beschlagwerk: Schnitzwerk der → Renaissance, das bandeisernen Zierbeschlägen nachgebildet wurde.
Bettelordenskirchen: Die auf das Wesentliche beschränkten, großenteils ohne Querhaus, immer ohne Türme erbauten Kirchen der Dominikaner und Franziskaner (v.a. 13. und 14.Jahrhundert).
Biedermeier: Kunst und Kulturepoche (v.a. im deutschsprachigen Raum) v. ca. 1815 bis ca. 1850.
Blattkapitell: Gotisches → Kapitell, bei dem die Grundform von feinen Blattomamenten überzogen ist.
Blendarkade: → Arkade.
Blende: in die Wand eingetieftes Feld oder der Wand vorgelegtes architektonisches Motiv mit der Wirkung einer Scheinarchitektur.
Blendmaßwerk: → Maßwerk.
Blockbau: Holzbauweise, bei der die tragenden Wände aus waagrecht aufeinandergeschichteten Balken konstruiert sind; auch gewetteter oder gestrickter Bau genannt (Gegenteil: → Ständerbau).
Bogenformen: Der Bogen dient zur Überbrükkung größerer Spannweiten im Steinbau.
Bogenfries: Ein → Fries in der Form von Rundbogen (häufig bei romanischen Bauwerken).
Borgo: Eigenständig befestigte Gebäude (meist Vorstadt) in ital. Städten.
Boskett, Bosquett: Besonders in französischen Parks und Gärten angepflanzte Baum- und Sträuchergruppen (»Lustwäldchen«).
Bossenquader: Quaderstein, der an der Sichtfläche gerundet vorsteht (→ Quader).
Bruchsteinmauerwerk: Eine aus unbearbeiteten, rohen Steinen unregelmäßig aufgeschichtete Mauer.
Bündelpfeiler: In der Gotik beliebte → Pfeilerform. Um Kernpfeiler gruppieren sich kleinere und größere Dreiviertelpfeiler.

Campanile: frei stehender Glockenturm einer Kirche, in Italien stark verbreitet.
Campo Santo (ital. »Heiliges Feld«): Ein häufig v. Arkaden umzogener Friedhof.
Carré Savoyard: Burganlage über regelmäßigem viereckigem Grundriß, an den Ecken vorspringende Rundtürme, einer davon als Wohnturm ausgebildet.
Cella: Hauptraum des antiken Tempels mit dem Götterbild.
Chor: Der meist erhöhte und in der Regel östlich gelegene Abschluß des Kirchenraumes. Der Chor hat meist nicht die gleiche Breite wie das → Schiff. Er dient zur Aufnahme des → Altars. Im Mittelalter war der Chor oft durch Schranken zum übrigen Kirchenraum abgegrenzt.
Chorgestühl: Sitzreihen für die Geistlichkeit bzw. in Klosterkirchen für die Mönche und Nonnen, zu beiden Seiten des → Chors aufgestellt.
Chorgitter: Etwa seit dem 17.Jh. anstelle des Lettners verwendetes Gitter.
Chorumgang: Ein Gang, der durch die Fortführung der Seitenschiffe entsteht und um den Chor herumführt.
Confessio: Vorform der ma Krypta. Unter dem Hochaltar angelegtes Märtyrer- oder Kirchenheiligengrab: Verehrungs und Bekenntnisstätte.
Cosmatentechnik: Mosaikarbeiten, meist ornamental aus Marmor angefertigt.

Dachformen, *Pultdach:* eine einzige schräg ansteigende Dachfläche. *Satteldach:* zwei schräge, gegeneinander aufsteigende Dachflächen, an den Enden durch einen Giebel begrenzt. *Tätschdach:* flach geneigtes Satteldach. *Walmdach:* Satteldach, bei dem auch die Giebelseiten mit einer Dachfläche (Walm) versehen sind. *Krüppelwalmdach:* Walmdach, bei dem nur der obere Giebelteil abgewalmt ist. *Zeltdach:* vier steil aufsteigende Dachflächen über viereckigem Grundriß, z.B. als Turmabschluß. Vgl. → Klebdach.

Dachreiter: Türmchen über dem Dachstuhl.

Deesis: Darstellung des thronenden Christus, flankiert von Maria und Johannes d.Täufer.

Dienste: Dünne Säulen oder Rundstäbe, die einer Wand oder einem Pfeiler vorgelagert sind, meist zur Unterstützung des Gewölbes.

Diptychon: Zusammenklappbare zweiteilige (Altar-)Tafel.

Directoire-Stil: Französischer Kunststil während der Herrschaft des Direktoriums (1795-99), Anlehnung an die Antike.

Donjon: Befestigter Haupt- und Wohnturm mittelalterlicher französischer Burgen.

Doppelkapelle: Eine zweigeschossige Kapelle.

Dorische Säulenordnung: → Ordnung, bei der die → Säulen ohne → Basis direkt auf den Boden gesetzt sind und flache, wulstförmige → Kapitelle tragen.

Draperie (franz. drap. »Tuch«): Dekoration mit Stoffen, Behänge aus Stoffen und deren malerische Darstellung.

Dreipaß: einem Kreis eingeschriebenes kleeblattförmiges → Maßwerkmotiv in der Gotik.

Ecce-Homo (lat. »Seht, welch ein Mensch!«): Darstellung Christi mit der Dornenkrone.

Echauguette: erkerartig vorragendes Wachtürmchen.

Eckrisalit: vorspringende Eckpartie eines Gebäudes.

Empore: Zwischengeschoß; in der Kirche meist Galerie für Sänger und Orgel.

Empire-Stil: Klassizistischer Kunststil in Frankreich zu Beginn des 19.Jh., mit griechisch-römischen und ägytischen Vorbildern.

Enclos Paroissial: Kirchplatz (eingefriedet), in Frankreich oft mit Kalvarienberg.

Enfilade (franz. »Aufreihung«): Anordnung v. Räumen, deren Verbindungstüren in einer Achse liegen.

Englischer Garten: Im Gegensatz zur (franz.) geometrischen Barockanlage hat der engl. Garten Landschaftscharakter und ist aufgelokkert.

Englischer Gruß: Verkündigung des Engels an Maria.

Epiphanie: Erscheinungsfest eines Gottes bzw. Christi (vgl. Dreikönigsfest am 6.Januar).

Epitaph: Gedenktafel oder Gedenkstein an Wand oder Pfeiler, oft über dem Grab des Verstorbenen.

Erker: In sich geschlossener vorspringender Anbau an die Außenwand eines Gebäudes. Oft ein Dekorationselement.

Eremitage: Pavillon in Park und Gartenanlagen, einsam gelegenes Schloß.

Eselsrücken: → Bogenformen.

Eselstreppe: Stufenloser Aufgang eines Turms, vermutlich benutzt, um Esel das Baumaterial hinauftragen zu lassen. Daher sog. Eselstürme an mittelalterlichen Domen.

Evangelistensymbole: Erstmals Hieronymus (347–419) deutete die 4 Lebewesen in der Offenbarung des Johannes (Offb. 4,6–8) als Sinnbild der Evangelisten. Der Mensch ist das Symbol für Matthäus, der Löwe für Markus, der Stier für Lukas, der Adler für Johannes.

Exedra: Apsis, überwölbt mit einem Kuppelausschnitt.

Exvoto: Ein aufgrund eines Gelübdes gestiftetes Bild: Votivbild, -tafel.

Fachwerk: Balken, die als tragende Teile benutzt werden, sind mit Lehm oder Ziegeln aufgefüllt.

Fassade: Haupt- oder Schauseite eines Bauwerks.

Fassung: Bemalung.

Fayence: Töpferwaren mit Glasurüberzug, benannt nach der italienischen Stadt Faënza.

Feiertagschristus: Darstellung Christi als Schmerzensmann, umgeben von bäuerlichen oder handwerklichen Geräten. Mahnbild mit der Bedeutung, daß Christus durch Sonntags- und Feiertagsarbeit stets neu verwundet werde.

Fiale: Ziertürmchen in der → Gotik; oft als Bekrönung eines → Strebepfeilers.

Figurenkapitell: Das → Kapitell einer Säule, das zu einer Figur ausgearbeitet worden ist.

Filigranwerk: Ursprünglich Goldschmiedearbeit, bei der Gold- und Silberdraht ornamentartig auf eine Metallunterlage gelötet werden. Auch auf vielfach durchbrochene Schnitzwerke und Stukkaturen übertragen.

Filialkirche: Gemeindekirche, deren Pfarreirechte ganz oder teilweise bei einer Mutterkirche liegen.

Fischblase: Flammenförmige Ornamentform im gotischen → Maßwerk.

Flamboyant-Stil: Bezeichnung für die Stilform der englischen und französischen Spätgotik mit flammenden Ornamenten (→ Fischblase) im → Maßwerk.

Flechtband/Flechtwerk: Ornament mit dem Motiv ineinander verschlungener Streifen, im Frühmittelalter häufig verwendet.

Flügelaltar: Der → Altaraufsatz hat ausklappbare, meist reich geschnitzte oder bemalte Flügel.

Fresko: Auf den noch feuchten Kalkputz werden Wasserfarben ohne Bindemittel aufgetragen. Beim Trocknen des Mörtels verbinden sich die Farben besonders haltbar mit dem Putz.

Fries: Schmuckstreifen zum Abschluß oder als Untergliederung einer Wand. Der Fries kann flächig oder plastisch sein, er kann aus Figuren oder → Ornamenten bestehen.

Frontale: Zusätzliche, vor die Vorderseite des Altars zu setzende Tafel.

Frontispiz/Fronton: Giebeldreieck über einer Fassadenfront, einem Portal oder einem Altaraufsatz.

Füllmauer: Eine nur außen aufgemauerte, innen mit Mörtel und Steinen aufgefüllte Mauer.

Gaden: In der Architektur Bezeichnung für Obergeschoß.

Galerie: Ein langgestreckter Raum; oft werden → Emporen und → Arkadengänge auch Galerie genannt.

Gaube: Als Giebelhäuschen ausgebildetes Dachfenster.

Gebälk: Balkensystem eines Holzbauwerks. Im Steinbau der → Renaissance und des → Barock werden → Architrav, → Fries und → Gesims zusammen als Gebälk bezeichnet.

Gebundenes System: Quadratisches Schema eines Grundrisses (vorwiegend in romanischen Kirchen). Ausgehend von der quadratischen 6-Vierung sind jeweils gleich große Gewölbequadrate in allen Richtungen angefügt. In den Seitenschiffen entsprechen jeweils zwei kleinere Gewölbequadrate den größeren Quadraten des Mittelschiffes.

Gesims: Ein vorspringender Wandabschluß.

Gesprenge: Abschließende Bekrönung des → Altaraufsatzes.

Gewölbe: Bogen- oder haubenförmiger Abschluß eines Raums.

Gewölbeformen: *Tonnengewölbe:* Gewölbe mit dem Querschnitt eines Halbkreis-, Segment-, Korb- oder Spitzbogens.
Stichkappengewölbe: Tonnengewölbe, das durch einen seitlich einschneidenden Kappenkranz, meist mit Fensteröffnungen, begrenzt ist. *Kreuzgewölbe/Kreuzgratgewölbe:* rechtwinklige Durchdringung von zwei gleich hohen Tonnengewölben, die Durchdringungslinien heißen Grate. *Kreuzrippengewölbe:* Kreuzgratgewölbe mit tragenden Rippen entlang der Grate.
Sterngewölbe: sternartig verzweigtes Rippengewölbe.

Giebel: Stirnseite; bei Gebäuden mit Sattel- oder Pultdach dreieckig und meist senkrecht. Auch über Fenstern oder Türen. Staffel-, Treppengiebel.

giebelständig: eine Giebelseite zeigt gegen die Straßenseite (Gegenteil: traufständig).

Glockenjoch: aufgemauertes Giebelchen mit jochartiger Öffnung, in der eine Glocke aufgehängt ist.

Gobelin: Bildteppich.

Gotik: Epoche der europäischen Kunst und Kultur, die von der Mitte des 12.Jh. bis ins 16.Jh. reicht.

Graffiti: Eingekratzte Inschriften oder Zeichnungen, meist an Wänden antiker Gebäude.

Grisaille: Malerei in verschiedenen Grauabstimmungen.

Gurtbogen: Eine konstruktive und dekorative Unterstützung des Gewölbeabschnitts, die sich rippenartig als Bogen quer zur Längsachse spannt.

Hängewerk: Konstruktion in Holz oder Stahl zur Bewältigung großer Spannweiten, vor allem im Brückenbau angewendet: ein waagrechter Hängebalken wird von einer oder mehreren Hängesäulen gehalten, die mit den Brückenenden verstrebt sind.

Halbsäulen: Nur mit ihrem halben Durchmesser, im Querschnitt halbkreisförmig aus der Wand vortretende Säulen.

Hallenchor: Ein → Chor, der aus mehreren, jedoch gleich hohen → Schiffen besteht.

Hallenkirche: Im Gegensatz zur → Basilika

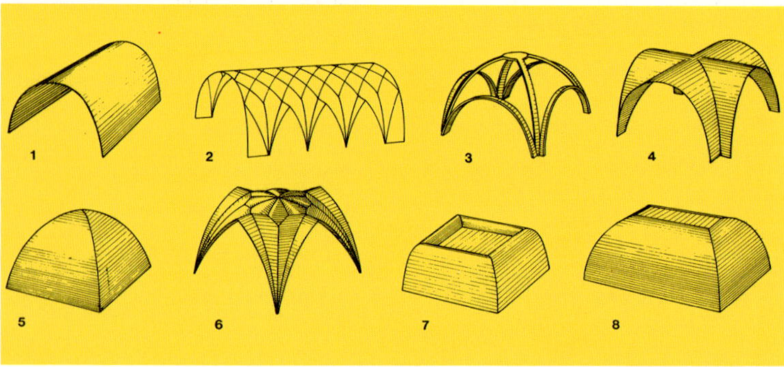

1 Tonnengewölbe 2 Stichkappengewölbe 3 Kreuzrippengewölbe 4 Kreuzgratgewölbe 5 Klostergewölbe 6 Sterngewölbe 7 Kassettengewölbe 8 Spiegelgewölbe

sind Hauptraum und → Seitenschiffe gleich hoch; ohne → Querhaus.
Halsgraben: Künstlich geschaffener Graben, der Burgen vom Landrücken trennt. Oft auch Zugang über Zugbrücken.
Haustein: Ein an seiner Oberfläche bearbeiteter Naturstein.
Heidenhäuser: mit »Heidenhaus«, »Heidenwölbi«, »Heidenstock« bezeichnet der Volksmund Architekturformen, die wegen ihres Alters ungewöhnlich erscheinen und deshalb mit Abergläubischen verbunden werden.
Helm: Der Abschluß eines Turmes.
Hochaltar: Zentraler Hauptaltar einer Kirche.
Hocheingang: in einem oberen Geschoß gelegener Eingang zu einem Turm oder → Palas.

Ikonostasis: In der Ostkirche Bilderwand zwischen Allerheiligstem und Gemeinderaum.
Immaculata: Die Unbefleckte, Ehrenname Marias.
Inkarnation: Fleischwerdung.
Inkrustation: farbige, ornamentale Einlegearbeiten in Stein zur Verzierung v. Wand- u. Fassadenflächen.
Intarsia: Einlegearbeit in Holz, Stuck, Stein etc.
Ionische Säulenordnung: → Ordnung, bei der die → Säulen auf einer mehrgliedrigen → Basis stehen und das → Kapitell durch zwei Schneckenbögen charakterisiert ist.

Joch: Grundeinheit des durch → Pfeiler, → Säulen oder → Gurtbogen gegliederten Raumes.
Jugendstil: Nach der Münchner Zeitschrift »Jugend« benannte Stilrichtung, die sich gegen die Übernahme alter Formen wendet und neue, der Natur entnommene Ausdrucksformen schafft. Schwerpunkt von 1895 bis um 1905.

Kabinettscheibe: kleines Glasgemälde als Schmuck von Fensterscheiben.
Kämpfer: Steinplatte zwischen → Säule bzw. → Kapitell und Bogen oder Gewölbe.
Kalotte: Gewölbte Kuppel in Form eines Kugelabschnitts.
Kalvarienberg, *Calvaire:* Plastische Darstellung der Kreuzigungsgruppe und des Kreuzigungsberges, oft Wallfahrtsort.
Kamee: Stein oder Edelstein mit erhaben geschnittener Darstellung.
Kampanile, *Campanile:* (meist frei stehender) Glockenturm.
Kanon: Regelmäßiges, wiederkehrendes Maß.
Kannelüren: Senkrechte Rillen am Schaft von Säulen oder Pfeilern.
Kanzel: Erhöhter Platz in der Kirche, von dem aus die Predigt gehalten wird. Oft von einem → Baldachin oder einem → Schalldeckel überdeckt.
Kapelle (lat. Cappa »Mantel«): Name urspr. abgeleitet v. einem kleinen Raum der Königspfalz v. Paris, wo sich der Mantel des hl. Martin befand. Kleines gottesdienstliches Gebäude ohne Pfarrecht; selbständiger Teil einer Hauptkirche (Grab-, Taufkapelle); Burg- oder Schloßkapelle.
Kapellenkranz: Mehrere um den Chor gezogene Kapellen.
Kapitell: Abschließender, kopfartiger Teil einer → Säule. Die Form der Kapitelle ist ausschlaggebend für Stil oder → Ordnung.
Kapitelsaal: Versammlungsraum der Klostergemeinde.
Kappe: ausgeschiedenes Teilstück eines Gewölbes (→ Gewölbeformen).
Karner: (auch: Beinhaus): Kapellenartiges Haus auf Friedhof, in dem die Gebeine aufbewahrt werden, die bei Neubelegung von Gräbern ausgegraben werden; oft zweigeschossig und mit Totenkapelle; vor allem in den Alpenländern.
Karnies (griech. koronis »gekrümmt«): Leiste mit leicht S-förmig gekrümmtem Profil.
Kartause (ital. Certosa): Kloster der Kartäuser mit einzelnen Wohnzellen und Gärten, Kreuzgang, Kirchen und Kapitelsaal.
Kartusche: Zierrahmen, mit dem Wappen, Initiale oder Inschriften eingefaßt sind.
Karyatide: → Gebälk tragende Figur.
Kassettendecke: Diese in rechteckige Felder unterteilte Decke ist durch → Omamente, Bemalung oder anderen Schmuck ausgeprägt.
Kassettengewölbe: Ein von einer rechteckigen Kassette angeschnittenes → Kloster oder Haubengewölbe in regelmäßiger Folge.
Kastell: in römischer Zeit befestigter Garnisonsplatz.
Kathedrale: Bischofskirche, Dom.
Kehrgiebelhaus: ein Giebelhaus mit → traufständig anschließendem Nebengebäude.
Kenotaph: Grabdenkmal, an anderer Stelle errichtet als das tatsächliche Grab.
Kielbogen: → Bogenformen.
Klangarkade (auch: Schallarkade): Bogenförmige Schallöffnungen im Glockengeschoß eines Kirchturms.
Klassizismus: Von klassisch-antiken Vorbildern ausgehende Stilrichtung, die zwischen etwa 1770 bis etwa 1830 ihren Höhepunkt erreichte.
Klebdach: An der Außenwand über Fenstern und Portalen angefügtes Vordächlein.
Klostergewölbe: (Haubengewölbe): Ein kuppelähnliches, waagrecht gerade abschließendes Gewölbe aus Tonnenabschnitten.
Knorpelstil: Die vorbarocke Form des → Ornaments, aus dem → Beschlagwerk entwickelt, mit ohrmuschelartigen Formen.
Knospenkapitell: Abwandlung des → korinthischen Kapitells in frühgotischer Zeit.
Konche: Halbrunder, sich in einen Nebenraum öffnender Raum, besonders Halbkuppel der Apsis.

1 dorisches Kapitell 2 romanisches Würfelkapitell 3 korinthisches Kapitell 4 ionisches Kapitell 5 gotisches Knospenkapitell 6 gotisches Blattkapitell

Konsole: Wandvorsprung, Balkenstütze.

Kopfreliquiar: → Reliquiar in Kopf- oder Büstenform.

Korbbogen: Flachgedrückter Rundbogen.

Korinthische Säulenordnung: Reiche Zierformen kennzeichnen bei dieser → Ordnung die → Kapitelle. Die → Basis ähnelt der → ionischen Ordnung.

Kragstein: Aus der Mauer herausragender Stein, der als Stütze, als Auflage oder auch nur als Träger für eine Büste dient.

Kranzgesims: Abschlußgesims der Fassade unter dem Dachansatz.

Kreuz (lateinisch crux): Zwei sich meist rechtwinklig schneidende Balken als alte Symbolform. Griech. Kreuz mit gleich langen Armen, lat. Kreuz mit verschobenen Querbalken. → Andreaskreuz, Malteserkreuz mit zweispitzigen Armen, Papstkreuz mit 3 Querbalken; außerdem lothringisches Kreuz mit 2 Querbalken, Antonius- und Gabelkreuz.

Kreuzgang: Meist gewölbtes, nach innen durch → Arkaden geöffnetes Geviert, das als Umgang im Hof eines Klosters dient und an einer Seite an die Kirche anschließt.

Kreuzgewölbe: Ein → Gewölbe, bei dem sich zwei → Tonnengewölbe rechtwinklig kreuzen. Man unterscheidet das einfache Kreuzgratgewölbe von dem Kreuzrippengewölbe, bei welchem die Schnittkanten durch Rippen verstärkt sind.

Kruzifixus: Kreuz mit einer Darstellung des Gekreuzigten.

Krypta: Unterkirche, Grabraum, meist unter dem → Chor gelegen. Oft sind Kirchen über einer alten Krypta errichtet worden.

Kuppelformen, wichtigste: *Pendentif- oder Hängekuppel:* über quadratischem oder vieleckigem Grundriß gewölbte halbrunde Kuppel mit ausgeschiedenen Seitenflächen. Die von der Kuppelwölbung in den Kuppelansatz überleitenden sphärischen Dreiecke heißen *Pendentifs* oder *Hängezwickel. Tambourkuppel:* Pendentifkuppel mit zylindrischem oder poly-

gonalem Zwischenstück *(Tambour, Trommel)*, das zwischen Pendentifs und Halbkugel geschoben ist.
Der obere Abschluß einer Kuppel wird meist durch eine → Laterne gebildet.

Langhaus: Hauptteil der Kirche, für die Gemeinde bestimmt (ohne → Chor und → Apsis).
Laterne: Runder oder polygonaler, mit Fenstern versehener kleiner Aufbau über der Scheitelöffnung einer Kuppel oder als Turmbekrönung.
Laubengang: Bogengang, der dem Erdgeschoß eines Baus vorgelagert ist.
Leibung: Fläche des Mauereinschnitts bei Fenstern und Türen.
Lettner: Wand oder Brüstung zwischen → Chor und → Mittelschiff, die den klerikalen Bereich vom Laienraum trennt.
Leutkirche: Dem Laiengottesdienst vorbehaltener Raum in Stiftskirchen.
Lichtgaden: Fensterzone der Hochwand im Mittelschiff einer → Basilika, auch *Obergaden* genannt.
Lisene: Schwach aus der Wand vortretender senkrechter Mauerstreifen ohne Basis und Kapitell.
Loggia: Nach außen geöffnete Säulenhalle eines Bauwerks, häufig im Obergeschoß.
Loretokapelle: Architektonische Nachahmung des Muttergottes-Hauses, das der Legende nach durch Engel von Nazareth nach Loreto bei Ancona (Mittelitalien) versetzt wurde.
Louis-Quatorze: Französischer Kunststil, dem deutschen → Barock vergleichbar; benannt nach Ludwig XIV. (1638–1715).
Louis-Quinze: Epoche des Spätbarock in Frankreich, benannt nach Ludwig XV. (1710–74). Entspricht in etwa dem → Rokoko in Deutschland und Österreich.
Louis-Seize: Beginn des → Klassizismus in Frankreich, benannt nach Ludwig XVI. (1754–93); eine gemäßigte Form des → Rokoko.
Lüftlmalerei: Malerei an Hauswänden, vornehmlich im süddeutschen Raum.
Lünette: Halbkreisförmiges Feld über Türen und Fenstern, oft mit Malerei oder Plastik.
Luginsland: Ein hochragender, häufig alleinstehender oder vorgesetzter Wart- und Aussichtsturm; in Städten auch als Feuerwacht benutzt.
Lukarne: Kleines Dachfenster.

Majestas Domini: Frontal thronender Christus mit hochgehaltener Rechter und Lebensbuch, oft mit den 24 Ältesten oder den 4 Evangelistensymbolen dargestellt.
Mandorla: Heiligenschein in zugespitzter Mandelform, der eine ganze Heiligengestalt (Maria oder Christus) umgibt.
Manierismus: Kunststil zwischen → Renaissance und → Barock (ungefähr von 1530 bis 1630). Der Manierismus vernachlässigt natürliche und »klassische« Formen zugunsten gewollter Künstlichkeit der Manier.
Mansarde: Ein abgeknicktes Dach, wobei der untere Teil steiler als der obere ist.
Der gewonnene Raum wird ebenfalls Mansarde genannt und läßt sich gut für Wohnzwecke benutzen. (Benannt nach dem Franzosen F. Mansart.)
Maschikuli: Kleine Öffnungen zwischen einem vorkragenden Zinnenkranz, bei mittelalterlichen Wehrbauten zum Ausguß von Pech und Schwefel bestimmt.
Maßwerk: Gotische geometrische Zierformen, vor allem für die Ausgestaltung von Fensterbögen oft verwendet. Liegen die Zierbogen direkt auf der Wand, spricht man von Blendmaßwerk.
Mausoleum: Ein prächtiges Grabmal, meist in der Form eines Hauses oder Tempels.
Medaillon: Meist runde od. ovale Rahmung eines Ornaments oder Freskos (aus Stuck, Stein u.ä.).
Menhir: Roh behauener, senkrecht aufgestellter Stein aus vorgeschichtlicher Zeit.
Mensa: Die Deckplatte des Altars.
Mezzanin: Halb- oder Zwischengeschoß.
Miniatur: Kleinformatiges Bild; handgemalte Bilder in alten Handschriften.
Mittelschiff: Mittleres → Schiff der → Basilika oder der mehrschiffigen → Hallenkirche.
Mönchschor: Jener Teil des → Chores, der den Mönchen vorbehalten ist, oft abgeschlossen.
Monstranz: Schmuckgerät, in dem (meist hinter Glas) die geweihte Hostie gezeigt wird.
Mosaik: Wand-, Boden- oder Gewölbeschmuck, zusammengefügt aus kleinen bunten Steinchen, Glasscherben oder anderen Materialien.
Münster: Große Klosterkirche bzw. große Stiftskirche, vor allem in Rheinnähe gebräuchlich.
Municipium: In der röm. Republik die in den Staatsverband einbezogenen italischen Städte, in der röm. Kaiserzeit die mit röm. Recht ausgestattete selbständige Stadtgemeinde; munizipal bedeutet soviel wie städt.
Muschelwerk: Zierornamente, die dem Muschelmotiv nachempfunden sind; vor allem in der späten → Renaissance und im → Rokoko.

Narthex: Vorhalle von Basiliken und Kirchen.
Netzgewölbe: Ein → Gewölbe, bei dem sich die Rippen mehrfach kreuzen. Vor allem zur Zeit der → Gotik anzutreffen.
Neubarock: Reaktion auf den kühlen → Klassizismus. Die Wiederverwendung der Formen des → Barock entwickelte sich im letzten Drittel des 19.Jh. als ein historisierender Prunkstil mit übertriebenem plastischem Schmuck und auffälligen Farben.
Neugotik (Neogotik): Historisierender Kunststil, mit dem man im 19. Jh. die Bauformen und Schmuckornamente der → Gotik neu beleben wollte.

Nonnenchor: → Empore, auf der Nonnen dem Gottesdienst beiwohnen.
Obelisk: Frei stehender Pfeiler mit quadratischem Grundriß und pyramidenartiger Spitze.
Oculus: Runde Fensteröffnung.
Odeon: Meist rundes Gebäude, in dem musikalische und andere musische Aufführungen stattfinden.
Oktogon: Gebäude mit achteckigem Grundriß.
Olifant: Das Wunderhorn Rolands, ein Signal- und Kriegshorn aus Elfenbein, reich geschnitzt und in Edelmetall gefaßt.
Ophistodom: Beim griechischen Tempel Raum hinter der → Cella.
Orangerie: Teil barocker Schloß- und Parkanlagen, ursprünglich für die Überwinterung der während des Sommers im Freien aufgestellten Orangenbäume und anderer südlicher Gewächse gedacht.
Oft erhielten die Orangerien jedoch Festräume für große Hofgesellschaften.
Oratorium: Kleine Kapelle, die in der Regel nicht für die Öffentlichkeit zugänglich ist, oft dem Chorraum angegliedert.
Ordensburg: Burgen des Deutschen Ritterordens vornehmlich in Preußen und Livland. Die vierflügeligen Anlagen sind um einen Innenhof gruppiert und durch sehr starke Befestigungsanlagen geschützt. Kloster, Garnison und Verwaltung sind in den Ordensburgen gemeinsam untergebracht gewesen.
Ordnung: Architektursystem der Antike, das bestimmte Reihenfolgen vorschreibt, vor allem bei → Säulen (→ dorische, → ionische etc.).
Orgelprospekt: Schauseite einer Orgel.
Ornament: Regelmäßig sich wiederholende Zierformen. Wiederkehrende Ornamente sind oft unter anderen Begriffen zusammengefaßt (z.B. → Fries).
Ossarium: → Beinhaus.
Ottonische Kunst: Kunst aus der Zeit der Könige Otto I., Otto II. und Otto III. (936 bis 1002). Anreger und Finanziers dieser Kunst waren die Könige sowie Würdenträger der Kirche.

Pagode: Süd- und ostasiatischer Reliquienschrein und Tempel.
Pala: Altaraufsatz.
Palas: Wohnbau einer Burg.
Palladiomotiv: Ein von Sebastiano Serlio entwickeltes, nach Andrea Palladio (1508 bis 1580) benanntes Architekturmotiv seit der Spätrenaissance, auch *Serliana* genannt: dreiachsige Wandöffnung, mittlere Achse breiter und von Rundbogen überhöht, schmälere Seitenöffnungen mit horizontalem Abschluß auf Höhe des Bogenansatzes.
Pallium: Ein mantelähnlicher Umhang der Römer, im Mittelalter Krönungsmantel für Könige und Kaiser, später auch bei Erzbischöfen.
Paneel: Brusthohe Holzvertäfelung.
Panorama: In der Kunst ein Rundgemälde, vor allem zur Darstellung von Schlachten und Städteansichten.
Pantheon: Den Göttern geweihter Tempel. Nach dem Vorbild des Pantheons in Rom (Rundbau).
Paradies: → Atrium.
Parament: Sakrale Bekleidungsstücke, z. B. des Priesters oder des Altars.
Patio: Innenhof des Hauses, vor allem in Spanien.
Patrozinium: Schutzherrschaft des Heiligen, in dessen Namen die Kirche geweiht ist (Kirchenpatron); auch Namensfest des Kirchenpatrons.
Pavillon: Meist mehreckiger oder runder Bau in Parkanlagen. Bei Barockschlössern verbinden sehr häufig Eckpavillons den Hauptbau mit den davon abzweigenden → Galerien.
Pechnasen: Kleine, an der Unterseite geöffnete Erker bei mittelalterlichen Burgen, durch die man heißes Pech auf die Angreifer schütten konnte.
Pendentifkuppel: → Kuppelformen.
Pergola: Offener Laubengang aus einer Holzkonstruktion; an den Balken ranken sich Pflanzen empor.
Peripteros: Griech. Tempel mit einem Säulengang rundum.
Peristyl: Einen Hof umgebende Säulenhalle, bei profanen wie sakralen Bauten verbreitet.
Pesel: Wohnraum und Zentrum norddeutscher Bauernhäuser.
Pestsäule: Mittelalterliche Schmucksäulen, die an Zeiten erinnern, in denen die Pest im Ort gewütet hat.
Pfalz: Wohnstatt für Könige und Kaiser, die im Mittelalter nicht an einem Ort residierten, sondern ihren Sitz regelmäßig wechselten.
Pfeiler: Stützglied wie die → Säule, doch von recht- oder mehreckigem Grundriß.
Pfeilerbasilika: Die Bogen des → Schiffes der → Basilika liegen auf → Pfeilern.
Piano Nobile: Das wichtigste (edelste) Geschoß eines Profanbaues, meistens das 1. Obergeschoß z.B. mit Prunk- und Repräsentationsräumen.
Pieta: Darstellung der trauernden Maria mit dem Leichnam des Sohnes auf dem Schoß.
Pieve (ital. »Pfarrkirche«): Mit bes. Rechten ausgestattete, häufig etwas außerhalb der Ortschaften gelegene, meist dreischiffige Pfarrkirche.
Pilaster: → Pfeiler, der aus einer Wand hervortritt (Halbpfeiler), mit → Basis und → Kapitell.
Pinakothek (griech.): Bildersammlung.
Piscina: 1. Schwimmbassin in den römischen Bädern. 2. Taufbecken in einem Baptisterium. 3. Kleine Mauernische mit Wasserablauf im Chor für die liturgische Handwaschung.
polychrom: Vielfarbig ausgeführt; Farben deutlich gegeneinander abgesetzt: Ggs. monochrom.
Portal: In der Form und im Schmuck hervorgehobener repräsentativer Eingang v. Kirchen, Palästen oder vornehmen Profanbauten.

Polygon: Vieleck.
Polyptychon: Ein aus mehreren Tafeln (Flügeln) zusammengesetztes (Altar-)Bild.
Portikus: Von → Pfeilern gestützte Vorhalle.
Porträt (franz. »Portrait«): Darstellung v.a. des Antlitzes eines Menschen in Malerei oder Plastik.
Postament: Sockel eines Standbildes.
Präraffaeliten: Von London ausgehende Kunstrichtung (um 1850), die eine Verbindung religiöser und seelischer Motive forderte und sich an der italienischen Malerei der frühen → Renaissance orientierte. Vorstufe des → Jugendstils.
Predella: Unterbau des → Altars.
Presbyterium: Ursprünglich »Raum der Priester«, heute allgemeine Bezeichnung für den → Chor bzw. die → Apsis einer Kirche.
Prior: Bei Benediktinern und verwandten Orden Stellvertreter des Abts in einer Abtei oder Hausoberer in einem Priorat; bei Dominikanern und Kartäusern der Klostervorsteher.
Prismeller Baumeister: Baumeisterfamilie aus einer Walserkolonie jenseits des Monte Rosa (Val Sesia, früher Prismell). Berühmtester Vertreter: Ulrich Ruffiner (1. Hälfte 16.Jh.).
profan: Das Gegenteil von → sakral, also Kunst, die nicht mit dem religiösen Bereich in Verbindung steht. Zu den Profanbauten zählt man z B. Rathäuser, Burgen, Schlösser, Bürgerhäuser etc.
Pronaos: Vorhalle des antiken Tempels (auch christliche Kirchengebäude).
Propstei: Dom- oder Stiftskapitel.
Propyläen: Die Eingangshalle monumentaler Bauten. Vorbild späterer Bauten waren die Propyläen auf der Akropolis in Athen (entstanden 437 bis 432 v. Chr.).
Prospekt: → Orgelprospekt.
Prothyros: Einfriedung vor der Tür des römischen Hauses.
Protorenaissance (Vorrenaissance): Florentinische Baukunst im 11. und 12.Jh.
Pseudobasilika (falsche Basilika): Basilikale Kirche mit erhöhtem, aber fensterlosem Mittelschiff.
Pulpitum: Frei stehende Kanzel.
Pultdach: → Dachformen.
Purifizierung (lat. »Reinigung«): Entfernung v. An- oder Umbauten; Wiederherstellung des urspr. Äußeren und Inneren.
Putten: Nackte engelhafte Kinderfiguren in der → Renaissance, im → Barock und im → Rokoko.
Pylon: Eingangstor bei griech. Tempeln und Palästen.

Quader: Behauener Block aus massivem Stein.
Quadriga: Ein vierspänniger Wagen.
Querhaus oder **Querschiff:** Raum in der Kirche, quer zum → Langhaus (→ Basilika).
Querschnitt: Ein gedachter Schnitt quer durch ein Gebäude zur Darstellung der Architektur.

Radfenster: Speichenartig gegliederte Fensterrose.
Refektorium: Speiseraum in Klöstern.
Refugium: Im Mittelalter in Kriegszeiten benützte Wehranlage zum Schutz der Bevölkerung, auch *Fluchtburg* genannt.
Régence: Französische Ausformung des → Rokoko.
Relief: Bildhauerarbeit, bei der die Figuren halbplastisch aus der Fläche herausgeschnitten (Holz) oder gemeißelt (Stein) sind. Je nach der Stärke der Erhebung spricht man von Flach-, Halb- oder Hochrelief.
Reliquiar: Behälter, in dem die Reliquien eines Heiligen aufbewahrt werden.
Remter: Speisesaal einer → Ordensburg (→ Refektorium).
Renaissance: Stilbezeichnung für die bildende Kunst ab etwa 1500 bis etwa 1600. Die Renaissance fällt zusammen mit dem Ende des mittelalterlichen Weltbilds und dem Beginn einer neuen, an der Antike orientierten Lebenshaltung (ital. rinascimento = Wiedergeburt).
Riegelbau, Fachwerkbau: Skelettbauweise, deren Gerüst aus waag- und senkrechten Pfosten (meist Holz) sowie diagonalen Streben besteht. Die Zwischenräume sind mit anderem Material gefüllt (Lehm, Backstein). Verfeinerte → Ständerbauweise.
Rippe: Tragendes Konstruktionselement eines Gewölbes mit Band-, Rundstab- Birnstabprofil: in der Spätzeit des Gewölbebaus wurden die Rippen der selbsttragenden Schale als dekorative Oberflächengliederung vorgeblendet (→ Gewölbeformen).
Risalit: Aus der Fluchtlinie vortretender Teil eines Gebäudes, der dessen volle Höhe erreicht.
Rocaille: Reich gestaltete, muschelähnliche → Kartusche, die namengebend für das → Rokoko wurde.
Rokoko: Stilbezeichnung für die Zeit des ausklingenden → Barock (etwa 1720–70), mit eleganten, leichten, oft verspielten, vor allem ovalen Formen.
Rollwerk: Bandartiges Omament, dessen sich aufrollende Enden plastisch ausgeformt sind. Motiv vieler Holzarbeiten vor allem im 16.Jahrhundert in Flandern und Holland (→ Beschlagwerk).
Romanik: Die zusammenfassende Bezeichnung für die Kunst vom Jahr 1000 bis ins 13.Jh. In ihren Bauwerken ist die Romanik bestimmt von Rundbogen, ruhigen Omamenten und einer insgesamt schweren Haltung.
Romantik: Kunstrichtung zu Beginn des 19.Jh., die sich vor allem in der Literatur (Märchen), Malerei und Musik ausbreitete. Sie nimmt Formen und Motive des Mittelalters wieder auf und bedeutet eine Abkehr von den rationalen Normen des → Klassizismus.
Rose: Ein stark gegliedertes Rundfenster über

dem Portal mit reichem → Maßwerk, vor allem bei gotischen Kirchen.
Rosette: Rosenartige Dekorationsform, z B. in Kassetten oder an Friesen.
Rotunde: Rundbau.
Rundbogen: → Bogenformen.
Ründe/Ründi: Halbrunde Holzverschalung unter einem Hausgiebel.
Rundling: Dörfer, die sich regelmäßig um den (runden) Marktplatz herum entwickelt haben.
Rustika: Mauern aus → Quadern, deren Schauseite absichtlich unbehauen geblieben ist.

Saalkirche: Stützenfreier Kircheninnenraum, also ohne → Seitenschiff.
Sacra Conversazione: Madonna inmitten mehrerer Heiliger, seit dem 15.Jh. v.a. in der ital. Malerei gebräuchlich.
Säkularisation: Umwandlung geistlicher Besitztümer in weltliche, vor allem in der Zeit unter Napoleon (1803).
Säule: Stützglied mit kreisförmigem Grundriß, Gliederung in Basis, Schaft und Kapitell. Säulenordnungen sind durch strenge Maß- und Proportionsregeln gekennzeichnet und kommen in den klassischen bzw. den von der Klassik beeinflußten Stilepochen vor (→ Pfeiler).
Säulenbasilika: → Basilika, die von → Säulen gestützt wird (im Gegensatz zur → Pfeilerbasilika).
sakral: kirchlich, geistlich (im Gegensatz zu → profan).
Sakramentshäuschen: Gehäuse zur Aufbewahrung der geweihten Hostien. In der späten → Gotik entstanden zahlreiche große Sakramentshäuschen, die zu bedeutenden Kunstwerken ausgestaltet sind.
Sanktuarium: Allerheiligstes der Kirche, Altarplatz.
Sarkophag: Meist reich verzierter steinerner Sarg.
Satteldach: Von zwei schräg gegeneinander gestellten Flächen gebildetes Dach. Die 2 Giebel befinden sich an den Schmalseiten.
Scagliola: Ein aus Gips, Leim, Wasser und Farben zusammengestelltes, später poliertes Material zur Imitation v. Marmor.
Schalenturm: Wehrturm in einer Ringmauer, an der Rückseite geöffnet.
Schalldeckel: → Kanzel.
Schildbogen: Ein das Joch gegen die Wandseiten hin begrenzender Gewölbebogen (→ Gewölbeformen).
Schildmauer: Hohe und starke, meist freistehende Mauer zum Schutz einer Burg vor fremdem Beschuß.
Schiff: Der Raumteil einer Kirche; daraus einschiffige oder mehrschiffige Kirchen; letztere durch → Säulen oder → Pfeiler aufgeteilt.
Schlußstein: Stein im Scheitel eines Bogens oder Rippengewölbes, häufig plastisch verziert oder bemalt.
Schnitzaltar: Altar mit geschnitzten Holzfiguren im Altarschrein.
Schwibbogen: Quer über einen Raum gezogener, 2 Wände verbindender freier Bogen als Mauerstütze oder Element der Raumgliederung.
Seitenschiff: Seitlich gelegenes → Schiff, durch → Säulen oder → Pfeiler vom Hauptraum der Kirche getrennt.
Sepultur: Für Begräbnisstätten reservierter Kirchenraum.
Serliana: → Palladiomotiv.
Sgraffito: Kratzputz.
Sinopie: Meist rötliche oder braune Vorzeichnungen von Fresken auf der Wand.
Sockel: Vorspringender unterer Teil einer Wand, eines → Pfeilers oder einer Säule.
Spiegelgewölbe: Ein langgestrecktes → Klostergewölbe, das im Scheitel mit einer waagrechten Fläche schließt.
Spitzbogen: → Bogenformen.
Spolie (lat. spolia »Beute«): Wiederverwendetes Glied (Kapitelle, Säule, Stein u.ä.) eines älteren Bauwerks.
Sprengwerk: → Gesprenge.
Stabkirche: Holzkirche (in Deutschland fast ausschließlich im Harz) aus senkrecht stehenden Planken und Pfosten.
Stabwerk: Senkrechte Stäbe zur Gliederung gotischer Fenster und Fassaden (→ Maßwerk).
Staffelgiebel: Giebel mit treppenartiger Stufung, auch Treppen- oder Stufengiebel.
Staffelhalle/Stufenhalle: Hallenkirche oder Pseudobasilika, deren Mittelschiff höher ist als die Seitenschiffe, jedoch ohne direkte Belichtung des Mittelschiffs (→ Basilika).
Stichkappengewölbe: Ein von dreieckigen Kugelflächen eingeschnittenes → Tonnengewölbe.
Strebepfeiler: Die in der Gotik ungewöhnlich großen Fensteröffnungen forderten eine Abstützung der Außenmauern durch → Pfeiler und Halbbögen.
Dieses Strebewerk fing den Gewölbedruck auf.
Strebewerk: System von Strebepfeilern und -bögen an Außenwänden zur Abstützung von Mauern und Gewölben; im got. Kirchenbau häufig verwendet.
Strickbau: → Blockbau.
Stuccolustro: Mit Marmorstaub und Freskoputz vermengtes, heiß behandeltes und glattpoliertes Material, wirkt wie Marmor. Dieser »Stuckmarmor« wird v.a. zur Verkleidung v. Pfeilern, Säulen oder Wandflächen verwendet.
Stuck: Ein leicht formbarer Werkstoff aus Gips Kalk, Sand und Wasser, der v.a. im 17./18.Jh. zur plastischen Ausschmückung von Innenräumen gedient hat.
Stukkatur: Ornamentale und figürliche Stuck-Dekoration v.a. im Barock.
Supraporte: Dekoratives Feld (Malerei, Schnitzerei, Stuck) über der Türe; v.a. im Barock gebräuchlich.
Synagoge: Jüdisches Gotteshaus.

Tabernakel: Altargehäuse für die Hostie.
Tabor: Befestigtes Lager, Befestigung, besonders in der Steiermark gegen Türkeneinfälle; auch Taborkirche.
Täfer: Hölzerne, meist profilierte Wand- oder Deckenverkleidung.
Tambour: Unterbau einer Kuppel, in der Regel zylindrisch oder polygonal.
Terrakotta: Gebrannte, unglasierte Tonerde.
Thermen: Römische Warmbadeanstalten.
Thermenfenster: Senkrecht dreigeteiltes Halbkreisfenster, aus der römischen Thermenarchitektur übernommen.
Tonnengewölbe: → Gewölbe, das einer Tonne gleicht, die in Längsrichtung durchgeschnitten wird.
Toskanische Säulenordnung (röm. Bezeichnung): Abwandlung der dorischen Säulenordnung durch Zufügen einer Basis und Wegnehmen der Kanneluren des Schafts; glatter Säulenschaft, Kapitell ohne Schmuck und Verzierung.
Transenne: In die Fensteröffnungen eingefügte Holz- oder Steinplatten (Vorläufer der Fensterverglasung).
Traufe, Dachtraufe: Untere horizontale Begrenzung eines Daches.
Treppengiebel: → Staffelgiebel.
Treppenhaus: Monumentale Treppenanlage (häufig zweiteiliger Treppenaufgang) in der Höhe des Gebäudes; v.a. im Barock, jedoch bereits auch während der Renaissance.
Triforium: Laufgang in der Wand unter den Fenstern von Mittelschiff, Querschiff und Chor, besonders in gotischen Kirchen.
Trinität (lateinisch trinitas »Dreiheit«): Dreieinigkeit, die Dreiheit von Gottvater, Sohn und Hl.Geist in der Einheit des göttlichen Wesens u.a. als Dreieck mit dem Auge Gottes dargestellt.
Triptychon: Dreiteiliges Altarbild.
Triumphbogen: Geschmückter Torbogen.
Trompe l'œil: Spezielle Art der Darstellung, bei der Gegenstände so täuschend ähnlich gemalt sind, daß sie dem Auge als Wirklichkeit erscheinen.
Tudorstil: Baustil, der Elemente der → Gotik und der → Renaissance verbindet; benannt nach der englischen Familie Tudor (etwa um 1530 bis um 1600).
Tumba: Aufbau über einer Grabstelle.
Tympanon: Das Bogenfeld über dem mittelalterlichen Portal.

Vedute: Gemälde oder Zeichnung mit der genauen Darstellung einer Stadt oder Landschaft.
Verblendung: Verkleidung von Bauteilen, die nicht sichtbar sein sollen.
Verkröpfung: Vorziehen eines Gesimses über einem vorstehenden Bauteil (Wandpfeiler, Pilaster usw.).
Vesperbild: Pieta.
Vierpaß: Ornament des got. Maßwerks: vier einem Kreis eingeschriebene, kleeblattförmig angelegte Kreissegmente.
Vierung: Die Stelle, an der sich → Lang- und → Querhaus kreuzen.
Vierzehn Nothelfer: Die als Helfer in jeder Not angerufenen Hll. sind Achatius, Ägidius, Barbara, Blasius, Christophorus, Cyriacus, Dionysius, Erasmus, Eustachius, Georg, Katharina, Margaretha, Pantaleon und Vitus.
Viztum: Stellvertreter des Landesherrn, meist in bischöflichen Herrschaften.
Vollplastik: Allseits plastisch gearbeitetes Bildwerk (dagegen → Relief).
Volute: Spiralenförmiges → Ornament.
Vorarlberger Schema: Umstrittener Begriff für den Typus der barocken Wandpfeilerhalle mit Emporen, wie er im 17. und 18.Jh. von den Vorarlberger Baumeistern entwickelt und nördlich der Alpen verbreitet wurde.
Vorburg: In größeren Burganlagen der äußere Wehrbezirk.
Vorhalle: Ein der Westfassade integrierter Vorraum bei Kirchenbauten.
Vortragekreuz: Ein hauptsächlich bei Prozessionen benutztes Kreuz.
Vorzeichen: → Portikus.
Votivaltar (lat. votum »Gelübde«): Infolge eines Gelübdes gestifteter Altar; ebenso Votivkirche oder -kapelle.

Walmdach: → Dachformen.
Wange: Seitlicher Abschluß des → Chorgestühls.
Wandvorlage: Gliederung oder Verstärkung (Stabilisierung) einer Wand durch Dienste, Halbsäulen, Lisenen, Pilaster oder Pfeiler.
Wehrgang: Zur Verteidigung hergerichteter Laufgang in den oberen Partien einer Ringmauer.
Weicher Stil: Spezifische Erscheinung in der deutschen Malerei und Plastik der Spätgotik mit fließenden Gewandfalten und zartem Gesichtsausdruck.
Welsche Haube: Geschwungenes Haubendach für Türme, Vorläufer der → Zwiebelhaube.
Westwerk: Monumentaler Westabschluß bei Kirchen aus karolingischer, ottonischer und romanischer Zeit. Als Kirche für den Herrscher vorgesehen und deshalb oft auch mit einem eigenen Altar ausgestattet.
Wimperg: Giebelartige Bekrönung über got. Portalen und Fenstern, meist aus Maßwerk konstruiert.
Winkelhakenkirche: Kirche mit zwei längsrechteckigen Schiffen, die in einem stumpfen, beinahe rechten Winkel aufeinanderstoßen.
Würfelkapitell: Aus der Durchdringung von Würfel- und Kugelform entwickeltes → Kapitell der romanischen Stilepoche.

Zackenstil (auch: Knitterstil): In der Spätgotik, sogar bereits in der Spätromanik auftretender

Stil, Falten an (Schnitz-)Figuren sehr scharf (zackig, knitterig) zu gestalten.

Zeltdach: → Dachformen.

Zentralbau: Baukörper mit gleich oder nahezu gleich langen Hauptachsen, im Grundriß dem Kreis, Quadrat, regelmäßigen Vieleck oder griechischen Kreuz angenähert.

Ziborium (auch Ciborium): Großer von Säulen getragener steinerner → Baldachin über dem → Altar.

Zinnenkranz: Oberer Abschluß einer Wehrmauer, bestehend aus schützenden, schildartigen Aufbauten, unterbrochen durch schartenartige Zwischenräume im Mauerrand.

Zopfstil: Stilrichtung aus der Zeit zwischen → Rokoko und → Klassizismus (etwa um 1760 bis 80); geprägt von strenger Ausdrucksweise.

Zwerchhaus: Dachhäuschen mit einem Giebel, der quer zum Hauptdach steht.

Zwerggalerie: Gang in der Außenmauer unter dem Dachgesims; nach außen geöffnet und meist reich verziert.

Zwickel: Teilgewölbe, das meist zu einer Kuppel überleitet (→ Kuppelformen).

Zwiebelhaube: Dach in Form einer Zwiebel.

Zwinger: Das Gelände zwischen den inneren und äußeren Mauern der mittelalterlichen Stadtbefestigungen. Hier wurden oft Tiere gehalten. Im → Barock errichtete man an dieser Stelle dann oft Vergnügungsstätten.

Wichtige türkische und arabische Begriffe

avlu	Hof, Moscheevorhof
bahçe	Garten
bayram	Fest, Feiertag
bedesten	gedeckter Basar
bend	Talsperre
boğaz	Meerenge
çayhan	Teehaus
cami	Moschee
çeşme	Quelle, Brunnen
dağ	Berg
eski	alt
hamam	Bad
han	Gasthaus, Herberge
hane	Haus
hisar	Burg, Festung
imam	islam. Geistlicher
imâret	Armenküche
iwan, liwan	überwölbte Halle, die sich zum Hof hin öffnet
kale	Burg, Festung
kapi	Tor, Tür
kemer	Wasserleitung
kibla	Gebetsrichtung
kilise	Kirche
köprü	Brücke
köy	Dorf
kufi	früher arab. Schrifttyp
külliye	Gebäudekomplex
kütüphane	Bibliothek
mahalle	Stadtviertel
manastir	christl. Kloster
medrese	islam. Schule
mescit	kleine Moschee
meydani	Platz
mihrab, mihrap	Gebetsnische
minare	Minarett
mimbar, mimber	Kanzelthron
müezzin	Gebetsausrufer
mukarnas	Stalaktitenornament
oda	Zimmer, Stube
ramadan	Fastenmonat
şadirvan	Moscheebrunnen
saray	Schloß, Palast
sebil	Trinkbrunnen
şehir	Stadt, Ort
sokak	Straße
tekke	islam. Kloster
tepe	Hügel (Kultur-)
türbe	Grabhaus
yeni	neu
yol	Weg

Ortsregister Türkei – Westküste

A

Ayvalık 28
Agamemnon-Bäder von →Smyrna/ Izmir 228
Aigai 9
Akhan →Hierapolis/ Pamukkale 108
Alabanda 9
Alazeytin →Halikarnassos/ Bodrum 98
Alexandria Troas 12
Alinda 12
Amos →Marmaris 143
Andriake →Myra/Kale 169
(Schloß des Kaisers) Andronikos I. Komnenos →Smyrna/İzmir 229
Antandros →Edremit 43
Aperlai →Kaş 111
Aphrodisias 14
Apollonia →Kaş 112
Aquädukt von →Ephesos/ Selçuk 79
Arykanda 26
Asklepieion von →Pergamon/ Bergama 202
Assos 27
Atlantis →Troja 255

B

Belevi →Ephesos/Selçuk 80
Bergama →Pergamon/ Bergama 199
Biga →Çanakkale 31
Bigah →Çanakkale 33
Birgi 29

C

Çanakkale 30
Çeşme 33
Chimaira →Olympos 177
Chryse 37

D

Dardanellen →Çanakkale 31
Diana-Bäder von →Smyrna/ İzmir 228
Didyma 37

E

Eceabat →Çanakkale 31
Edremit 42
Elmalı 43
Ephesos/Selçuk 44
Ephesos (Ephesos/Selçuk) 59
Erythrai →Çeşme 34
Euromos 81

F

Fethiye 83
Finike/Limyra 87

G

Gelibolu →Çanakkale 31
Gerga →Alabanda 11
Gölhisar 89
Grotte der Siebenschläfer von →Ephesos/Selçuk 78

H

Halikarnassos/Bodrum 89
Hellenistische Festung von →Ephesos/Selçuk 78
Hellenistische Stadtmauer von →Ephesos/Selçuk 78
Herakleia am Latmos 98
Hethitisches Felsrelief von →Magnesia am Sipylos/ Manisa 141
Hierapolis/Pamukkale 100
Hoiran →Myra/Kale 169

I

Iasos →Mylasa/Milâs 159
Idyma →Marmaris 143
Isinda →Kaş 112

K

Kadyanda →Fethiye 86
Kale →Kaş 113
(Felsrelief von) Karabel →Smyrna/İzmir 228
Karataş-Semayük →Elmalı 43
Karburun →Elmalı 43
Kaş 111
Kastabos →Marmaris 143
Kaunos/Dalyan 113
Kaya →Fethiye 87
Kedreae →Marmaris 144
Kekova →Kaş 112
Kilitbahir →Çanakkale 33
Kızıbel →Elmalı 43
Klaros 117
Klazomenai →Çeşme 37
Knidos 120
Kolophon →Klaros 120
Kolossae →Hierapolis/ Pamukkale 108
Korydalla →Kumluca 127
Kumluca 127
Kuşadası 128
Kyaneai →Myra/Kale 169

L

Labraynda (Labranda) 131
Lagina →Stratonikeia 231
Laodikeia →Hierapolis/ Pamukkale 108
Larisa am Hermos 134
Letoon →Xanthos 261
Lukasgrab →Ephesos/Selçuk 78

M

Magnesia am Menderes 135
Magnesia am Sipylos/Manisa 137
Magnesisches Tor von →Ephesos/ Selçuk 79
Marienhaus v. →Ephesos/Selçuk 81
Marmaris 142
Milet 144
Mylasa/Milâs 156
Myra/Kale 163

N

Neandria 171
Neonteichos →Larisa am Hermos 135
Notion →Klaros 120
Nysa/Sultanhisar 171

O

Olympos 175
Ostgymnasium von →Ephesos/ Selçuk 79

P

Panamara →Stratonikeia 232
Panionion →Kuşadası 129
Patara 179
Pergamon/Bergama 183
Phaselis 205
Phellos →Kaş 113
Phokäa/Foça 208
Pinara 208
Pitane/Çandarlı 210
Priene 210

R

Rhodiapolis →Kumluca 128

S

Sardes 217
Selçuk (Ephesos/Selçuk) 75
Sidyma 221
Simena →Kaş 112
Smyrna/İzmir 223
Soma 229
Soura →Myra/Kale 170
Stratonikeia 229
Syangela →Halikarnassos/ Bodrum 98

T

Tekkeköy →Elmalı 44
Telmessos →Fethiye 87
Teos 232

Theimioussa →Kaş 113
Thyateira/Akhisar 233
Tlos 235
Tralleis/Aydın 239
Troja 241
– Atlantis 255
– Homer 245
– Schatz des Priamos 254
– Schliemann 246
Trysa →Myra/Kale 170
Tyberissos →Kaş 113

X

Xanthos 257

Abkürzungen

anatol.	anatolisch
arab.	arabisch
archäolog.	archäologisch
armen.	armenisch
assyr.	assyrisch
bes.	besonders
byzant.	byzantinisch
christl.	christlich
d. Gr.	der Große
d. h.	das heißt
Durchm.	Durchmesser
ehem.	ehemalig(e)
eigtl.	eigentlich(e)
gegr.	gegründet
gen.	genannt
got.	gotisch
griech.	griechisch
hellenist.	hellenistisch
hethit.	hethitisch
Hl., hl.	Heilige(r), heilig(e)
islam.	islamisch
ital.	italienisch
Jh.	Jahrhundert
Jtd.	Jahrtausend
jüd.	jüdisch
kath.	katholisch
km	Kilometer
l	links
lat.	lateinisch
m	Meter
ma	mittelalterlich
MA	Mittelalter
muslim., moslem.	moslemisch
N	Norden, Nord-
n	nördlich
O	Osten, Ost-
ö	östlich
osman.	osmanisch
phryg.	phrygisch
qm	Quadratmeter
r	rechts
röm.	römisch
S	Süden, Süd-
s	südlich
seldschuk.	seldschukisch
sog.	sogenannt(e)
St.	Sankt
türk.	türkisch
u. a.	und andere, unter anderem
u. ä.	und ähnliche
urart.	urartäisch
urspr.	ursprünglich
usw., etc.	und so weiter
v.	von, vom
vgl.	vergleiche
W	Westen, West-
w	westlich
z. B.	zum Beispiel
z. Zt.	zur Zeit

Anschluß-Seite 290

Anschluß-Seite 291

Anschluß-Seite 288

Anschluß-Seite 289

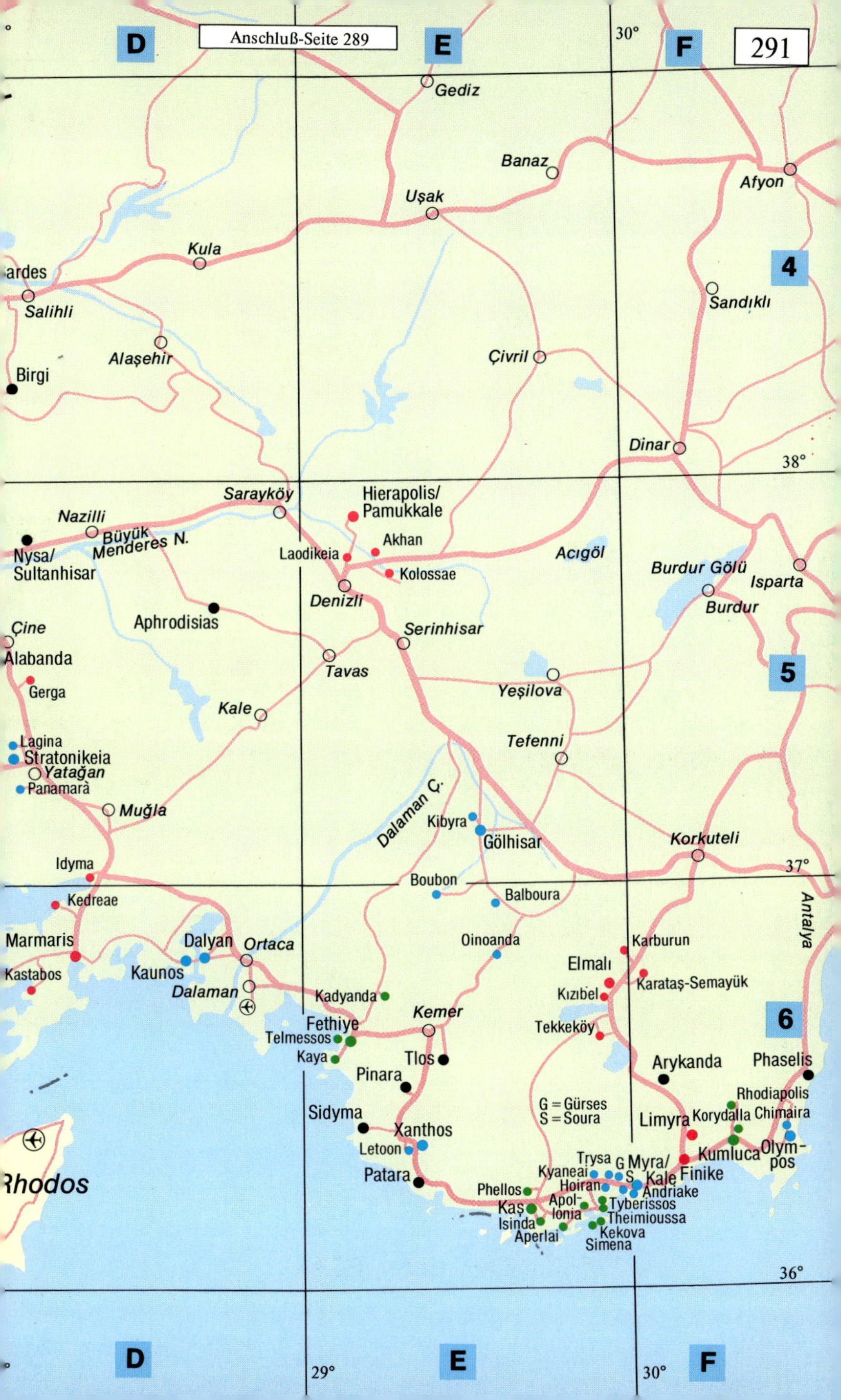

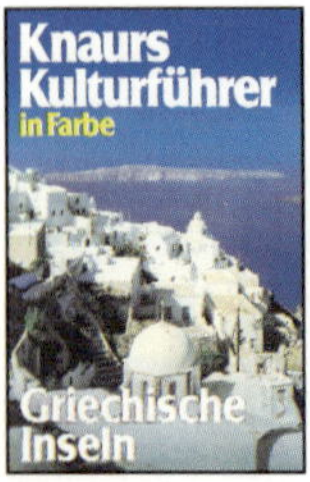
Knaurs
Kulturführer
in Farbe
Griechische
Inseln

Knaurs
Kulturführer
in Farbe
Großbritannien
und Irland

Knaurs
Kulturführer
in Farbe
London
und Umgebung
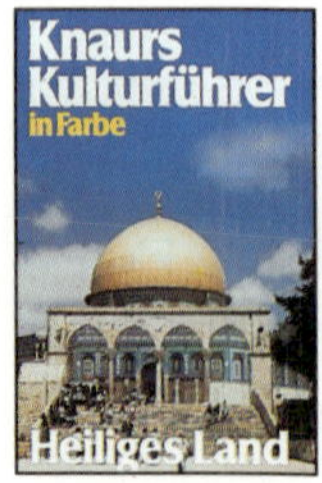
Knaurs
Kulturführer
in Farbe
Heiliges Land

Knaurs
Kulturführer
in Farbe
Holland

Knaurs
Kulturführer
in Farbe
Italien

Knaurs
Kulturführer
in Farbe
Florenz und
Toskana

Knaurs
Kulturführer
in Farbe
Rom
und Latium

Knaurs
Kulturführer
in Farbe
Sizilien

Knaurs
Kulturführer
in Farbe
Südtirol

Knaurs
Kulturführer
in Farbe
Venedig
und Venetien
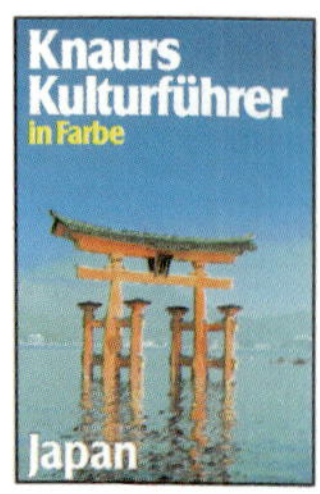
Knaurs
Kulturführer
in Farbe
Japan

Knaurs
Kulturführer
in Farbe
Jugoslawien

Knaurs
Kulturführer
in Farbe
Norwegen

Knaurs
Kulturführer
in Farbe
Österreich

Knaurs
Kulturführer
in Farbe
Kärnten